本

真 正 厉 害 的 人 都 是 直 击 本 质 的 高 手

质

正和岛　编著

机械工业出版社
CHINA MACHINE PRESS

图书在版编目（CIP）数据

本质/正和岛编著．—北京：机械工业出版社，2019.1（2023.7重印）

ISBN 978-7-111-61554-5

I. 本… II. 正… III. 企业管理－研究－中国 IV. F279.23

中国版本图书馆 CIP 数据核字（2018）第 272603 号

改革开放 40 年，恰如一部四部曲的年代大戏。技术突变、产品迭代、产业升级、资本对接，商业持续创新，社会也持续进步。

40 年，有哪些人值得铭记？40 年，有哪些思想值得品读？在浩荡的烟海中，我们遴选了 40 位代表人物，每个人再精选出一篇代表作。

通过这 40 篇文章，我们可以感受到历史的风云变幻，触摸中国商业的脉搏，并读懂中国商业的本质。

本质

出版发行：机械工业出版社（北京市西城区百万庄大街 22 号 邮政编码：100037）

责任编辑：施琳琳 责任校对：李秋荣

印　　刷：北京联兴盛业印刷股份有限公司 版　　次：2023 年 7 月第 1 版第 20 次印刷

开　　本：170mm×242mm 1/16 印　　张：28.5

书　　号：ISBN 978-7-111-61554-5 定　　价：129.00 元

客服电话：（010）88361066　68326294

项目支持

陈 为
正和岛总编辑

杨学燕
正和岛执行总编

郭 龙
正和岛内容副总编

贾林男
正和岛林男工作室创办人

王 飞
正和岛 CPO

苟忠伟
正和岛高级运营经理

刘 勇
正和岛高级产品经理

余家琦
正和岛高级产品经理

曹延葳
正和岛股东关系经理

我们离本质有多远

40 年，对一个人来说几乎意味着全部生命的主要黄金时段；对整个人类呢？其实也不算太短，因为它基本代表了人类文明史的 1%。中国改革开放的 40 年，对中国、对世界，这是一个多么了不起的 1% 啊！

这个 1% 之所以了不起，最醒目的是中国经济、中国体量的崛起和放大；中国经济、中国体量的重要支撑是中国的企业和企业家群体，尤其是企业家这个特殊群体所代表的企业家精神。

记得一位朋友曾经和我说，改革开放以来诞生的这批代表性的企业家，他们所经历的人生和事业的跨度太大了，他们身上所承载的硬成就和软实力，均为世所罕见，对中国商业史乃至商业思想史都有着"活化石"般的标本意义。是的，那个朋友用的就是"活化石"这个词，形象而准确。

本书所选入的企业家，基本上都具备了"活化石"的标准。本书所选入的大部分文章并不是最新的，而是在这 40 年中，在每个人及其企业的特定发展阶段最具有时代感和代表性、最能反映作者对事物本质认知能力的思想。选入的专家学者和意见领袖，则直接依据的是他们的思考深度和商业洞见。

服务中国企业和企业家这么多年，我的一个重要发现就是，判断一个人能否成功的最简单有效的标准，是看其是否具备直击本质并驾驭本质的能力。因此，这 40 年 40 人的 40 篇文章，根本上是帮助读者发现商业本质，触摸时代脉搏，寻求发展规律。用心通过这些文字与作者对话，形成心与心的链接，不但能找到通向罗马的无数条道路，还可能找到离自己最近的那一条。

当然，对于终极真理和本质，我们只能无限接近，永远也不可能完全到达，因此需要一代又一代人的接力，也需要一代又一代人的不同探索和创新。在无限接近本质的过程中，让中国企业走得更远更久，做得更强更大，因为商业的健康和美好，而让整个世界变得越来越健康和美好。

是为序。

刘东华
正和岛创始人兼首席架构师

致敬 40 年

1978 年的中国改革开放，是一场始于经济的变革，它带来的变革却不止于经济；这是一场始于中国内部的变革，它带来的变革却不止于中国。在这个过程中，中国不失时机地成功提出了"建设有中国特色社会主义市场经济"这样一个命题。走到今天，正是由于坚持了中国特色，我们才能连续在 40 年间取得高速、高效的持续发展；中国进入了世界经济体系之中，中国企业的崛起是全球化的历史必然。

40 年间的中国，经历了政治、经济和技术的重大转变，同时这些转变也必然带来社会和政治的诸多问题；此外，我们也经历了世界经济的重大转变——金融危机、技术革命、知识经济、全球气候等问题，还有令人不安的恐怖主义和军备竞赛。但是，对于中国而言，我们至少拥有了一个崭新的经济，我不知道是否能够把这种经济，也像德鲁克先生描述美国经济那样，称之为"企业家经济"，但是，可以肯定的是，中国开始了企业家和企业推动经济与变化的时代。

所以，当我们决定回顾中国改革开放 40 年的时候，选择 40 位企业家以及研究企业家的作者，在过去 40 年中他们的代表性观点，可以让我们有一个完全不同的视角，去感受这 40 年的变化与进步；通过这 40 篇文章，以及几十位专家的点评，可以让我们有一个更加客观的视角，去理解这 40 年变化的价值与成长。

过去 40 年，是什么驱动了我们持续的经济增长和繁荣？持续推动增长和繁荣的内在力量又是什么？我认为根本的核心就是企业家的出现和企业家精神。企业家精神的本质是创新，创新一定源于实践。我之所以敬仰很多企业家，就是因为这些企业家拥有企业家精神中创新的本质。从这个意义上讲，企业家、企业家精神，其实是一个踏实的行为，是一个自然而然的动作，并不是你要证明你是怎样的人，而是你要实实在在地去做，你要通过一步又一步的行动，把美好的产品、美好的生活和每一个人的进步融合在一起，把所有的价值真正地创造出来。仔细去阅读这些文章，你会和我一样深切地感受到这一点。

作为中国本土企业的研究者，我们深知在未来的时间里，无论是技术、宏观环境、国际市场以及文化影响，都在发生着巨大的变化。这些变化既会带来商机，也会带来挑战，无论当下我们是多么领先，我们都很清楚这只是暂时的领先，如果想要保持持续的领先，需要做出卓绝的努力、坚定的转型以及与变化融合在一起。那些努力做到这一切的企业继续保持着行业先锋的本色，而那些停留在原有的领先优势上不愿意做出改变的企业，则陷入了停滞的泥塘。过去 30 年的研究，我们发现，每一个行业先锋企业和成长企业都充满着年轻企业的热忱、勤奋与雄心；每一个行业先锋企业和成长企业都更扎实地行动，不断地自我批判和反思，从失败中获取价值，愿意与强者对话并从中学习，热爱创新并创造全员创新的环境与氛围。它们的每一个尝试，都值得我们欣赏；它们的每一个创造，都值得我们学习。

今天，因为互联网技术带来的变化，我们有机会站在全新的起点上，我们需要做一些根本性的改变，我们必须持续地进行价值创造和创新求变，否则就会错过时代给我们的机遇。我们向 40 年致敬，最需要致敬的就是我们不断创新的精神，并且要把创新精神持续变成我们的习惯和行动。

陈春花

著名管理学者

顺应时势，促进企业可持续健康发展

为了更好地服务民营企业和民营企业家，使之健康发展和成长，我历来都要求自己在认真学习党的方针政策、各种专业理论知识的同时，多到基层去、多到企业去，拜企业家为师。一年下来，我总要看上百家企业，和几百名企业家座谈交流。看得多了，听得多了，免不了会思考怎样认识民营企业的地位作用、什么样的企业才是健康的、如何才能促进企业可持续健康发展等问题。

作为全国代表性的企业家社群，正和岛集聚了一大批优秀企业家资源，在企业家精神与营商环境研究方面也素有积累。2018 年全国工商联研究室专门委托正和岛开展了全国各省份营商环境评价研究。因此，我与正和岛创始人刘东华先生以及执行院长施星辉先生接触较多。值此改革开放 40 年之际，正和岛特别推出《本质》一书，梳理本土商业思想的发展轨迹，帮助企业家提升把握商业本质的能力，非常有价值。我应邀作序，并借此机会谈谈对民营经济 40 年发展历程的观察与思考。

回首改革开放 40 年，我国民营经济从小到大、由弱变强，逐渐发展壮大。截至 2018 年 6 月底，我国民营企业已超过 3000 万家，个体工商户已超过 7000 万户。当前，民营经济对国家的税收贡献超过 50%，国内生产总值、固定资产投资以及对外非金融类直接投资占比均超过 60%，技术创新和新产品占比超过 70%，城镇就业占比超过 80%，市场主体占比、对新增就业贡献率超过 90%。党的十八届三中全会提出，公有制经济和非公有制经济都是社会主义市场经济的重要组成部分，都是我国经济社会发展的重要基础。非公有制经济已成为稳定经济的重要基础、国家税收的重要来源、技术创新的重要主体、金融发展的重要依托、经济持续健康发展的重要力量。40 年来，我国民营经济取得的辉煌成就，得益于中国共产党的坚强领导，得益于 40 年来改革开放为民营企业发展营造的良好的政策环境、法治环境、市场环境和社会环境，得益于民营企业自身的顽强拼搏和积极进取。可以说，改革开放的历史就是一部中国共产党关于中国特色社会主义市场经济的探索史；就是一部在党的方针政策指引下，民营经济砥砺前行的发展史；就是一部民营企业家艰苦创业的奋斗史；就是一部民营经济在稳定增长、促进创新、增加就业、改善民生等方面发挥作用的贡献史。

中国特色社会主义进入新时代，我国社会的主要矛盾已经转化为人民日益增长的美好生活需要和不平衡不充分的发展之间的矛盾，我国经济已由高速增长阶段转向高质量发展阶段。新时代孕育新红利、催生新发展，民营经济发展仍处在大有可为的重要战略机遇期，广大民营企业和民营企业家施展才华的空间更加广阔、机遇更加多样、前景更加美好。但是我们必须看到，当今世界经济社会发展充满很多不确定性。对企业而言，就有外部的诸如中美贸易摩擦、经济从高速增长转向高质量发展、科技革命、产业变革、政策落实不到位、社会全面转型，以及内部的诸如企业转型升级提质增效、企业代际传承发展、市场需求个性化等多重因素的叠加影响。这些影响对所有企业来说，都是极大的挑战。面对困难和挑战，退缩吗？我想这不是优秀企业家精神的体现，也不是企业家的做法。面对困难和挑战，依然沿袭过去的老路，找门道、走关系、圈资源、拼胆量吗？我想这是时代所不允许的，也是当下行不通的。民营企业和民营企业家作为"自己人"，怎样才能坚定信心，致力创新创造、合力开创民营经济更加美好的明天，走向更加广阔的舞台，打造具有全球竞争力的世界一流企业，真正承担起新时代赋予的使命与担当，为实现"中国梦"做出新的更大的贡献呢？

就宏观战略层面来看，新时代企业家应有新使命、新担当。企业家是经济活动的重要主体，作为建设新时代中国特色社会主义的重要力量、稀缺资源，理应在习近平新时代中国特色社会主义思想的坚强指引下，弘扬优秀企业家精神，更好地发挥企业家的作用，在实现自身价值的同时，为建设社会主义现代化强国做出积极贡献。那么，新时代的企业家应该承载什么样的使命担当，才能继承过去的荣光、创造未来的辉煌呢？就全球发展空间来看，新时代的中国企业要为"人类命运共同体"的构建提供中国方案、贡献中国智慧。就战略目标实现来看，新时代的中国企业要为"新中国成立一百年时建成富强民主文明和谐的社会主义现代化国家"做出自己的积极贡献。就当下企业经营现实来看,新时代的中国企业要贯彻落实新发展理念,实现高质量发展,积极参与推动现代化经济体系建设。

就企业经营层面来看,唯有练好内功,不断提升企业核心竞争力,才是正道。观察 40 年来国内企业的探索实践,在其本质上那些健康可持续发展的企业,除了政策的积极支持外,大都是积极融入中国特色社会主义伟大事业建设的历史洪流中,专注专心于"三性",即市场的广阔性、竞争的差异性和专业的精益性,才能有效应对发展中的各种不确定性,走上可持续健康发展轨道。在企业经营实践中,所有新兴技术、模式的创新及应用不过是"三性"的理性推进,体现在具体举措上,主要表现为五个方面:一是市场准入的争取,基于发展诉求,推动改革释放更多的发展空间;二是政策措施的保障,基于问题导向,不断推动支持企业发展的金融、财税、技术、信息、人才等政策措施的完善;三是持续创新的实践,基于做好企业的理想目标追求,不断创新推动企业的产品服务更好地满足客户需求;四是治理规范的遵循,基于合规合法原则,开展诚信守法市场竞争,树立良好的企业形象;五是社会认同的营造,基于企业作为社会主体的要求,积极履行社会责任,赢得社会的广泛认可和尊重。

就企业家层面来看,优秀者大都体现了"实事求是(实)、坚忍不拔(忍)、创新求变(变)、贡献社会(慈)"等优秀的中华传统智慧。社会上有人一提到民营企业家,就与奸诈、不讲信用、投机取巧、污染、风险、腐败等词联系在一起。实际上,40 年来,伴随着民营企业的蓬勃发展,涌现出了一大批优秀的民营企业家。他们善于学习,敢闯敢试,勇于创新,敏锐捕捉市场需求,是创新发展的先锋队;他们融入历史大潮,积极参与国家战略,是经济发展的生力军;他们义利兼顾、以义为先,关爱员工、扶贫济困,积极履行社会责任,是贡献社会的践行者。正是基于这些优秀品质,他们带领企业创建灵活高效的体制机制、市场化的激励约束机制,牢牢把握市场经济发展机遇,与时代共奋进,实现了企业的跨越式发展。今天,更为可喜的是,一批视野广阔、奋发有为的 80 后、90 后新锐创业创新者走向经济舞台,抓住互联网、大数据、物联网、云计算等新一轮科技革命的历史机遇,加快进入新兴经济领域,有的正在引领新兴产业发展。他们作为优秀的"继创者",是推动未来中国经济发展的重要力量,继承和发扬了老一代企业家听党话、跟党走的光荣传统与创新精神、拼搏精神、担当精神及奉献精神，担负起民营企业代际传承与转型升级的重任，积极投身国家发展战略，自觉做爱国敬业、守法经营、创业创新、回报社会的表率和践行亲清新型政商关系的典范。

林泽炎

全国工商联研究室主任

中国民营经济研究会副会长

01

正心

你最真诚相信的，
就是最有力量的。

驭势

没有成功的企业，
只有时代的企业。

明道

企业家必须用"新三观"——全局观、未来观、全球观来面对未来。

04

优术

谁来呼唤炮火？应该让听得见炮声的人来决策。

05

和合

管理的未来，就是
"赋能与激活人"。

正心 01

你最真诚相信的，就是最有力量的。

愿力人生

作者：**李嘉诚**

长江集团创始人

李嘉诚，1928 年 7 月出生于广东潮州。梅花香自苦寒来。为躲避战乱，11 岁的李嘉诚跟随父母到香港，经历丧父、贫穷、疾病。从学徒、店员、推销员起步，22 岁创办长江塑胶厂，以塑料花为底子，再到房地产，收购英资商行……每天早晨 5:59 起床，必看当日的全球新闻列表；晚上看书、看十几分钟的英文电视，等等，好学、自律、敏锐成就了这位超人。

长和系事业枝叶繁盛，李嘉诚从 1999 年开始连续成为华人首富。2006 年 4 月，三十多位中国内地著名的企业家在香港拜会李嘉诚，这一访问时至今日依然为人津津乐道。

李嘉诚说自己有 3 个儿子，第三个儿子是李嘉诚基金会，他投入大量资金到各类教育和医疗等公益行业。建长江商学院，培养国内商业领袖，影响了众多企业家；办汕头大学，每年毕业典礼必到现场，每年的毕业演讲广为流传。

2018 年 5 月 10 日，90 岁的李嘉诚在商场征战 68 年后，在长和系股东大会上宣布退休。"李嘉诚"这三个字更像是一种精神符号，引领着后来者前行。这位超人一生志在千里，历尽困难试炼，更深知成长之路不容易。企业家是一个有愿力的群体，常常把不可能变为可能，需要不断逾越艰难、超越局限，追求更高的水平。

一个人到底如何修炼？如何处世？如何存在？这是很多人思考的问题。李嘉诚在汕头大学（"汕大"）2017 年毕业典礼上题为《愿力人生》的致辞中给了他的答案："千圣皆过影，良知乃吾师。"良知是成就尊严和有存在意义的明灯。

李嘉诚代表文章（演讲）有《建立自我，追求无我》《强者有为》《做领导还是做领袖》等。

每年参加汕大的毕业典礼，我内心总是充满喜悦。在湖堤散步，在真理钟下听同学们朗读志愿，历历在目，声声入耳，处处感到急不可待要朝理想出发的活力。

特别是今天，看到你们兴奋的脸，如果会堂内的正能量可以灌入瓶中，一定可以让我的精力再延长90年。感谢大家与我分享这快乐时刻。

我明年90岁啦，一生志在千里，也知似水流年；我年轻过，历尽困难试炼，我深刻知道成长之路是非常不容易的；在高增长机遇的巨浪中，愚人见石，智者见泉。

因循的并发症是不思不想和无感无知，在人工智能时代中肯定过不了关；驾浪者的基本功，是时时刻刻要灵敏、快知快明，要有独立思考的悟力，能运用想象，把现实、数据、信息合组成新。

愚人只知道"为"（to do），智者有愿力，把"为"（to do）变成"成为"（to be）。"愿力一族"如何修炼？如何处世？如何存在？

愚人常常抱怨，变得墨守成规是被逼出来的，被制度营役，被繁文缛节捆绑，被不可承受的期望压至透不过气；他们渴望"赢在起跑线上"，希望有个富爸加上天赋的优越组合，认为"人能弘道"，改变尘世复杂和无可奈何的扭曲太负重，"道能弘人"肯定更舒服。

这样的心态，他们已"输在起跑线上"。传统中国智慧告诫我们命与运是互动交织的，拥有一切，也可以一无所有。懂得"善择"才是打造自己命运的保证。命运大赢家的梦幻DNA组合，是科学心智与艺术心灵的觉醒，只有这样才可以把潜能修炼为出众的人生。性格基础是意志力，自律的坚持和创意潜力相形相塑，才可达致拥有挪移心外喧哗的处世心力。

自律是铁杵成针的意志功夫。每个希望成为大舞蹈家的人，每天面镜，并非顾影自怜，而是不怕疲惫、不怕痛苦，一而再、再而三，修正追求举重若轻的完美，技巧内化自我之中。走到台前，"身与物化，意到图成"。

我今天为什么选择舞蹈幻灯为背景？诗人叶芝的提问一矢中的："怎样才能从舞蹈之中辨别真正的舞者？"舞蹈家个性魅力触动观众，凝住一瞬永恒，艺术映照人生，启迪感召每一个人逾越艰难、超越局限，追求更高的水平，开拓无限的可能。

最后，我想和大家分享，2016年我和一位多年在汕头大学服务的老师的对话，当我感谢他多年孜孜不倦地培育学生时，老师引用了王阳明的一语："千圣皆过影，良知乃吾师。"良知是成就尊严和有存在意义的明灯。

各位同学，道力之限，要靠愿力突破，我知道，你们一定会怀着谦恭、感恩的心，以信心和想象力追求一个开放、进步的世界，建立一个关怀的社会，成为真正的舞者。

追愿景而力行

徐二明

汕头大学商学院院长

如果中国有自己的塔木德的话，李先生的《愿力人生》则是其中最经典的一篇。

当我们寻找从"是什么"（being）到"成为什么"（becoming）的道路时，李先生已经用他89年的感悟，为我们点燃了一盏明灯，石破天惊地道出人生的真谛，"道力之限，要靠愿力突破"。

愿力，即誓愿的力量。在今天的语境下，这是指人们对愿景的强烈追求，并付之以正确的行动。李先生又将此词赋予了更深刻的含义，阐明了"愿力一族"要如何修炼，如何处世，如何存在。正如老子所说，知人者智，自知者明，明者智慧。

"愿力"意味着初心与使命。当今世界，互联网与传统工业密切结合，商业模式不断地变化着，新的秩序也勃发生成。李先生的行动清晰地体现着这种使命，用最朴素且有价值的理念来改变世界。

"愿力"还意味着有良知的"善择"。"公平处事，则大小咸宜；忠信相孚，则物我各得。"这是李先生对潮商理念所做的诠释。从"无取酒资，无甲小银"的侨批递送，到盘古银行创办初期"签个字，握握手"的生意方式；从基于浓厚信用意识之上的七兑票制度，到李先生以诚立信终成商业巨擘的故事；一代代潮商用诚信与良知成就了商道尊严，推动着世界转向更加理性与公平的轨道。

　　"愿力"更意味着"自律的坚持"。自古以来，潮商走的是一条艰苦而危险的道路，"愿力"决定了他们在遇到困难的时候是选择放弃还是继续坚持。潮商之所以被称为"东方的犹太人"，就在于他们能克服常人难以想象的困难，秉承"铜钱出苦坑"的创业精神，"历尽困难试炼"，即使困顿至不可名状，也不肯自暴自弃，以"逾越艰难、超越局限的决心，追求更高的水平，开拓无限的可能"，终成正果。李先生用自己的生命来坚守不变的承诺，尽心尽力地支持汕头大学的建设，不也正是这样一种写照吗！

　　"既然我已经踏上这条道路，那么，任何东西都不应妨碍我沿着这条路走下去"（康德）。在这个充满机遇、变化与挑战的时代，坚守"愿力"与良知，是每一位优秀企业家行动的根本。光明璀璨的心灵与有价值的选择，以化一切喧哗为处世的心力守护着自己的承诺，终将成为改变世界的力量！

① 你问我当年订立的目标是什么，我的答案你们早就知道："建立自我，追求无我"，希望你们与命运也许下承诺。

② 对我而言，如果你们能够坚定捍卫你们净洁能反思的心，能努力正直地取得自己的成就，能对别人的成功不存妒忌，能关怀无助贫弱的人，你就是我心中的精英。

③ 生长与变化是一切生命的定律，昨天的答案未必适用于今天的问题，只有你的原则才是你生命导航的坐标，只有你的情操才是你鼓舞生命的力量。

④ 在我看来，要成为好的管理者，首要任务是自我管理，在变化万千的世界中，发现自己是谁，了解自己要成为什么模样，建立个人尊严。

⑤ 个人品牌是无形资产，财富是有形资产，如果一个商人想要出人头地，必须要懂得经营和挖掘自己的无形资产，把无形资产变成有形资产。

人活着是为了什么

作者：褚时健

褚橙创始人

褚时健，1928 年 1 月出生于一个农民家庭。褚时健年少坎坷，年过半百时，接手玉溪卷烟厂，将一个濒临破产的地方卷烟小厂打造成亚洲第一的现代化烟草集团；此后折戟沉沙，身陷囹圄，经历了人生低谷。

跌得越低，反弹力越大。2002 年，时年 74 岁的褚时健包下云南哀牢山上的 2400 亩⊖荒地，涉足自己并不熟悉的橙子行业，他又用 10 年时间，让"褚橙"红遍全国，再一次书写了"褚王"的传奇。2018 年，褚老在离 90 岁生日还有 6 天的时候，选择了退休。

"人生总有起落，精神终可传承。"当正和岛创始人刘东华问"褚老，您希望留给自己的墓志铭是什么？"时，属兔的褚老缓慢而坚定地回答了五个字：褚时健，属"牛"。

褚时健历经人生的大起大落，已平静如水。他做到了在每一个工作的地方，都有人生的记号。褚老已然是中国企业界的一座精神丰碑，王石、冯仑等几十位企业家曾多次上哀牢山拜访。

褚时健代表文章有《人生没有顶峰》《心里有本清楚账》。

"我是谁？我从哪里来？我要到哪里去？"这是一个哲学命题。褚老曾进行了一次人生意义的反思：人活着是为了什么？他告诫年轻人不要一蹴而就，要先学会吃苦，要遵守自然规律和市场规律。而他只想赢，不想输。处在急剧变革的年代，多少人的内心焦虑不安，找不到生命的方向。褚老的这篇文章可以给我们一些启发。

⊖ 1 亩＝666.67 平方米。

事情不是一蹴而就的

现在的年轻人都太急了。现在社会上有太多人想做些可以一蹴而就的事，都想找条直路走。尤其是年轻人，大学读完书刚进入社会几年，就想搞出点名堂，实际不是这样的。人生很多事，不是一条直线。

我也曾经是年轻人，从中华人民共和国成立以后到现在，社会变动很大，很多希望都破灭了。尤其是在我四十来岁的时候，几乎所有的希望都不存在了。当你抱着很大希望的时候，失望就会很多；当看不到希望之后，希望又好像慢慢地能看得着一点。

时代不同了，现在的年轻人的期望值很高，很多人想一夜暴富，不能承受短期内没有回报的事。在我年轻时，我们一家三口从昆明来到玉溪，看到修路工人们临时住的房子，都非常羡慕。当时我们都觉得："一辈子能住上这样的房子，这一生就值得了！"

现在年轻人的知识面、信息量比我们那时强多了，但年轻人的特点还是一样：把事情想得很简单。

有一次，一个年轻人从福建来找我，说自己大学毕业六七年了，一件事都没做成功。他是性子急了，目标定得很高，想"今年一步、明年一步，步步登高"。我对他说：你才工作六七年，我种果树都十多年了，你急什么？

跌得越低，反弹力越大

年轻人现在不过二三十岁，人生历程还很长，也不一定每个人都要做大事业。困难多，搞好一点，信心就大一点，只有这样走，一步一步来。比如橙子，只要1公斤能赚1分钱，上万吨就能赚很多了。你要心急，就做不成。

以前有不少人在社会变动的时代抓住机会，一下子发了大财，比如搞房地产。还有人靠亲戚、靠父母，现在财富很多，我也认识一些。但现在这样的时代已经过去了。即使是靠机遇、靠父母，我也认为他将来守不住。

很多人说我 12 年来种橙子是"触底反弹"，跌得越低，反弹力就越大。

种橙子的人不少，但今天我可以说，像我这样种好上千亩的还不多见。有的人来我的果园看了一次，回去就建了八九万亩的新果园，但在我看来，基础没打好，后头要吃亏。

我们碰到过的难关，可以说是十几年没遇过的。连续高温一个多月，果子都被晒掉了。但你看我们的五条水管道来自对面大山，面对高温，果园有水维持。别的果园如果基础不好，损失就大。我们之所以还能保住和去年一样的产量，就是因为农业基础打坚实了。

这也是年轻人最难理解的。人在年轻时，要先学会吃苦，要实实在在地正当挣钱，才能拿得住。就像搞农业，如果你质量搞不好，经过一个周期，10 元的资产就变为 8 元了。

无论做什么都要有敬畏心

我在 2002 年正式开始种橙子时借了 1000 多万元，到 2007 年的时候就全部还清了。

前几年全靠朋友帮忙销售，你几十吨他几百吨地团购，慢慢就消化掉了。我老伴儿那个时候管销售，带着橙子到处去参加展销会，受了不少苦。好在前面几年果树还小，我们的技术也不完善，产量不算很大。

2008 年之后，我外孙女他们从国外回来帮着我和我老伴儿，开始抓我们自己的销售。

2009 年橙子的产量开始飞速增长，销售也慢慢步入正轨，所以产品还从来没有积压库存过。水果这种生鲜产品，积压库存是很大的灾难，相当于毁掉了。很幸运，我们没有过这种情况。

2014 年以前我们的果园一直是增产的，每一年都比上一年增产不少。

所以，我一直说我们是没有大小年的，的确像我们这种连续 10 年都增产的果园几乎没有。但是 2014 年我们出现了减产，有气候的关系，也有果树生长的自然规律——大小年的关系，尽管我们采取了很多措施，挽救了许多产量，但规律就是规律，一定要服从。

无论做什么事情，人都要有一颗敬畏心，自然规律、市场规律都要遵守。

产品：产品的竞争是质量和价格的竞争

现在我们的果园已经扩展到几万亩。到 2020 年，我们的果子产量能达到 6 万吨。我知道现在我们的橙子在市场上很好卖，听说有人拿它和当年的红塔山烟相提并论，因为它们都是紧俏商品。

我很高兴大家这么抬举我，但是我在思想上不敢轻飘飘。头几年可能大家因为是我种的橙子，因为好奇心都买来吃吃，但是如果果子不好吃，或者只是普通过得去，我相信买了几次人家就不买了。

我们卖得也不便宜，要是不好吃、品质不高，人家凭什么用真金白银买你一个老头子的账？

所以我一直和孙辈还有作业长们说，不要陶醉于人家怎么夸你怎么捧你，要尽好自己的本分，把橙子种好，每年多丰收一点，味道更好一点，人家就会继续揣着钱等你的橙子，不然，人家的口水就会等着喷你。

现在整个新平县种冰糖橙的越来越多，差不多一年的总量要达到 200 万吨了。我们的规模算是大的，品质也算是高的。但是，我们必须要看到，橙子过剩是必然会发生的。

供求关系从来都是有松有紧，什么情况都有可能发生，市场经济是不留情面的。产品一过剩，首先带来的就是降价，你的销售价降到成本价以下都是有可能的。怎么办？到那个时候，还是质量和价格方面的竞争。

我的产品如果质量好，那么其他人卖不完，我就能卖得完，另外如果我能把成本控制得好，即使别人亏着本卖，我也能赚到钱。

管理：只管大事

我做事的习惯是，凡是经我的手做的事情，我只管大事。这个大事决定了我干这行能不能成功，其他那些鸡毛蒜皮的事情我就不管了。

以前我有四五个副厂长，我给他们的权力非常大，每人管一块，四五亿美元的投资我就让他们直接签了。要委托书的话就给他们写一份，我就画一个框框在这儿，让他照着办，有什么错误我来承担。

我做那个小烟厂的时候，有13个党委委员，每天早上8点所有委员都要集中开会，讨论的都是鸡毛蒜皮的事：这家打架了，那家猪肉不够吃了，等等。

管得了那么多吗？所以那些鸡毛蒜皮的事就不要管了，有很多事情比这重要得多。我也有看走眼、选错人的时候。很多不了解我的人都觉得我在工作中比较霸道，其实当时我的目的就是要让玉溪卷烟厂成功，成为全国最好的，做到很多指标跟全国水平差不多。

大的错误我是不会给他机会去犯的。当时我一个人忙不过来，党委系统有很厚的一沓文件，我也不能随便签字说我都看过了，于是我就找别人来当党委书记，但这个人一来就胡闹，到后来差不多的时候，他就通过活动想当厂长，在这种情况下，我就说他这是在破坏玉溪卷烟厂的形象。后来这件事被报告到省里，那个党委书记就被赶走了。

还有另外一个厂长，也是类似这样的情况，所以人家都认为我很霸道。

关系：对得起做过的事，对得起处过的人

我这个人，心里放不下事，也算是个急性子。

像2014年天干，老是不下雨，每天晚上想到我的果树，半夜四五点我就睡不着了，起来翻书翻资料，第二天叫上司机去找专家，一定要找到解决办法。我想，我这么认真，果子的质量不会不好吧？

我一直和儿孙们强调，一个人工作、过日子都要认认真真，对产品要认真，对周围的人也要认认真真。这些年我们的果子卖得好，除了我们的产品过硬，周围人的支持也有很大关系。

像早几年我们的果子不成熟，没有朋友的帮忙，销售会很成问题。现在我们名声在外了，心里要知道感激，更要学会让大家的利益都得到平衡。

我一直对和我打交道的合作伙伴很好，对朋友也好，都是基于一个心理：怕亏待人家。这个习惯我一直都有。

做人做事要随时随地都检查，做这件事我朋友亏了没有？我一直经常提醒褚一斌，不要粗心大意，要经常想到身边跟着你的那几个人，诚诚恳恳地和人家相处。我们的生活条件比他们好一点，我们就多照顾他们一点。

我们现在果园里的农户，在我们这里干活，我就希望他们比别的农户生活条件要好一些；我们的作业长，我也希望他们的收入一年比一年高。

新平县的县长有一次听说了我们作业长的待遇，很惊奇："工资比我还高？！"对得起做过的事，对得起相处过的人，我能做到这两点，我这几十年也算没有什么遗憾了。

回头看看，我这一路走来，没有白费精神。我办事认真，确定了目标就追求到底。在每一个工作的地方我都有人生的记号，我也没在工作上闹出什么大事故。

想到这些，我也就甘心了。我活着为了什么？只想赢，不想输。

这些困难有些是原来想到的，有些是没有想到的，但我相信我能克服它。很多年以来，不管干大企业还是小企业，不管干哪个行当，都会遇到不同的困难，这些困难到最后还是都解决了。

所以，人的信心很重要。如果我们接二连三地干不成事，那就没有信心了。

我在七十四五岁时怎么想起来搞这个苦差事（种植褚橙）？在某种意义上可以说是因为我们的处境，我的生活来源没有办法得到保障，我只有一条出路，必须要搞成功。

我从小就闲不住，爬高上低的，房子一天上去8回、下去8回，时间还打发不了，总得有点事情做。

这都是我从小养成的习惯，认定了要干的事，只想赢，不想输。

不忘初心，方得始终

赵曙明

南京大学商学院名誉院长

褚老是我非常尊重和敬佩的一位企业家。褚老的这篇文章《人活着是为了什么》让我很受触动。

几十年的起伏和坎坷，褚老在不同的行业都取得了巨大的成功，他的商业行为有着跨越时代的意义。经历岁月的洗礼，总有一些东西在褚老身上从未改变。我想，他所有的起落和浮沉都在为未来积累着养分和力量。我们可以从他的所思、所想、所行中，感悟当代社会的价值观和管理观。

（一）做人要保持"吃苦之心"

他说人生很多事，不是一条直线。他说人在年轻时，要先学会吃苦，要实实在在地正当挣钱，才能拿得住。我也经常跟我的学生讲，吃苦是能力。成功从来不是容易的事，太过容易往往也难于坚持。褚老说："人生价值都体现在当下。"成功是一件需要持之以恒的事情，过去的成功并不能够支撑你一直吃老本，所以不能陶醉于过去。管理学大师彼得·德鲁克教授曾说过："预测未来最好的办法就是去创造它。"

（二）做事要恪守"本分之意"

褚老在文中提出要尊重规律、恪守本分。我们知道这是一个快速变化、日新月异的时代，坚持不变是一件非常艰难的事情。当前很多人都急于尝试很多新鲜的东西。我们鼓励创新，追求创新，但是创新的时候，要有根。褚老对于自我和商业都看得非常清楚，他说人们关注褚橙，很大程度上是因为他在做褚橙，但如果质量不好，人们马上就会放弃，所以不要透支自己的品牌与声誉。人们和社会对你的信任需要花很长时间来建立，一旦被破坏，再想建立就没有那么容易了。所以无论做什么事情，都要有一颗敬畏心。现在看来，褚老对于质量的始终坚持具有历史的洞见和十足的先见之明，他走在时代的前列，完美地契合了工匠精神的时代主题。我们的企业家和企业管理者要时刻谨守自然规律和市场规律，牢记管理底线、管理防线和管理红线的"三线思维"。

（三）做企业要常怀"感恩之情"

褚老说："认定了要干的事，只想赢，不想输。"在当今社会，靠一个人是远远不够的，团队精神的实质就是学会如何与他人坦诚交往、相互支持。只有获得别人的信任，才会有他人对你的支持，才能成功。褚老在管理过程中，只管大事，对于他人能够给予充分的信任。同时，他说要对得起做过的事，对得起处过的人。其实，管理实践本身就是这么简单。每一件事都认真做，每一个人都认真对待。事情经得起检查，人生经得起考验。

我想，不忘初心，方得始终，大概如是。

褚时健 经典语录

① 我的一生经历过几次大起大落，我不谈什么后悔、无悔，也没有必要向谁去证明自己生命的价值。人要对自己负责任，只要自己不想趴下，别人是无法让你趴下的。

② 一个人的经历，他的情感、荣誉、挫折，包括他的错误，都属于这条路的一部分。从这个角度来讲，经历是一笔财富。但一个被经历压倒的人，是无法得到这笔财富的。

③ 我这个人，做事讲求踏实和认真。我从来不认为自己是个天才。但我一直是个实实在在做事的人，而且我有十分认真的态度，做哪一行就尊重哪一行的规律。多学习、多了解、多实践，心里就有足够的谱。我觉得我并没有做什么了不起的事情，我所做的，都是尊重规律、恪守本分。

④ 一个人的价值主要在于干成事业。如果一生稀里糊涂，干十件事，八九件不成，那就很窝囊。有人劝告我说："你的事业到顶了，应该退了。"我认为还没到顶，还需要努力。

⑤ 我这一生就讲一点，要负责任。在任何情况下，我都要有所作为。只要活着，就要干事，只要有事可做，生命就有价值。

追逐梦想，开启新商业文明

作者：马 云

阿里巴巴集团创始人

马云，1964年9月10日出生于浙江杭州。1988年从杭州师范大学毕业后，马云成为一名大学老师，教授英语和国际贸易。4年后，他开始兼职创业，成立了杭州第一家专业翻译社——海博翻译社。

1999年，品尝了3次失败的滋味后，他和17位同事，即阿里巴巴十八罗汉，一起创建了阿里巴巴网站，成为中国电子商务的拓荒者。2003年，淘宝网诞生；2004年，支付宝成立；2007年，阿里巴巴B2B业务在香港交易所挂牌上市；2008年，阿里巴巴前瞻性地布局云端；2013年，阿里巴巴在纽约证券交易所上市，创美股史上最大的IPO。2014年，马云提出人类将从IT时代走向DT时代，并启动了阿里巴巴的移动战略。时至今日，阿里巴巴已成为一个横跨电商、云计算、数字媒体、娱乐等板块，营收达2000多亿元的生态系统。

如果用一句话概括马云，那就是：他是一个不断看到互联网的未来，并将未来变成现实的人。此外，马云在组织能力的打造、合伙人制度的建立、价值观和文化的塑造上，形成了自己鲜明的特色，并值得其他企业借鉴。

马云还是最早倡导新商业文明的企业家之一。2009年9月10日，在阿里巴巴十周年庆典上，马云表示：世界呼唤新的商业文明。世界不需要再多一家像阿里巴巴一样会挣钱的公司，而是需要更加开放、更加分享、更有责任，来自社会、服务社会的企业。他还提出了阿里巴巴做好新商业文明的三个指标。

马云代表文章（演讲）有《冬天的使命》《永远相信年轻人才是未来》《从IT到DT》等。

实践证明，新商业文明不但成为牵引阿里巴巴发展的动力，还日益成为社会的共识。在日益浮躁、很多企业感到迷茫的今天，重温本文，有着极为现实的意义。

10年前，在我的家里，我和其他17位同事，描绘了一幅图。我们探讨了中国互联网会怎么发展，中国电子商务会怎么发展，讨论了两个小时，从此我们就走上了这条路。

10年来，找不到没有任何理由让我们能活下来。有无数的原因、无数次的坎坷、无数次的情况，会让阿里巴巴一蹶不振，甚至消失在互联网世界。我们自己也在问，是什么让我们活了下来，并且越来越强大？我相信，我们并不是能力最强的，我见过很多人比我们的能力强，阿里巴巴今天的年轻人比我们10年前的能力更强；我们也不是最勤奋的，有很多比我们更勤奋的人；我们肯定也不是最聪明的，因为比我们聪明的人有的是。

那么，是什么让我们活了下来？让我们坚持走到现在？今天，我想在这里跟所有阿里人以及亲朋好友分享一下。我认为我们是非常幸运的，我们幸运生活在这个时代，我们幸运生活在这个互联网时代，我们幸运生活在中国。所以我说，从第一天起到现在，阿里巴巴一直充满了感恩之情，我们要感谢的人非常多。

我也相信，不管任何原因，我们今天活了下来，但是，我们还有92年要走。这92年，我们凭什么再走下去？前10年，阿里巴巴只有两大产品：第一个产品是我们的员工，第二个产品就是我们的客户。

阿里巴巴要坚持的三件事

我想在这儿分享几样东西，关于未来10年，阿里巴巴必须要坚持的事情。

第一，阿里巴巴是使命感驱动、价值观驱动的公司。8年多来，阿里巴巴每个季度考核价值观，每个季度、每个月，每一个人都是靠自己的使命感而坚持。有人说，阿里巴巴创办的是理想主义公司。我觉得，阿里巴巴是充满理想主义和现实主义的公司。没有理想，阿里巴巴不可能走到现在。

未来10年，我们永远是一家理想主义公司。当然，一定会脚踏实地，如果不充满现实主义地去做任何点点滴滴的事情，我相信我们也不会活到现在。我们永远会坚持客户第一、员工第二、股东第三，让华尔街所有的投资者骂我们吧！

第二，我们坚持专注电子商务。前10年，我们专注电子商务；未来10年，我们还是专注电子商务。

第三，我们坚持专注中小企业。前10年，我们专注中小企业；未来10年，我们还是专注中小企业。

因为只有专注中小企业、专注电子商务，才能让我们长久。因为中小企业需要我们，因为中国电子商务和全球电子商务需要我们。

世界呼唤新商业文明

今天阿里巴巴成立十周年，看到大家的激情，我从来没有那么担忧过，因为今天是一个阶段的结束，我们后面的92年才刚刚开始。从昨天晚上到今天早上，我们收到了18个阿里巴巴创始人的"辞职信"——18个人都辞去了创始人的身份。因为我们知道，从9月11日开始，阿里巴巴将进入一个新的时代，进入合伙人的时代，我们18个人不希望背着自己的荣誉去奋斗。今天晚上，将是我们睡得最香的一个晚上。我们不需要说，我是创始人。我必须更努力，跟任何一个普通员工一样。我们的过去一切归零，未来10年，我们从零开始。

说实在的，收到这18个创始人的"辞职信"，听到他们讲着真诚的话，我非常感动，我会在公司内网上分享每一封辞职信。十周年，阿里巴巴和大家一样，关注着世界在发生巨大的变化：互联网的发展、全球化的发展、金融危机，世界经济已经发生了很大的变化。我们在刚才3分钟的录像里看到，毒奶粉、大气变暖……世界在发生剧烈的变化。

我认为，这个世界在呼唤一个新的商业文明。旧商业文明时代，企业就是以自己为中心，以利润为中心，希望能够获取更多的利润，以自己而不是以社会为中心。21 世纪，我们需要的企业，是在新的商业文明、新的环境下，如何对社会的关系、对环境的关系、对人文的关系、对客户的关系，重新地思考。

最近一两年来，阿里巴巴管理层纠结的是，未来 10 年，阿里巴巴怎么走？我们需要变成一家什么样的公司？不是我们想变成一家什么样的公司，而是世界需要什么样的公司。在 21 世纪，需要有 21 世纪理念的公司。我们希望成为更懂得开放、更懂得分享、更懂得全球化的公司。我相信互联网之所以发展那么快，是因为互联网懂得开放、懂得分享、懂得承担责任，有全世界的眼光。今天任何一家企业，如果想在 21 世纪活好，必须学会开放、分享、责任、全球化，阿里巴巴就是希望成为这样的一家公司。

世界不需要再多一家互联网公司，世界不需要再多一家像阿里巴巴一样会挣钱的公司，世界也不需要有持久经验的公司。世界需要的是一家更加开放、更加分享、更有责任，来自社会、服务社会，对未来社会充满责任、承担责任的企业；世界需要的是一种精神、一种文化、一种信念、一种梦想。未来 10 年，阿里人要坚守我们的信念，坚守我们的文化，坚守我们的梦想。只有梦想、理念、使命、价值体系，才能让我们走得远。

我们希望，通过阿里人的努力，我们能够通过互联网、通过电子商务，专注小企业，让全世界所有的企业在平等、高效的平台上运作。

我们期望，10 年以后，在中国这片土地上，再也看不见民营企业和国有企业的区别、外资企业和内资企业的区别、大企业和小企业的区别，我们只希望看到诚信经营的企业。

我们希望看到，商人再也不是唯利是图的象征。我们希望看到，企业不再以追求利润为目的，而是追求社会的效益、社会的公平，完善社会和效率。

我们希望看到，自己作为企业家、作为商人，在这个社会里面，我们承担着政治家、艺术家、建筑家一样的责任，成为促进社会发展的主要动力之一。

前10年，通过全社会的帮助，阿里巴巴使自己创业成功。未来10年，阿里巴巴希望通过自己的平台，帮助无数的企业成功，帮助无数的创业者成为阿里巴巴。从18个人到今天17 000名员工，我们将永远坚持员工第二。我们将不仅仅满足于创造更多的百万富翁，而是关注员工的幸福感。2010年，我们要设计、打造阿里人的幸福指数。

我们希望，员工不仅仅是物质的富有，还是精神的富有；我们希望，员工有成就感，为社会认同，被社会尊重。我们永远坚持认真生活、快乐工作。

我们保证，一定会给支持阿里巴巴、信任阿里巴巴的股东，还以丰厚的回报。但是，我们回报的不仅仅是金钱。我们希望阿里巴巴所有的股东，最后感到骄傲的是，你们投资了一家对社会有巨大促进作用，对社会承担巨大的责任，帮助就业、成就梦想的公司。只有这样的公司，你们投资才会觉得有成就感。

新未来：阿里巴巴的三个目标

就像10年以前，我跟今天的杭州市委书记说："10年以后，阿里巴巴会成为一家市值50亿美元的公司。"当时，我们总共凑了50万元人民币，非常艰难。我看见书记兴奋地点了点头，当然，周围很多人觉得不靠谱。

10年以来，一直有很多人说，阿里巴巴讲的是故事，阿里巴巴这个做不到，那个做不到。但是，10年了，阿里巴巴其中的一家公司已经在股市上市，已经拥有超过100亿美元的市值。阿里巴巴已经从18个人变成 1 万多名员工，阿里巴巴也从中国遍布到全球 200 多个国家和地区。今天，我当着 27 000 名阿里巴巴的员工、阿里巴巴的客户、亲朋好友，描绘一下 10 年以后，阿里巴巴如果做好新商业文明，具体的指标是什么。

第一个指标，阿里巴巴要成为能够为 1000 万家小企业提供服务的电子商务平台。第二个指标，我们要为全世界创造 1 亿个就业机会。第三个指标，我们要为全世界 10 亿人提供消费。我们希望通过这个平台，让所有的小企业可以通过技术、通过互联网、通过电子商务，跟任何大型企业进行竞争。我们希望消费者能够享受真正物美价廉的产品。我们更希望在我们的服务方面，让任何一个老太太，不要因为少交了 60 元电费而去银行门口排队，而是要利用我们的服务，让她们跟银行的董事长享受一样的权利。

我相信，1000 万家中小企业、1 亿个就业机会、10 亿个消费者，一定会引来很多的非议、嘲笑、讽刺。没关系，我们阿里人习惯了。我也相信，世界也许一定会忘记我们，因为我们不是追求别人记住我们。我们追求的是，别人使用我们的服务，完善自己的生活，促进社会的发展。

各位阿里人，92 年的路非常之长。来到阿里巴巴，不是为了一个工作，而是为了一份梦想，为了一份事业。我在这儿想分享一下不断激励我自己，也是想激励大家的：今天很残酷，明天更残酷，后天很美好。但是，绝大部分人死在明天晚上，看不到后天的太阳。阿里人必须看到后天的太阳。

所有阿里人要记住，毛主席曾经讲过，"自信人生二百年，会当击水三千里"。世界给了我们这个舞台，全球给了我们这个机会。动动所有的智慧、所有的勇气，用一切的努力，去帮助 1000 万家企业生存，去创造 1 亿个就业机会，为 10 亿人提供真正价廉物美的平台！

新公司范式的开创者

秦 朔

"秦朔朋友圈"创始人

2009 年 9 月 10 日，马云在阿里巴巴十周年庆晚会演讲中，提出了"开启新商业文明"这一命题。他认为"世界在呼唤一个新的商业文明"，21 世纪的企业需要重新思考"对社会的关系、对环境的关系、对人文的关系、对客户的关系"。通过演讲，我们可以看到在马云心目中商业文明的内涵包括：使命感驱动、价值观驱动；学会开放、分享、责任、全球化；专注电子商务和中小企业，让全世界所有的企业在平等、高效的平台上运作；各种企业一视同仁，诚信经营；追求社会的效益，追求社会的公平，完善社会和效率，成为促进社会发展主要的动力之一；员工有成就感，为社会认同，被社会尊重。

我在 2008 年金融危机和三聚氰胺事件后开始研究商业文明，在 2008 年 12 月 5 日《第一财经日报》上发表了《以责任创造新商业文明》一文。从我的研究看，马云是最早认真思考新商业文明的中国企业家，他喜欢用"新"这个字。"新"既是为了和工业文明时代的模式与流程相区别，也是为了和强调股东价值最大化的资本主导的思维相区别。阿里巴巴因此成为极具典型意义的社会价值驱动型企业，开辟了公司的新范式。如同马云所说："希望阿里巴巴所有的股东，最后感到骄傲的是，你们投资了一家对社会有巨大促进作用，对社会承担巨大的责任，帮助就业、成就梦想的公司。只有这样的公司，你们投资才会觉得有成就感。"

马云坚持客户第一、员工第二、股东第三。这使他和"季度性资本主义"的华尔街思维强烈区分开来。阿里巴巴因此走向了长远主义，愿意对创造长期价值做出承诺。阿里巴巴云计算的奠基人王坚曾告诉我："2008 年 10 月，阿里巴巴召开过一次战略会，有两个非常重要的结论留在了文档里。第一，阿里巴巴是一家数据公司；第二，computing as utility，这句话是用英文写的，就是把计算能力当成一种公共服务。"今天阿里巴巴已是世界级的云计算服务商，而把计算当成公共服务的想法是其在 2008 年就孕育了的。这再次证明了相信的力量，证明了用理想主义的、文明的视野做商业，最终也会让商业变得波澜壮阔、异常非凡。

① 今天很残酷，明天更残酷，后天很美好。但是，绝大部分人死在明天晚上，看不到后天的太阳。

② 企业家必须拥有"新三观"来面对未来的挑战。第一观是全局观，第二观是未来观，第三观是全球观。企业家还要追求新的"三性"：可持续性、包容性、绿色性。

③ 如果把战略分为人的上半身和下半身，上半身就是使命、愿景、价值观，决定这家公司要去哪里。下半身就是组织、人才、KPI，决定你的战略能否具体落实。

④ 互联网有今天，四个特征、八个字最关键：开放、透明、分享、责任。假如你的管理不能具有这样的实质、这样的思想，你的企业一定走不久。

⑤ 人类正在从 IT 时代走向 DT（数字科技）时代。IT 科技和数字科技，这不仅仅是不同的技术，而是人们思考方式的不同，人们对待这个世界方式的不同。

企业家精神和商业文明漫谈

作者：**秦 朔**

"秦朔朋友圈"创始人

———

秦朔，1968 年 12 月出生于中原大地。1990 年，秦朔在复旦大学毕业晚会上临别感言，讲道："我要在 30 岁前，拥有一张安静的书桌。"他做到了！

秦朔成名很早。他在大学毕业后南下广州，28 岁成为《南风窗》总编辑；此后他辗转上海，2004 年创立了《第一财经日报》，担任总编辑。2015 年，秦朔抛弃在传统媒体行业 25 年积攒的一切，选择重新归零，跳进新媒体创业的大潮中，创立自媒体"秦朔朋友圈"和中国商业文明研究中心，激荡起行业中的层层涟漪。他将这个自媒体平台定位为企业家精神的代言人，而非企业家利益的代言人。

秦朔从未放下他手中的笔，始终保持对商业的观察，字里行间依然流淌着隐忧、呐喊，指向他想去的心中方向。熟悉秦朔的人都会用"胸中有情怀的文人"来形容他。他不断探索商业文明与中国企业家精神，写了大量文章弘扬企业家精神，同时也呼吁企业家沿着商业文明的轨道前进，自我超越和净化。

2017 年 9 月 25 日，中央首次以专门文件明确企业家精神的地位和价值，引起社会的热烈反响。商业改变世界，企业家群体推动商业发展。如何定义企业家？社会上对企业家的认知有哪些误区？企业家的正途是什么？秦朔在这篇文章中提出衡量企业家最重要的标准是看他有没有企业家精神，真正被行业和社会认可并尊重的企业家，都有着更深刻的动力和自我约束，恪守商业道德和社会的文明准则。本文来源于 2017 年 10 月 1 日微信公号"秦朔朋友圈"。

秦朔代表著作有《文明寻思录》《秦朔访问：照亮世界的中国企业家精神》《大变局》等。

怎么看有关企业家精神的中央文件

一石激起千层浪！2017年9月25日，《中共中央国务院关于营造企业家健康成长环境弘扬优秀企业家精神更好发挥企业家作用的意见》正式公布，明确了激发和保护企业家精神的总体要求和主要任务，提出了一系列改革措施，引起社会热烈反响。

一句话，非常欣慰！

中国是今天世界上企业家精神最旺盛的区域，我们有20后的褚时健，30后的周家礽，40后的任正非、柳传志、张瑞敏，50后的马明哲、李东生、董明珠，60后的马云、李彦宏、雷军，70后的马化腾、周鸿祎、王兴、李斌，80后的汪滔、程维、张一鸣，还有90后的创业者和承接父辈事业的接棒者，甚至00后的创业者已开始出现，这是中国经济的活力、动能之所在。应该充分肯定，更进一步调动中国企业家的积极性。

同时，我觉得，这次的文件既是激励的号角，也是约束的轨道，而不能简单理解为一边倒地颂扬和支持。

比如文件提出的四条基本原则，第一条是"模范遵纪守法、强化责任担当。依法保护企业家合法权益，更好发挥企业家遵纪守法、恪尽责任的示范作用，推动企业家带头依法经营，自觉履行社会责任，为建立良好的政治生态、净化社会风气、营造风清气正环境多作贡献。"对企业家提出了不少要求。

又比如，文件提出弘扬企业家的三种精神——爱国敬业遵纪守法艰苦奋斗的精神、创新发展专注品质追求卓越的精神、履行责任敢于担当服务社会的精神，这也有一定的指导性和倾向性。

总之，文件在肯定企业家作用、要求充分依法保护企业家合法权益的同时，也对企业家提出了新要求。换言之，就是在改革开放40年的今天，中国企业家也要有新境界、新精神、新水平。

我常常说，"秦朔朋友圈"是企业家精神的代言人，但不是企业家利益的代言人。所以过去一两年我们既写了大量文章弘扬企业家精神，同时也呼吁企业家沿着商业文明的轨道前进，自我超越和净化。

如何定义企业家

当年写博士论文要做文献梳理，我下过一些功夫。简单来说，可以从狭义和广义两方面来定义企业家。

狭义：企业家就是创业者，是开创新生意并承担其风险与不确定性的人，这方面主要的代表性学者是熊彼特（1934）和奈特（1921）。

广义：企业家是经营管理企业的职业化的领导人，这方面主要的代表性学者是钱德勒（1977）。

我个人曾有一个定义，企业家是以企业为家和经营管理企业的专家。"以企业为家"，这是一种态度；"经营管理企业的专家"，这是一种能力。

如果简单做一个梳理，西方关于企业家研究的源流大致如下。

企业家（entrepreneur）的概念最早由法国经济学家康迪隆（1680—1734）引入经济学。他在《商业性质概论》中将经济看作货币和商品的循环流动体系，企业家的作用是让经济资源的使用效率由低到高。18世纪初，entrepreneur 的含义是指那些和政府签订合同的承包商，因为是政府付费而无风险。康迪隆借用 entrepreneur 一词，但他认为，相对于一般按时领取工薪的人，企业家应是冒险者。他们愿意冒险，从事经济活动时不按固定价格进行买卖，收入不确定，其补偿是未来能获得利润。

由这一缘起可以看出，企业家的作用是使资源在他们手中能有更高的产出，企业家能让资源配置的效率更高，同时企业家要承担风险，有冒险精神。

在康迪隆之后，两位古典经济学大师对企业家的职能做了更广的论述。

萨伊（1803，1815）认为，企业家是将一切生产手段——劳动、各种形态的资本或土地等组合起来的经济行为者。他必须预见特定产品的需求以及生产手段，必须发现顾客，必须掌握监督与管理的技能，必须克服许多困难，必须压抑住许多忧虑，必须开动脑筋想出许多方法。

马歇尔（1890）指出，企业家依靠自身的洞察力和风险承担能力，通过有效地利用各种生产要素和把商品转到最需要的需求者手中，以确保市场由不均衡状态向均衡状态转化。他们是市场秩序的创造者。

20 世纪的企业家研究，最重要的有三个方向。

一是奈特（1916，1921），他认为企业家是风险与不确定性的承担者。

二是熊彼特（1934），他认为企业家的职能是创新，创新的路径有五个，即采用新产品，采用新生产方法，开辟新市场，控制原材料或半制成品新的供应来源，实现新的工业组织。此后德鲁克在《创新与企业家精神》[⊖]（1985）中有更深入的研究，德鲁克去世后，纽约大学的鲍莫尔教授是企业家精神研究领域最具代表性的人物，2017 年以 95 岁高龄去世。

三是柯兹纳（1973，1997）提出的"警觉理论"，企业家是对机会非常警觉（alertness）的人。

上面这些梳理不是要"掉书袋"，而是要提醒大家，从来没有哪个经济学家、管理学家会把企业家之道当成挣钱多少之道，有钱人是富豪，是企业主（owner），但未必是企业家，ownership（所有权）和 entrepreneurship（企业家精神）并不是一回事。伟大企业家的排行榜和富豪榜并不完全一样。寻租、垄断、投机、继承，都可以成为富豪，但他们不是企业家。相反，职业经理人类型的企业家，国外如阿尔弗雷德·斯隆、杰克·韦尔奇，中国如宋志平等等，他们上不了富豪榜，但都是了不起的企业家。

衡量企业家的最重要的标准

熊彼特早就说过，企业家有征服的意志、战斗的冲动、创造的欢乐，他要"建立一种新的生产函数"，把一种关于生产要素和生产条件的"新组合"引入生产体系，"只要他们实际上在从事'新的综合'，他们就是企业家，而一旦他们功成名就，他们就不再是企业家了"。

由此可见，企业家不仅不是一种身家，也不是一种"董事长、总经理"一类的身份，而是一种精神特征，缺少这种拼搏超越创新的精神，不再努力了，就不是企业家了。美国《企业家》杂志扉页中一直刊登着一段话，

⊖ 本书中文版已由机械工业出版社出版。

其中说"宁愿向生活挑战，而不愿过着有保证的生活；宁愿要达到目的的激动，而不要乌托邦的毫无生气的平静"（I prefer the challenges of life to the guaranteed existence；the thrill of fulfillment to the stale calm of Utopia），这里描述的就是企业家精神。

企业家的认知有哪些误区

企业家是行动者，用行动创造财富，不能苛求他们的认识像经济学家一样完整。但是有些明显的误区和迷思还是可以说一下的，大概可以归纳为如下几点：

- 企业家就是富豪；
- 企业家就是董事长、总经理；
- 企业家就是私企老板；
- 职业经理人不是企业家；
- 企业里才有企业家精神。

从做研究的角度看，这些都是常识问题。比如德鲁克指出，任何有勇气面对决策的人，都能够通过学习成为企业家，并表现出企业家精神。他在研究美国1965～1985年就业人口不断增长，完全打破了每50年一个周期的"康德拉季耶夫经济停滞"时指出：是成千上万的企业家的创新活动避免了经济大衰退，是企业家精神与企业家管理引导着从新创的小企业到通用电气这样的大公司，从企业界到大学和医院，寻求"有目的的创新"，最终形成了生机勃勃的"企业家社会"，创造出"非典型的康德拉季耶夫经济周期"。企业家精神是我们全社会、各行各业都应该倡导，也都存在的一种精神。不是说只有经商办企业的人才有企业家精神，这是很荒唐的。

为什么我们有些企业家的言谈举止让同业、让社会、让政府觉得不舒服，甚至面目可憎？一句话，就是财富骄人，自以为有钱就有一切，有钱就证明一切。财富当然很重要，它也是企业家驱动力的重要组成部分，但那些真正被行业和社会认可并尊重的企业家，都有着更深刻的动力和自我约束，恪守商业道德和社会的文明准则。

企业家的正途是什么

文件中讲到的弘扬企业家的三种精神，都是正途。我觉得，度量企业家的价值，最主要的是看他们是用什么样的方式，组织要素资源，通过创新、管理、运营，为消费者和社会创造出了怎样的正向价值。

从商业文明的角度来看，企业家首先应该用正当方式获利；接下来的台阶是用创新的方式提供消费者剩余，在资源配置和生产关系方面进行革新，激发新的生产力；再一个台阶，是要对利益相关者和社会产生正外部性；最后，是努力使企业成为社会进步的阶梯，更好地回馈社会。

学术界关于企业家精神的研究，总体上有如下结论：

- 应该更多创新，而不是套利、投机；
- 应该更多创新，而不是复制；
- 应该更多从事生产性活动，而不是非生产性活动或"财富再分配"性质的活动；
- 应该更多展开充分竞争，而不是行政垄断、寡头垄断与既得利益固化；
- 应该更多鼓励法治化、阳光化的创造，而不是坑蒙拐骗、裙带资本、台底交易和掠夺偷窃……

为企业家营造良好的法治环境

关于依法保护企业家财产权、创新权益、自主经营权，营造促进企业家公平竞争、诚信经营的市场环境，以及营造尊重和激励企业家干事创业的社会氛围，文件中都有详细论述，已经很全面了。

我写博士论文时，通过问卷调查发现，对企业家驱动力影响最大的外部因素依次是：

- 法治公正，保证合同能够履行；
- 产权明晰并受到保障；
- 社会稳定程度高；
- 政府不随意干预和管制企业范围的事情。

这说明法治环境、产权制度、社会稳定是对企业家影响最大的外部因素。

文件中多次提到"依法保护"，"依法"两个字太重要了，我觉得中国企业家需要"政策性关怀"，更需要"法治化尊严"，就是其权益、权利真正得到法律保障。研究美国商业文明的历史，我有一个很大的体会，政府、企业、社会之间有一种平衡关系，在某些时代，企业力量过度膨胀后，政府和社会就会采取一定的抑制措施，比如反托拉斯法。但是，政府对企业的处置是通过司法程序进行的，企业也有平等申诉的权利，最后由法院判决。

以此来说，中国的全面深化改革、全面依法治国还需要方方面面努力，只有真正建立和社会主义市场经济相匹配的法治体系，企业家的预期才能更加稳定和长期化。

企业家精神的代言人

茅忠群

方太集团董事长兼总裁

我与秦朔老师有过几面之缘，发现秦老师是一位很值得尊敬的媒体人。"'秦朔朋友圈'是企业家精神的代言人，但不是企业家利益的代言人。"秦老师的这句话也印证了这一点。他对于当代中国的企业家精神有着深刻的洞见，这篇文章足以窥一斑而见全豹。

关于何谓企业家精神，秦老师引述了2017年9月25日中央文件《中共中央国务院关于营造企业家健康成长环境弘扬优秀企业家精神更好发挥企业家作用的意见》提出的关于企业家应当遵守的四条基本原则和弘扬企业家的三种精神，敏锐地洞察到这个文件"既是激励的号角，也是约束的轨道"。

关于如何定义企业家，我比较认同秦老师的定义：企业家是以企业为家和经营管理企业的专家。"以企业为家"，这是一种态度；"经营管理企业的专家"，这是一种能力。我想是否还可以再增加一个：承担社会责任的良家。如此提炼一下就是三个"家"：把企业当作家（既是自己的家，也是员工的家）；把经营做到家（专家之上还有大家，科技专家之上还有科学家）；把责任担到家（爱祖国爱人民，爱员工爱客户，积极承担社会责任，不断导人向善，促进人类社会的真善美）。一个是态度，一个是能力，一个是胸怀。由此，要成为一名真正的企业家，需要经历从生意人到经营者，到经营专家，再到企业家的蜕变。所以秦老师又指出："财富当然很重要，它也是企业家驱动力的重要组成部分，但那些真正被行业和社会认可并尊重的企业家，都有着更深刻的动力和自我约束，恪守商业道德和社会的文明准则。"

秦老师还提到衡量企业家的价值，要看他们为消费者和社会创造出了怎样的正向价值。我觉得"正向价值"这个词提得特别好。一般教科书只说为顾客创造价值，但价值分为正向价值和负向价值，或者说有正能量和负能量。比如说一款游戏，深得孩子喜爱并使其沉迷其中，从商业上讲这确实为顾客（孩子）创造了价值，但可惜对社会而言这是一种负能量，并非正向价值。

秦老师最后呼吁为企业家营造良好的法治环境。中国的经济发展和社会进步需要大批的企业家，唯有良好的法治环境才是孕育大批企业家的土壤。当前中国正在大力推进依法治国，弘扬中华优秀传统文化，相信不久的将来中国会涌现出越来越多真正的企业家。

秦朔 经典语录

① 中国的商业活动很多，但是商业文明不多；富豪很多，但是企业家不多。即便曾经是企业家，如果丧失了精神状态，也就失去了"家"的资格。

② 商业是一种责任。负责任的商业是一种文明。没有文明的商业，就没有文明和谐的社会。

③ 什么是企业家精神？企业家走过的路，体现出来的特质就是企业家精神。

④ 企业家天生就是风险和不确定性的承担者，风霜雨雪本就是环境的常态，成长的能力往往是逼出来的。自由从不免费，要自己去把握、争取和创造，赢得自由是在一直向前走的过程中实现的，不是去征服什么，只是不被征服。

⑤ 中国经济过去有一种说法，叫"笼子经济"，笼子忽大忽小，空间忽张忽收，取决于监管者的感觉，而处罚了谁，别人就在外面当看客。我们要一起努力，让"笼子经济"变成"轨道经济"，一轨是法治化的市场经济体制，一轨是社会与民众越来越理性、有强健的判断力和文明素质。这两轨有多么强大，中国企业和企业家就能走多远，中国经济就能走多远。

先问是非，再论成败

作者：**刘东华**

正和岛创始人兼首席架构师

刘东华，1963 年出生于河北沧州。1990 年从中国社会科学院新闻学毕业后，他分配至《经济日报》评论部。

1992 年，即邓小平南方谈话的那一年，未满而立之年的刘东华在《经济日报》社创办"民营经济特刊"。这个创举此后成为他结缘与服务企业家的人生大方向的起点。1996 年起，刘东华带领《中国企业家》杂志的团队二次创业，2006 年创办"中国企业家俱乐部"，2012 年正和岛正式上线。

"欣赏你到灵魂里，批判你到骨子里"，他是"企业家朋友最多的人"，更是企业家群体的"诤友"。他以思想洞悉商业本质，以激情感召企业领袖，25 年的风雨同行，刘东华见证了企业家群体从边缘人物到时代英雄的崛起。

曾经的资深媒体人，如今的创业型企业家，刘东华的一生只做一件事，就是激发、引领与连接中国企业家，在全社会弘扬企业家精神。刘东华对企业家群体知之深、责之切，很多关于企业家的观点影响广泛、深受认同，如国力较量论、驴子论、英雄论、是否成败论等在今天仍然颇有现实意义。

刘东华在各种场合撰文或演讲，为企业家实现"内有尊严、外有尊敬"的人生境界鼓与呼，更提醒企业家"迎接艰难的黄金时代"勤练内功，以转心促转型；面对日益不确定的国内外环境，企业家保持定力、激发动力。如今，通过线上线下融合的商业社交平台正和岛，刘东华近年来在企业界倡导爱党爱国、向上向善的价值观，引导企业家守法诚信，让商界更值得信任，以此推动新型政商关系的构建。

本文是刘东华在 10 年前为《中国企业家》杂志撰写的刊首语，那正是改革开放 30 周年之际。当时金融危机加速蔓延、全球变暖对全人类的威胁已然成形，汶川大地震更是引发了社会对企业社会责任的强烈期待。当时刘东华发起创建的中国企业家俱乐部，聚集了多位商界领袖，基于全人类的价值共识，试图重新思考与实践企业的社会角色和历史方位。在此背景下，刘东华写作了本文，提出不仅以成败论英雄，更要以是非论英雄的新观点。这有别于市场经济中盛行的功利导向的结果论，得到了包括本文点评者胡葆森先生在内的众多有远见的企业家的好评。

刘东华代表文章有《企业家是社会物质财富的受托人》《让一部分人先高贵起来》《捍卫原则就是捍卫最大利益》等。

每个人都有自己的是非观，每个人也都不愿意违背自己的是非观去做事。但是，实际生活中我们会发现，并没有多少人在做一件事情前会认真地问"为什么""这件事对不对""该不该去做"；单位里偶尔碰上一个特别"较真儿"的人，同事还可能觉得这个人很可笑，领导则可能把他当"刺头"，甚至让他坐"冷板凳"。

大部分人不愿意"问是非"可能主要有两个原因：一是人们会天然地以为"是非"早就被领导、前辈、组织、国家等远比自己强大的人或机构"问"过了，轮不到自己来问；二是当在某些地方产生了质疑，试图去问一问是非时，却发现一件看似很小的事情背后可能很复杂，也很麻烦，自己根本就"问不起"，结果就变得越来越"识趣"，越来越"懂规矩"了。

既然"是非"早就被"问"过，自己想问也"问不起"，人们也就只能在"成败"上下功夫了。何况无论中国古语"成者王侯败者寇"，还是西方民谚"是非的标准永远是成功者制定的"，说的都是一个意思：要想谈论是非，先得创造资格，不要命的就来吧！

一旦人们普遍不敢问是非、不愿问是非、不习惯问是非的时候，自己的"命"是暂时保住了，人类的命却一天天危险起来。为什么这样说呢？第一，昨天的是非标准哪怕的确是对的，也一定会有过时的时候；中国的美丽，可能正是美国的哀愁。因此，随着时空的转移和坐标系的变化，是非依据和美丑标准的不断调整是必然的，也是人类进步的必须。第二，总有一些自大的成功者和自私的聪明人去搬弄是非，让那些本应服从、服务于公共利益、整体利益、未来利益的标准人为地跑偏，转而成为个别人、个别利益集团满足个别利益、眼前利益的工具。没有人不断地去问"为什么"，这种跑偏就会越来越大、越来越荒唐。第三，人都是善于学习的，如果不断有不问是非、只论成败的"成功榜样"出现，追随者和效仿者就会越来越多；如果这种"成功"建立在上面所说的过时的、跑偏的、对人类整体利益和未来利益构成重大威胁的是非标准之上，那么，这种"成功"越大、成功者越多，对人类的伤害也就越大、越多。第四，作为"万物之灵长"、宇宙间迄今为止我们唯一知道的高级智慧生命的人类，其自我打斗的工具不断升级，杀伤力不断放大，今天的科技创造力和环境摧毁力，已发达到一旦失控可轻松毁灭人类和整个地球生物的程度，且仍然处于高速进步和无限提升的过程中。以此为背景，人类最重要的"软件设计"即"是非观"如果出了大问题，其自相残杀的形式将不断花样翻新，这个世界将充满随时可能引爆地球的"核按钮"，人类将迅速自我毁灭就不再是一种推论，而成为一种必然。地球上如果没有这个"万物之灵长"，蚂蚁、老鼠都可以自由地生存几千万年、上亿年；有了这个"万物之灵长"，就因为它的强大、贪婪和短视，其高级文明阶段只持续了几千年就已经搞得不但自己的生存不可持续，整个世界都将被动地成为其自我毁灭的殉葬品。人类到底是"万物之灵长"还是"万物之罪魁"？

这就是我为什么一直深深感谢这次席卷全球的金融危机、经济危机的理由。它使我们一路狂奔、冲向悬崖的脚步骤然绊倒，避免了粉身碎骨；它使正在全速飞向空难的"人类号"航班在剧烈颠簸后紧急迫降，有机会在一片慌乱的地面上安全地换"发动机"，逃过了"机毁人亡"的大劫。

让我们的脚步等等我们的灵魂，不要让人类越来越强大的翅膀迷失应有的方向吧！

中国有远见的政治家几年前就提出"科学发展""和谐社会"的正本纠偏之道；美国前总统奥巴马则发誓通过把美国带回到正确轨道，燃起人类新的希望之光。

很多美好的希望、梦想，高远的目标、蓝图之所以常常成为人们的笑柄，往往是因为它的虚幻、缥缈和不可实现性，就像"先问是非，再论成败"的说法特别容易受到那些不问是非的成功者嘲笑一样。

但愿从现在开始，人们能把自己的讥笑、嘲笑变成更高尚、更负责任的笑。因为我们所谓"先问是非，再论成败"，不是"不论成败"，而恰恰是为了在问清是非的前提下追求更大、更长远的成功，是为了确保让这个世界出现更多"是者成、非者败"的喜剧而非"非者成、是者败"的悲剧。

可能有人会说，世上万千事，如果没有明确、统一的标准，即使想问、敢问这个"是非"又该怎么问？从哪里问起？君不闻"人人心里有杆秤""公道自在人心"？只要我们乐于并勇于对这个人心的"公道"负责，只需三问即可丈量天下一切值得丈量的是非：这件事会伤害别人吗？这件事会破坏我们的生存环境吗？这件事会危及我们的子孙赖以生存的未来吗？

"先问是非，再论成败"，用是非评价成败，用成败廓清是非。为了世界的安全和健康，为了人类的尊严与荣誉，让我们从现在做起，从你我做起。

"是非观"是商业文明的基础

胡葆森

建业地产股份有限公司董事局主席

我与东华相识相知多年，他一直有非常强烈的家国情怀。借正和岛编纂本书的机会，有幸重读了他 10 年前为《中国企业家》杂志所写的刊首语《先问是非，再论成败》。将近 10 年过去了，他忧国忧民的情绪仍跃然纸上，甚至扑面而来，可见用情至深。

东华写下本文时，中国刚刚度过改革开放 30 周年。30 年，中国经济发展取得了举世瞩目的成就，GDP 总量由 3680 亿元上升至 32 万亿元，增长近 88 倍。也正是从那时起，大家开始意识到我们为经济的快速增长付出了代价：一是自然环境遭到严重破坏，二是伦理道德标准遭到西方文化和日韩文化的冲击，变得有些模糊。2008 年国际金融危机肆虐，更在全球范围内激发了关于创新与监管、商业与道德的大讨论，结果是一地鸡毛，莫衷一是，各说各的理。

东华在本文中谈论了一个非常重要的话题——"是非观"。何为"是非"？何为"是非观"？所谓"是非"即事理的对与错，所谓"是非观"即人对事理"正""反"的判断和取舍。孟子说："无是非之心，非人也。是非之心，智之端也。"企业家群体若无是非之心，对何为信、何为义没有基本的判断，我们的商业文明就会成为无本之木。从这个角度看，东华的思考显得更有现实意义。

当前，很多媒体把一些缺乏远见之人阶段性的"得手"称之为成功，并引发后来者的盲目追捧。在我看来，到底什么是商业上的成功并没有标准的答案。企业要依据自己的价值观导向进行决策，要走正道、务正业，只有这样才能行稳致远；相反，一味追逐商业利益，就算是一时侥幸"得手"，也难逃昙花一现的命运。同时，"是非"也从来没有绝对统一的标准，正因为此，很多人徘徊于义与利、忠与孝、大与小之间，难以抉择。"是非"如果有单一的、最终的答案，那我们的伦理和良知，也就一钱不值了。人性之所以有感人的力量，并不体现于在应然的世界中向由大词堆砌出的假山发起冲锋，而是在坚硬的实然世界中，于困境中做出进退两难的选择。因此，我们要更多地关注人性、伦理和良知，并努力从中挖掘出被更多人接受的是非观。

我们论是非时，还应避免一时一地、孤立地去评判，要放在更长的历史中，用更宽广的视角，把自己置身其中，或许会收获"横看成岭侧成峰，远近高低各不同"的效果。无论如何，东华的深度思考都是大有裨益的，因为我们普遍缺乏这种思辨精神，而这也正是我们这个社会所亟须的。

① 国力的较量在于企业，企业的较量在于企业家；只有造就强大的企业，才能造就强大的中国。

② 真正的企业家都是带着一群孩子赶路的妈妈，越大的企业带的孩子越多。

③ 企业家是通过企业的价值创造，追求生命意义最大化的人；所有真正的企业家，都相当于战争年代无数次从死人堆里爬出来的将军元帅。

④ 企业家是社会财富的受托人，越了不起的企业家，就是越大的受托人，受消费者、受我们的子孙、受这个时代的委托，来承担大任的人。

⑤ 江湖上有所谓"大哥模式"和"天下模式"，前者是大哥和兄弟的小家关系，后者则是大我，可以把一切的"大哥"聚集到一个平台上。正和岛算是一种"天下模式"，让各行业的能人、新老榜样领袖聚集，一起创造价值。

驭势 02

没有成功的企业，只有时代的企业。

中国改革的回顾与前瞻

作者：吴敬琏

国务院发展研究中心研究员，市场经济研究所名誉所长

吴敬琏，1930 年出生于江苏南京，1954 年毕业于复旦大学经济系。此后，他进入中国社会科学院经济研究所，师从"中国社会主义市场经济理论第一人"顾准先生，从此开启了波澜壮阔的研究生涯。1984 年，吴敬琏进入国务院发展研究中心。1984～1992 年，他五次获得中国经济学的最高奖项"孙冶方经济科学奖"。2005 年，他获得首届中国经济学杰出贡献奖。2011 年，国际经济学会授予他荣誉会长称号，以表彰他对于经济理论和政策研究及中外学术交流的杰出贡献。吴敬琏现任国务院发展研究中心市场经济研究所名誉所长、研究员。

他力主市场经济改革，被人们称作"吴市场"。他是中国比较制度分析研究学科的开创者之一，也是"整体改革论"的主要代表人物。他在不同时期的理论主张和政策建议，如整体改革战略、国有经济调整与国有企业改革、多种所有制经济共同发展、倡导以法治为基础的现代市场经济等，对中国改革事业具有重大影响。除了改革思路上的创新，吴敬琏还具有独立思考、直言不讳的知识分子风骨，因此，他被誉为"中国经济学界的良心"。

本文是 2000 年 2 月 26 日"中国经济改革回顾与展望——吴敬琏教授从事经济研究 50 周年研讨会"的论文，时至今日已近 20 年，但在今天这个时点重读，别有一番滋味。前 20 年发生了什么？后 20 年又发生了什么？对照阅读，对比现实，答案都在其中。

吴敬琏著有《中国经济改革进程》《中国增长模式抉择》《中国改革三部曲》等。

改革是涉及政治和经济诸多领域的一场广泛而深刻的革命。在中国改革发展之初，中共十一届三中全会（1978 年 12 月 22 日）这样来界定改革的实质和基本内容："实现四个现代化，要求大幅度地提高生产力，也就必然要求多方面地改变同生产力发展不适应的生产关系和上层建筑，改变一切不适应的管理方式、活动方式和思想方式，因而是一场广泛、深刻的革命。"经过 20 年的努力，中国的改革已经取得了重大的进展。但是现在革命尚未成功，瞻望未来，战斗正未有穷期。为了取得改革完全的胜利，改革者仍旧需要继续努力。

成就与问题

中国改革首先在经济方面取得了重大进展。它的基本标志是原来国有经济一统天下的局面发生了根本性的改变（见表 1 和表 2），市场在许多领域的资源配置中开始发挥基础性作用，一个以混合所有制为基础的市场经济的轮廓已经显现在我们面前。

表 1　1978～1998 年各种经济成分在工业总产值中所占比重（%）

	1978	1980	1985	1990	1995	1998
国有	77.6	76.0	64.9	54.6	32.6	27.0
集体	22.4	23.5	32.1	35.6	35.6	36.2
私营	0.0	0.5	3.0	9.8	31.8	36.8

资料来源：《中国统计年鉴》(各年)。

表 2　1978～1998 年各种经济成分在社会消费品零售总额中所占比重（%）

	1978	1980	1985	1990	1995	1998
国有	54.6	51.4	40.4	39.6	39.8	20.7
集体	43.3	44.6	37.2	31.7	19.3	16.6
私营	2.1	4.0	22.4	28.7	40.9	62.7

资料来源：《中国统计年鉴》(各年)。

正是在这样的体制基础上，20 年来中国经济迅速成长，在世界经济贸易中的地位节节提高。这些成就得到了举世公认。

然而，从另一个角度来看，中国改革取得的成就仍然是有限的。且不论如同古语所说"行百里者半九十"，即使从经济体制变革的基本标志，即经济资源配置方式转变的角度观察，也不能说我们已经迈过改革的大关。

1992年中国共产党第十四次全国代表大会曾经明确地指出，经济改革的基本内容是转变经济资源的配置方式，让市场而非计划在资源配置中发挥基础性作用。目前，虽然国有经济在国民生产总值中所占的比重不高，只占1/3左右，但它仍然是经济资源的主要支配者。加之国有企业的改革又很不能令人满意，在大多数国有企业里，旧体制还如百足之虫，死而不僵，妨碍它们按照市场经济体制的要求运作。因此，从全局来看，我们还远不能说市场已经在它的资源配置中起到了基础性的作用。旧体制的阴影在国有经济中依然存在，使其整体效率难以得到提高，而且计划经济的行为方式还通过国家行政机构范围广大的微观干预，影响整个国民经济的健康发展。

这是当前许多困扰我们的经济和社会问题的主要成因。

例如，社会上议论得很多、中国领导人也十分关心的"重复建设"的问题，它的制度根源，就是在国有经济没有实现改组、投融资体制没有实现改革的范围内，资本资源在很大程度上仍然由患有科尔奈所谓"投资饥渴症"的行政性行为予以配置。

类似的问题我们还可以列举很多。例如，国有经济效率低下导致金融体系脆弱；国有企业运行状况不佳和非国有企业经营环境不良，是近年来市场不振的重要原因；如此等等。

这里还要讲一下乍看起来和工商业离得很远的农村问题。农民的收入水平和生活水平不能得到提高，目前已经成为社会重点关注的经济问题和社会问题。怎样才能使农民富起来？从发展经济学的观点来看，解决这个问题的根本出路是把多达1.5亿～2亿人的农村剩余劳动力转移到城镇的非农产业。这种转移在改革的前10年进行得比较好，而在改革的后10年却出现了停顿甚至反转。例如，近年来由于国有企业吸纳新劳动力的能力由正转负，内地有些基层政权所属的乡镇企业瘫痪倒闭，以及某些城市"清退"农民工，乡村地区务农劳动者的人数不但没有减少，反而大量增加。这里的根本原因存在于两个方面：一方面是国有企业改革和国有经济改组的进度缓慢，使国有工商业缺乏创业的活力；另一方面是非国有工商业没有得到应有的发展，从而它们的创业活力不可能得到充分发挥。

以上的种种情况为什么会发生？我想症结大概在于：旧有的国有经济体制，或者列宁在《国家与革命》中所说的"国家辛迪加"这种党政经一体化的结构，乃是整个旧体制的核心或基础。以此为依据的利益关系盘根错节。一部分人特别是国家的精英分子，在保持这种体制中有重大利益。其中有些人不能以整个社会的利益为重，他们会以种种口实（包括政治上的口实）阻碍改革和改组的进行，从而让改革和改组产生很大的阻力。

东欧社会主义国家的改革者在总结自己的经验教训时指出，它们的改革之所以没有能够顺利进行下去，或者虽然在初期取得了一些成就但最终半途而废，一个重要原因是它们针对国有经济的改革遇到了难以克服的阻力。我最近在匈牙利待了一段时间。我们的匈牙利同行，包括从 20 世纪 80年代起就和我们很熟悉的社会主义改革家们，心情沉重地对我讲到他们的教训。为什么匈牙利开始时进行得还不错的经济改革，到了 80 年代就进行不下去了？在他们看来最主要的原因是，党和政府内部一些处于重要地位的人用政权的力量阻碍国有企业的改革，压制非国有经济的发展，同时用发补贴、放贷款、给予种种优惠等多种方法，维持和再生产党政企不分的旧体制。

20 世纪 80 年代中期以后，中共中央在邓小平的指导下试图把改革的战略重点从农村转向城市，从非国有部门转向国有部门，进行邓小平所说"摸老虎屁股"的攻坚战。1984 年的十二届三中全会还就此做出了著名的《中共中央关于经济体制改革的决定》。但是，这次攻坚战进行得并不顺利，到 1987 年甚至完全停顿下来。由此看来，在中国，彻底解决和克服国有经济改革遇到的困难和阻力是巨大的。

突破与回潮

1992 年邓小平南方谈话之后，中国的改革无论在理论上还是在政策上都有重大的突破。继 1992 年中共十四大确立市场经济的改革目标，1993 年的十四届三中全会实现了从"增量改革"战略到"整体推进"战略的转变。与此同时，全会指出，为了在 20 世纪末初步建立社会主义市场经济体制，除了要进行财税、金融等宏观经济改革外，应当着重进行国有企业的改革。全会针对过去过多地强调了对国有企业放权让利而没有着重进行企业制度改造，成效不显著，一部分国有企业的经营状况和财务状况非但没有改善，还逐渐陷入了困境的情况，决定国有企业改革的方向不是放权让利，而是制度创新。由此，开始了在国有企业中建立现代企业制度（即现代公司制度）的试点。

不过人们很快就发现，要在保持国有经济的统治地位、绝大多数公司都是国有独资公司的条件下，把国有企业普遍改造为规范的现代公司，是很难做到的，由此提出了放开搞活国有小企业和对国有经济布局进行战略性调整的思想。

在总结以往经验的基础上，1997 年的中共第十五次全国代表大会（以下简称"中共十五大"）和 1999 年的中共十五届四中全会，围绕国有企业改革的问题做出了一系列重大的理论创新和政策决定。

中共十五大否定了把一个国家国有经济的比重大小同该国社会主义性质的强弱直接联系起来，认为国有经济在国民经济中所占比重越大越好的苏联式观点，明确规定公有制为主体、多种所有制经济共同发展是至少 100 年的社会主义初级阶段的基本经济制度。据此，代表大会要求根据"三个有利于"（有利于发展社会主义社会的生产力，有利于增强社会主义国家的综合国力，有利于提高人民的生活水平）的原则，调整和完善国民经济的所有制结构，建立这一基本经济制度。这种调整具体地说有三项内容：一是缩小国有经济的范围，实现国有经济有进有退的调整；二是努力寻找能够促进生产力发展的公有制实现形式，发展多种形式的公有制；三是发展个体私营等非公有经济，使之成为社会主义市场经济的重要组成部分。中共十五大的决定标志着改革的指导思想从"搞活国有企业""搞活整个国有经济"到"多种所有制经济共同发展"的转变，这意味着列宁所说的"我们对社会主义的整个看法根本改变了"的真正实现。

十五届四中全会在以下四个方面把中共十五大关于调整国有经济战略布局、完善国民经济所有制结构的方针具体化。第一，进一步将国家需要控制的行业规定为四个，即涉及国家安全的行业、自然垄断的行业、提供重要公共产品和服务的行业以及支柱产业和高新技术产业中的重要骨干企业。这就为进行国有经济有进有退的调整指明了"进"和"退"的方向。第二，不但重申了中共十五大"放活小型国有企业"的方针，而且将放开的范围扩大到中型国有企业。将占国有企业总量90%以上、目前大部分处于困境的中小企业放开、搞活了，不但能够为各级政府卸下巨大的包袱，还将为我国工商产业增加大批生力军。第三，除极少数必须由国家垄断经营的企业外，公司都要实现股权多元化。通过中外非国有股东的进入，建立起符合于我国法律和国际规范的法人治理结构。法人治理结构的要义在于确保在所有者和高级经理人员之间建立起制衡关系。在过去几年的现代企业制度试点中建立起来的部分公司有其名而无其实，甚至成了所谓"翻牌公司"，症结就在于受到国有企业原有归属关系和管理体制的束缚，没有建立起全体股东与经营者之间的制衡关系，既保证高层经理人员，首先是公司的首席执行官（CEO）在授权范围内的自主决策权力不受干预，又保证全体股东和其他利益相关者通过董事会对公司经营活动进行全过程的监督，使股东的利益，特别是非控股股东的利益不受侵犯。所以，十五届四中全会明确提出的这一要求，对于大企业建立有效率的企业制度具有极其重要的意义。

应当说，上述文件所表达的改革思路是清晰的，方针是正确的。现在的问题是如何加以落实。

令人不安的一种与上述方针相反的潮流，就是有些地方和有些部门不把注意力放在调整国有经济的布局与建立有效率的企业制度上，却热衷于"跑部钱进"，为自己所属的国有企业"圈钱"和"输血"。在东亚金融危机发生以后，为了克服需求不足，财政系统每年用发行国债、增税等方法动员数以千亿元计的资源，用于投资，以便增加需求，拉动经济增长。运用财政手段执行反周期政策，可以起到启动的作用，因而是必要的。但是，如果它演变成一种动员民间资源救助国有企业的长期做法，就会造成微观上和宏观上的种种消极后果。首先，由于财政投资是靠政府发债吸收民间储蓄实现的，具有所谓"挤出效应"；还由于增加财政赤字最终要加重税负，由此使投资环境变差，抑制民间投资。因此，依靠财政投资从较长时期来看并不能增加投资需求。其次，由于政府体制本身的弱点，在一般的营利性部门，政府投资的效益往往不如民间投资，过分强化政府的资源配置作用，不可能提高整个国民经济的效率。最后，长期使用这种办法，会使国家财政不堪重负，甚至威胁到经济和社会的稳定。更重要的是，如果国有企业热衷于取得国家注入的资源而忽视改组和改革，其结果将会是复制和加强旧体制。

实现国有经济布局的战略性调整，完善国民经济的所有制结构

在这样的情况下，我们的出路是什么？我认为，出路在于坚决执行前面谈到的中共十五大和十五届四中全会的方针，全力以赴地推进改革。主要是进行两方面的工作。

第一方面的工作，是以国有经济布局的战略性调整为重点，调整和完善国民经济的所有制结构。

在这方面，首先要做的是把还没有完全放开的国有中小企业，包括乡镇基层政府所属的中小企业，有计划、有步骤地全部放开、搞活。

国有大型企业也要实行国有资本向关系国家安全的产业、公益性的产业等战略产业的集中。然后，在国有资本退出或者不同程度地减持国家股和实现股权多元化的基础上，将我国的大中型企业改造成为符合我国法律和国际规范的现代公司。

为了把现有的国有大中型企业改造为规范的现代公司，首先，要改变目前许多公司中国家股"一股独占""一股独大"的状态，确立现代公司多元所有制的产权制度基础。其次，在此基础上进行资本重组和管理重组，建立起符合规范的"三会"（股东会—董事会—执行机构）制度：由股东选好

包括一定数量非执行董事（含独立的非执行董事）的董事会，全体董事以集体和个人的身份对全体股东和其他利益相关者承担包括勤勉义务和诚信义务在内的受托责任，并在自己的提名委员会、薪酬委员会和审计委员会的协助下，实现对经理人员的有效监督和激励。最后，确保高级经理人员，首先是它的领导人（CEO）有职有权，独立处理日常经营事务，同时建立以绩效为标准，包括薪金、奖金、股票期权等在内的经理人员薪酬制度，并以保护全体股东特别是中小股东的利益为宗旨，对上市公司的动作进行严格监管。

从现在正在进行的几个国有企业集中的部门（如石化、电信、电力、冶金等）的改组过程来看，国有大中型企业的改组和改革是一项十分艰巨的工作，在这个过程中我们必须解决许多棘手的问题。拿企业制度来说，不但要解决计划经济遗留下来的一些制度性问题，还要解决在过去 20 年放权让利过程中形成的一些制度性问题（例如，在"放权让利"思想指导下形成的"多级法人制度"、平均主义和差别悬殊并存的分配制度等问题），建立以有效的公司治理结构为核心的现代企业制度。

再如，完善政府对企业的新的监管框架，由行政机关配置人力、物力、财力资源及决定价格，改为发挥市场在资源配置中的基础性作用，政府着力于建立规则、执行规则和充当裁判。

所有这些体制问题都牵涉人们的利益关系结构的巨大改变，因此要解决它们，无论从经济上还是从政治上都有很大难度，会遇到不少阻力。例如，在改革过程中旧的社会保障体系已经失灵，而新的社会保障制度又还没有建立起来，这会造成部分低收入群众的困难从而招致他们的不满。又如，政府职能的改变会使行政机关原来管人、管钱、管物的权利受到削弱，因而难免有人会以这样或那样的理由反对进行这种改革。但是，由于这些问题已经因为国有企业改革的迟滞而拖得太久，对于我们国家的稳定发展造成了现实的威胁，要继续加以回避是绝对不行的。我们只能在加快推进改革的前提下，努力做好工作以减轻损失与痛苦，增加助力和减少阻力，而不能继续拖延。如果想用再次"给政策""输血"等办法求得国有企业的短期维持，只会越拖越被动。特别是由于我国有望在近期加入世界贸易组织（WTO），留给我国企业进行认真的改革、使自己能够在未来的激烈竞争中自立于强手之林的时间已经不多了。我们必须抓紧利用最多不过五六年的缓冲期，按照上述已经确定的方针推进改革，避免由于延误时机而犯历史性的错误。

现在有一些认识误区必须打破，否则这些方针将很难贯彻。譬如说，如果我们不敢冲破所谓"国有经济是公有制的高级形式，是社会主义所必须追求的目标"这类从苏联搬来的意识形态教条，我们就只能空谈"有进有退"，实际上只有进、没有退，空谈"建立现代企业制度"，实际上只建起一批"翻牌公司"，让它们在行将到来的全球化竞争中坐以待毙。

还有一些人以市场经济也需要政府规范（regulation）为由，主张对企业的人财物、供产销乃至定价活动进行直接干预。其实政府规制与所有者对企业微观经济活动的治理（governance）完全是两回事。我们必须用新的、适合市场经济的监管体系取代政府部门对企业微观经济活动的直接干预。

最近，对于加入 WTO，一种反应是盲目乐观，认为无论怎么做中国都会得利。另一种是较为空泛的"狼来了"的议论，在应当如何通过改组和改革使本土企业真正具有活力的问题上，议论得很不够，实际行动更少，缺乏一个倒计时的改革整治计划，这也是相当危险的。

第二方面的工作，是建立法治、公平的市场环境，促进多种所有制经济的共同发展。

经过 20 年的改革，我国以多种所有制经济共同发展为基础的市场经济轮廓已经显现，具有生机与活力的非国有经济也有了一定的实力。现在的问题是，长期存在的对非国有企业特别是非公有制企业的歧视性待遇和不良经济环境，还没有全部消除，这使我国非国有企业的潜力不能得到充分发挥，各级政府必须一视同仁地为所有企业（包括由国有企业改制而成的民间企业和由群众自行创办的民间企业）营造良好的经营环境，扫清发展的障碍，使它们通过市场竞争中的优胜劣汰机制在总体上发展壮大。在这方面政府必须进行的工作包括：①在全体干部中进行中共十五大方针的教育，使他们深刻认识发展多种所有制经济对于繁荣经济和巩固我国社会主义制度的决定性意义；②清理政策法规，废除一切不符合中共十五大精神、违背中华人民共和国宪法的对非国有企业特别是非公有制企业的歧视性规定；③建立和发展多元化的金融体系，改进银行和非银行金融机构对非国有企业的金融服务，改善它们的融资环境；④强化纳税人对政府和政府工作人员的监督，严惩敲诈勒索行为，切实减轻企业的负担；⑤确立公平竞争的市场规则，司法机关和社会监管机构必须公正执法；⑥建设廉洁有效的政府机构，政府机构必须认真改进对企业的服务。

这里的问题症结，是建立平等竞争的市场秩序，确立法治。要平整竞争场地，建立市场游戏规则，确立法治，是一件很不容易的事情。但是，没有法律的统治也就没有现代市场经济。我们必须排除一切阻力，把中共十五大和中华人民共和国宪法所要求的法治国家真正建立起来。

希望所在

使人感到高兴的是，现在已经涌现出一些比较好地落实了中共十五大的上述方针政策，多种所有制经济得到共同发展，因而经济繁荣、就业充分、社会稳定的成片地区。

例如，浙江省的大部分地区就出现了这样的好气象。在整个20世纪90年代，浙江省的发展速度始终高于全国平均水平，经济极富活力，即使在20世纪最后两年全国处于通货紧缩时期也是如此。比如，1999年我国国内生产总值比1988年增长7.1%，浙江省则增长了10%，浙江省人均国民生产总值仅次于沪、京、津三大城市，接近全国平均水平的两倍。

浙江省经济发展如此之好，并不是因为资源条件优越，也不是因为国家对它的政策特别优惠，政府给它的投资或者国家银行给它的贷款特别多，而是因为它认真贯彻了多种所有制经济共同发展的方针，坚持一方面抓国有和集体企业的改革改组，另一方面大力促进民营经济的发展提高。到1999年，浙江省国有中小企业和城镇集体企业改制面已达到81.2%，省属国有企业改制工作已基本完成方案制订，并开始进入实施阶段；个体私营等非公有制经济积极参与国有和集体企业的改革与改造，生产经营领域不断扩大，已经成为经济增长的重要推动力量，有些私营企业已涉足高新技术产业。1999年浙江省私营企业的工业总产值和消费品零售总额分别比上年增长 25.9% 和 11.9%。目前，个体私营经济在全省工业和商业中的比重分别达到 45.1% 和 56.1%。总之，各类所有制经济相得益彰，互相促进，得到了共同发展，使经济发展有了一个比较好的制度基础。特别值得一提的是，非公有制中小企业的蓬勃发展，既繁荣了经济，又为国有企业下岗职工分流和农村剩余劳动力转移提供了广阔的天地，使经济充满了活力，人民也得到了实惠。

除了浙江以外，在广东、江苏、福建、山东的许多地区，只要是努力贯彻了公有制为主体、多种所有制经济共同发展的方针，也都出现了类似的大好气象。既然这些地区能够做到，其他条件相同甚至条件更好的地区也应该是完全可以做到的。

这就是希望所在。

推进改革的先行者

陈东升

泰康保险集团董事长兼 CEO

吴敬琏老师是我国著名的经济学家，也是改革开放的重要参与者、见证者和推动者。吴老师长期在中国社会科学院经济研究所和国务院发展研究中心从事经济研究工作，是我国经济改革的重要智囊。他始终推崇市场的力量，坚定市场化价值取向，长期坚持理论联系实际，有力地推动了中国的市场化改革，有"吴市场"之称。

吴老师具有理性的智慧，视角独到、思维敏锐、见解深刻，是很有思想力的人，他的每篇文章和每次讲话，都充满力量和气场。他也影响了很多年轻人，为我国的经济和金融领域培养了一批优秀的骨干。我年轻时在国务院发展研究中心的《管理世界》杂志社工作过 5 年，吴老师既是我的同事，也是我的前辈，他的为人处事、言传身教，对我们影响非常大。他还广泛参与社会实践，关注企业经营和企业家发展，跟阿拉善

SEE生态协会、亚布力中国企业家论坛长期互动，多年来给予市场化取向的企业家群体很大的支持和鼓励。

吴老师这代人受党和国家多年的培养，他们从骨子里热爱这个国家，持之以恒地关注、呼吁和推动中国的市场化改革，他们总是从建设性角度提出改革发展的意见。他深厚的专业学养，对改革开放进程的熟知和洞察，也使他能够对中国的经济结构做出正确的分析和判断。

《中国改革的回顾与前瞻》这篇文章写于2000年，当时正处在中国改革开放20年的时间节点。吴老师在文章中回顾了从十一届三中全会到十五届四中全会的过程，梳理了从农村改革到城市改革，以及国有企业改革演变的进程。通篇充分肯定了改革开放20年取得的成就，也深刻地剖析和研究了国有企业改革的阻力，同时谈到浙江和沿海发达地区民营企业发展的情况，特别指出坚持公有制为主体、多种所有制经济共同发展的市场经济就是希望所在。

18年前吴老师这篇文章中总结的经验、提出的问题和解决的方案，很多成为后续改革推进的参考。这些年来，中国社会对改革的认识和实践都在不断地深化，特别是中共十八届三中全会提出市场在资源配置中起"决定性作用"，中国市场经济的主体地位更加明确，社会主义市场经济制度与体系进一步完善。

在我看来，改革开放从单一的公有制经济走向今天的混合所有制经济，实际上就是在党和政府的领导和支持下，国有企业、外资企业、民营企业三股力量共同推动，带来了中国经济今天的繁荣。中国的国有企业从完全的计划经济公有体制到自主经营建立现代企业制度，再到公众公司的转变，这在世界历史上是前所未有的一场改革，国有企业在改革开放中的角色和发挥的作用与影响是不可替代的。

当然，我国公有制为主体、多种所有制经济共同发展的市场化改革仍然在深入推进的过程中，如何正确处理国有企业和其他所有制企业的关系，如何进一步提升国有企业的效率，仍然是我们当前面临和亟待解决的问题。现实中部分国有经济运营存在的问题，也引发了社会对"国进民退"等问题的担忧和讨论。所以18年后，再过回头读吴老师这篇文章，对我国今天的国有企业改革和经济改革，仍然具有巨大的现实意义。

吴敬琏 经典语录

① 推动中国崛起最重要的因素，是市场的扩展使个人和企业的选择权有了一定的发挥空间。

② 在这40年中，凡是市场化、法治化的改革推进得比较好的时候，中国经济增长的质量和速度就表现得比较好，人民群众的福利也得到了比较多的提高，社会和谐的气氛就能够保持。反过来，当改革进行得不顺利甚至出现了曲折的时候，社会主义建设事业就会遇到挫折，各方面的进步就会出现减慢甚至倒退。

③ 站在新的历史起点上，真刀真枪地进行改革，这是包括我在内的大多数人的希望。改革的进程从来不会一帆风顺，曲折起伏是必然的。建立市场化、法治化的社会是大势所趋，除此之外，中国别无出路。

④ 执行上花更大的力气，使得决定、文件得到真正的落实，能为我国的资源有效再配置和供给效率的提高，提供一个坚实的制度基础。

⑤ 从旧体制到新体制转变的道路不会像长安街那样笔直，它注定了要经历种种曲折。

一个经济学人眼中的未来

作者：周其仁

北京大学国家发展研究院教授

———

周其仁，1950 年 8 月出生于上海。1968 年，他响应国家"上山下乡"号召，在完达山狩猎七年半。1978 年，周其仁考入中国人民大学经济系。毕业后他就职于中国社会科学院和国务院农村发展研究中心，从事农村改革发展的调查研究。1991 年，周其仁进入加州大学洛杉矶分校深造，获硕士和博士学位。1996 年起，周其仁在北京大学国家发展研究院任教，先后担任北京大学国家发展研究院院长、中国人民银行货币政策委员会委员。2015 年，周其仁当选"十三五"国家发展规划专家委员会委员。

周其仁注重研究"真实世界的经济学"，他像一个敏捷的猎手，奔走在经济调查研究的第一线，用脚力、脑力、心力来观察社会问题，在产权与合约、货币与金融、土地制度与城市化、改革与技术创新等领域，他的研究得到了广泛认可。他尊重企业家并贴近企业，在转型、创新等方面，不断贡献真知灼见，让很多企业家击节赞叹。

在技术变革、制度变革的冲击下，未来充满不确定，各种焦虑如影随形。我们如何才能应对不确定？从那些"乐观者"身上，我们可以学到什么？在 2016 年 7 月的联想之星 WILL 大会上，周其仁给出了自己的思考。

周其仁著有《改革的逻辑》《城乡中国》《真实世界的经济学》等。

已知的最好答案是"不确定"

经济学常常被看作一门忧郁的学问，看未来不那么明朗乐观。亚当·斯密还比较明确，认定只要提供充分的经济自由，"看不见的手"就能把人类带向一个更好的经济增长。他那个时代，英国工业革命蒸蒸日上，实践也支持着未来明确乐观的经济学。《国富论》最了不起的预见，是断定美国经济有远大前途，这点后来得到了验证。

但是亚当·斯密以后，随着资本主义迅速展开所引发的矛盾，很多经济学家就不那么乐观了。最知名的是马尔萨斯，他相信人口增长会持久快于食物增长，所以未来一定有麻烦，要靠饥荒、灾难甚至战争等来重建平衡，由此也给经济学打上了忧郁的印记。

到了《共产党宣言》，一方面非常乐观，充分肯定资本主义生产方式给人类历史带来超过以往任何时代的生产力解放；另一方面又基于社会化生产力的爆发性增长，预言资本主义生产关系必将灭亡。

苏联曾有几十年的乐观，不但证明"一国可建立社会主义"，而且要"一国建成社会主义"。最辉煌的时期是第二次世界大战时期，用计划体制动员起来的工业能力成为反法西斯的物质基础。战后更乐观，赫鲁晓夫放言"一国建成共产主义""20年赶超美国"，可惜没得到验证。

中国在一穷二白的基础上搞建设，先学苏联，也乐观过，赶不上美国也要超英国。不幸"大跃进"遭挫，靠调整稳住脚跟，却又转向阶级斗争为纲，"文革"更是把国民经济拉到了崩溃边缘。逼到了无路可退，才有思想解放、改革开放。当然改革开放也是看好未来，邓小平认为世界将有二三十年的和平，可让中国集中精力搞经济。我国在1980年提出20年国民生产总值翻两番。中国做到了，进入新世纪头10年又翻了一番，翻成全球第二大经济体。

不过回看20世纪80年代的出发点实在很低，像我这样大学毕业参加农村调查研究的，当时要直面的实际是"8亿人搞吃，饭还不够吃"。所以，非改革不可，改又不易，解决一个问题又冒出一批，到今天也不能说完全改好了。怎样看未来，乐观还是悲观？老实讲，当下问题较多，没工夫好好想将来。

教书要讲到预期，阐明人们的行为受对未来看法的影响。我知道关于未来最好的理论答案是"不确定性"，那还是奈特教授在1921年的著作《风险、不确定性和利润》里提出来的。何谓"不确定性"？就是经验概率也推不出来将来一定会是个什么样子，不妨干脆译成"莫测"。按奈特的原意，不确定性比"风险"来得严重，本质上不可测，用保险机制也对付不了。

这与现代物理学家或有一拼，他们说观察一个处于纠缠态的粒子时，无从预知它究竟是什么，根本就"测不准"——"莫测"是也。不确定的世界怎么应对？经济学得出了一些今天看来还站得住脚的结论，那就是离不开一套制度——法治、市场、财产权、合约，特别是股权合约。为什么要"让市场在资源配置中起决定作用"？理论上追到底，就是未来不确定。

"对未来严阵以待"

以上答案靠得住，但不好说完美。首先，关于未来不确定、莫测，似乎没什么更多内容可说，导致对"人们怎样看未来影响其当下决策与行为"的忽视，降低对行为的理解力和解释力。其次，莫测无非"天有不测风云"，容易让人"预后不良"——似乎不确定总意味着灾难来临。其实，不确定性也可能是意外惊喜，并不是单边确定的倒霉。

所以，对"不确定"还可以解析。这方面，彼得·蒂尔的《从0到1：开启商业与未来的秘密》对我有启发。作者把人们怎么看未来，构造成一个两维对两维的矩阵（明确/不明确，乐观/悲观），得出了四个象限：明确乐观、不明确乐观、明确悲观、不明确悲观，然后他把"各国看待未来的方式"装进了这个认知矩阵。这当然不够严谨，因为"各国"都有一大堆人，看未来的方式不尽相同，所以顶多是对各国主流看法的概括，少不了作者自己的主观印象。虽然不那么严谨，但对我也有启发，冲击力还不小。

譬如他认为，"从17世纪一直到20世纪五六十年代，对未来明确的乐观主义者都领导着西方世界"，而"1950～1970年的美国"，更是有史以来"明确乐观主义"的典型代表。言之成理乎？蒸汽轮船、铁路、电报、大规模机械化、化学广泛应用、跨海隧道、地铁、陆地其他基础设施建设，以及从苏伊士到巴拿马运河的开凿，所有这些改变人类生活的壮举，难道真是"被法术召唤"出来的吗？作为得天独厚的英国在北美的殖民地，美国自然禀赋丰裕，人口又不多，开荒种地吃饱饭、卖点棉花、烟草、木材，对那代欧洲移民足够好了吧？为什么还要发明工厂流水线、造帝国大厦、建金门大桥、搞曼哈顿计划、投资州际高速公路，还要实施阿波罗计划？更不要提无数民间的奇思怪想、胆大妄为之举。

总之，没有哪一样是"纯自然"的，一概是人工、人为之物。人做事情之前，总受对未来看法的支配，难怪蒂尔先生把 20 世纪 80 年代以前的美国，毫不犹豫地划入看未来"明确乐观"的第一方阵。

不过，作者认为后来的美国转向了"不明确乐观"。特征是"乐观但又迷茫"，金融家取代科学家和工程师成为天之骄子，"财技"比科技更加耀眼，人们高估"机遇"，低估"规划"和持久努力，低储蓄、低投资、高消费，让金融、政治、哲学和人生一并蒙上不明确乐观的色调，谁也不问究竟能不能持久。当然，作者以为"当下欧洲"更糟糕，受"不明确悲观"的支配，得过且过，眼看油瓶都倒了，议论半天也没见谁当真起来扶一扶。

读来最受刺激的，是这本书居然把"现在的中国"列为"明确悲观"之代表！为了不至曲解作者原意，容我给大家读段引文，"一个对未来明确的悲观主义者相信未来是可知的，却是暗淡的，所以他必须提前做好准备，也许当今的中国是最典型的对未来明确的悲观主义者。美国人看见中国的经济迅猛增长（自 2000 年以来，每年都有 10% 的增长），便认为中国是一个自信能够掌握自己未来的国家……其他国家都害怕中国将要统治整个世界，而中国是唯一一个认为自己不会统治世界的国家"（参见《从 0 到 1：开启商业与未来的秘密》，第 87 页）。

根据是什么呢？"老一辈的中国人在孩童时都经历过饥荒，因此展望未来时，总会考虑到天灾。中国公众也知道'冬天'即将来临。局外人着迷于中国内部的巨大财富，但是他们没有注意到，富有的中国人正努力把自己的财产转移出国，贫穷一些的则能省就省，以求储备充足。中国各阶层人士都对未来严阵以待。"

不管大家同意还是不同意这位仁兄随口大发的议论，我读后还是很受触动的。其实自我划界，我国还归不到上述四个象限中的任何一个。勉强要划，不过是个另类而已——"埋头观察阐释经验现象，无暇顾及怎样看待未来"。任何人问我关于未来的问题，我都回答"不确定"一了百了。这样久已习惯的思维定式，要不要有点反省呢？

以色列的启示：难做之事易做成

更多触动来自 2015 年以来我的两次访学之旅。第一次是到以色列，是正和岛商学院组织的，我受邀与一批年轻企业家同行。时间不长，加上最后我自己去看一个沙漠里的基布兹，前后 8 天而已，但震撼不小。行前我找到一些读物，说以色列是"上帝"的"应许之地"，是"流淌着奶和蜜的地方"。到了我才知道不完全如此，这个法定面积比北京市还小的国家（实际控制面积 2 万多平方公里，略大于北京），自然资源极为匮乏，60% 的国土为沙漠，可耕地仅 60 万亩，大约一半地方的年降雨量不足 200 毫米，南部地区甚至每年不足 30 毫米。

但现在的以色列是"欧洲菜果厨房"，每个以色列农民可供养的人口，从 1955 年的 15 人增长为 2014 年的 400 人，高品质、高附加值的农产品大量出口，滴灌技术和设施农业称雄全球，连淡水和海水淡化技术也出口。更了不得的是，它总人口 800 万，却拥有 7000 多家科技创业公司，是除美国、中国之外，纳斯达克上市公司最多的国家，拥有比美国、欧洲还高的人均创投资本。2014 年，以色列人均 GDP 为 3.5 万美元，高科技部门贡献了总出口的 50%、就业的 10%。

凭什么？就凭人，特别是凭人掌握的知识，凭把知识转成技术和产品的卓越能力。哪来的这套本事？源头还是教育。我们中国人也重教育，但对比之下重点有别。一是人家的教育重信仰，让世世代代的犹太人坚信自己不但是"上帝"之子，且生来就可以"与'上帝'角力"，所以自强不息，绝不惧怕任何艰难困苦。二是他们虽信仰虔诚坚定，对拉比也极为尊崇，但从小受鼓励大胆发问、审慎怀疑、挑战权威。犹太母亲对放学回家的孩子，不问考试也不问成绩，只问"今天是不是问过一个好问题"。

我在佩雷斯中心听了一场阿龙·切哈诺沃的讲演。在他小时候，妈妈教他说，人走进一条河流，可以顺水走，也可以逆水走，但是"你要永远逆水走"。这就预先画出了他一生的轨迹：在任何领域一旦成功走顺，立刻另辟一个领域逆水行舟。学术上打遍国内无敌手，他就跑到美国闯天下，评上终身教授后又不甘顺境，再回到特拉维夫主攻科研难关。2004年他获诺贝尔化学奖，是以色列国内获诺贝尔奖第一人。他的经验体现了《塔木德》里的一条哲理，即"难的事情反而容易做成"。

另一场精彩分享，报告人是以色列国防部武器研发前总管丹尼戈尔德准将，介绍研发"铁穹"（Iron Dome）的故事。背景是2006年第二次黎巴嫩战争，邻国向以色列北部地区发射了约4000枚火箭弹，造成44名平民死亡，迫使25万人被疏散，100万人不得不躲进防空设施。同时，在南部还有近100万以色列人在射程更远的"卡桑"（Qassams）火箭弹的威胁之下。2007年时任国防部部长的佩雷斯选择"铁穹"应对，领导研发的正是这位丹尼戈尔德。6年后，"铁穹"完成实战部署，仅2009～2012年3年间，就成功拦截了245枚来袭火箭弹。

在报告中，这位前准将给我们播放了一段视频：一大家以色列人正举行婚礼，空袭警报响起，却没人慌慌张张跑向防空洞，大家反而举起手机对天空拍照，但见被拦截的火箭弹在空中散开，活像外邦来祝贺的礼花！退役后的丹尼戈尔德初创科技公司，研发一款微型导弹，用在人体的血管里打血栓。

难怪以色列成为一个与其资源和人口数量完全对不上的创新国度。到了以色列，我们才知晓那些名满天下的硅谷超级科技公司，从微软、英特尔、苹果、谷歌到Facebook，无一例外都在特拉维夫设立了科研中心。在以色列研发出来的真正称得上改变人类生活的关键技术，足可列出一张长长的清单。

再问一次，人家凭什么？凭人家的智慧和永不枯竭的那股劲儿。看来这个民族把对神的信仰转化为了对人的知识和能力的信念，敢于在已知知识的基础上探索未知。倘若问以色列创业人群怎样看未来？"明确乐观"绝对占据主流。否则，他们为什么老挑别人不敢想、不敢碰的事情做？前面探路的成功鼓舞着后人，更多人就相信不确定的未来机会无穷。

百无禁忌想，脚踏实地干

第二次访学就在前不久，我们几位老师、同事和校友，自行组团到美国考察创新。事情缘起于2015年在北京大学国家发展研究院办过一个论坛，请到一家中国创投公司的创始人王煜全，介绍他们在美国投资科创项目的经验。他还请来一批美国科创公司的企业家和科学家，现场说法、演示、答疑，一起讨论王煜全概括的"美国积木式创新"，让参会师生大开眼界。

此后我的一位同事薛兆丰教授躬逢其盛，参与组织了"积木式创新"的访学之旅，并发布了他与王煜全合著的《全球风口：积木式创新与中国机遇》，详述1980年美国国会通过的《拜杜法案》，怎样与其他经济、法律制度和政策配合，一起促成联邦科研基金、非营利大学、教授与博士、各路创投资本、企业家等资源有效组合，在极不相同的技术经济方向上创新，以及对中国制造业和中国创新的意义。

我全程听了那个论坛的发言，也全文拜读过王煜全、薛兆丰两位的新著。我多年的习惯是，凡听着有意思的，最好能实地看一看。知道2016年他们还会组织"积木式创新的深度考察之旅"，于是我报名成行，与三十几位同有此项偏好的同事和校友一起游学两周。所谓积木式创新，要点是打通科学象牙塔里的"想法"（idea）与产品、市场、产业之间的经脉。

所以此次游学，基本就在旧金山湾区与波士顿走廊，围着两家知名大学打转转。过去我是来过的，也听过斯坦福大学的校训"让自由之风劲吹"以及麻省理工学院的校训"动脑又动手"。原来不知道的，是美国最好大学的思想能量，早就越出本来也不设围墙的校区，与市场和产业精锐部队打成一片。

我还是举几个印象较深的实例，回答在前沿做事的人怎么看未来。先说XCOR，从洛杉矶往北约90英里[⊖]处，一片半沙漠地带里竖起一座"通往太空的门户"，那就是莫哈韦航天航空港（Mojave Air and Space Port）了。XCOR是设在此地的一家科创公司，研制垂直起降、可往返太空飞船的发动机。毫不起眼的仓库式厂房里，四十来位科学家和技工已经忙了十几年，除了预售过

⊖　1英里＝1609米。

一批太空游机票（每位 9.6 万美元，真有美国人来埋单），XCOR 连一分钱的进项也没有，就靠投资人烧钱研制着一个型号又一个型号的太空发动机。

我们见到的那些朴朴实实的家伙，他们究竟怎样想未来？据说在莫哈韦小镇上聚集着一帮太空迷，基本共识是地球不堪人类重负，要为太空移民未雨绸缪，早做准备。先向火星移民 200 万吧，那不过是一个初级目标，可真要实施，还不得天天向太空发定点班车（船）？于是才要"可往返使用的太空飞机"，才要过去根本不可能有的太空发动机。

再说 Hyper Loop One，立志要造超级高速列车，构想把大管道里的空气抽干净，让列车在真空状态下由磁悬浮技术推进，时速可达每小时 800 公里！当我们在洛杉矶市中心一个满墙涂鸦的街区找到这家公司时，它的 CEO 干脆利落地用半个多小时简单介绍了他们的梦想、进展、成就与希望。听起来总共融得不过 1 亿多美元的资本，就要干一项如此惊天动地的大业。据说他们在拉斯维加斯沙漠里的测试已通过，也有找上门来的客户下了订单。前途一片光明，几十位工程师干得热火朝天，很多人不领工资（其实要领也没有），而是把工时折成公司股票，"万一成了呢"？

这两档事的未来大不确定，问题是干的人不知道吗？为什么还冒得出来那么"离谱的想法"？他们也不觉得上太空、超高铁这类事只有"国家"去想才合适。人家的"国家（nation）观"里面含着包括他们自己在内的国民，绝不单单只是"政府"，更不仅仅只限"官人"。百无禁忌地想，还能动员一群人踏踏实实地干，七八年、十来年就撂在那件事情里了。这后面没有薛兆丰在游学中屡屡强调的"制度"，当然完全不成。不过人们怎么想未来，似乎更是隐性的根本，要是没有明确乐观看未来，那些钱财、人力、物力干什么不好？

路上我带着布赖恩·阿瑟的《技术的本质》，不是易读的一本书。不过跟着看了十多个科技项目后，我觉得明白了一些。何谓新技术？就是"针对现有目的而采用一个新的或不同的原理来实现的技术"。那什么是"原理"？"就是应用某种现象、概念或理念"，而技术不外乎就是"概念的物化"。更好懂的是，"新技术由社会需求形塑而成；它们主要来自标准域外的经验；它们更容易伴随展示交换的过程产生；它们经常在网络中得到促进"（参见《技术的本质》，第 120 页）。这不正是此次游学我们天天见到的吗？探究这些从事创新活动的美国人看未来的态度，他们一律相信科学原理可被发现、可被应用，而人类的种种难题总有希望解决——"明确乐观"扑面而来！

让务实的"明确乐观"抬头

回头再议蒂尔先生认定中国人"明确悲观"的根据。我认为他找到的最靠谱的理由，不是漫长文明史留下的思维定式，而是向前看不到明朗的前景。请看如下议论，"对中国来说，最容易的发展方式就是不断学习已经在西方行之有效的模式。中国现在就在做这样的事情：使用更多的火电，建立更多的工厂和摩天大楼。由于人口数量巨大，资源价格不断攀升，没有什么办法能使中国人民的生活水平完全赶上世界那些最富有的国家，中国人也知道这一点"（参见《从 0 到 1：开启商业与未来的秘密》，第 87 页）。什么意思呢？就是按现存技术，以 10 亿人口计数的中国，要想都过上西方发达国家的生活，资源和环境都支持不了。早有这么一种说法：全世界都过上欧洲人的生活，需要三个地球；都过上美国人的生活，需要五个地球。可是，哪里有三五个地球？结论是不可能，这才是中国人"明确悲观"的真正由来。

要害是照搬、仿制支持现有发达生活的技术，几亿人或许行，十几亿人、几十亿人断然不成。环境已经发出了警告。倘若把经济开发的环境成本全部"内化"为价格，那么现代享受对多数人口注定"贵"不可及。谁能劝说人们安于"耕地靠牛、点灯靠油"的传统生活呢？继续向前现代化，要承认现存技术再先进也还不够先进。欲满足人类不断增长的现代化需求，研发不能停，创新不能止。

要让中国人（还有非洲人和其他人）普遍明确而乐观，从 0 到 1 尚不够，还要有能耐把不断冒出来的 1，在环境支持限度内扩展成为 n——可不是小数目的 n，而是 10 亿、13 亿、30 亿。如果我没误读，这也是《富足》一书的中心观点。此书作者彼得·戴曼迪斯是工程学背景的哈佛大学医学院博士，又是美国商业太空领域的领军人物。带着他的这本书在游学路上边看边议，堪称绝配，值得推荐给大家一试。

看来我们要面对一个闭环。明确乐观的未来观，是一切经济、科技革命行为者的精神前提；可是，只有当最神武的科技展示出多数人也可以过上富足生活的现实前景时，人们才可能普遍对未来抱有积极态度。先有鸡，还是先有蛋呢？老问题要新解，我们在游学中感悟到一点，愿意拿出来与大家分享：创新创业的最优主体既不是超大组织里的所有人，也不是单枪匹马的先知先觉。

最优创新组织是不大不小的"群"——同气相求容易达成共识，互相欣赏、互相切磋、互相鼓舞，组织成本不高就能形成一致行动。群与群交互作用，行动出正果，就可以感染更多人群。这像生命一样，能够无中生有，是起于"一锅原生浓汤"，活跃分子凑到一起，闷在一块，高频互动，直到长出一个新结构。从这点来看，革命、改革、建设，在发生学上是一样的。

最后，我总结几点分享：一是发达经济体的前沿创新值得关注，中国人大可从中"淘宝"；二是想法比资源重要，因为每个时代的可用资源皆由想法决定；三是敢想敢做极有意义，而相信未来更好，是敢想敢做的前提；四是创新创业人群要主动对冲弥漫周遭的各种焦虑——增长焦虑、转型焦虑、教育文化焦虑，还有讲不明白的焦虑。但仅凭焦虑杀不出重围，要让务实的明确乐观在中国抬头，先从创新创业的人群里开始吧。

周其仁：赤子其人，灼见其文

王 林

正和岛首席经济学家，中国民主促进会中央经济委员会副主任

周其仁老师是我非常尊敬的学者，他睿智而深刻，《一个经济学人眼中的未来》便文如其人。

宏观经济学是一门显学，也是一门门派甚多的界别，仅在中国就有所谓"七大门派"之说，但无论哪个门派，对周教授

都非常推崇。

在这篇文章中，周教授引用了两位学者的观点，比较了两个国家的实践，归纳出了对"未来中国"的两个希冀。

他引用的第一个观点，是奈特教授在1921年提出的"未来存在不确定性"；他引用的第二个观点，是彼得·蒂尔提出的看待未来的四个象限——明确乐观、不明确乐观、明确悲观、不明确悲观。

行文至此，读者似乎尚不太明白周教授文章的主旨何在，但他随即笔锋一转，提到了彼得·蒂尔著作对他的震动："读来最受刺激的，是这本书居然把'现在的中国'列为'明确悲观'之代表！"

接着，他从到以色列和美国两个国家的考察感受进而谈及中国未来的希望在于制度改革与科技创新。他说："照搬、仿制支持现有发达生活的技术，几亿人或许行，十几亿人、几十亿人断然不成。"

文章至此，我看到了一位故人的身影：杨小凯教授。

请容我在此荡开一笔：初识杨小凯是在1967年，在长沙一中红砖老教学楼的一间教室，他披着一件绿色军大衣，正在与同学侃侃而谈，当时他在读高中。接着，就是我陪他妹妹杨小成给入狱的他送生活用品。"文革"后他被平反，然后出国学成的经过，颇具传奇色彩，网上文章很多，我就不赘述了。

杨小凯教授在国内影响最大的观点，也许是"后发劣势"论。杨小凯教授认为，后发国家在技术上追随和模仿先发国家是很容易在短期内见效的，而这种模仿在路径上形成依赖后，甚至会以为不必在制度层面进行改革也能成功，从长期看，这是对国家发展不利的。在这一点上，周其仁教授与杨小凯教授"英雄所见略同"。

十八届三中全会所布置的300多项改革、十八届四中全会所布置的近200项改革，全都是从制度改革层面做出的战略决策，而"创新发展"则是"五大发展理念"之首。应该说，周其仁教授这篇文章所表达的是一位有良知、有高度的学者的真知灼见——他确实看到了中国的未来！

有心劲儿，就有未来

贾林男

正和岛林男工作室创办人

因为在正和岛工作的缘故，近年来我有幸和周其仁教授有过几次实地调研城乡和企业、出国游学的经历。在一言一行中，周教授的思维方式、治学态度和人格魅力都深深鼓舞了我，让我想成为他那样的人。

一次在昆明呈贡新区城乡接合部的公厕墙垛子上喷着一串人见人烦的电话号码，下书"办证"二字，周教授掏出相机"咔嚓"拍下照片，我问他臭烘烘的，照它干吗？原来这也是周教授宝贵的调研线索："回去打这个电话，聊出来的东西，比书本上不知要多出多少倍！"

总有人说周其仁教授是改革开放40年来中国经济学界、商界的"国宝"，他听了一定摇头。一次，某互联网巨头托我联系周其仁教授去其峰会演讲，邀请函上赫然印着"著名经济学家周其仁"，周教授见了说："把'著名'拿掉，难听死了。"一辈子朴朴实实做学问，研究真实世界的经济学，用思想和观点"解放"了很多人，这就是周教授。

这位"经济学人"究竟如何看未来？这篇他在2016年夏天的演讲，企业家至少有三点用得上：

（1）明确乐观的未来观，是一切经济、科技革命行为者的精神前提。今天中国商界弥漫着各种焦虑情绪，但靠焦虑杀不出重围。"中国经济有的是仗可以打"，我在《做踏踏实实的企业家》书中写过周教授的观点，他对很多企业家说："你想好了，等到你不干，五年以后别人超过你了，你认不认？"

（2）中国经济靠什么突围？改革突围、创新突围。对企业家主要就是创新突围。过去我们擅长从市场端出发，从需要的产品向上找技术和原理，而未来尤其要重视科技的力量，从科学原理、发明出发，解决技术难题，最后做成受市场欢迎的产品。

（3）创新的最优载体既不是超大公司，也不是单个人，而是同气相求、相互切磋、相互鼓舞的"群"。大学、科研机构、资本、企业家等资源高频互动、有效组合，将是愈发重要的一条创新发生学原理。

周其仁 经典语录

① 人最怕的就是要的东西太多，信的东西太少。

② 天下事都是专业化，攻其一点，不及其余，这是成功的策略。什么都想要的人，最后就是什么都要不到。

③ 未来怎么样，不取决于经济学家讲了什么。未来不是观出来的，未来是干出来的，抉择和行为决定未来。

④ 中国的经济市场之水，总的体量非常大。水大鱼大。美国当年首先是世界上最大的市场，然后才有世界上最大、最强的公司。这个定理我认为对中国未来10年、15年一样是有效的。

⑤ 最优的创新载体既不是超大公司，也不是个人，而是群——想法、理念相似，自发性、凝聚性极高的群，可大可小，重要的是高频互动。

敬畏规律，相信未来

作者：**王　林**

正和岛首席经济学家，中国民主促进会中央经济委员会副主任

王林，1954 年 5 月出生于广西柳州。1970 年，王林到湖南芷江县"上山下乡"，从此，便与湖南结下了不解之缘。1973 年，王林考入湖南师范大学中文系。毕业没几年，在大学任职的他决定转向经济和企业研究。于是，他便开启了一场转型之旅。此后，他成为一名经济学家，曾在中南大学商学院担任兼职教授，也在长沙市政协担任过四届委员。他是三家上市公司的独立董事、多家企业和各级政府的顾问，也是正和岛首席经济学家。2007 年至今，王林任中国民主促进会中央经济委员会副主任。

王林是一个能将企业逻辑和政府逻辑贯通的人。面对企业家，他可以高屋建瓴，为其带来宏观视野，并从系统、全局的角度帮助企业解决问题，因此深受企业家的喜爱；面对政府官员，他可以反映企业实际，协助政府更好地制定政策。儒雅温和的他，敢于直言，因而赢得了"切中时弊，不放空炮"的美誉。

在 2016 年 6 月举办的正和岛岛邻大会上，王林发表了《敬畏规律，相信未来》的演讲。在演讲中，他阐述了支撑中国战略机遇期的四大条件，解读了习近平总书记提出的中国需要跨越的三大陷阱，并指出世界政治格局、经济格局、市场格局正在发生重大变化，高科技领域每天都在产生奇迹，"只有将视野、观念、战略、模式、人才全面升级，企业才会有未来"。

王林代表文章（演讲）有《十三五期间企业的机遇与挑战》《顺势而为下的新商业生态创新》等。

最辉煌的日落在地平线上，最辉煌的日出也在地平线上。正和岛，第五年的第一天，新的开始，新的地平线！我们的回首与检点，如日落一样安详；我们的期待与祝福，如日出一般喷薄。我们要"敬畏与相信"——敬畏规律，相信未来。

四大条件支撑中国重要战略机遇期

首先，中国现在处于什么时代？习近平总书记指出，"我国发展仍处于重要战略机遇期"。作为重要战略机遇期必须有四个基本条件。

第一是要有较强的国家实力。为什么有些国家围堵我们？因为我们的国家实力已经让任何人都不敢小视。所以在香格里拉，我们军方的代表与美国的代表交锋才会那么激烈。但是，6月6日和7日的中美战略对话，又是和风细雨的。

第二是要有相对和平的国际环境。这个条件，现在也是具备的。我们一定要坚持和平发展，一定要尽量避免战争打乱我们改革开放的步伐和节奏。

第三是要有新科技、新发明的出现。在任何国家的重要战略机遇期，都必须要有新科技、新发明，这样我们才能够后来居上。比方说中国的高铁已经是世界第一，提速对我们来说完全不是问题。中国的高铁在2010年的试验中，就已经跑出了468.1公里的时速，为什么现在我们还维持在350公里？原因不是技术问题，主要是成本问题。因为要跑468.1公里的时速，之前的高铁轴承都要换掉。

第四是重要战略机遇期必须要有杰出的国家领导人，这一点我们也是具备的。

最近权威人士的文章已经明确指出：我们在高歌猛进，但是我们现在也遇到了一个节点，一个新旧动力转换的节点，严峻的经济形势和严峻的挑战也摆在我们面前。我们看到，有相当一批企业遇到了这样或那样的困难，但我们要说，这些困难意味着新机遇的来临，意味着行业和企业的洗礼。

警惕三个陷阱

我们特别要警惕三个陷阱。国际上我们要避免陷入"修昔底德陷阱"，国内要警惕"中等收入陷阱"和"塔西佗陷阱"。如果能够避免这三个陷阱，我们就能够继续高歌猛进。

修昔底德陷阱

在政治维度方面，中国已经进入了一个新的发展期，不同于改革开放前的 30 年，甚至也不同于改革开放后的 30 年。

"修昔底德陷阱"，主要是指在世界历史上，一个新崛起的大国必然要挑战现存的大国，而现存的大国也必然会回应这种威胁，这就使得战争不可避免。我们现在要做的是什么？在中美两个大国的新型关系中，中国不谋求挑战现存体系。

中美两国最应避免的，就是两国发生强烈的全面冲突。

美国对中国呢？军方很强硬，但是美国众参两院深深知道他们有两个不可控制的因素：第一个是经济霸权的逐步丧失，到 2013 年美国经济占全球比重已经下降到 1/5；第二个是战略联盟的逐步瓦解，英国、韩国都加入了亚投行。中美两国已经有将近 6000 亿美元的年贸易额，两国之间现在不能发生战争。一旦战争，两败俱伤。

我们也许客观上在挑战美国。例如，工业规模上，中国在 2010 年超过了美国；在储蓄上，中国在 2008 年就超过了美国；在投资上，也在 2010 年超过了美国。这就是美国高度警惕我们的原因。

如果中美两国谈判取得非常大的进展，我们就能用非常好的方式绕过"修昔底德陷阱"。

中等收入陷阱

第二个陷阱，就是"中等收入陷阱"。

高速发展是有先例的。全世界有多个国家和地区曾经经济高速发展，最后能迈过中等收入陷阱的国家只有十几个。为什么？有学者研究发现，当一个国家的国民收入达到一定程度之后，必须进行制度变革，所有没迈过去的，大多是没改制度。我们相信未来，我们相信改革开放，改革开放释放的制度红利将是中国跨过中等收入陷阱的强大武器。

中国有三轮改革开放的大潮。

第一轮是1978年的十一届三中全会，当时中国的经济总量占世界经济总量的1.8%，非常少。

第二轮始于1991年的邓小平南方谈话，邓小平说"中国如果不搞改革开放，走任何一条路都是死路""改革开放，胆子要大一些，敢于试验，不能像小脚女人一样，看准了的，就大胆地试，大胆地闯"。于是到了1999年，中国的经济总量占世界的比例已经达到了3.5%；2011年，达到了10%，成为世界第二大经济体。

2001年，时任中国国务院总理朱镕基亲自指挥中国加入WTO，释放红利大约10年。

2012年召开中共十八大，中国实际上已经吹响了第四轮改革开放的号角。十八届三中全会提出300多项改革，关键词是"市场化"；接着，十八届四中全会的关键词是"法治化"。市场化和法治化，是中国制度变革的两个最基本的动力。

前三次改革开放的大潮，每一次释放红利大约是10年。这一次我们党中央决定要进行的改革，将推动中国发展至少30年。

可能有人会问，十八届三中全会、四中全会谈了那么多的改革，为什么我们感觉不是很明显呢？我跟大家说说我的理解：改革是需要扫清障碍的，现在的改革要动既得利益集团的奶酪，所以有人在阻挠，有人在反对，有人在抵制，这需要时间。

但是请大家注意，中央改革现在有一个特点：一旦动手，雷厉风行。比如说军队改革，七大军区改为五大战区，30 万军队干部转业，当时大家认为难度可能很大，结果顺利地改革成功了。所以，中央的决心是不容怀疑的，改革一旦开始启动，就会强烈地推动。十八届三中全会明确指出，"到 2020 年，在重要领域和关键环节的改革上取得决定性成果"。所以，我们对此充满信心。

塔西佗陷阱

"塔西佗陷阱"，就是老百姓不相信政府。关于这个，中央采取的措施之一是反贪廉政。有人说，这是治本吗？时任中央纪律检查委员会书记王岐山说得好，治标，是为了给治本赢得时间。所以我们看到，中共十八大以来打破了多个"潜规则"，强力反贪腐，大获民心。

为了迈过"中等收入陷阱"，还有很重要的一点是中央高度重视非公有制经济的发展。

2016 年 3 月 4 日，习总书记参加民建和工商联的会议，提到"亲、清"的政商关系和"两个毫不动摇"方针，给了民营企业家极大的鼓舞。接下来，国务院总理李克强在同年 5 月派出 9 个督察组，督查 18 个省市，主要是解决民营企业面临的问题。对于非公经济，中央是高度重视的。

这是一个你醒来太慢，干脆就不用醒来的时代

政治上在"升维"，技术上也在"升维"。PC 互联网是解决"信息不对称"，移动互联网是解决"效率不对称"，接下来，物联网主要解决"智慧不对称"。到 2022 年，预计全世界会有 500 亿设备相连，2014 年才只有 22 亿。比尔·盖茨讲，我们总是高估两年的变化，但是低估 10 年的变化。在未来 10 年，我们的工作、生活将发生非常巨大的甚至是颠覆性的变化。

我们的企业也正在"升维"。

像华为的任正非，他的迷惑是，华为正进入无人领航区，已经到了"剑在手，问天下谁是英雄"的境地。

像蓝思科技的周群飞关注的是这三点：坚持、专注、创新。现在该企业的蓝宝石面板、蓝宝石技术已是世界一流，已经和航天配套。

比如远大空品，用世界上最先进的技术解决空气品质问题；远大住工，用工业化的方式建造房屋，建造的房屋节水 80%，节能 70%；两天建成移动别墅，节材 20%，节地 20%，绿色环保。

在发展范围上，我们的企业已走向世界，比如中联重科，比如海尔集团。

为什么有些企业经营得那么困难？因为在新的形势下没有升维。所以，我们希望企业能够看到，世界政治格局、经济格局、市场格局正在发生重大的变化，高科技领域每天都在发生奇迹。

时代潮流，浩浩荡荡，顺之者昌，逆之则亡。我们如果还在沉溺于物美价廉，还在沉溺于靠低工资、破坏环境、没有敬畏自然之心来做企业，那么我们就没有出路。所以，只有将视野、观念、战略、模式和人才全面升级，企业才会有未来。

最后我把马云在世界互联网大会上讲的四句话送给大家。他说：这是一个摧毁你，却与你无关的时代；这是一个跨界打劫你，你却无力反击的时代；这是一个你醒来太慢，干脆就不用醒来的时代；这是一个不是对手比你强，而是你根本连对手是谁都不知道的时代。

我们现在是遇到了很多困难，但是，无论崎岖或宽广，我们都走在路上，无论料峭或和煦，我们都迎风而行。为了"中国梦"的实现，"一切早已开始，一切也尚未结束，这是我们共同的命运与前程，饱含我们共同的致敬与祝福"！

企业家的"升维"

张肇麟

HBC（汉彬洲）翰澜咨询主席

　　王林先生是深受企业家信任、尊敬的学者，他的观点常常很有新意。

　　实际上，王林先生提到的四个条件与三个陷阱的规避，在领袖谋略与执行中是分不开的一件事。此外，由于这篇文章写得比较早，如今三个互联的划分已经不再必要。

　　西方学者有过一个用于理解社会变迁复杂性的思维模型"PEST"，也就是说，政治、经济、技术、社会作为人类当下处境的系统而不可分割和抽取的有机成分，这个模型用来理解三个陷阱就可以做到更能把握其背后的机理。

　　我理解王林先生提出的四个条件在领袖谋略角度就是：能胜任复杂国际局势以及国内社会严峻变革的领袖，有效地发挥国际政治与外交领导艺术，引领国内的政治、经济与时俱进，在坚实、活跃的科技创新基础上持续增强国力直至不可撼动。这里有三个要点：国际关系、以科技创新为基础、持续发展的机制！

　　也正是这三点让很多正在崛起的国家遭遇了陷阱，这三点不容易平衡。PEST 从任何一点出发的主动行为都是在破坏PEST 原有的平衡和构建着新的平衡。"中等收入陷阱"就是一个国家在经济崛起到一定程度，社会的政治结构就出现了刚性调整的需求，文化信念和利益群体也出现了新的结构。技术的飞速发展也会通过经济基础刺激上层建筑矛盾激化。纵观历史，在这样的关头考试过关的领袖不多，化险为夷的国家不多。

　　再看修昔底德陷阱。这个陷阱的本质是：超级大国地位的隐形资产是巨大的，作为超级大国不仅涉及巨大的隐形利益，同时也意味着一种深刻的文化、心理与行为模式甚至游戏规则。当这个地位遭遇挑战时，在超级大国心里和他国心里所感受到的是不同的温差。利益的巨大损失伴随羞辱的感觉，再夹杂着落寞导致的对新贵的仇恨归因，就很容易发起被价值观歪曲和形势误判的军事争端。这是新崛起者面对的外部局势的巨大压力。

不仅如此，塔西佗陷阱也是从历史中总结出来的。在内外交困的局势中，什么样的政府才可以拥有权威，取得信任去调整这么复杂的矛盾、冲突？经济、技术的变革如此原发、主动，社会文化与群体的新貌在无意识间就已经被塑造起来，怎样才是最佳的政治变革节奏，谁来主导政治变革？政治从来就不仅仅是信念问题，也不是技术问题，政治是政治问题，其间夹杂着复杂多变的利益和动机。

分析了这三个陷阱的机理，以及领袖面对的挑战（四个条件），接着再看看企业家的使命、历史担当。一方面就如王林先生所说，企业家不仅需要在面对新技术环境时"升维"，也需要与民族命运合拍的政治担当意识（升维）。他虽然没有继续说下去，但是话题引人深思。

王林 经典语录

① 时代潮流，浩浩荡荡，顺之者昌，逆之则亡。如果还沉溺于物美价廉，还沉溺于靠低工资、破坏环境、没有敬畏自然之心来做企业，我们就没有出路。

② 所有经济形态的创新，归根结底是商业文明的创新，新商业文明必将也必然引领未来世界的发展方向。

③ 这是个聚焦的时代，企业要做好四个聚焦：资源聚焦、市场聚焦、方向聚焦、文化聚焦。

④ 经济工作要接地气，达天庭。了解企业实际情况，积极参政议政，才能为国家当好参谋，为企业做好顾问。

⑤ 当已有知识体系、逻辑框架无法解释现实困境时，往往意味着看待问题的坐标体系要更换了。

通向互联网未来的七个路标

作者：**马化腾**

腾讯董事会主席兼 CEO

———

马化腾，1971 年 10 月出生于广东汕头，1993 年毕业于深圳大学，主修计算机及应用专业。马化腾在 1998 年创办腾讯，并于次年推出了此后深受国人喜爱的即时通讯工具 QQ。2004 年，腾讯在港交所上市。2010 年在遭遇"3Q 大战"后，腾讯注入了更多开放和分享的元素。2011 年，腾讯推出"开放平台"战略，微信横空出世。2013 年，马化腾富有前瞻性与战略眼光地提出了"连接一切"和"互联网＋"等，希望共建连接人与人、人与设备以及人与服务的互联网新生态。

作为腾讯的掌门人，马化腾低调而务实。他注重用户体验和产品创新，经常站在"小白用户"的角度思考问题，从而为腾讯注入了以技术为驱动、以用户价值为依归、以产品力见长的 DNA。在领导力上，马化腾强调群体智慧，让不同团队之间良性竞争，从而让腾讯不断涌现出明星产品。

马化腾代表文章（演讲）有《以"互联网＋实体"打造数字经济》《欢迎来到分享时代》《打开未来之门》等。

2013 年 11 月 10 日，腾讯举办"WE 大会"。在演讲时，马化腾分享了自己对互联网发展的思考，被称为"通向互联网未来的七个路标"。站在今天回望，他在演讲中提到的"连接一切""大数据""开放协作""消费者参与决策"等，不仅成为腾讯在过去五年的战略，也成为至今还在影响互联网趋势变化以及行业的行动方向。通过这篇文章，我们不但能看到一个智者的前瞻性思考，还可以复盘和展望如何让其变成现实。

互联网的发展离不开科学思想和最新技术，但是更需要天马行空般的想象力。

今天越来越多的人开始谈论互联网，尤其是未来互联网会走向何方、有什么发展。作为一名从业者、作为一个企业家，我想从几个方面来谈谈这方面的感受。

一谈到这个话题，我就会从一个已经成为企业家的 IT 男又回到我以前的梦想。在很小的时候，我很喜欢科学，希望成为一个天文学家。但是很可惜，这个梦想没有实现，我现在搞计算机，搞网络，经营企业。

前几年，有一个事情挺打动我的：腾讯还没有上市的时候，我跟我们几个创业伙伴在一起，当时团队里面也有一些喜欢天文的同事，我就梦想说，现在大家都没有时间去观测星空，而且周围光污染特别严重，要找一个地方看到星星很难，能不能找个地方安装一个望远镜自动地连接到网络上，可以随时在计算机或手机上观测天文现象，甚至可以分享给全网的用户和同好，那该多好。

当时，大家觉得这是天方夜谭，畅谈一番而已。没想到过了几年，有一天，我们的创始团队中有人告诉我，他实现了。他们跑到云南丽江雪山上买下一个民居，在那边搭建了一个天文台，联了网，可以远程控制，远程自动打开观测，传回图片，我觉得很神奇。

我今天讲这个小故事是想说，我们虽然在做企业，但没有磨灭我们的梦想。我们还是在追求如何能通过科技去实现一些很酷的事情，做一些没有这些技术以前根本做不到的事情，我始终抱有这样的一种热情。

下面转入正题。四十多年前，计算机第一次与人类连接，互联网迅猛发展，全世界所有的计算机连接了起来，诞生了很多新现象。我们迎来了一个全新的世界。

很多企业家觉得互联网是新经济、虚拟经济，跟自己所在的传统行业没有关系。但我想借助一些案例来说明，现在越来越多的实体、个人、设备都连接在一起，互联网已经不再是虚拟经济了，以后会是实体经济不可分割的一部分，这是一个大趋势。

第一，连接一切。智能手机是人的器官的一个延伸，这两年来这个特征越来越明显。它有摄像头、有感应器，几乎人的器官都能通过智能手机得到延伸，而且通过互联网连在一起了，这是前所未有的。

不仅是人和人之间连接，我们也看到人和设备、设备和设备甚至人和服务之间都有可能产生连接。微信公众号便是人和服务连接的一个尝试。所以，PC互联网、移动互联网、物联网等，这些都是互联网在不同阶段、不同侧面的一种提法，它最终会是很大、很全面联系的一个网络实体，这也是我们谈论未来一切变化的一个基础。

第二，"互联网+"。互联网"+"的是什么呢？最直接的，"+"的就是传统的各行各业。过去十几年，中国互联网的发展很清楚地显示了这一点。"互联网+通信"是最直接的；"互联网+媒体"产生网络媒体，对传统媒体影响很大；"互联网+娱乐"产生网络游戏，已经把以前的游戏颠覆了；"互联网+零售"产生电子商务，过去人们认为电商的规模想象空间很小，但现在它已经不可逆转地影响了实体零售行业。还有，最近"互联网+金融"非常热，讨论很多。越来越多的传统企业已经不敢轻视互联网这个话题了。

不过，这里我想从另外一个角度去分析，为什么会这样？互联网一定要"+"上你所在的行业吗？这是改良还是颠覆？你所在的传统行业不管怎么做，都永远不可能打造成互联网企业吗？

我的观点是，传统行业每一个细分领域的力量依然是无比强大的，互联网仍然只是一个工具。

比如，我们看一下第一次工业革命和第二次工业革命。18世纪第一次工业革命出现了蒸汽机的技术，19世纪第二次工业革命又诞生了电力的技术。从那时候起，我们看到很多行业发生了变化。很有趣的是，蒸汽机发明之后，蒸汽机的动力可以大大加速印刷的量，书籍被大量地印刷，从而带来知识的大范围传播，培养了大量有知识的人。这与你现在看到的互联网的传播、通信的特征很接近。

再看电力的产生。电力催生了很多的东西，如收音机、电视机、电话都有利于资讯的传播和沟通。我们现在看到，互联网也有这样明显的特征。

互联网是否会是第三次工业革命或者是其中很重要的一部分，我想这是很值得思考的。

所以，有这样的推演之后，所有的传统行业不用怕。过去没有电的时候，金融行业也可以运转，各银行之间也可以记账，交易所里通过经纪人叫价也可以成交。只不过有了电之后，这些都可以电子化了。所以，"互联网＋"不是什么神奇的东西，而是理所当然的顺势而为。我相信，互联网会衍生出很多新的机会。

第三，开放的协作。《第三次工业革命》这本书里面提到，未来大企业的组织架构会走向分散合作的模式。有人说，中小企业是不是更有效率？大企业应该不存在了吧？就像现在网购有了平台之后，很多小的电商就可以做到很多事情。我认为，大企业还会存在，但是形态一定要转型，它会聚焦在自己的核心模块，将其他模块和社会上更有效率的中小企业进行分享、合作。

前不久，我在上海参加了一个论坛，同台嘉宾有一个观点我很认同：未来5～10年，现金和信用卡会消失一半；未来10～20年，银行或大部分银行营业点的前台会消失，后台也会消失，只保留中台——服务。

服务的核心是中台，因为前后都可以外包出去，这是一个大方向。

第四，消费者参与决策。这个也非常有意思，互联网把传统渠道的不必要环节、损耗效率的环节省掉了，让服务商与消费者、生产制造商与消费者更加直接地对接在一起。生产制造商和服务商可以如此之近地接触消费者，这是前所未有的，消费者的喜好、反馈可以很快速地通过网络来反映。

互联网的一个重要精神，是追求极致的产品体验、极致的用户口碑，这种精神也会出现在厂商和服务商身上。市场上已经开始出现了这样的企业，这些企业的产品种类不多，但是做得很精，有大量的用户反馈，有自己的"粉丝"，讲究的是产品体验。这给我们带来反思，越来越多的公司意识到，消费者参与决策是如此重要。

第五，数据成为资源。大家现在谈大数据和云计算非常多，因为我们连接的多了，传感器很多、服务也很多，像搜索引擎、电子商务、社交网络都聚合了大量的数据，这些数据成为企业竞争力和社会发展的重要资源。

电商现在非常热，为什么电商可以转向金融，借助用户和商家的信用提供信贷？都是大数据在背后起作用。腾讯社交网络是非常大的一个平台，我们也在研究社交网络对于一个用户的信用能产生什么影响。这里有很多很有意思的设想，比如，如果我们不知道某个用户的信用情况，那么可不可以做一个算法，根据他朋友的信用来算出他的信用？

大家知道搜索引擎有一个算法是"Page Rank"，根据每一个页面的调度指向来算出这个页面的值，可以影响到它的排序。我们想象，人的社交属性是不是可以进行信用排序和算法迭代呢？以后可能会出现"人品排名"，你结交的朋友的人品比较好，你的"人品排名"就高。因为从常理来说，如果你的人品不好，你的朋友就不会跟你交友。这是我们的设想，是一个前瞻性的研究，我们希望能够做出一些成绩。

还有一个案例很有意思：基因测序。当年检测一个人的基因特别困难，现在科技发达了，基因检测的成本已经大幅度降低。通过"BT+IT"，即生物技术＋信息技术，有的公司用大数据的方式，把每个人测出来的基因数据全部存储起来。一个人的基因是6G的数据，它会尽量多地检测，能检测几十万、上百万、上千万人的数据。通过大数据分析，一个人是单眼皮还是双眼皮，性格有什么特征，为什么有某种疾病，都可以通过基因来检测。

用大数据的算法来处理医药问题，也会和传统的医学理论不太一样。现在给一个人看病，只是看他患病的特征与哪种病症吻合，然后推导出应该对哪个部位对症下药。相信在不远的未来，某些药可能专门是用来改变基因的。这个思路很开放，也会是一个很好的大数据应用案例。

第六，顺应潮流的勇气。很多人知道应该这么做，但事到临头又没有做。大家耳熟能详的案例很多。比如，柯达当年在胶卷市场的利润很高，它把数码相机雪藏起来，希望越晚发现越好，但当数码相机普及时，它没有抓住这个机会，最终失去了市场。

最近一两年，我们行业这样的案例也有不少，比如诺基亚和黑莓。一年半前，你想象不到诺基亚为什么倒得这么快，它的市场曾经高达2000亿欧元，最后却以很低的价格卖掉了手机业务。黑莓市值最高时超过600亿美元，现在40亿美元还卖不掉。

这是发生在我们身边血淋淋的案例，它们是巨人时，我们还是小弟弟。我们看到，巨人稍有不慎，稍微没有跟上形势，就可能倒下。巨人倒下时，身上还是暖的。所以，即使我们自己的市值高了，也要时刻保持危机感。你一定要深思这个行业怎么发展，现在你拿到了所谓的船票、门票，能不能走到终点不一定，还是要多多思考。移动互联网时代，一个企业看似好像牢不可破，其实随时都有大的危机，稍微把握不住未来趋势就非常危险，之前积累的东西就可能灰飞烟灭。

这其中，还需要有很大的勇气。腾讯过去做了很多，外部和内部都做了很多改革，这能让我们初步拥有这样一个符合未来发展的基础，但是我也希望和大家共同努力。

第七，敲警钟的思考：连接一切可能带来的风险。

前几次工业革命产生了什么问题呢？我们把几亿年以来的森林资源、地下所有的煤炭、石油，都在近几百年内消耗掉了。温室效应、环境污染，现在的空气、水、土壤质量，都需要我们之后来还债，这些都是很大的问题。还有高科技制造假的有毒的食物……可能你都看不出来。过去科技发展过程中产生的问题，现在我们在承受它带来的痛苦。

互联网一样有这个问题。互联网发展得很强大，有些坏人太高兴了，拿它来做坏事。有一些比较新兴的互联网"擦边球式"犯罪行为，警察抓不着，也没法抓，法律也治不了他们，因为还没有写进法规。我们都遇到过这种问题，甚至一度对一些灰色产业链束手无策。

互联网的广泛连接，还会带来一些衍生的社会问题。我们经常看手机，眼睛就变花了，低头族的脖颈也不行了，对健康有影响，甚至对人际关系也有影响。有了社交网络，大家见面、吃饭、开会全在玩手机，反而更冷漠了，这些都是值得我们深思的问题。当然，这个问题我只是抛出来，我没有答案，如果有好的建议，大家可以反馈给我。

马化腾的乐观与务实

何 刚

《财经》执行主编，《哈佛商业评论》主编

从 1998 年创业至今整整 20 年，腾讯之庞大，应远超小马哥预期。腾讯原本有可能在 3Q 大战后逐渐衰落，如果没有及时反思并改弦更张，可能是另外一个结局。今天的腾讯，是近 10 年浴火重生的结果。

从这个角度看，马化腾可谓下盘扎实的掌门人，且懂得适时应变，能抓住商机。他相对务实的言行风格，也化解了很多敌意。《通向互联网未来的七个路标》就是典型的小马哥式智慧。

该文做了七个预测，站在今天看，多数已是业界共识。我注意到，他强调连接一切的重要性和警惕相应风险的重要性，表明他并不自以为是掌握未来钥匙的先知。

比这七个预测更重要的，是他说的这段话："很多企业家觉得互联网是新经济、虚拟经济，跟自己所在的传统行业没有关系。但我想借助一些案例来说明，现在越来越多的实体、个人、设备都连接在一起，互联网已经不再是虚拟经济了，以后会是实体经济不可分割的一部分，这是一个大趋势。"

这段话说得很中肯，这可是他在 5 年前说的。或许有人后悔，当初为何没有重视他这个洞见。

马化腾的公开演讲不多，惊人之语更少，但他对未来的乐观和务实行动，则会打动有心人。这也是华南籍企业家容易成事之处。当你看到大海或星空的辽阔，那就倾力而往，全速巡航，而不必山呼海啸，得意扬扬。纵观 40 年来中国民营企业的艰难起步和曲折发展，着眼未来的观察力和脚踏实地的行动力，缺一不可。

"人为本"是移动互联的原动力

余玉刚

中国科学技术大学管理学院执行院长

中国互联网协会发布的一份报告称，截至 2017 年年底，中国网民人数已达到了 7.72 亿，网络普及率为 55.8%，网民平均每周上网 27 个小时，约占总时间的 16%。

毫无疑问，互联网时代以席卷之势扑面而来，无论你我接受与否，甚至没有给我们留下选择的时间，我们早已进入或被动进入，这已是现实。疯狂的移动互联使万物连接，让人类的感知世界无限扩大，从之前的"有所不知"到现在的"无所不知"。

20 世纪 60 年代，加拿大传播学者麦克卢汉在其著作《理解媒介：论人的延伸》一书中阐述了"人类器官延伸论"。现如今，不论是微信、微博，还是物联网、人工智能等，这些技术都是人类器官的"电子延伸"或体外进化。

腾讯的市值超千亿美元，已成为世界移动互联网中的翘楚，这篇文章道出了互联网的发展趋势，并指出了身处其中谋发展的生存之法。从市场角度出发，对于现如今的互联网企业，仍然具有很强的指导意义。

矛盾与发展如影相随，中国互联网正处于一个高速发展期，取得了辉煌的成就，可也落下了众多后遗症。在互联网大数据时代下，我们虽身着遮体之物，却感觉裸体示人；曾几何时，移动互联在时间占比上，逐渐取代家人，成为我们生活中最不可缺少的东西……

从人类社会的发展轨迹来看，一切科技的发展皆为人，"人为本"也是科技发展的原动力。移动互联虽改变了我们的生活，但根源于生活，它的发展历程紧密遵循人类生活的发展轨迹。

> 移动互联科技和呈现形式在不断改变，改变是因为人类不断改变的需求。换言之，移动互联企业能否基业长青，关键看它每一步改变的真正出发点是什么。
>
> 移动互联发展，终须"以人为本"。不忘初心，方得始终。

马化腾 经典语录

① 资源只是加法，产品力才是王道。10 个都弱不如 1 个很强，否则一堆做不起来的产品，只能减分、分散精力。

② 真正的危机从来不会从外部袭来，只有当我们漠视用户体验时，才会遇到真正的危机。

③ 互联网是主体经济社会的一部分，"互联网＋"将连接实体、产业、服务、个人、设备等一切基本要素，创造出一个"互联网＋"的生态体系。

④ 我们认为，移动互联网的上半场已经接近尾声，下半场的序幕正在拉开。伴随着数字化进程，移动互联网的主战场正在从上半场的消费互联网，向下半场的产业互联网方向发展。

⑤ 我喜欢用"半条命"来形容现在的腾讯。过去我们有很多不放心和不信任，出于本能全部自己做，但现在我们真的是半条命，另外半条命属于合作伙伴。

从苏宁发展看企业转型与创新

作者：**张近东**

苏宁控股集团董事长

———

张近东，1963 年 3 月出生于南京，曾就读于南京师范大学中文系。

1990 年，27 岁的张近东摔破国有企业的铁饭碗，在南京宁海路租下面积不足 200 平方米的小门面，销售空调。谁也没有想到，这家小公司日后会成为零售业的一面旗帜，并跻身世界 500 强。

苏宁的发展史就是一部创新史：创业 10 年，放弃一年超过 5 亿美元的批发业务，全面转型零售；2000 年后，加速连锁扩张，确立行业领先地位；2010 年，苏宁易购上线；2013 年，发布"一体两翼互联网路线图"。2017 年，张近东在全国两会提出"未来零售就是智慧零售"，年底提出智慧零售大开发战略。

这个过程并非坦途，"有过竞争对手的围追堵截、转型的迷茫阵痛，也有后发制人的弯道超越"。作为苏宁的掌舵者，张近东实现了稳健和突破、坚守和创新的平衡——把握趋势，提前布局；勇于试错，迅速迭代；执着拼搏，永不言败。在转型上，苏宁为我们提供了一个绝佳样本。

张近东代表文章有《转型互联网不能迷失自我》《"互联网+"的入口、出口和接口》《创新执行的"三效法则"》等。

2013 年，张近东在斯坦福分享了他的创业历程，以及转型和创新的 5 个心得。这里有苏宁历次转型的经验教训，更是张近东积累多年的经营智慧。在每个人都讲转型、每个企业都需要突破的今天，这篇文章值得反复品味。

为什么要谈"企业的转型与创新"这个话题呢？那是因为我们处在一个变革的时代，很多新东西如潮水般扑面而来，比如O2O、大数据、物联网、3D打印等。

我刚刚创业的时候，只有二十多岁，丢弃了当时中国人眼中的铁饭碗，办了一家200平方米的空调专营店。从小到大、从区域到全国，再到日本，今天又来到美国，苏宁的经历并非一帆风顺，有过竞争对手的围追堵截、转型的迷茫阵痛，也有后发制人的弯道超越，但我们都执着坚定、自信从容，每跨越一个困难都会脱胎换骨，获得飞跃成长的机会。

从全球零售业的发展史来看，大体经历了三个阶段：分别是以连锁经营为代表的实体零售阶段，近几年兴起的以电商为代表的虚拟零售阶段，以及加速到来的虚实融合的智慧零售阶段。前两个阶段在美国大概花了150多年时间，而在中国却被压缩为短短的二十多年，可以想象中国零售企业面临的转型创新的压力和迫切性也更为艰巨。我想借苏宁成长变化的几个阶段，分享我个人对于企业如何转型与创新的五点感受。

苏宁前 20 年的两次大转型对现在的启示

苏宁创业的前10年，中国正处于商品供不应求的短缺经济时代，我和同时代许多民营企业家差不多，都是白手起家，开始只有十几个员工，我一个人身兼数职，既要忙采购进货，晚上还要到售后服务部门了解送货安装情况。那时，空调在中国属于奢侈品，一台空调相当于一个普通人3～5年的工资。到第二年我们的销售额有4000多万元人民币，利润就有1000多万元。有次我到深圳出差，一个朋友请我吃饭，很神秘又带点炫耀地说，现在深圳已经有百万富翁了。当时中国刚刚改革开放不久，能有1万元人民币的"万元户"那就算是富人了。听他这么一讲，我心里高兴，就多喝了几杯酒。

我们第一次转型发生在创业10年后，因为当时整个空调行业出现了一个新的挑战，供求关系的变化导致了上游渠道策略的调整。从20世纪90

年代中期以后，中国家电消费进入普及阶段，市场规模迅速放大，而行业利润率却大幅下降。在苏宁的零售、工程和批发三类业务中，销售规模最大的批发部分甚至出现亏损。在这种情况下，经过认真的分析和思考，我决定放弃一年5个多亿美元的批发业务，全面转型零售。我这么做不仅是因为批发没有利润，更主要的是坚持批发就会激化和供应商的矛盾，失掉苏宁转型零售的机会。当时，大多数管理人员想不通，不愿放弃，因此，我不得不在会议上放出狠话，谁再说要搞批发就开掉谁。

转型必须有壮士断腕的气魄。从2000年以后的10年，苏宁第二次创业，加速商业连锁扩张，确立了行业领先地位。当时我们喊出"在全国开出1500家店"的目标时受到业界颇多质疑，压力很大，甚至有些零售同行嘲笑我，认为这是天方夜谭。

但我们不会动摇，在具体实施路径上，面临着两种不同的选择。一种观点认为，成功的连锁经营应该由近到远、由易而难渐进地发展，就像沃尔玛，走农村包围城市的道路。但苏宁选择了另一条看起来风险很高、难度很大的扩张路径，集中资源率先抢占大城市和区域中心城市，然后再向低端市场渗透。结果我们只用了不到5年的时间，就完成了在全国省会城市的布局。

到了2005年，中国零售业全面进入连锁时代，开店数量和销售规模成了比拼的重要指标，而当时家电连锁业主要集中在苏宁和另一家企业之间。对于如何扩大连锁规模，我们两家企业走的是完全不一样的道路：它是通过大量并购，快速放大规模，2005～2007年的3年时间先后并购了27家企业；苏宁则坚持自主发展，同时把大量的资金和精力投入后台建设，进行信息系统的升级、人才培养和物流基地的建设。这有点类似中国功夫，它练的是招式，苏宁练的是内功，虽然前者打起来好看，但是后劲不足。

这二十多年来两次重大的战略调整，让我们领悟了一个创新转型真谛："以不变应变，以变应变。"无论外部环境如何变化，不变的是要始终把握行业的本质，坚守企业的核心能力建设；变的是一定要掌握时代的前沿技术，才能最终服务好消费者、赢得市场。

苏宁如何进行互联网转型

作为中国最大的传统零售企业，在互联网大潮涌来时，我们又是如何思考并转型的？

如果说前 20 年的转型创新都还只是在实体经济范围内，那么现在这 10 年的转型创新却是在互联网技术的推动下，完全掀开了新的篇章，一场由实体到虚拟，再到虚实融合的商业大变局正在风潮涌动中，新的技术也再一次激发了我的创业激情。

事实上，我们早在 1999 年就关注电商了，但当时，中国互联网的运用和物流业等基础设施都还不健全，宽带都没入户，只有少部分人可以用电话线拨号上网，消费者几乎都没有网购的意识，那时国内的电商都无一例外地失败了。但到 2009 年时，随着计算机的普及，智能手机、移动终端的出现，我们敏锐地意识到电商时代即将全面到来，于是果断地上线了苏宁易购。

2012 年发生了一个有趣的赌约。中国一个地产界的企业家和一个互联网界的企业家，以中国零售业的未来为筹码，下了一个 1 亿元人民币的赌注，大约相当于 1640 万美元的赌约：说 10 年后，如果电商在中国零售市场份额占 50%，那位房地产企业家就给那位互联网企业家 1640 万美元，否则就反过来。

在我们有二十多年零售业经验的从业者看来，互联网本质上还是一种工具，不可能完全取代实体；但它同时又是大势所趋，当它像空气一样弥漫整个社会时，每个行业、每个企业都要互联网化。所以将线上线下割裂开来，讲谁比谁更好，我认为都是片面的、不专业的。未来的零售企业，不独在线下，也不只在线上，而一定是要线上线下完美融合的 O2O 模式。从美国的趋势来看也是如此，前十大电商中，有九个来自传统零售企业。

传统纯电商平台的商品性能展示不充分、商户信息不对称，不能满足消费者立体式购物体验的需求，无法全面地服务商户、培育品牌。比如买个彩电，视觉效果如何？买套服装，质感如何？买台单反相机，镜头成像效果如何？等等。这些都是没法单纯靠网上体验来解决的。此外，对电商平台成本低、价格低的认识，也是比较片面的看法。在中国至今仍没有盈利的 B2C 独立电商企业，依托平台的网上商户，超过 80% 也是亏损的。

面对这样的先天不足，纯电商模式只能是一种过渡模式。苏宁应该如何发展呢？那就是线上的便利性与线下的体验功能完美融合的 O2O 模式。此外，相对纯电商这种过渡性的商业模式，O2O 或许会是未来相当长时间里零售业转型变革的方向。

结合多年的探索，我们正式对外发布了"一体两翼互联网路线图"，明确指出中国零售业未来发展的方向就是互联网零售，重点是 O2O 和开放平台，未来要把门店开到消费者的口袋里、客厅里，并通过开放平台"苏宁云台"，将自身物流、信息流和资金流等资源全面向社会开放，搭建共赢的生态圈。

苏宁又是如何一步步地把 O2O 和开放平台这两翼打造成强健的翅膀的？

首先，O2O 比我们预想的来得更快。虽然 O2O 的概念已经提出很多年了，但至今依然很少有企业能完整地实施。这是因为想要完整地实施 O2O 必须满足两个条件：一是必须有两个"O"，即同时在线上和线下都拥有自身能够掌控的渠道；二是必须实现两个"O"的无缝协同和高度融合。中国大多数企业要么只有线上，要么只有线下，同时兼具的屈指可数。我们在线下排名第一，线上排名前三，综合优势明显，剩下的就是如何打通被形象地称为左右手互搏的壁垒了。

为此，我们做了三件大事：一是破除组织壁垒，再造组织架构，实现了双线渠道的全面融合、资源的全面共享、成本的统一核算；二是破除价格壁垒，实现"双线同价"；三是破除体验壁垒，将原先纯粹销售功能的店面，升级为集展示、体验、物流、售后服务、休闲社交、市场推广为一体的新型互联网化门店，如全店开通免费 Wi-Fi、实行全产品的电子价签、布设多媒体的电子货架，利用互联网、物联网技术收集、分析各种消费行为，推进实体零售进入大数据时代。

布局决定格局，格局决定结局。O2O 消费潮的兴起说明，相比传统实体零售和传统电商，唯有 O2O 才能让消费者体验到"鱼与熊掌兼得"的好处，这是不可阻挡的消费趋势，是我们需要把握的时代机遇。一旦传统零售业插上了互联网的翅膀，曾经被认为是巨大包袱的线下资源转瞬之间就能点石成金，天平将重新向拥有线上线下全渠道的零售商倾斜。

其次，我们要建立起开放平台的经营模式。相比传统门店辐射范围有限，互联网的世界则是无限延展的，只要一触网，就面对全国甚至是全世界的消费者，各种个性化的需求便会扑面而来。因此仅仅通过自身的商品经营和物流服务能力，是很难满足消费者需要的，线下资源优势也不能最大化地发挥效用。

互联网经济的重要特征是开放和共享，苏宁全面互联网化本质上就是要按照开放平台的方式把企业资源最大限度地市场化和社会化。其中包括把企业内部物流转型为第三方开放物流，全面加快建立从消费者到商户的端到端的金融解决方案和增值服务能力，以及将对大数据深度挖掘的能力向合作伙伴开放等，从而集聚品牌商、零售商和第三方服务商的资源与智慧，为消费者提供丰富的商品选择、竞争性的价格比较和个性化的服务体验，实现商流、物流和资金流的整合。

"一体两翼"的布局成型后，未来互联网零售业的商业模式，将从单纯的进销差价的阶段进入以核心能力建设形成产品定制包销服务、物流供应链服务、商品和消费者数据化服务、品牌和促销的社会化推广服务，以及资金增值管理服务的多维价值创造阶段。

在这个过程中，科技是关键性因素。苏宁是一家零售企业，也是一家科技企业，苏宁从专业零售到连锁零售，继而走向互联网零售，在每一次模式升级的背后，都有着大量的技术创新。实际上，苏宁早在连锁时代构建的信息化系统就已成为行业标杆，在2000年时就提出了"E连锁"模式。后台先行，是苏宁连锁扩张史的一个极为重要的经验。

2005年，苏宁又联合IBM、SAP上了ERP系统，将企业的所有行为一律标准化，包括门店装修标准化、物流体系标准化、售后服务体系标准化。2011年，在苏宁"2011～2020年新10年战略规划"里，我们又提出以"科技转型、智慧再造"为核心，规划了未来10年苏宁信息化建设和运营管理的发展战略。

经过二十多年的发展，苏宁已经成为中国最大的民营企业，在别人看来我已是功成名就，大可去享受生活，更没必要去冒险转型。但对我来说，创业是一种终身的职业，每一次转型都是一次新的创业，是研究新技术、开创新模式、追逐新目标、实现新价值的过程。

转型与创新的心得

未来总是变幻莫测、充满未知，面对不确定性，我总结了一些转型与创新上的心得。

一是要在技术的快速变化中始终把握住行业的本质。在技术飞速跃进的年代，完全追逐技术，最终可能会被眼花缭乱的新技术搞晕头；完全拒绝技术，最终将被淘汰。技术归根结底是个工具，但每个行业都有它不变的内核，那就是如何更好地服务它的客户。比如零售业从本质上讲是从事商品流通服务，互联网带来的最大转型是提高流通效率、更好地满足顾客个性需求。在转型过程中，过去我们谈顾客是群体概念，现在有了互联网工具，我们可以把握每一个消费者的行为数据，挖掘到每个人的个性需求；过去我们讲服务局限于人与人、面对面的服务，而在互联网上，企业是全方位对消费者开放的，消费者即使不和企业的员工接触，通过参与企业的购物、支付、配送等流程，便能更深切地体验到企业的服务内容和品质。

二是转型要有超前规划，你能看多远，你的事业就会有多大。我们不是为了创新而创新，而是要把既有的资源不断地优化和配置，来实现更高的目标。我们早期上线苏宁易购，是为了将线下资源在线上进行放大；我们现在推出O2O模式，是要将线上资源在线下兑现价值，并助推线下门店的互联网化；我们推出开放平台，是要探索全新的互联网零售模式。所有这些，都不仅是为了眼前的利益，而更多的是着眼于未来的布局。

三是在压力面前，需要坚持创业精神。当我们选定一个目标的时候，一定要坚定不移地向着这个目标努力，既要有抵制诱惑的毅力，也要有经受挫折的勇气。我们的企业文化中有"执着拼搏，永不言败"的信条。我们可以直面挫折，可以承认错误，但绝不轻言失败，更不容许放弃！跌倒了可以再爬起来。如果一味地求稳怕输，那就很难成功了。

很多企业之所以转型不成功，并非因为它们没看到趋势，而是无法承受短期的诱惑和压力，从而左右摇摆，瞻前顾后，不能用创业的决心去转型。放弃过去的成功很难，但有时不放弃就无法获得明天的成功。转型是掌握新工具、获得新能力的学习过程，出现这样或那样的问题都是正常的，需要用时间换空间，这就更需要我们有坚持的精神。

四是要注意节奏，谋定而后动。无论是创新还是创业，生存和发展是前提，创新太早会成为先烈，太迟会被时代抛弃，只有在恰当的时候发力，方能既不伤及本身，又能创新成功。就如同转弯，一列高速飞驰的火车与一辆小轿车转弯的节奏完全不一样。小轿车可以轻松转过的弯，对于火车来说，则需要早转、慢转，急了不行，那是要翻车的。

苏宁就像一列火车，创新不能盲目冲动，一定要有前瞻性的部署和周密的模式设计，做好充分的准备，一旦需要发力时，就已是水到渠成的事了。

五是所有的转型最后都要固化成团队的文化。因为只有文化上的转型才是真正意义上的精神传承，成为融入员工血液里的基因，成为自发的、自觉的内在驱动力。企业处于不同的时代，会形成时代文化的印记；企业运用不同的技术工具，会形成不同思维文化的定势。所以，在互联网的浪潮下，企业文化既不能一成不变、故步自封，也不能全盘否定、推倒重来。互联网企业的文化特征是注重用户的体验，用开放、分享的思想重塑价值链，用平等的企业氛围促进创新。为此，我们推出了一系列包括事业部组织变革、目标计划管理、员工内部创业机制等措施。贯穿其中的主线就是更加强调和倡导员工的自主创新能力与小团队的协同能力，以及自主管理目标的能力，重视以人为本，强化员工的自我管理、自我驱动意识，发挥每个人的创造力，提升工作效率。

大变革的时代赋予了我们大创新的机遇，让中美企业、中美的市场与技术跨过太平洋走到了一起。

虽然苏宁位列中国民营企业前列，但还只有二十几岁，面对庞大而快速增长的市场需求，我们依然是一家年轻而充满活力的互联网零售企业。面对全球互联网浪潮，我们怀着再次创业的激情，沿着"科技苏宁，智慧服务"的互联网零售转型方向来到了美国。因为线上线下融合的O2O模式既超越了传统实体零售的管理水平，也超越了传统纯电商平台的技术局限，是一种全新的、面向未来的、真正顺应了消费者需求的颠覆性模式，不仅在中国国内找不到可以参考的样本，即使放眼全球，也难以找到成熟的榜样。

智慧不在一个层次，较量就不在一个层次；格局不在一个层次，未来就不在一个层次。一个没有前瞻性和大格局的企业，往往会在大变局中迷失方向，遭遇大溃败。

变革是势，顺之者昌，逆之者亡；创新是路，积跬步方能致千里，一步一个脚印方能丈量未来。生命不息，创新不止。

转型引领者

何伊凡

"盒饭财经"创始人

2018年的商业主战场之一就是新零售，张近东先生所创建的苏宁，即是零售业的一位老兵，也必须要适应新战场。不过无须为他担心，张近东对于在动荡无常、复杂模糊的环境中引领转型，早已驾轻就熟。

我与张近东曾有多次交流，印象最深刻的一次是在2012年9月，苏宁与京东发动了一场"8·15价格战"，此战不仅震动业界，而且连国家发改委也介入。此战结束后，我在南京徐庄苏宁总部会议室拜访了张近东，他穿着蓝色竖条衬衫、藏青色长裤，保持着一贯的沉稳，这一年他50虚岁，五十而知天命，这也是他的"天命之战"，但他认为一切皆在掌握之中："苏宁线上、线下的发展都是基于系统考虑，我们是有能力的顺势发展，不需要赌，也没有必要。"

价格战只是表象，电商这一轮较量是平台级对决，比拼的是营销、配送、供应链、仓储、资金、人才，以及链条上的每一个环节。

在本文中所提到的数次转型中，打通线上线下，无疑是漫长而艰难的一次，此时的苏宁，早已不是"小舢板大战八大航母"时代的"光脚的"，它自己成了航母，不断遭遇小舢板的围攻。因为有大量的存量资产，真正的阻碍并不在技术，而在利益再分配，这个过程异常痛苦。它又不能轻易就"壮士断腕"，否则可能会失去现金流。苏宁在这次变革中并未变"轻"，反而越来越"重"，计划在一二线城市加快建设大型店面，同时关注社区小店，而且花巨资搭建了多层级物流架构。这一"做重策略"，在新零售席卷，重新发现线下价值时，成为张近东战略决策力的一个体现。

管理大师拉姆·查兰先生在其所著的《引领转型》一书中提出：大胆创新的战略举措往往需要大量的资源投入，其成败会影响整家公司，撼动整个行业，甚至波及其他相关领域，这样的战略举措旨在帮助企业远离颓势，推动企业开启一个新的快速增长的阶段。因此推行这样的举措事关生死而且风险极高，由于这类战略举措能否成功并不确定，所以经常会使人产生焦虑并因此遇到巨大的阻力，尤其是来自资本市场的压力。此时，"跳出企业看行业"和"放下眼前看长远"就是你的法宝。

这段话就是对张近东引领转型的最佳注脚，他在本文最后提出了关于转型和创新的五点心得，都是其实践中积累的经验，展现了其"跳出企业看行业"和"放下眼前看长远"的能力。

值得玩味的是，能够引领转型的企业家，需要兼具强硬个性和开放心态这两种看似矛盾的特征，这两者是如何融合的呢？我记得他曾告诉我，有一次他去打高尔夫球，教练发现他姿势不对，上来就要扳他的手。张近东立刻不高兴地回绝：你千万不要扳我的手，你讲一句我就晓得了。他自己试着调整了一下，就真的改了过来。

张近东 经典语录

① 转型和创新的真谛是：以不变应变，以变应变。无论外部环境如何变化，不变的是，要始终把握行业本质，坚守企业的核心能力；变的是，一定要掌握时代前沿技术，才能最终服务好消费者、赢得市场。

② 任何企业成长壮大的背后，有一种东西是共通的，那就是企业家精神。企业家精神最核心的一点，就是要有敢于走出舒适区的魄力。走出舒适区不是指要另起炉灶、拼命折腾，而是要打破故步自封的藩篱，了解时代的脉搏，努力做时代的企业。

③ 创新永远不是一蹴而就的，需要经历从量变到质变积累的过程，往往最后坚持下来的企业才是最成功的企业，坚持到最后的创新才具有价值，这就是"剩者为王"。

④ 一个企业的实力不在于自身拥有多少，而在于能链接多少资源，对社会有多大的贡献和价值。企业小的时候是个人的，大了就是员工的、社会的。

⑤ 我们不会和别人抢掉在地上的煤，而要去深挖掩埋于地下的金矿。我们要发掘别人看不到的，以前瞻性眼光和行动超越别人。从这个角度上说，苏宁最大的竞争对手其实是我们自己。

东方希望的"势""道""术"

作者：**刘永行**

东方希望集团董事长

———

刘永行，1948 年 6 月出生于四川省新津县。1982年，刘永行与另外三个兄弟辞去公职共同创业。10 年后，"希望集团"注册成立，成为中国第一家私营企业集团，刘永行任董事长。1995 年，刘氏兄弟明晰产权，刘永行利用分得的 13 家公司组建了东方希望集团。经过二十余年的砥砺前行，东方希望集团已发展成为集农业、重化工业等为一体的特大型民营企业集团。

东方希望集团的哲学观是："自然而然，不争为先；甘然后进，反而先进。"刘永行是典型的实业家，管理以稳健、务实、精益见长。他"精益求精"的管理思想和"既好、又快，还要消除一切形式的浪费"的投资理念，指导东方希望集团不断持续发展。如：根据自身实际选择具有相对优势的产业进行布局；做聪明的第二，保持相对优势；在招聘内行人才既需要高成本、稳定性又不够好的情况下，提出"只用外行，不用内行"；为防止出现大企业病，提出把"大公司拆小"的解决方案；等等。这些都是刘永行的务实经营之道。

刘永行代表文章有《东方希望：小题大做》《做企业不能违反"进化论"》《什么叫精益化管理》等。

2016 年，刘永行出席第一财经年度峰会并发表演讲，详细阐述了东方希望集团的"势""道""术"：顺势却不随流，明道而非常路，习术要善修正。这是东方希望集团的哲学观念，同时也是中国人看问题的角度，在"以不变应万变"的今天，如何才能顺势而为？本文值得每个人、每个企业借鉴。

东方希望是从做饲料开始的，现在也继续做饲料，我们在饲料行业有100多个工厂，分布在中国的所有省份、自治区和直辖市以及东南亚。从2001年开始，东方希望有了一个比较大的转变，就是进入了重化工行业。我们现在从事的重化工行业比较多，有电力、有色金属、水泥、煤化工、生物化工、石油化工等，2016年又开始进入了光伏行业。现在东方希望95%以上的资产都分布在重化工领域，5%分布在饲料领域。我们不管是做饲料还是做重化工，都是行业内大家公认的最困难的行业。我们都处在经济红海之中，我们集团想驾驶着自己绿色的帆船，开辟一条属于自己的蓝色航道。

东方希望成立34年了，我们几乎伴随着改革开放的全过程，前20年从事农业，后14年进入重化工行业。重化工行业是重资产的行业，因此对资金的需求量极大；又是个高度过剩的行业，长时期的全行业整体亏损，从事这个行业难度极大。现在中国经济进入了高速发展时期，也进入了困难时期，同时进入了互联网大数据时代，而东方希望做的是最传统的事业，对此，我们怎么来应对？

大家都说，世界上唯一不变的是"变"。但是如果我们站在更高、更长的时间维度，我们可以找到一些相对不变的来坚持长期做下去。那这个维度是什么？互联网大数据现在很火，它的出现只有20年，飞机电力化的出现只有100年，工业革命到现在不过300年。但是它们与大自然、与地球、与宇宙相比，只不过是婴儿。宇宙也一直在变，宇宙40亿年、60亿年一直在膨胀，而且是高速膨胀。但是我们能感受到它吗？感受不到。为什么？因为维度不一样。站在大自然的维度看问题，它是不变的。而我们看到这5年、10年，是在不断地变。因此，我们思考问题的维度是不同的。大自然有几十亿年的历史，人类只有几千年，尽管现在变化很快，但用大自然的维度来看，从这个角度制定战略，我们就可以"以不变应万变"。两千年前老子的《道德经》的指导思想现在仍然非常管用。我们在讨论问题的时候往往是多维度的，今天我就从中国人看问题的维度——"势""道""术"这三个层面来分析我们要如何面对经济的发展。

"势""道""术"就是东方希望的哲理观念。

首先，顺势却不随流。"势"指自然规律、科学规律、经济规律、人文规律等，顺势就是顺势而为，顺应上述规律，不能逆势而动。

"流"是流行、时尚、潮流（有时候是逆流、恶流），我认为"势"不是"潮流"。举个例子，大数据是一种"流"，很多人说要随大数据发展，但是大数据与我们有什么关系呢？大数据是一种数据流，它是经济形式发展到现在必然出现的一种"流"。顺着这个"流"去做没有错，但是你绝对不会优秀。阿里巴巴做大数据，但实际上它提供的是一个平台。华为绝不沾数据流，它是提供数据的管道。这些做法实际上是顺势。

其次，明道而非常路。"道"指方向，是指正确的道路，要找准正确方向，明确正确路线。方向是客观存在的，不是我们发明的，但是需要我们辩明，不要错辩。对工厂而言，就是技术及工艺路线要正确，要先进，要有未来。正确的道路不一定是"常路"，大家都走的路可能走不通。

最后，习术要善修正。"术"就是方法，工具和方法是什么？大数据和互联网就是工具和方法。这20年里它出现了，我们充分运用就可以了，充分运用这样先进的工具来改变我们的生产方法，改进我们的指标。

东方希望经营了34年，我们的战略机能始终不变。顺势却不随流：只顺应大自然之势，而不一定随经济形势的变化潮流，我们的发展道路调整的很少。明道而非常路：我们在农业和生产资料最传统的行业里面经营，对此我们不会更改。在工具和方法上我们要不断地改进，就是我们所说的，习术要善修正。互联网思维和大数据都是工具和方法层面的东西，我们要充分利用它们，它们快速变化，我们就要快速适应，快速使用先进工具，让它们发挥最大作用，帮助我们成长。

我们就是这样坚持在最传统的行业里经营了34年，而不赶时髦。在最困难的行业和时期，我们的坚持初有成效，34年来，不管出现什么困难，我们都没有出现过一年甚至一个月的亏损，这是集团公司的层面。现在大家都说形势不好，如果我们辩证地看问题，那么形势是客观存在的，但外在的东西往往是"形"不是"势"。什么是"势"？就是自己的形势才是

"势"，也就是"我势""主势"。而社会上的形势是"他势"，"他势"与我相关相对小，只要我好就可以了。只要我的思路抓住本质，做正确的事，并把正确的措施及时落实到位，管理改进得快，不落后，不被淘汰，"我势"就强了，强了就领先了，所以形势要分"我势"和"他势"。在"势"和"道"正确了的基础上，在"术"方面我们就努力快速进行。你的措施一定要正确，虽然没有措施不能改变，但是正确的措施能保证未来。当然措施要落实，落实必须要到位，这中间还有一系列的事情要做。

难以改变的是外部，外部的经济环境我们是不能改变的。微观企业怎么能够改变宏观经济呢？所以我们不要求它改变，也不要去抱怨。以前用户是"上帝"，现在变成银行是"上帝"，所以银行、证券、互联网应该是我们的工具，我们应该利用它们而不是依靠它们。如果依靠融资你就完了，依靠银行也完了。如果你把精力都用在如何上市方面，就没有精力做好自己的事情。我们可以依靠正确的观念，首先是哲理观念，然后是价值观念、管理观念、投资观念等，正确的观念是建立在科学规律的基础上的。我们要把员工的潜能充分发挥起来，有一些看起来是很普通的人，如果慢慢给他们机会做，他们就可以做出惊天动地的大事业。我们依靠内生的能力，最终会使各种效率都有所增长。

作者附记

东方希望的哲学观是："自然而然，不争为先；甘然后进，反而先进。"

"自然而然，不争为先。"前面的"然"是规律，是宇宙规律、自然规律、科学规律、经济规律、人文规律，后面的"然"是结果。按照规律做事就会成功。什么叫"不争"？不争并不代表我们不追求领先，而是说，如果做到自然而然，该做的都做到位了，不去强求，不去争，自然就领先了。为什么要提"不争为先"？因为往往争也没有用，反而会为了"争"做了不该做的事情，也许会挣很多的钱，但是做了不该做的事情一定会出现危机。我说不争为先，做了该做的事情怎么会不领先呢？

"甘然后进，反而先进"是说，近300来中国有些落后了，西方的工业革命等很多事情我们没有做，我们的现代化进程迟了，但迟不一定是坏事，我们可以直接引进西方先进技术。改革开放以来，中国进行了40年的奋斗，成为世界第二大经济体，诸多工业指标居世界第一。东方希望进入重化工领域只有16年时间，要承认我们进入得迟，但进入得迟，可以取众家所长，把大家好的东西集成在我们自己身上，再加上自己的创新。我们承认进入得迟，享受进入得迟的甜头，我们的工厂、技术可以比西方更先进，这就是"反而先进"。

这和东方希望哲学观的另一种描述"顺势却不随流，明道而非常路，习术要善修正"是一脉相承的。

顺势而为，明道习术

苏 勇
复旦大学东方管理研究院院长

早在刘氏四兄弟经营饲料行业风生水起之日，我便闻老二刘永行大名。当时感觉他是挺有主见的一个人。后又听说他毅然"杀入"耗资巨大的重化工行业，虽不太理解他这一决策的依据，但总觉得刘总一定是想好了再干的。

因为我正在主持《改变世界：中国杰出企业家管理思想访谈录》大型研究项目，所以有机会在2016年9月13日和原《第一财经日报》总编辑秦朔先生一起，远赴新疆昌吉州吉木萨尔县东方希望有色金属有限公司总部，深入访谈了刘永行先生，并就相关企业管理问题进行了全面探讨。

在我看来，刘永行的管理理念，最主要的核心就是"顺势而为，明道习术"。刘永行眼中的"势"是一种规律，自然规律、科学规律、经济规律和人文规律。他认为做企业乃至做一切事情，都要顺应规律，顺势而不随流，咬定青山不放松，就一定能做好。刘永行在 2002 年进入重化工领域，他就是按照这个理念来做的。虽然他很早就想做，但怕连累兄弟们，而且觉得大势还没有成熟，所以一直到 2002 年，感到各方面条件已经具备，就毅然决然砥砺前行。在东方希望的经营中，大至远赴新疆设厂，靠近能源和原料产地进行生产，小至输煤管线架设高度要考虑到野生动物迁徙，无不是顺势而为的具体实施。

明道，刘永行解释为"明道而非常路"，明确自己做事的方向和正确的道路，包括正确的工艺技术等，但要力求创新，不走寻常路。每个企业都有自己的理念，自己的使命和追求，所以不能人云亦云，盲目跟风。要有自己的想法，并有定力，这样才能达到最终成功。我所访谈过的每一个杰出企业家，都非常认同这一理念，而刘永行则更是身体力行。顺势明道的问题解决之后，剩下的就是执行问题。刘永行对此表述为"习术要善修正"，要把正确的事情、企业的战略及时落实到位，在这个层面要随时善于学习，善于修正，不断逼近目标，用严谨、细致、精密的专业精神成就事业。"天下大事，必作于细。"在"术"的层面，刘永行创新性地提出"小数据"的概念，在企业经营的每一个环节算细账，降成本，增效益，不断优化管理，从而有效提升地提升了竞争力。

刘永行 经典语录

① 企业经营活动中最重要的是什么？是创造自己的相对优势。无论大公司还是小厂子，都有自己的相对优势，就看你如何去发掘。任何企业只要充分发挥自己的相对优势，避免自己的弱点，就能在市场竞争中取胜。创造无数个相对优势，就可在市场中形成绝对优势。

② 做事要讲究"既好、又快、还省"。"好"是规划性得好，之后再"快"，在项目中尽量节约时间，"省"即在资金、人力、资源上的节省。

③ 再难的事，把它看成小事；做小事时，把它看成天大的事，认真去解决。将要发生的事都看成小事，上手做的时候都看成大事。遇到困难时看淡一点，大题小做；解决困难时，小题大做。

④ 我们身在洪流，但观念可以跳开。不能仅仅站在互联网角度，要跳出互联网，跳出大数据，跳出眼下几年的变化，站在更高的维度看问题，很多问题你就能看明白，能不为所动，有所为有所不为。

⑤ 别人做大数据，我们做小数据，而且要把小数据做得越来越小。当你做到全世界成本最低、劳动效率最高、能耗最低、投资最少时，谁还会去关心经济是上行还是下行？

因时而生，因市而兴，因势而变

作者：**陈东升**

泰康保险集团董事长兼 CEO

——

陈东升，1957 年出生于湖北省天门市。他是一名经济学博士，一直活跃于中国企业界和学术界，积累了深厚的理论观点和成功的企业管理实践。

在仕途顺利之时，陈东升毅然下海，那是 1992 年。当年之后，从体制内下海的人有数十万之多，经常被称为"九二派"，而陈东升正是这个词的发明人和领军人物。

伴随中国改革开放大潮，陈东升先后创办嘉德拍卖（1993 年）、宅急送（1994 年）、泰康人寿（1996 年）三家企业，横跨金融保险、艺术拍卖、物流领域，且均成为行业翘楚。他率先提出"养老革命"，目前已经成为中国医养领域的标志性人物。

陈东升具有自己的大历史观，并对中国经济发展大势有着敏锐的洞察和超前的感知。他认为在中国经济转型和升级中，企业就是要"抓住每一次战略机遇期，实现超常规跨越式发展"。他是专业化的信仰者，也是大胆的创新者，泰康保险从成立到现在，都秉承着深耕寿险产业链的专业化思维。

在外部经济环境日益复杂多变的今天，如何从不确定性中把握确定，看到未来？如何在环境的变化中敏锐寻找和捕捉自己的战略机会？这对于企业家的洞察力与执行力提出了考验。所谓"因时而生，因市而兴，因势而变"，做一个恰到好处的先驱者，而不是成为过于超前的先烈，也不要成为蹒跚而来的慢行者，这是我们读完本文后要思索的。本文原载于《保险文化》2017 年 3 月刊。

陈东升著有《战略思维》，代表文章有《真正的企业家时代已经到来》《改革开放与中国企业家成长的四个浪潮》等。

因时而生

"因时而生"的法则永远都存在，创业的时候一定要选一个刚萌芽、未来高成长的行业。严格来讲，这是一个创业的源头，甚至可以讲是创业的法宝。

1990年，我作为中国青年代表团赴日访问的成员，曾在日本闲逛，看到到处写着"住友生命"和"海上火灾"的广告，我特别好奇：火灾把生命都烧没了，怎么还要挂着广告牌？当看到高楼大厦上的"日本生命"时，我就问经济学家魏加宁："'生命'是什么意思？"他说是"人寿保险"，我觉得这是个好生意。

可谓无心插柳柳成荫，彼时友邦保险来到中国大陆，在上海一下子招了1000名销售人员，把上海给"砸"翻了——一个人骑着自行车，拿着一块印有"友邦保险"字样的布就开始在街头卖保险。当时，许多人都开始觉得人寿保险是个大市场，国家也开始重视这一领域。我当时听说中国化工、粮油进出口公司、中国远洋运输公司、中信银行等四家国有企业正在筹建一家联合财产保险公司，但中国人民银行的审批没有通过——央行建议它们做人寿保险公司，但这四家企业还是坚持申请财产保险，这事就搁下了。听说这个消息，我的心活了，这么重大的历史机遇一定要抓住，我彻夜未眠，决定创办一家人寿保险公司。

第二天一起床我便到王府井书店买了所有书名中带有"保险"字样的书籍。此时，我心中已经有概念了，逢人便讲自己要办一家人寿保险公司。所有人都觉得我是一个疯子，因为在20世纪90年代初，创业在机关里不是大潮流，而创办一家人寿保险公司更是匪夷所思。

我一遍遍地向主管单位游说，但是一直没有得到答复，在将近四年时间里，有许多人排队办信托公司、办证券公司、办商业银行，除了我，没有第二个人去申请保险牌照。就这样，我一直坚持到1996年拿到了牌照。四年时间里，我的坚持感动了很多人，包括副处长、处长以及副行长。很多事能成功，真的就是靠坚持！

其实，所有成功的企业一定是在市场崛起的时候最早进入的，不管创业者现在做任何生意和任何产业，一定要抓取历史机遇，就像雷军所说的，台风可以把猪吹起来，谁也挡不住大势。泰康就是抓住了这样的历史机遇，现在正在做的养老社区也同样是一个伟大创新。

因市而兴

"因市而兴"说的是发展，泰康发展最快的阶段是中国加入 WTO 之后。我记得，2001 年举办"亚布力中国企业家论坛"的时候，中国企业家都在喊"狼来了"，大家都很恐惧。泰康受到的压力最大，因为国际上随便一家保险公司的资产都超过千亿美元，而 2000 年泰康总资产还不到 50 亿元人民币，2001 年的时候总资产不到 60 亿元人民币。

但大家知道，泰康已经今非昔比。怎么发展起来的？抓住了历史机遇！就像我是受过老式的教育一样，我喜欢用老式的话语：抓住每一个战略机遇期，实现超常规跨越式发展。中国加入 WTO 之后的三年，泰康在全国都布下了网点，设立了 160 余家中心支公司。大概用了四年时间，我们的总资产从 50 亿元一下跳到 500 亿元。所以，一定要抓住高速成长期。

当然，高速成长也会带来很多问题，比如人才跟不上和风控问题。在泰康高速发展过程中，我总结的经验就是 6 个字：高速、稳健、创新。也就是说，既要保高速成长，也要保稳健经营，还要保持创新，要实现三者之间的平衡。

田溯宁有一个关于"快速成长陷阱"的演讲对我影响很大。他认为，资金问题是企业快速成长带来的第一个问题，然后才是人才和管理问题，其后是风险警示和风险控制问题。做金融更是这样，因为金融企业只要上规模，肯定面临着资金问题。

泰康是怎么解决这个问题的呢？ 2000 年，我卖掉了 24.9% 的股份，引进了资本，那时候我们的保费还不到 10 亿元。资本方给我设定的目标是，内涵价值每年增长不得低于 30%，于是这就有点对赌的性质：每股 6 元钱，但只先付你 4.3 元，剩下的 1.7 元只有在未来三年都达到增长目标时才会兑现。

这次融资，泰康总共获得了十多亿元，资本便一下子充足了起来，之后迅速地扩张机构，保费便迅速增长起来，最后也达到了投资方预设的目标，剩下的 1.7 元每股全部拿到了手。其中，我大概拿出 5 亿元在全国铺设了 6000 家网点，泰康也因为租房和经营成本扩大亏损了两年，第一年亏了 800 万元，第二年亏了 3 亿元，但回过头来看，这个成本非常低。这也是我自认为泰康最成功的秘诀：低成本、迅速地铺设网络。

泰康为什么没有上市还能坚挺到今天？因为我们抓住了股权分置改革。我认为自己是实践的金融家和企业家，也研究了一辈子宏观经济学，一个很大的心得就是抓住机会：2005 年，随着股权分置改革的启动，我的两只眼睛一眨都不眨地盯在它上面。股权分置改革的三年，我们在股市赚了很多钱，支撑了泰康高速发展。

因势而变

"因势而变"就是创新，泰康历史上有三波创新。

第一波创新很简单，就是广为流传的"创新就是率先模仿"。

二十多年前，中国是一个后发国家，刚刚开始改革开放，经济刚开始快速增长，所以后发优势就很明显。泰康参照了二十多家保险公司的样本，它是在博采众长的基础上兴起的，营销是学自中国台湾地区的保险公司，精算、风控和信息技术则是欧洲人教的。

1996～1999 年，身为一家保险公司的董事长，我到哪儿都是一个保险业小兵。我在日本生命待过一个星期，在新加坡大东方人寿保险待过一个星期，在美国待过三个月，大都会人寿、纽约人寿和西北人寿，我都去拜访学习过，还在欧洲的保险公司待过八天。我最崇拜的实际上是中国台湾地区的国泰人寿，其创始人蔡万春与蔡万霖兄弟的发家史对我很有激励作用。当全部看完之后，再结合中国大陆的实际情况，我们的定位就自然出来了。

可以说，我知道世界上所有主要人寿保险公司的排名、利润和规模，哪一家的竞争优势是什么，它们的发家史是什么。我是做研究出身的，自己的商业成功就是研究成果的最好实践。

第二波就是自主创新，把别人的东西拿到自己的土壤中生长，这个过程中就是中国化了。这也是我们这个年龄的人为什么会对中国革命史那么崇拜和好奇：都是把外国东西拿来本土化，越本土化越有竞争能力，这是一个从零开始、从无到有、从小到大、由弱变强的过程。

我是学经济出身的，而且自己的出发点是消费、中产人群和市场。保险是做什么的？它就是用制度安排大家未来幸福美好的生活，你的养老、医疗都有了，你就可以无忧无虑地生活了。我们把它提升到一种生活方式的高度，并把创新的点放在中产家庭。泰康便推出了"爱家之约"险种，它以家庭为投保单位，突破传统寿险以个人为投保对象的限制，实现了一张保单保全家。过去，我要说"买车买房买保险"是中产家庭的"三大件"，下面可能会哄堂大笑，因为许多人并不赞成买保险是三大件之一，而在西方买保险确实是家庭中最核心的三大件之一，泰康一直是往这个方向发展的。

我们也对服务体系进行了创新，建立了包括互联网和电话在内的四位一体、现实与虚拟相结合的互动式综合服务体系。我们也学过比尔·盖茨卖 Window XP 时的暴风式销售方法，在全国 20 个城市掀起了针对"爱家之约"的旋风式销售，泰康大概用了六七年时间，就使品牌形象在市场上崛起了。特别是"一张保单保全家"和"买车买房买保险"等广告语朗朗上口，而一直到今天，泰康占有保险业的很多话语权。

第二波创新应该说还是有模仿的痕迹，不同于为了打好基础而做的第一波创新，它主要是为了迅速地打出名气，而泰康的品牌也基本上是在这个阶段建立起来的。

第三波创新就是现在这一阶段。我们过去叫"一张保单保全家"，而现在是"一张保单——一辈子的幸福，从摇篮到天堂"。"从摇篮到天堂"是一句话，我怎么把它变成一个商业模式？把虚拟的金融和实体的养老、医疗对接起来，这看起来是一个很简单的对接，但是一个新的商业模式就诞生了。

泰康有句话："活着我们为您服务，进天堂我们为您站岗。"巴菲特有本书叫《滚雪球》，怎样才能滚大雪球？长长的坡、宽宽的道、厚厚的雪，才能滚出世界最大的雪球。从摇篮到天堂是最长的坡，养老、医疗、理财和终极关怀是宽宽的道，高端客户就是最厚的雪。人离不开养老、医疗、投资。控制好风险，这就是世界上最伟大的商业模式、最伟大的创新。

所以，我反复跟我的员工讲：不要以为移动互联网来了，世界就非它莫属了，只要我们把创新做好，不管是移动互联网还是太空互联网，我们都会永远存在。

"九二派"擎旗者

黄丽陆

正和岛执行董事、总裁

陈东升有许多标签，我认为他的第一标签是"九二派"代言人！

40年，中国企业家群体有明显的代际。1978年，改革开放伊始的第一代，主体是由社队企业进化而来的乡镇企业家，加之部分蝶变的城乡个体工商户（万元户），以鲁冠球、刘永好为代表；1984年，我国城市经济体制改革全面展开，大批科技人员创办企业，一批大集体企业诞生，以柳传志、张瑞敏、任正非为代表；1992年，邓小平南行，市场化道路最终确认，超过10万名政府官员、知识分子下海，"九二派"登台，陈东升执牛耳；2000年，因特网出现大潮，.com公司来袭，张朝阳、马云领军；最近有"一五派"之说（2015年），移动互联网、人工智能、生物技术、新能源、共享经济、大众创业，等等，代表未来的新势力强势登场，数风流人物正待大浪淘沙。

如此代际均以数万、数十万众计，前赴后继，蔚为壮观。进化之迅速、淘汰之惨烈，也为世界经济史上之大观。善哉！改革开放40年，企业家当属首功！

"九二派"在40年中国企业家的谱系里居中，肩承上启下之任。陈东升自己给"九二派"的定义是："政府官员、知识分子等社会主流精英下海组成的有责任感、使命感的企业家群体。"这个定义里有如下关键词，其一，"社会主流精英下海"。1992年在邓小平南行之后的一段时间，数万个陈东升走出舒适区，毅然投身不确定的商海，这批年轻的官员、知识分子的选择鼓舞了全社会，他们的新探索丰富了市场经济的内涵，与政治家打了一个绝好的配合。试想，如果邓小平南行之后没有这批无畏者，今天的中国会怎么样？

其二，"责任感、使命感"。第一代乡镇企业家、万元户经商办企业大多都是一个朴素的想法：让自己的日子过得好点，或者让村里人都过上好日子。第二代科技人员办企业，一个普遍的心态是：不能整天喝茶看报，要把自己的一身本事使出来。"九二派"也想过好日子，也想一试身手，但与前辈相比，他们普遍想干一番事业，成就一个梦想，多了份情怀与担当。从企业家精神的角度看，"九二派"更具自主性和前瞻性。

作为"九二派"的陈东升特别显眼，他创办了三家企业（嘉德拍卖、宅急送、泰康人寿），每一家都是行业的开拓者或之一；他的跨度很大，从艺术到商业、从实业到金融、从企业家到专家。这篇《因时而生，因市而兴，因势而变》，集中体现了他作为一名企业家的扎实功底：敏锐的商业嗅觉、前瞻性、国际视野、管理能力、细节感、变革能力、领袖气质，等等。26年后的今天，从思想性、实力、竞争力、影响力等多个维度，无论是成败论英雄，还是更高标准的"先论是非再论成败"，陈东升执"九二派"之首当之无愧！

陈东升是怎么炼成的？其实他的个体特征也是"九二派"整体的一个缩影。

　　据我的观察有如下几个方面。第一，先天的个人禀赋。作为湖北人，他聪明好学，永远炯炯有神的双目折射出纯净而又强大的内心。第二，高学术素养。从武汉大学优等生到得到董辅礽、厉以宁大家的点拨；从国际贸易研究到《管理世界》杂志副总编。第三，高事业起点。从外经贸部到国务院发展研究中心，培养了他广阔的视野，结识了广泛的人脉。第四，市场经济的信徒。诚如他的博士生导师厉以宁所评价的："坚定的市场化取向和专业化追求，是以陈东升为代表者之一的'九二派'企业家最大的特点。在市场中学习，在市场中成长，做市场的好学生，陈东升一直以此自勉。"第五，拥有幸福的家庭生活，成为人生的赢家。事业与生活的平衡，这在很大程度上给了他一份，也许是很多企业家所稀缺的从容与淡定。

　　时势造就了"九二派"和陈东升，而陈东升们在对的时间和地点尽显英雄本色。40年，企业家与这个大时代，正是相互成就！

　　在纪念改革开放40周年之际，我们期待"九二派"、期待陈东升的有两点：一，作为成功者和受益者，我们如何不因既得利益而阻碍改革开放，并持续保持创新；二，以自己真实的商业行为践行市场化，以商业领袖的影响力为民营经济鼓与呼。

陈东升 经典语录

① 要站到 1 万米的高空看这个世界，身处到 100 年的时空观察这个世界，这样才能有远见与坚持。

② 一个企业，3 年决定生死，5 年打下基础，8 年站稳脚跟，10 年小有品牌，20 年才能成长为参天大树。

③ 大事要敢想，小事要一点点地做。

④ 现在有个时髦词儿，叫风口。在我们看来，最大的风口、永远的风口就是伴随中产人群一起成长。

⑤ 在今天，如果做真正伟大的企业，做一个百年老字号的企业，要明白一个很重要的因素，将"专注"做成品牌，要提倡商业理想主义，要批判、摒弃商业机会主义。商人是做交易的，企业家是做市场的。商业理想主义与机会主义的区别，就是企业家和商人的区别。做企业就像个农夫，把自己的一亩三分地精耕细作，每一年有每一年的规划，然后长期年复一年、日复一日地专业化耕作，综合各种资源，通过改善技术和产品来取得收获。

打好互联网下半场的三条路径

作者：王 兴

美团点评集团董事长兼 CEO

———

王兴，1979 年 2 月出生于福建龙岩。2001 年获清华大学电子工程学士学位。此后，王兴赴美留学，并于 2005 年获美国特拉华大学计算机工程硕士学位。

王兴是一个连续创业者。2005 年创立中国第一个大学生社交网站校内网（后更名为"人人网"），2007 年创立社交媒体网站饭否网，2010 年创立美团。历经 8 年磨砺，美团于 2018 年 9 月 20 日在港交所上市。

作为新一代企业家的代表，王兴相信科技将使人们的生活更加美好。在他的带领下，美团不断拓展生活服务领域，让消费者和商家的连接变得更有效率。王兴是一个独立思考的企业家，同时，又有强大的内心和彪悍的执行力。如红杉资本全球执行合伙人沈南鹏所说："王兴是少有的对野蛮生长的中国互联网格局有着清晰认知的思考者，是将思辨精神运用到企业管理中最好的企业家之一，这或许也是美团不断越过山丘，获得更大成功的原因。"

2016 年，中国互联网的普及率超过 50%，网民数量增长大幅趋缓，智能手机销量也不再增长，这意味着人口红利已经消失，粗放的发展模式已经难以为继。当年，王兴首次抛出互联网"下半场"的概念。2017 年 4 月，历经一年多的实践后，在新经济 100 人 2017 年 CEO 峰会上，王兴再次分享了自己的思考，要打好互联网下半场，有三个路径：上天、入地、全球化。本文呈现了这场精彩的演讲。

王兴代表文章有《一切行业都在互联网化》《中国互联网已经进入"下半场"》《创业者不要被资本雇用》等。

在过去一年多的时间里，我提出了一个概念叫"互联网的下半场"，它有很多特征，但最基本的特征就是互联网用户的普及度，这在中国已经普及了一半，大家关注经济、关注增长，就是看增量有多少。当总的互联网网民超过一半的时候，不管是中国还是全世界，都有巨大的商业机会，但是游戏规则和需要的关注点不太一样。之前互联网的繁荣在很大程度上靠的是人口红利，但这个时代已经过去了，智能手机的年销量已经不再增长了，网民数量的增长也大幅趋缓。这个时候除非海外市场还有更多用户，不然就得精耕细作，把原有的用户服务得更好，通过每个用户创造更多的价值。

如何面对下半场，我认为有三件事情、三个大方向是最激动人心的。在我看来，过去一两年，到未来 5 年，乃至 20 年、30 年，最激动的事情就是上天、入地、全球化。

上天：从商业模式创新到科技创新

第一个是"上天"，大家最容易理解的，就是高科技，因为在 20 年前，互联网本身就是高科技，但在今天，我觉得多数互联网企业只是传统科技，不管是传统 PC 互联网还是移动互联网，虽然多数人做的事情跟科技相关，但那只是传统科技，并非高科技，因为不管企业做什么，都是创造客户价值，以客户为中心。

我相信科技不断突破边界、不断创造新的空间、不断有新的增长，这对中国互联网以及对全球互联网，或者对全球经济来讲都是至关重要的事情，因为大家都需要增长，但如果原来的空间被填满，没有新的空间创造出来，就会变成你争我夺。

不管是过去 20 多年互联网的发展，还是接近 50 年的信息和通信技术的发展，在底层都有它的原理，这就是摩尔定律。1965 年英特尔创始人之一摩尔提出摩尔定律：当价格不变时，半导体的密度，平均大概每 18～24 个月翻一番。过去 50 多年，这个定律一直在起作用，我们今天做的事情跟这个定律相关，如果没有摩尔定律持续性的作用，就不会有 PC、智能手机和互联网。我相信如果没有摩尔定律，美团做的事情是不会存在的，现在大多事情是不会存在的。因为有了这个科学的突破，因为有了这个底层的硬件平台的不断进展，才有了上面各种各样很繁荣的生态。摩尔定律在传统意义上已经到了一个相对的固定临界，将来全球增长的要素，可能是以不同的方式。现在总的芯片数量越来越多，因为全世界的能力不外乎整个芯片的计算能力，要看是不是芯片数量的增长，这个虽然有点抽象，但在底层跟我们的所有事情都相关。

每一个人都需要很多的芯片，比如手机、计算机，尤其车需要的更多，一辆车有近百个芯片，所以会有越来越多的数据，越来越多的计算和需求。

这只是高科技的一部分，我经常跟朋友交流，有一些朋友说，每次从硅谷回来，就觉得我们做的事情很 low。

不光是探索太空，我觉得本质上最底层是需要增长的，不管是公司需要增长，还是从国家角度、地域角度来讲，这个世界都在膨胀，所以一定要增长空间。在发现新大陆之后，世界不断被瓜分。我们希望科技不断探索新边界，扩大新空间，这样便能减少在有限空间里你争我夺的压力，世界就会和平很多。

我们回头说高科技。除了更底层的，我们能接触到的是传统的 ABC，A 是人工智能，B 是大数据，C 是云计算，这些是非常紧密地结合在一起的，AI 算法的进步是与运算能力跟大数据相关的。

这里有一个特征，即无论是现在还是以后，我相信在高科技方面创业，中国会有越来越多的空间，有越来越多的需求。这里所说的创业与以往不太一样，它不再是学生在车库里或者宿舍里捣鼓几天，就能做出翻天覆地的事情，而是可能需要很多底层的积累，还要有很大的投入，这个也需要耐心。中国互联网取得了很大的成功，更多人认为这是商业模式的创新，而不是科技的创新，这个观点在过去是对的，因为那时的中国总体是落后的。但现在发展到这个阶段，中国甚至可能会超越美国，往后可能确实在底层上会有很多投入。有很多 AI 专家说，AI 方面国内并不落后，但是还有更多领域是需要更长时间投入的，因为在摩尔定律以外，我们的总体人才是在增加的，这需要国家投入的支持。

如果没有底层的这些进步，没有这些积累，那么大数据公司需要很长时间才能发展起来。

说到高科技，我想可能并没有办法展开来讲，我是希望高科技很重要，它是未来5～10年一个很大的驱动力，但并不是单做，就像互联网跟各行各业结合在一起。AI和其他的高科技也要跟各行各业结合在一起。例如搜索，以美团为例，看起来跟高科技没有关系，其实我可以讲很多的例子，例如美团外卖送什么都快，但我们还有很大的成长空间，比如降低配送成本，以及怎么样更快速送达。至于在降低成本方面，现在还是靠美团小哥配送，目前我们一方面在做基于很多数据和AI的路径分析，以及派单分析；另一方面，无人车、机器人也并不是很遥远的事情，因为AI是无人驾驶，送餐能快速完成，所以说这并不是很遥远的事情。我相信外卖机器人的出现，会比预想得早。中国在这方面比美国有优势，我们的外卖市场规模比美国大很多，我们的市场机会也大很多，所以我希望能有更多的尝试。

除此之外，AI可以用于很多不同的领域。我跟一家公司的CEO聊过，他们在用AI分析怎么样做出新的化合物，可能是化学实验太复杂了，试验成本非常高，不过他能想到用AI分析化合物，这也是巨大的进步，虽然跟互联网没有直接关系。

下面说说关于高科技的例子。美团是做"吃"的生意，所以在2017年春节的时候，我考察了一家公司，它是一个教授创始的，他当了26年的生物化学教授。他认为大部分人都喜欢吃肉，人们为了吃肉，需要草，用草去喂牛羊，他觉得这样效率很低，浪费很严重。

他觉得应该用科技造肉，从而跳过饲养动物这个环节。在美国，有六七家餐厅用它们的人造肉做的汉堡很好吃。这是一个完全颠覆性的事情，因为牛羊不会进化，几万年来，牛吃草来长肉的速度基本是固定的，进化很慢，而这家公司如果用高科技的技术去突破的话，就是革命性的事情，瞬间会颠覆饲养牛羊的方法，生产出更健康的肉。之前养牛羊，需要哪些抗生素、哪些添加剂，他们在实验室里会控制得更精确。这是跟吃相关的，看起来是最基础的事情，但是有可能是很高科技的突破。中国作为最大的农业产品消耗国，我们在这方面的技术是很值得关注的。

入地：要深入 B 端和产业链

我再讲一下"入地"。大家说创业需要接地气，我们现在需要强调一下。所谓接地气，不光是触及地下，而是要到达有充满养分的地底下去，如果你现在还在 C 端联系，这是不够的。这是无奈，也是现实，我觉得现在干什么事情，不能光停留在连接上，尤其是不能光停留在 C 端连接上，你得真的去了解产业的方方面面，在这样的层面上去连接，去提升教育，这是美团在过去几年意识到的，光接触地面是不够的。

现在共享单车非常火爆，回头看摩拜，我相信他们是正确的，他们做的是真正好的事情。根据客户需求、根据新的场景和模式，从体验上、成本上来讲，我认为创造共享单车的人，不光需要接地气，还需要站在陆地上。

以餐饮行业为例，大众点评是在 2003 年最早推出的独立第三方消费点评网站，而我们做的是最早的第三方餐厅评价，2011 年开始我们就做美团团购，2013 年做外卖，从 C 端开始，我们不仅仅停留在连接上，我们还在餐饮的 B 端，我们服务各行各业的 B 端，包括餐饮的收银系统，也包括酒店里面的系统。在 B 端，它们的 PMS、客房管理，以及猫眼电影，一开始我们只在网上卖票，只连接消费者是不够的，这个壁垒很低，得深入到产业各方面。我们都得意识到光连接是不够的，我们得有深层次的内容，这可能要通过供应链整合，可能要通过其他很多方面。

全球化：中美两强竞争，发展中国家机会广阔

全球互联网的下半场，我认为是中美的竞争，因为互联网最早是美国发明的，20 年后，只有中美两国成立了互联网公司。腾讯非常厉害，只靠中国一个市场，就进入了全球十大企业行列，是全球所有行业的公司的第十大，因为中国确实有巨大市场。

但这是不够的，真的放开来看的话，企业的价值取决于问题价值大小，取决于市场大小，取决于经济体大小，中国虽然经济体越来越发达，但我们

拥有全世界 1/6 的人口，如果只做一件事情，即便是做到头，也不如另一部分大。美国的强大在于，美国互联网公司不只是做美国市场，而且做除了中国市场以外的几乎全球的市场。所以中国的企业如果不能真的很好地走出去，不能更好地服务于更大的经济体，那么长期来看是缺乏竞争力的。回到"上天"这个事情，高科技是需要高投入的，如果你没有足够大的市场和规模，你就无法有足够多的投入去竞争，长期来看你是没有竞争力的。

对比来看，全球化对中国企业来说是很大的机会，也是中国未来必须要做的事情。

此外，我觉得在其他方面我们也有机会。虽然美国在高科技领域的实力比中国强，但是在很多商业模式方面，尤其是创新方面，中国已经做出了很多的努力，已经在很多领域领先，比如共享单车，中国完全领先于美国和欧洲。在之前，以美团外卖为例，中国市场规模比大部分国家要大 10 倍以上，加之我们积累了很多经验，我们相信虽然走出去的落地会难一些，但是我们有基础，可以尝试往海外走。

我觉得走向全球化至少还要较长的时间，全球化虽然很重要，而且是必然的趋势，但不能急于求成。中国企业走向海外，我觉得简单来看是到底往上做还是往下做。中美两国是超级大国，如果到海外去开拓市场，到底是选择经济更发达的国家，还是经济更落后的国家？我觉得都可以尝试一下，可能更大的机会是在第三世界国家、在发展中国家，或者是与中国比较类似的国家，或者是比中国落后的国家，我们要了解海外市场的国家状况，以及如何更好地开拓海外市场。

纯粹线上的话，之前猎豹做得很好。但我认为我们不能满足于只做一个小的方面，而是要涉猎更多，这就需要更大的耐心、更大的投入和更大的协同。

日本扩展海外的方式是，其银行、媒体、企业一起走进海外市场，我觉得中国互联网企业也应该如此。现在中国互联网企业有做分发的，有做电商的，有做金融的，有做 O2O 的，一起合作的话会有更强的战斗力，我认为这是一个非常好的机会。中国现在的 GDP 增速不是那么快，印度、东南亚的市场也不小，东南亚有 6 亿人口，是中国的一半，虽然它们的基础设施比我们落后一点，但也在蓬勃发展。

从美团崛起看无边界时代的到来

李志刚

新经济 100 人创始人

"上天、入地、全球化",这是 2017 年 4 月 15 日,美团创始人兼 CEO 王兴在新经济 100 人 2017 年 CEO 峰会上的开幕演讲。意外的是,他与我当天在峰会上的趋势演讲"重公司、高科技、全球化"有异曲同工之处,而此前我们并未交流过。当时王兴来不及做 PPT,在峰会开幕前 10 分钟才匆匆到场,临时让工作人员帮他打了一行字:上天、入地、全球化。

我讲的"全球化、高科技"和王兴讲的"全球化、上天"的意思基本吻合。关于"重公司",我连续两年在 CEO 峰会上做了重点解读,重公司的三个典型特征是:供应链+劳动密集型+技术驱动。如果只看前两者,好多公司都符合标准,富士康就是典型,但是加了技术驱动,符合此标准的公司就不多了。美团外卖的案例特别典型:美团外卖骑手从取餐到送达,中间可能的线路有 11.3 亿条,这远远不是人工所能想象的了,它的背后是大数据+机器算法。

最近,我在上述重公司三点特征的基础上又增加了一点——"非标",提出了"李志刚四杀":重公司、非标、高科技、全球化。这是未来中国创业公司要想做成百亿乃至千亿美元公司的必经之路。我认为,中国未来肯定不止两三家千亿美元以上的公司,它们的典型特征是"无边界",而不仅仅是某个垂直领域的领先者。无边界的本质是用户、数据和支付的统一。这是一家公司能够极大程度地降低壁垒,从一个领域进入到另一个陌生领域的核心原因。

美团是一家典型的"无边界"公司。美团最早靠团购起家,这是一个投入人员重、线下运营重、技术要求高,却是低毛利、低回报的行业,可以说是一块"鸡肋"。美团的到店、外卖、电影、酒旅、打车等业务，都是低毛利，平均在8%左右，早期毛利更低。但是，这些8%的"鸡肋"串在一起也成了一块"肥肉"。

商业风口起落，能抓住一次机遇，站在时代的浪尖，已经很难得了。"无边界"公司要做的却是在多个领域领先。这对公司的素质有相当高的要求：既要有前瞻性的战略部署，持续抓住多个创新趋势；又要有"一竿子捅到底"的执行力，打"硬仗"，在没有先发优势的情况下后来者居上。

王兴的"刀"

金错刀
爆品战略研究中心、"金错刀频道"创始人

认识王兴多年，他不只是个极客，还是个"刀客"。

刀客一说，不是瞎掰的。从中学时候开始，王兴就是一个刀具的收藏和鉴赏家。他的鞋盒里，收藏着各种不同材质和年代的刀。

不过，属于王兴的刀只有一把，那就是美团。2010年创业美团之后，王兴说过两句话。一句是说，永远不会有一把完美的刀，有一把能够解决问题的刀就足够了。另外一句是说，如果公司是一把刀，刀刃越聚焦，刀就会越锋利。

"互联网下半场"是王兴这把竞争力刀锋的关键，值得所有创始人好好看看。

在王兴看来，战斗是永远的，只是从一个战场变成另一个战场，从一个困难变成另一个困难，当然，也从一个机会变成另一个机会，总是有不断的变化，总是需要不断地往前。

如何在互联网下半场赢？

王兴的答案就三个字：mission、men、me。我看过一本美国退役特种兵指挥官写的书，书名叫 *Mission，Men and Me*。mission 是使命，men 就是团队，最后才是自己。

（1）mission——具体明确的使命。打胜仗，当第一。

（2）men——会独立思考的团队。王兴还有一句被广为人知的名言：多数人为了逃避思考，愿意做任何事情。为了让团队思考，王兴愿意做任何事情。

（3）me——创始人。王兴很重视数据拷问。有人跟我说，你看王兴的脑门，那么大，他就是一个超级计算机。大数据拷问的背后，是知道节奏、掌握关键、抓住规模的能力。

王兴 经典语录

① 创业并不简单，但也并不痛苦，除非你干的事情很不适合你。对有些人来说跑步或举重是需要用巨大的毅力才能坚持下去的痛苦的事，但对另一些人来说这些活动本身就充满乐趣。

② 你知道什么是真正的企业家精神吗？就是知道自己的目标，思考如何实现目标，而不管自己现在拥有什么，哪怕手上什么都没有。

③ 对未来越有信心，对现在就越有耐心。

④ CEO没法让别人代劳的职责是：第一，设计公司整体愿景和所有战略，并确保传达给所有利益相关方。第二，招到并留住最优秀的人。第三，确保公司始终要有足够的资金，这和空气一样重要。其他事情都应该找最专业的、最好的人来做。

⑤ 我不太担心现有的竞争对手，因为我们跑得更快。我在思考有没有更新的模式，如果要革命，我希望自己革自己的命。

明道 03

企业家必须用『新三观』——全局观、未来观、全球观来面对未来。

没有成功的企业，只有时代的企业

作者：**张瑞敏**

海尔集团董事局主席兼 CEO

张瑞敏，1949 年 1 月出生于山东莱州。1984 年，张瑞敏接手资不抵债、濒临倒闭的街道小厂——青岛电冰箱总厂（海尔集团的前身），开始了"打天下"的生涯。

张瑞敏在海尔集团狠抓产品质量，引进海外生产线，砸毁 76 台有缺陷的冰箱成为标志性事件。海尔冰箱于 1988 年获得了中国电冰箱史上的第一枚国优金牌，自此奠定了其在中国行业的领先地位；从 2008 年起，海尔集团在大型家电市场的品牌占有率多次蝉联全球第一，成为全球白电第一品牌。海尔集团在 2005 年开始践行"人单合一"模式，并逐渐见效，于 2016 年营收首破千亿元。现在的海尔集团打破层级结构，变成一个上千家公司运转的创业平台。

海尔集团的创新管理模式兼收并蓄，吸收了包括日本、美国、韩国等先进理念。张瑞敏结合企业实际，提出 OEC 管理模式⊖、斜坡球体论⊖、市场链等管理创新理论，获得了国际管理界的高度评价。张瑞敏是第一个登上哈佛讲坛的中国企业家，2015 年入选全球 50 大思想管理家，被称为"中国企业界的思想家"。

张瑞敏相信"没有成功的企业，只有时代的企业"，企业的成功是因为踏准了时代的节拍。

自 1998 年以来，海尔集团共有十几个案例被哈佛商学院采用。2018 年，哈佛商学院引入海尔集团的新案例课程，张瑞敏受邀分享了他带领海尔集团 24 年探索新模式的整个历程。本文为他在哈佛大学的演讲，有删减。

张瑞敏著有《海尔是海》，代表文章有《传统企业转型必须全系统颠覆》《时代性企业的经营逻辑》。

⊖ OEC 管理模式：日事日毕，日清日高。总账不漏项，事事有人管，人人都管事，管事凭效果，管人凭考核。
⊖ 斜坡球体论：企业好比斜坡上的球体，向下滑落是它的本性；要想使它往上移动，需要两个作用力。一个是止动力，保证它不向下滑，这好比企业的基础工作；一个是拉动力，促使它往上移动，这好比企业的创新能力。两力缺一不可。

哈佛大学是世界顶级的大学，所以在这儿演讲我感到非常荣幸，而且我和哈佛大学非常有缘。20年前，也就是1998年，我们当时的案例被哈佛商学院选中，我受邀来哈佛商学院参与了我们的案例授课。

20年后的今天，我们又有新的案例进入哈佛商学院。和20年前不同，这次的案例研究的是物联网时代的商业模式。移动互联网下一个最重大的经济活动就是物联网，并且物联网经济的规模比移动互联网大得多。但是，物联网时代的商业模式到底是什么？现在还没有定论，但是你肯定要去探索。我们有一句话："没有成功的企业，只有时代的企业。"所有的企业，都不要说自己成功。我认为永远没有"成功"这个词，因为所谓的成功只不过是踏准了时代的节拍。但时代在不断变化，任何企业和个人都不可能永远踏准时代的节拍，因为我们都是人，不是神。一旦踏不准节拍就会万劫不复。柯达就是一个很典型的例子，摩托罗拉也是，这样案例还有很多，包括很多曾经达到世界顶级地位的企业。

过去中国企业没有自己的商业模式，只能是学国外的，比如学日本的、学美国的。但在物联网时代，大家站在了同一条起跑线上，谁也不知道物联网前方的商业模式是什么。因此，如果我们率先探索成功，就会走在世界企业的前面。

哈佛商学院这一次引入海尔集团新案例的课程叫"管理与变革"，海尔集团案例属于"全面转型：行业动荡和商业模式变革"教学模块。我在这个课堂上专门讲了海尔集团在物联网时代的商业模式探索。关于海尔集团的物联网转型，哈佛商学院在2015年就到海尔集团去调研并制作了一个案例，今年为什么又继续这个案例研究呢？因为所有学员都认为物联网是个方向，但到底怎么做，还是很难找到办法。我今天的分享也不是唯一的结论，只是我们的探索。我要跟大家分享的就是海尔集团探索新模式的整个历程。

海尔的发展历程

下图有三条横线，分别代表了三个不同的维度，从下往上依次是：发展历程、"人单合一"模式和哈佛案例。

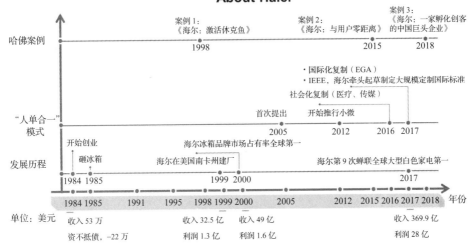

第一条线是发展历程。 海尔集团的创业是从 1984 年开始的。1984 年它还是一个资不抵债、濒临倒闭的集体所有制的小工厂，员工只有几百人。全年的收入折合美元只有 53 万美元，亏空就达到 22 万美元，也就是说，这个工厂就要垮掉了。一年中换了三个厂长，谁都不愿意去了。我当时是这个工厂的上级领导，没有人愿意去就把我派过去了。其实我也不愿意去。

当时工厂里面的情况是什么样子呢？我去的时候是 12 月，天气非常冷，比现在的波士顿要冷得多。车间里所有的窗户都没有了，四面漏风。一问才知道，因为没有钱买取暖的煤，工人就把木制的窗户拆下来当柴烧了，工厂里基本上见不到工人。我去了以后做的第一件事是整顿劳动纪律。我首先制定了 13 条管理规定，其中很重要的一条是任何人不准在车间里面大小便。到了这个份儿上，工厂的管理水平就可想而知了。我们就是从这种状态起步的。

1985 年发生的一件很重要的大事就是砸冰箱。当时我们正在洽谈引进西德的生产设备。大多数员工都认为，只要进口设备和技术引进来了，生产肯定就会好的。但我认为，如果员工质量意识淡薄和素质非常差，即使引进先进的设备和技术也生产不出一流的产品。当时，我收到一封投诉信，投诉冰箱的质量有缺陷，我借此机会把仓库里的 400 多台冰箱全部开箱检查一遍，结果发现有 76 台冰箱有划痕等质量问题。我坚持把这 76 台有问题的冰箱当众砸毁，而且是谁干的谁来砸。砸了冰箱不代表质量就好了，目的是提高大家的质量意识，树立有缺陷的产品就不能出厂的观念。20 年前，在哈佛商学院的课堂上还有学生提问，认为这个做法非常激进，会不会引起矛盾？

我当时采取了一个做法没有把矛盾激化。我宣布谁造成的质量问题谁亲自砸毁，但这次不扣大家的钱，而是把我的当月工资全部扣掉了。我当时一个月的工资只有 50 多元人民币。所有人都没有话说了，下定决心一定要把质量做起来。由此，我们树立了一个观念：企业里不管有多么好的资产都不可能增值，唯一可以增值的是人。把人的素质提高了，企业就可以增值。我们坚持这一观念，从原来一个资不抵债的小工厂，发展到现在已经连续 9 年蝉联了全球白色家电的第一品牌。

第二条线是海尔集团的"人单合一"模式。"人单合一"，人就是员工，单就是用户，合一就是把员工的价值和用户的价值合一，这一部分后面再具体讲。简单地说，就是企业里没有层级了。海尔集团目前在全球有 7 万多人，过去最多的时候达到 11 万人。变革最大的时候我们把 1 万多名中层管理者辞掉，他们有两条路可以选，要么创业，要么离开。现在的海尔集团不再是层级结构，而是变成一个创业的平台，有上千个创业公司在平台上运作。组织去掉层级之后，很重要的一步就是也要改变薪酬制度。过去是企业付薪，现在变成用户付薪。我刚才在哈佛商学院讲这个变革的时候，大家觉得很难理解，但是互联网时代必须这么做，必须把员工和用户连接到一起。我们从 2005 年提出"人单合一"的概念，一直探索到今天，13 年的时间，虽然经历了很多曲折，但终于开始见效了。

见效的标志从两个方面得到了体现。

一是国际标准的认可。在"人单合一"模式的体系中，有一个很重要的构成就是大规模定制平台。大规模定制是物联网时代的趋势，德国工业4.0也在做，我们的COSMO平台也在做。这两个解决方案，加上美国的、日本的解决方案一起被送到IEEE（美国电气和电子工程师协会，国际四大标准组织之一），结果我们的模式胜出，被选择主导制定大规模定制的国际标准。

二是普适性的认可。"人单合一"模式无论在国外还是在国内，都得到了复制。例如，2016年海尔集团兼并了美国通用电气家电（GEA），它有120多年历史。在我们兼并之前的10年，它的销售收入是下降的，而且下降幅度比较大，利润也基本没有大的增长，但是GEA复制"人单合一"模式之后，仅仅一年的时间，它的销售收入增长了6%，是同行业的两倍，更重要的是利润比上一年增长了20%。这说明"人单合一"模式适用于世界上其他的很多国家。

第三条线是哈佛案例，也就是哈佛商学院收录海尔集团案例的历程。 从1998年以来，海尔集团共有十几个案例被哈佛商学院采用，最有代表性的是三个，分别是1998年的《海尔文化激活休克鱼》、2015年的《海尔：与用户零距离》和2018年的《海尔：一家孵化创客的中国巨头》。

这三条线之间的逻辑关系是这样的。第一条线说明海尔集团发展得非常快，而且是颠覆性的创新发展；第二条线是对第一条线的支持，没有"人单合一"模式就不可能实现这么快的发展；第三条线是国际认可的结果。

这个结果说明了一个道理：一个企业最重要的不是规模有多大，而是能不能在不同的时代都踏准时代的节拍。美国经济学家大卫·蒂斯在20世纪90年代就提出动态能力的战略理论。动态能力的观点认为，一个企业固然需要核心竞争力，但最重要的不是核心竞争力，而是更新核心竞争力的能力。很多企业有核心竞争力，做成了行业老大，但时代变了，如果不能动态更新核心能力，那就死定了。

海尔集团的发展历程就体现了大卫·蒂斯所说的动态能力，根据时代的变化，持续改变内部的组织结构，跟时代一起变。

"人单合一"六要素

"人单合一"是一个探索性的模式，之所以说探索，是因为"人单合一"模式的六个要素都和传统企业不同，甚至是颠覆性的。

六要素分别是：企业宗旨、管理模式、组织架构、驱动力、财务体系、物联网。

企业宗旨

企业宗旨体现为两个理念——企业理念和人员理念。

传统企业的企业理念是长期利润最大化，人员理念是股东第一。我认为应该改过来，企业理念就应该是2500多年前老子在《道德经》中的一句话："上善若水，水善利万物而不争。"也就是说，企业和社会，和用户的关系，不是去争利，不是只管自己赚钱和长期利润最大化而不管别人。企业应该为社会创造更大价值，就像"水善利万物而不争"，滋养万物却从不说是我的功劳。企业也一样，否则只争谁是老大，最后没有社会价值，企业再大也会死掉。

人员理念应该从"股东第一"变为"员工第一"。股东只能分享利益，从来不能创造价值。员工第一，是指员工和用户的价值合一，员工能够创造出用户价值，股东价值也就得以实现了。所以，股东价值只是一个结果，却不能成为宗旨。

员工第一的理念适用于不同的文化。我们并购国外的企业时，都没有从总部派管理人员，只是改变他们的理念和文化就实现了扭亏为盈。我们称之为"沙拉式"文化融合。就像蔬菜沙拉，不同的蔬菜就是它们原来的文化，在沙拉里还保持各自原来的形态，但沙拉酱是统一的，这就是"人单合一"。

"人单合一"理念在不同的文化背景下都可以被接受，这是因为全世界不管哪个国家，不管哪个民族，不管哪种文化，有一点完全一样，就是每一个人都希望得到别人的尊重，每一个人都希望把自己的价值发挥出来。古希腊哲学家亚里士多德有一句名言，他说，人的幸福是可以自由地发挥出自己最大的能力。"人单合一"就是让每一个人充分发挥自己的能力，实现自己的价值。

管理模式

管理模式要从四个角度来说：理论依据、价值主张、支持平台、价值体系。

第一，理论依据。两百年来，传统管理的理论依据只有一个，那就是"分工理论"，它最早是由亚当·斯密提出来的。亚当·斯密的《国富论》出版于1776年，第1章就是论分工。他举了一个制针的例子。在传统手工作坊里，一个人可能一天也做不出一根针，但是如果把制针的过程分成18个工序，由10个工人分工来做，每个人每天可以做出4800根针。

在分工理论的基础上，诞生了古典管理理论的三位先驱：泰勒、马克斯·韦伯和亨利·法约尔。美国人泰勒被称为"科学管理之父"，其贡献是到今天为止我们还在使用的流水线；德国人马克斯·韦伯被称为"组织理论之父"，其贡献是到今天为止我们还在使用的科层制；法国人亨利·法约尔被称为"现代经营管理之父"，其贡献是到今天为止我们还在使用的职能部门。流水线、科层制、职能管理统治企业长达百年，但在今天都要成为过去。

海尔集团"人单合一"模式的理论依据主要是互联网和物联网。美国人杰里米·里夫金在《第三次工业革命》一书中有两个观点，一个是制造从大规模制造变成分布式制造，另一个是组织从传统组织变成去中心化、去中介化和分布式的组织。区块链的最大特点就是这样的。

第二，价值主张。传统管理模式的价值主张强调工具理性，体现为X理论和Y理论，X理论主张人性本恶，Y理论主张人性本善。分别对应"经济人"假设和"社会人"假设。X 理论和"经济人"假设催生福特模式，Y 理论和"社会人"假设催生丰田模式。我认为，目前这两种模式都有问题。无论是"经济人"思维下的效率优先，还是"社会人"思维下的精益制造，都局限于管理的主客体对立的工具理性。

海尔集团"人单合一"模式的价值主张，强调以价值理性为先导，形成目的与手段的统一。所以我们主张人应该成为"自主人"。你能够创造价值就可以实现自己的价值，不能创造价值就没有自己的价值。互联网定律里有一个梅特卡夫定律，即网络价值等于网络节点数的平方。网络上联网用户数越多，网络价值越大。这就解决了马克斯·韦伯在《新教伦理与资本主义精神》一书中担心的问题，即价值理性会沦为工具理性。我觉得"人单合一"恰恰是把这个矛盾解决了，每一个人都创造用户价值，同时又体现每个人自身的价值，两个价值的合一就把价值理性和工具理性结合起来。本来价值理性是主导，工具理性是手段，现在等于把目的和手段结合起来了。

第三，支持平台。工业革命以来，世界上公认最好的两个模式，一个是福特的流水线模式，另一个是丰田的 JIT 产业链模式。福特的流水线模式局限在产品端，丰田的产业链模式从产品端延伸到上游供应商，但其支持平台仍是串联的单边平台。传统金融业的存贷差模式也是单边平台模式。

海尔集团"人单合一"的支持平台是并联的多边平台，比如海尔集团的大规模定制平台，企业、用户和供应商等利益攸关方并联在同一个平台上，变成一个共创共享的生态系统，这是一个多边平台。

"现代政治哲学之父"马基雅维利有一句名言，大意是任何一件事情如果不能使参与者都得利，就不会成功，即使成功了也不会长久。这就是很多大企业做得很大却轰然倒下的原因，它们只想到了自己赚钱，却没让其他参与者得利。因此，在物联网时代，企业一定要变成共创共赢的生态圈。传统时代是关于名牌的竞争，谁是名牌谁就赢，而移动互联网时代是关于平台的竞争，比如电商，谁的平台大谁就赢，但还没有形成生态系统；物联网时代一定是生态系统的竞争，只有利益攸关各方都得利才能持续发展。

第四，价值体系。不同的管理模式呈现出不同的价值体系。我认为，任何企业的价值体系不外乎两条：创造价值和传递价值。

在传统时代，这两条都没有做好。比如创造价值，传统企业的方式是大规模制造产品争第一。关起门来制造，也不知道用户在哪里，只能批发给大连锁或其他经销商，常用手段就是降价促销。因为产销分离，产品传至经销商而不是用户，既创造不了价值也传递不了价值。

海尔集团"人单合一"模式形成一个创造价值、传递价值协调一致的体系和机制。由于每一个人和用户连在一起，我们把传统的串联流程变成了并联流程，每一个并联节点都为用户创造价值，每个节点在为用户创造价值的过程中实现自身的价值。

这个协调一致的体系在机制上取消了全世界大多数企业都在用的 KPI 考核，创新了纵横匹配的两维点阵表。横轴是产品价值，刻度分为高增长、高市场占有率和高盈利。重要的是纵轴，刻度依次是体验迭代的引爆、社群共创共享的生态圈和生态收入（见下图）。

纵横匹配表

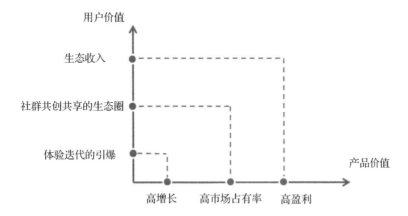

首先是体验迭代，不是说开发一个产品推向市场就行了，而是要持续和用户交互，根据用户体验不断迭代，这个刻度不看你销售多少，而是考核你的迭代次数。过去我们非常羡慕日本的开发，它们的产品开发出来总

是无懈可击。前两年我去硅谷，他们有一个观点我认为非常对。如果你开发的产品上市的时候不能够使你感到脸红的话，那说明你的产品推出的太晚了。意思是说没有产品可以无懈可击，关键是根据用户的需求迭代。然后，体验迭代的结果是形成共享的生态社群，进而产生产品之外的生态收入。生态收入这个创新，把传统财务报表改革了。传统的利润表，收入减成本减费用等于利润。我们创新了一个共赢增值表，不但要有产品收入还要有生态收入，目标是生态收入大于产品收入。美国管理会计协会看了这个表认为非常好，他们现在联合北京大学成立了一个小组持续研究推广。

产品收入符合边际效益递减的规律，而生态收入则可以边际效益递增。比如，我们把烤箱变成"烤圈"，可以产生更多生态收入，而不仅仅是卖出烤箱的产品收入。

组织架构

传统企业的组织架构是执行上级命令的线性组织，就是科层制。海尔集团"人单合一"模式的组织架构是创造用户个性化需求的非线性组织。

海尔集团把传统组织颠覆为创业平台，平台上没有领导，只有三类人，一类人叫作平台主。平台主的单是看你这个平台能产生多少创业团队；一类人叫作小微主，小微主的单是看你能吸引多少创客；一类人叫作创客，竞单上岗，按单聚散。三类人都变成网络的节点，不是扁平化，而是网络化。每一个节点都可以连接网络上所有资源自创业。小微创业遵循资本社会化、人力社会化的原则，只有吸引到外部风投，海尔集团才跟投，前提是小微合伙人必须跟投。这样就实现了"世界就是我的人力资源部"。

雷神笔记本小微就是海尔员工在海尔创业平台上自创业、自组织、自驱动的典型案例。我们强调，世界上最大的难题就是最大的课题。雷神小微的三个小伙子就是通过在网络上发现游戏用户的痛点，然后开放地整合研发、制造、营销资源，把游戏笔记本这个市场做起来的。在把硬件做到行业第一之后，他们又发现了游戏用户新的痛点，从而进入一站式游戏平台的领域。

驱动力

驱动力就是薪酬。我认为所有企业驱动的动力主要是薪酬。

传统企业的薪酬大体是两种。第一种叫作宽带薪酬，根据职位和能力划分。第二种是委托代理激励薪酬。委托人是股东，代理人是职业经理人，也叫金手铐，它最大的问题是只能够激励少部分人。这两种激励机制产生的驱动力都是他驱力。

海尔集团"人单合一"模式的薪酬，是用户付薪及创客所有制的自驱力。

以 GEA 为例。海尔集团兼并 GEA 之后，我们用这个机制，把原来一个很差的产品部门变成一个小微。兼并前，2016 年这个部门亏损 300 万美元。一年后，它盈利了 1248 万美元。驱动这个部门产生翻天覆地变化的就是薪酬制度的变革，它把每一个人的积极性都充分调动了起来。明天我会和诺贝尔经济学奖得主哈特教授讨论这个问题。他在《企业、合同与财务结构》中提出不完全契约理论，指出了委托代理激励机制不可能把每个人的激励都一一和价值对应起来。我认为"人单合一"从某种意义上回答了这个难题。虽然每一个小微都面对不确定性，但是它可以自己找到市场，并整合资源去解决这一个不确定性的要素。如果大公司的所有问题都集中到高层，自上而下决策，那么只能解决一致性问题，不能解决不确定性问题。"人单合一"可以解决这个问题。

财务体系

传统企业的财务体系以利润表为核心，反映的是产品收入及价值。

海尔集团"人单合一"模式的财务体系创新了共赢增值表。共赢增值表的第一项是用户资源，然后才是收入成本，通过生态收入和生态价值，产生边际效益、边际利润。例如海尔"社区洗"小微，过去的收入主要来自卖洗衣机产品。其实用户要的不是一台洗衣机，他们要的是一件干净的衣服。"社区洗"小微把洗衣机作为载体，搭建用户社群，吸引利益攸关方都到这个社群平台上来，变成了一个大学生创业平台和大学生生活娱乐平台，一台洗衣机半年带来的生态收入就超过硬件收入。

物联网

传统时代没有物联网，现在已经进入物联网时代，很多企业做的都是产品传感器，海尔集团做的则是用户传感器。

移动互联网成就了电商平台，也创造了历史。但移动互联网之后一定会进入物联网时代。电商只是交易平台，物联网要求的不是交易而是交互。也就是说交易平台可以做到海量商品供用户选择，但交互平台不是，用户交互的是体验而不是产品。比如，海尔集团的"酒知道"小微，他们把酒柜免费提供给很多酒店，红酒商把酒放进去，用户可以选择自己喜欢的品类。酒柜连上网变成了红酒平台，没有了中间商，解决了原来酒店的红酒很贵还不知道真假的难题。用户、红酒商、酒店都实现了自身利益的最大化，这就是物联网。

引领时代的企业与企业家

刘文瑞

西北大学教授

毫无疑问，在 40 年的改革开放大潮中，海尔集团是企业的样板，它的掌门人张瑞敏是企业家的楷模。从砸冰箱到"人单合一"，海尔集团的韵律就是时代的韵律。

"企业家"一词，在中国多有误解。所谓企业家（entre-preneurs），既不是资本家，也不是实业家，而是冒险和创业的经营者。海尔集团作为中国企业的代表，它的发展历程不仅是企业创造财富的过程，也是社会组织变革和人员精神升华的过程。大体上，海尔集团经历了改革初期的产品制胜、从"人单合一"起步的组织变革、以孵化创客为代表的新型文化这样的升级换代。所以，它很有可能预示并引领着中国的企业经营方向。

追求质量和销量，追求利润，是企业的本能，人们不会误解。所以，对20世纪八九十年代以产品求胜的海尔集团，人们自然而然会心生崇敬。然而，对21世纪创客化、平台化的海尔集团，由于它走在时代前面，所以，还有不少人在观望。"人单合一"的组织变革，把原来的科层体系变成服务平台，把听命于上级的员工变成自主小微，把面向内部变成面向客户，这种新型组织是前所未有的。"人人都是CEO"，意味着企业管理将走向高度自治，产品与服务突出个性。在目前，这种模式在中国推广依然具有难度。正因为如此，就更值得探究。可以说，海尔集团在这方面的实验、张瑞敏为此付出的努力，都会在中国企业发展史上留下浓墨重彩的一笔。

"人单合一"实现了企业与用户的直接对接，用户反客为主；小微创业充分调动了员工的自主创新能力，改变了企业生态。对于企业来说，这种组织转型和管理转型，难度不在技术措施上，而在人员上。众所周知，任何企业都会有两类员工：一类员工把工作当事业；另一类员工则把工作当饭碗。"人单合一"的组织变革，平台主、小微主和创客的自由流动与重新组合，既给员工带来了新的机遇，又给员工造成一定的压力，能够促使事业型员工发挥出最大的创造性，可以刺激不少饭碗型员工向事业型员工转化，这正是海尔集团切合时代之处。

然而，任何企业的经营都不会一帆风顺。海尔集团变革的最大难点在于如何转化饭碗型员工。在一线，要让员工做自己的CEO，有的可能勉为其难，有的就会手足无措。所以，这种改革的成败，在于员工的整体提升。原来的事业型员工，在改革助力下变成高级创客；原来的饭碗型员工，在各种压力下向事业型发展；转变不了的员工，则会重新考虑自己饭碗的职业设计。在改革思路上，如何给最终难以提升的员工设计出路，是关键所在。

　　引领海尔集团前行的张瑞敏，面临着一个重大挑战，即如何实现企业家与思想家的合一。在管理史上，企业家和思想家很难兼容。在管理理论上有重大创新者，极少能在经营实践中同样优秀（以思想家而言，泰勒与企业主矛盾重重，韦伯在现实政治中处处碰壁，法约尔的成功经营和理论贡献是在不同时段，巴纳德在贝尔的经营中被迫辞职，这种例子太多），而在实践中取得辉煌业绩的企业家，往往同相关学者争论剧烈（以实践者而言，通用汽车的斯隆与德鲁克的冲突就极具代表性）。所以，管理史上的思想家与企业家是两类人。西谚所言："上帝"的归"上帝"，恺撒的归恺撒；中土所论：学者掌道统，帝王掌政统。张瑞敏在"人单合一"的推进中如果能做到思想与实践的合一，引领海尔集团走向不再需要张瑞敏的张瑞敏时代，会产生非凡的世界性意义。

张瑞敏 经典语录

① 所有百年企业都是在"自杀"和"他杀"当中选择了"自杀",如果不是一次次的"自杀",早就被"他杀"掉了。

② 并不是说"人单合一"是唯一模式,但一定要符合这个方向,因为"人"是员工,"单"不是狭义的定单而是广义的,即用户的需求。"人单合一"把员工和用户的需求连在一起,由员工去创造用户的价值。

③ 我们所有的质量问题,都是人的问题,设备不好是人不好;零部件不合格是人不合格;我们所有发展不起来的问题都是思路问题,不是缺人,是缺思路;不是缺件,是缺思路。

④ 盘活企业,首先盘活人。如果每个人的潜都能发挥出来,那么每个人都是一个太平洋,都是一座喜马拉雅山,要多大有多大,要多深有多深,要多高有多高。

⑤ 企业领导应该具备三种素质:一个是激情,一个是谦虚,一个是执着。这就像开车,激情和执着是油门,谦虚是刹车。

鹰的重生

作者：**李东生**

TCL 集团董事长兼 CEO

———

李东生，1957 年 7 月出生于广东惠州，是改革开放后的第一代大学生。1982 年，李东生从华南理工大学毕业，以工程师的身份进入 TCL 集团的前身 TTK 家庭电器有限公司。

1993 年，李东生担任 TCL 集团公司总经理。2004 年，TCL 集团在深圳证券交易所整体上市，李东生担任董事长兼 CEO。同年，TCL 集团收购法国汤姆逊集团全球彩电业务与阿尔卡特全球移动终端业务，开创了中国企业国际化的先河。经历收购阵痛期后，TCL 集团实现了稳步增长。2014 年，TCL 集团提出"智能＋互联网""产品＋服务"的"双＋"战略转型，同年集团营收超千亿元。如今，TCL 集团的业务遍及全球 160 多个国家和地区，并在诸多科技创新领域达到全球领先水平。

李东生是华南籍企业家的代表，他低调而谦和，又极为坚韧。在他的带领下，TCL 集团绝地重生，并在技术领域实现了诸多突破。作为中国制造的坚守者，他积极拥抱变化，使 TCL 集团成为国内最早向互联网转型的企业之一。李东生还是实业精神的代表，他在一个宣传片中的话让人动容：有人说，做实业投入那么大，划算吗？我说，梦想该怎么算？

2005 年，因并购企业巨亏，TCL 集团遭遇了 20 年来的首次亏损，18 个月亏损 18 亿元，全年亏损 20 多亿元，这让企业突然陷入了绝境。困境之中，李东生没有放弃，而是以一篇《鹰的重生》开启了反思和转型之路。此后，TCL 集团经历了 3 年的扭亏和两年的健康经营，终于涅槃重生。

改革开放 40 年，《鹰的重生》是很多人的记忆。无论时代如何变迁，这种垂直攀登的企业家精神，会永远激励我们。本文节选自图书《鹰的重生》（出版于 2012 年 1 月）。

李东生代表文章有《坚守实业，中国经济才能立得住》《变革永恒》《支撑中国企业未来发展的三大动力》等。

这是一个关于鹰的故事。

鹰是世界上寿命最长的鸟类，它一生的年龄可达 70 岁。

要活那么长的寿命，它在 40 岁时必须做出困难却重要的决定。这时，它的喙变得又长又弯，几乎能碰到胸脯；它的爪子开始老化，无法有效地捕捉猎物；它的羽毛长得又浓又厚，翅膀变得十分沉重，使得飞翔十分吃力。

此时的鹰只有两种选择：要么等死，要么经过一个十分痛苦的更新过程——150 天漫长的蜕变。它必须很努力地飞到山顶，在悬崖上筑巢，并停留在那里，不得飞翔。

鹰首先用它的喙击打岩石，直到其完全脱落，然后静静地等待新的喙长出来。鹰会用新长出的喙把爪子上老化的趾甲一根一根拔掉，鲜血一滴滴洒落。当新的趾甲长出来后，鹰便用新的趾甲把身上的羽毛一根一根拔掉。

5 个月以后，新的羽毛长出来了，鹰重新开始飞翔，重新再度过 30 年的岁月！

这篇有关鹰的文章让我感触颇深，由此更加深深体会到 TCL 集团此次文化变革创新的必要性和紧迫性。

经过二十多年的发展，TCL 集团已经从一个小企业发展成为一个初具规模的国际化企业，而一些过往支持我们成功的因素却成为阻碍我们今天发展的问题，特别是文化和管理观念如何适应企业国际化的经营成为我们最大的瓶颈。

其实在 2002 年我们已经非常强烈地意识到这个问题，所以在 7 月 15 日企业文化变革创新的千人大会上，我大声疾呼推进企业文化创新，并一针见血地指出了我们在管理观念和文化上存在的一些不良现象，并在当年的 9 月 28 日发表了《变革创新宣言书》，当时该报告在员工内部引起了强烈反响。

但 4 年过去了，我们在企业文化变革创新、创建一个国际化企业方面并没有达到预期的目标。我认为，这也是近几年我们企业的竞争力下降、国际化经营推进艰难的主要内部因素。

这次，我们再次推动文化创新活动，我自己也在深深反思，为什么我们（以变革创新见长的 TCL 集团）在新一轮文化创新中裹足不前？为什么我们引以为豪的企业家精神和变革的勇气在文化创新活动中没有起到应有的作用？为什么我们对很多问题其实都已经意识到，却没有勇敢地面对和改变？以致今天我们集团面临很大的困境，以致我们在不得已的情况下再次进行的改革给企业和员工造成的损害比当时进行改革更大。

回顾这些，我深深地感到我本人应该为此承担主要的责任。我没能在推进企业文化变革创新方面做出最正确的判断和决策；没有勇气去完全揭开内部存在的问题，特别是在这些问题与创业的高管和一些关键岗位主管、小团体的利益绞在一起的时候，我没有勇气去捅破它；在明知道一些管理者能力、人品或价值观不能胜任他所承担的责任，而我没有果断进行调整。

此外，从 2003 年 8 月开始，我们两个重大国际并购项目在客观上也分散了我和核心管理团队的精力和资源。国际化并购重组谈判、筹建过程的复杂和艰难，以及以后运作中产生的许多意想不到的问题和困难，也使我们很快陷入国际化的苦战之中，无暇顾及全力推进企业的文化变革与创新。

由于在企业管理观念、文化意识和行为习惯中长期存在的问题没能及时解决，从而使一些违反企业利益和价值观的人和事继续大行其道，令企业愿景和价值观更加混乱，许多员工的激情受到挫伤，利益受到损害，严重影响了员工的信心和企业的发展，而这些问题又对企业、对国际化经营发展造成直接影响。许多员工对此有强烈的反映，但我一直没有下决心采取有效的措施及时改善这种局面。

对此，我深感失职和内疚！从我自己而言，反思过往推进企业文化变革创新的管理失误，主要有以下几点。

（1）没有坚决把企业的核心价值观付诸行动，往往过多考虑企业业绩和个人能力，容忍一些和企业核心价值观不一致的言行存在，特别是对一些有较好经营业绩的企业主管。

（2）没有坚决制止一些主管在小团体里面形成和推行与集团愿景、价值观不一致的价值观与行为标准，从而在企业内部形成诸侯文化的习气长期不能克服，形成许多盘根错节的小山头和利益小团体，严重毒化了企业的组织氛围，使一些正直而有才能的员工失去在企业的生存环境，许多没有参与这种小团体活动的员工往往受到损害或失去发展机会。

（3）对一些没有能力承担责任的管理干部过分碍于情面，继续让他们身居高位。这种情况不但有碍于企业的发展，影响公司经营，也影响了一大批有能力的新人的成长。

久而久之，使公司内部风气变坏，员工激情减退，信心丧失，一些满怀激情的员工报效无门，许多员工也因此而离开了我们的企业。回想这些，我感到无比痛心和负疚。

2005年年底，我已经痛下决心要通过重新推进企业文化变革创新来真正改变内部一切阻碍企业发展的行为和现象。过去的几个月，集团的管理组织正在发生改变，我们决心通过推动新一轮的变革创新从而使企业浴火重生。经过集团几次战略务虚会的讨论，我们重新拟定了企业的愿景、使命和核心价值观：

TCL集团的愿景：成为受人尊敬和最具创新能力的全球领先企业。

TCL集团的使命：为顾客创造价值，为员工创造机会，为股东创造效益，为社会承担责任。

TCL集团的核心价值观：诚信尽责、公平公正、知行合一、整体至上。

我们正在讨论确定这些愿景、使命以及核心价值观的内涵，以及怎样将这些愿景和价值观植入我们日常工作的途径和方法；我们要开展一轮彻底的、触及灵魂的文化变革创新活动，这是决定我们企业兴衰的头等大事，我们决心要把这项活动扎实地推进下去！

我在此呼吁：各级管理干部和全体员工要积极参与，大家充分沟通讨论，就我们的愿景、使命、价值观达成共识，并落实到我们的工作当中。要通过这个活动凝聚人气、唤起激情、树立信心，建立共同的价值观念和行为准则。

鹰的故事告诉我们：在企业的生命周期中，有时候我们必须做出困难的决定，开始一个更新的过程。我们必须把旧的、不良的习惯和传统彻底抛弃，可能要放弃一些过往支持我们成功而今天已成为我们前进障碍的东西，使我们可以重新飞翔。这次蜕变是痛苦的，对企业、对全体员工、对我本人都一样。

为了企业的生存，为了实现我们发展目标，我们必须经历这场痛苦的变革！像鹰的蜕变一样，重新开启我们企业新的生命周期，在实现我们的愿景——"成为受人尊敬和最具创新能力的全球领先企业"的过程中，找回我们的信心、尊严和荣誉！

经营的意志力驱动企业重生

陈春花

著名管理学者

企业家是一个勇敢有担当的群体，李东生就是其中的代表。每次 TCL 遇到挑战，他都能扛起重担，用卓越的经营意志力帮助企业渡过难关。

在李东生看来，每 10 年企业就会经历一个周期，就会遇到困难或挑战。2006 年，TCL 在国际化的道路上并不顺利，在经历了大幅亏损后，时年 6 月，李东生在企业内部论坛上发表了这篇影响深远的文章《鹰的重生》，跟帖超过 2 万条。他以鹰的痛苦重生寓意 TCL 在生死关头必须面临的蜕变，也借此鼓励 TCL 重新飞翔。这也成为 TCL 第一次重大转折的原点，为此后 10 年，TCL 的"重生"写下了序章。

企业文化对企业长期经营业绩增长有着重大的作用，企业变革，文化先行。李东生在公司内部发起了众多鼓励文化创新的举措，动员大会、倡议书以及包括《鹰的重生》本身。从理念到行动，以此和员工达成共识，上下同欲，渡过难关。

作为领导者，李东生能够正视失败，不断自我反思，发现和总结企业存在的问题，并领导企业变革不断进行，使企业的现状持续改善。在这个过程中，TCL 也重新树立了愿景、使命和核心价值观。凝聚人心，让所有员工拥有一致的目标。

李东生在 TCL 最艰难时刻的洞察、反思、行动和改变，帮助 TCL 开启了又一个 10 年的飞跃。这也体现了领导者的经营意志力，他用积极和确信的心态面对困局和变化中环境的挑战，他把危机变成生机，改变管理者和员工的态度和行为，在不确定的环境中找到了自己的增长方式。

用卓越的经营意志力推动企业文化变革，不断反思总结，持续创新求变。TCL 和《鹰的重生》为所有领导者提供了一个范例，告诉我们在困境中的增长之道。今天 TCL（华星光电）已成为全球最大的电视和面板生产商之一，在一次次的成功转型背后，我们也许能从这篇《鹰的重生》中找到原因和方法。

① 实业的根越深，经济的脊梁越硬。

② 中国企业国际化的道路和发达国家企业不同。它们更多的是复制，我们在扩张的同时还要反向学习，一定要从欧美企业运作当中借鉴成功经验。

③ 电子产业已经到了软硬兼施的时代。光凭一个硬件就能打遍天下的时代已经过去，未来的竞争将是软硬兼施。只专长于软件或硬件的传统业者，需要通过整合来建立起这种优势。竞争优势能否真正建立，则取决于用户是否认可。

④ 艰难和成就都是对创业者的考验。创业就是一个磨炼自己的过程，途中会遇到不计其数的重山险流，比推着巨石上山的西西弗斯遇到的麻烦甚至更多、更难、更具体。创业者应有足够强大的内心，以积极的心态面对，遇山开路，遇水架桥，在成就面前不骄不躁保持清醒，遇到险境时不急不慌坦然冷静面对。

⑤ 我一辈子就干这个企业，就干这个事。

企业成长的七道分水岭

作者：**宁高宁**

中化集团、中国化工集团前董事长

——

宁高宁，1958 年出生于山东滨州。1983 年，经历知青和参军后，他顺利考入山东大学，这位热爱文学的青年阴错阳差地学了经济学。1987 年宁高宁获得美国匹兹堡大学 MBA 学位，同年进入华润集团，仅用 12 年时间升任中国华润总公司董事长兼总经理、华润北京置地有限公司主席。宁高宁在 2004 年掌舵中粮集团，2016 年改任中化集团董事长、党组书记，2018 年兼任中国化工集团党委书记、董事长。

宁高宁是并购和战略的高手。在华润，他利用收购整合，在地产、啤酒、零售等多个领域跑马圈地。在中粮集团，11 年间他发起了 50 起并购，让中粮集团成为中国食品行业的巨无霸。宁高宁也因此被外界誉为"并购之王""中国红色摩根"。

宁高宁对企业运作有着深刻的理解，善于用人、育人，并打造组织能力，这是他并购的根基。此外，他还抱有一种使命感，"为国有企业改革蹚出一条路来，试出一种成功模式，不要在我们手上弄砸了"，这也是他能够不断向前的重要原因。

本文是时任中粮集团董事长的宁高宁于 2011 年 1 月发表在《中国企业家》杂志上的专栏文章。这是宁高宁职业经理人生涯的第 24 年，也是他掌舵两大中央企业后提出的企业成长论。企业在成长过程中，要经历七道分水岭，"走对了三道就是及格，走对了五道就是成功，走对了七道就是伟大"，每个企业都可以对标，你走到了哪个阶段？

宁高宁代表文章有《我的局》《系统性》《黄金屋》等。

一个企业发展中有几个等级？我们今天是站在哪个等级上？有人看资产，有人看销售，有人看盈利，虽然这些很重要，可如果这些就可以代表企业，为什么原来好好的企业突然不好了？其实资产、销售、盈利这些常用的尺度，都是结果性的、外表性的，很多时候也是暂时性或者说是机遇性的衡量。就像一个人，相貌堂堂，面色红润，声音洪亮，但他是一个健康的人，长寿的人，可以抵御恶劣环境的人吗？不一定。

事实上，如大家所知，企业的等级也是一样，在表象的数字以外企业内含的素质可能更重要。因为它说明了结果性数字背后的原因，这个原因告诉我们美丽的数字可否持续。过去我们容易满足于好看的数字，今天我们应该要好好找一下数字后面的原因了。

如果把企业生命历程拉长一百年看，如果把企业展开不同行业和国家看，我们会发现，看起来扑朔迷离的企业还是有些规律的，企业每往前走一步都必须做个选择，这个选择就像是分水岭把企业分开了，而且这道分水岭是一个个、一层层叠加上去的，前面是以过去为基础的。如果走对了三道就是及格，走对了五道就是成功，走对了七道就是伟大。

所谓百年老店就是正确地过了许多道分水岭的企业。虽然企业的路径想象起来是如此立体和可触摸的，但我们往往身在其中不识庐山，功力不够难以悟彻其中的奥妙。

行业选择是第一道分水岭，老话说男怕入错行很有道理。

你选的行业与经济大势吻合吗？有成长性吗？竞争格局你应付得了吗？你有优势吗？虽然有人说没有不好的行业，只有不好的企业，但10年前同样的资本、同样的勤劳，做了服装还是做了地产，今天会是天壤之别。不论是有意进入还是巧合进入抑或半路调整，反正行业的选择、行业的调整、行业的扩展都把企业的未来在这个点上分开了。

这个题目不仅仅是针对一个新企业，即使是有了规模的企业，在发展中，在行业细分中，在可能的多元化经营中也要不断地回答这个问题。

但只要你的行业不是柯达胶卷，你确实也别把你的行业看死了，你就还有机会。

这个时候你该想另外一句老话叫"行行出状元"，因为过了第一道分水岭，第二道分水岭马上就到了。**第二道分水岭就是在同样的行业中企业应该怎样做好？也可以叫企业的竞争战略。**

做多大？做多快？风险多大？收益多大？如何定位？成本领先？差异化？不同的行业的确有不同的答案。

事实上，很多企业在这一步上不断地摸索调整，能顺利跨过这道坎不容易，因为这道分水岭区分了企业的基本生存能力和管理水平。

第三道分水岭与前两道的不同在于这时企业管理的自觉性、主动性开始增加了。能否基于对行业规律的深刻认识，**有意识地建立并持续优化运营系统是企业行进中的第三道分水岭。**

有意识、自觉、主动，在这里很重要。在分水岭两边的企业外表看起来差不多，一样的大楼，一样的人，一样的工厂，但内部已不一样了。

一般目标性的鼓劲和对市场环境的被动应付被科学的运营系统所替代，无论是战略还是产品，无论是市场还是创新，各种系统在有序、有活力并协调地运转着，因为有了方法所以认识在不断深入，效率在不断提升，这是企业由混沌转向清醒的开始。

表面看企业是物质的，企业是金钱的，但能否把物质、金钱的企业转**换成精神的、理念的、价值观的和使命感的团队是区分不同企业的第四道分水岭。**

这道分水岭并不是独立存在的，是根植于企业经营之中的，它也不是在企业成长的某个阶段上才出现的，个体与组织、理想与现实、精神与物质能否在企业中得到良好平衡并形成广泛认同的文化则是在企业从小团队走向大组织过程中可否保持不竭动力的核心。这道分水岭分开了机械扩张和有机成长，在这道分水岭之后，企业的活力、持续性、创造力都不同。

第五道分水岭是看企业有无持续地探索、创新、创造的能力。

这种能力也是企业产生时所被赋予的基本功能，前面的四道分水岭已把企业区分开了很多，但企业的创新优化、不断提升产品的能力如何会把企业在竞争中彻底分开。持续创新的企业具有更高的市场敏感性、系统协调性、产品的前瞻性、研发的持续性。

在第五道分水岭以后，不同选择的企业可以拉开很大距离，具备了这种能力的企业会不断再造，提升自己，在市场上充满生气和竞争力，否则企业很快会被别人超越甚至危及生命。

前面的分水岭，一道道过来，越往前走，企业规模越大，管理难度也越高，企业的组织架构也越复杂。这时的大企业能协同吗？企业上下是一体的吗？企业的力量是集中的还是分成了各自为政的小个体？企业所谓规模带来的力量在内耗中浪费了多少？很多企业资产增加了不少，可市场竞争力没有提高，成本没有因为规模效应而降低，质量没有因为设备好了而改善，企业的上下游并不能有机协同去服务客户，企业的各种不同职能也难以有效配合去完成任务。**这是所谓大企业经常出现的问题，能不能有效地解决这些问题就形成了企业进程中的第六道分水岭。**

这道分水岭就是要看企业能否在架构、制度、文化上让企业形成整体，让客户感受到益处。从过往经验来看，如果解决不好这些问题，大企业也长久不了，还不如小企业。

第七道分水岭是企业与社会的关系定位。

在社会中被公众认为是很崇高的事业的公司在经营上也较容易成功。它们与社会发展的趋势相吻合，与公众的渴求相吻合，不仅从市场出发，也从社会关爱出发，引领改造一个产业，从而使公众得益，公司也得到发展。这第七道分水岭让前面六道分水岭取得的成绩得到了升华，也让企业与社会融为一体，成为持续推动社会发展进步的高尚力量。

如果这七道分水岭是一张地形图，你现在处于什么位置？你又正在往哪里走？

中央企业中的企业家

陆雄文
复旦大学管理学院院长

当下我们都在讨论为什么国有企业不能产生企业家，似乎只有跨国公司或民营企业才能产生企业家，而宁高宁先生却是我所认为的国有企业尤其是中央企业中少数的企业家之一。

我认为企业家是不受其所领导企业的所有制性质所限制的，只要他具有开阔的视野、创新的精神、不断接受挑战并突破困难的勇气，以智慧和理性领导企业不断做大或做强，并建立可持续发展模式，那就是企业家。企业家还有一个特质，就是不纯粹为了追逐企业的盈利和个人的私利，而是把企业当作一个事业的平台，以做事业的精神和心态来打造企业。如此，宁总可以说是中央企业中企业家的代表。他曾领导的中粮集团和现在领导的中化集团，其主要业务都在自由竞争的领域。在他的带领下，两家公司不仅在国内成为行业领导者，而且已成为具有国际竞争力并为国际同行所尊重的跨国企业。

宁总不仅有民营企业家的洞察力、创新精神和接受挑战的勇气，也有国际性企业家的开阔视野和战略把控能力，同时又有国有企业领导所具有的政治家的风范和大气，具有合纵连横、在大平台上整合资源的艺术与能力。

　　这篇文章讨论的"企业成长的七道分水岭"恰恰是宁总本人丰富的企业经营与管理经验历练的体悟，也是他不断思索研究、博览天下企业成功抑或失败经验教训以后提炼出来的深刻见解。他的七道分水岭从宏观大势到战略选择，到运营系统，然后再到企业文化、创新能力以及细节管理，从宏观到微观，从外延到内涵，从系统到细节，层层递进，涵盖管理实践的所有关键环节，最后上升到企业与社会的关系，把企业作为社会的有机部分，把企业使命融入社会使命，实现企业使命的极致。这种认识体现了一个有远见、有高度的企业家的觉悟和哲学境界。也因此，成就了宁总作为具有国际竞争力的中国企业家的代表。

宁高宁 经典语录

①　假如国有企业是一头牛，那我们（职业经理人）就是放牛娃。

②　让别人喜欢你，这就是并购成功的秘诀，非常简单。

③　领导要能把握大局，看清局面，制造一种局势，做好布局。领导力要求是非常均衡、非常综合的。

④　人是战略和执行的连接点，是战略成败的决定性因素。

⑤　对于领袖来说，必须是一切方面都好。在真正重要的时间做大量的决定，是一个公司领袖最重要的事。

行业先锋：为什么领先

作者：**陈春花**

著名管理学者

———

陈春花，1964 年出生在黑龙江省齐齐哈尔市的一个小镇。在这里，她遇到了一位好老师，深深地影响了她此后的人生选择，做老师是她对自己的角色定位。尽管她身份多栖，是学者，还是企业家、作家。

陈春花从工科转向教马列课程，又进入管理学。从实践开始研究管理学，这是她的初心。陈春花的管理理念并非纸上谈兵。2003 年，她以总裁的身份带领山东六和集团，在两年时间内将其从一家 30 亿元规模的公司跨入百亿俱乐部；2013 年，她受邀担任新希望六和的联席董事长兼 CEO，3 年 5 次大调整，实现了战略转型与组织转型的双驱动。

理论自信和敬仰实践，这是陈春花走过 25 年长跨度研究之后的一个重要认知。她认为在理解本土创新的时候，一定要根植到企业的实践中。

改革开放 40 年来，越来越多的中国企业走向国际舞台，其管理模式开始受到国际社会的关注。早在 1994 年，陈春花给自己设定了 30 年的跟踪研究计划，以 10 年为一个时间段，共用三个时间段找出中国企业保持行业先锋的管理密码，找到中国企业的领先之道。她笔耕不辍，一系列著作给众多企业实践者和研究者点亮了明灯，其著作《领先之道》被学界和商界誉为"中国版《基业长青》"。

企业究竟如何持续领先？陈春花早在 2004 年《经济观察报》的文章中提出四个导入因素、四个产出，如今她正在进行第三个 10 年的领先之道研究。虽然企业遇到的挑战和之前已经不一样了，但这篇文章对当下依然有很强的启示意义，也揭示了不同时期领先企业有着某些共同的基因。

陈春花代表著作有《领先之道》《激活个体》《管理的常识》等。

中国的优秀企业几乎都拥有进入全球 500 强的梦想。尽管在过去的二十多年里，中国的绝大多数企业在组织完善和管理提升方面并没有明显的进步，但我们仍然骄傲地看到海尔集团、TCL、联想集团、宝钢、华为等伴随着仅仅二十余年的经济改革、十多年的企业发展尤其是长约八年的市场化，在拥有非同寻常的骄人业绩的同时，它们正探寻一条适合本企业发展的特殊之路，成为中国商业的行业先锋。

短短十多年的企业发展，是什么力量让它们实现了企业的飞速成长并一直保持着行业先锋的竞争力？面对众多的挑战：飞速发展的商业环境、与日俱增的竞争压力、日益增长的市场期望，究竟是什么让这些企业在成长中得以领先呢？有没有统一的规律或成功的模型可循呢？如果有，怎样才能做到？

行业先锋在中国

我们曾经试图用这样的名词来命名这些我们要探讨的公司，如"优秀公司""杰出公司""卓越企业""成功企业"等，最终我们选择了"行业先锋"。比较已有百年历史的跨国企业和始终走在技术前沿的国际科技公司，我们认为要将目前这些中国企业以"优秀""杰出""卓越"或"成功"来形容似乎过早。

我们首先将目标锁定在那些先锋企业上。先锋企业是指那些有能力扩大到各个市场上进行竞争，从而运用各个市场带来的优势使自己的发展得以最大化的企业。

最终我们描述出从一堆纷繁复杂的信息中发现的内在结构和顺序。我们展示了四个重要的导入因素，这四个极具中国特色的因素不但揭示了中国行业先锋企业的成长本质，更演示了绝大多数中国成长企业"从起飞到领航"的成长轨迹。

四个重要的导入因素

第一个导入的因素：英雄领袖（企业的内部动力）

优秀的企业领导者首先是战略家，这要求领导者一方面要对形势的发展和趋向有超前的眼光与判断力；另一方面要对自己是否具备造势与任势的条件和实力（主要是推行战略的人才）有清醒的认识与完善的考虑。

优秀的企业领导者也是执行者。他们要不断地制造变化，经常要求员工改变一点点，引导员工自我适应。他们拥有开放的胸怀和性格，马不停蹄地在企业中走动，与人们接触。他们把被人接受作为信条，从不厌倦于向人们讲述自己的想法。

一个无懈可击的竞争战略，如果执行不力，最后也会变得一文不值；一个先天有偏差的竞争战略，无论企业领袖多么卓尔不凡，执行过程多么无可挑剔，最后也难逃失败的厄运。可以说，善弈者谋一局之胜，不善弈者求数子之得。

第二个导入因素：中国理念、西方标准（企业的管理方法）

我们看到非常多的合资企业无法成功，最终怪罪于中外两方的合作不佳；很多独资企业未能在中国得以成功发展，最终怪罪于文化的偏差；又有更多的中国企业，企业内部有着对文化和传统的共同理解，可是仍然没有迈向成长之路，最终怪罪于企业的经营不善。这究竟有没有共同的失败原因呢？

在实践和分析中，我们认为合资企业或者独资企业都有非常明确的西方（这里指发达国家）标准（即管理行为和结果的尺度），由于经营者无法将这些标准在中国员工中得以执行而导致最终的失败；那些经营不善的中国企业恰恰是由于没有借鉴、应用和执行这些蕴含丰富管理经验的西方标准而显得落后。

中国先锋企业的成长，尤其重要的是它们以西方标准作为准则（Benchmark，标杆比较），更重要的一点是它们善于以中国理念来概括和执行这些西方标准。这是先锋企业规划和执行管理方法的重要方式。

第三个导入因素：渠道驱动（企业的外部动力）

先锋企业的成长时间往往非常有限，初创阶段还无法掌控自己的品牌引擎。没有品牌还能飞速成长吗？究竟是先有品牌还是先有先锋企业？

中国先锋企业没有效仿国外企业的品牌创造（即使客户还没有机会使用，先将品牌植入人心）和品牌基石的管理方式，没有一意孤行地选择品牌作为市场推广的方式。更多的时候，它们愿意服务于自己的分销渠道，这取决于它们对自己在起步阶段的客观认识：既没有社会的正面评价，也无法无中生有地创造出一个被客户认可的品牌。

除了讲究渠道成员公平和连续的合作关系以外，先锋企业对渠道驱动的理解更胜一筹。由于这些渠道成员面向当地的消费群和客户，是企业的代言人，也是市场最终用户的代言人，先锋企业将渠道首先作为第一层客户群，其次也将其作为对公司品牌和产品最直接的市场推广武器，以渠道驱动终端市场。

第四个导入因素：利益共同体（企业的发展战略）

利益共同体不仅包含上下游的利益、资源分享，还包含企业与企业的员工、企业与政府、企业与相关的知识机构、企业与分销网络等共同利益关系。

与"战略联盟"不同，虽然均以共享资源和市场、降低成本、分担风险为目标，但利益共同体有着更明确的分工合作、分工经营的方式。战略联盟的下一步往往和"兼并""收购""竞争对手"等联系在一起。由于联盟之间的核心业务非常类似或者分工不明确等，战略联盟之间更强调平衡的利益，否则就会导致联盟间的冲突。

利益共同体的组成前提是共同体在合作关系达成和执行的过程中都非常清楚相互依存的"这部分"核心内容。作为企业的发展战略，利益共同体的选择和最终合作同时也涉及了企业未来可以形成发展优势的资源和能力——与主营业务无关、与核心竞争力无关，利益共同体标志着企业以怎样的方式、以怎样的速度、以怎样的资源配合企业自身的产品和服务达到持续成长的目标。

四个重要的产出

很多时候，对于企业经营者来说往往无法判别导入和产出，即因与果。从经济学的角度，企业文化、发展战略、核心竞争力、市场营销、战略联盟、价值链管理、供应链管理等每个因素都是企业持续增长的一部分内容。然而这些内容是相对独立的，也由不同的管理科目来划分——它们之间有关联吗？究竟什么是因，什么是果？如果这些管理理论都是相对独立的，我们究竟先做什么？会有什么效果？我们从经济学和社会学两方面研究这些课题的关联和含义。

产出一：企业文化

基于强调"人与自然的统一""人与人的和谐"的中国传统文化特点，当我们一旦确立了企业的领导人和形成了企业的管理战略时，这个企业的企业文化也应运而生了。

事实上，十多年前我们还没有意识和领会企业文化这门学科，行业先锋企业在初创阶段并没有刻意塑造自己的企业文化。正是它们的领导者（"英雄领袖"）和它们的管理战略（善用中国理念执行规范严格的西方标准）自然塑造了它们的企业文化。

的确，企业文化也可以被塑造，或者说是通过第三方来塑造。前提是首先这个企业的高层管理人员乐于改变，他们支持、迎合并带领倡导这种被塑造的文化；其次这个企业的管理方式和管理标准同样符合并引导这种被塑造的文化。客观来说，企业文化的可被塑造性非常弱。原因是，企业的领导人和企业的管理战略已经影响甚至决定了这个企业的文化，企业文化的源起首先是被动的产出。

产出二：核心竞争力

我们目睹过很多企业"培育"其核心竞争力，其中讨论了非常多的"核心价值观""核心技术""人才机制""核心产品"等。事实上，企业还需要一种能力将这些功能型组织在一起，沿着一个明确的方向运动。这种能力是其他诸多关键能力的核心，是它们的灵魂，是企业真正的核心竞争力。倘若企业还处于初创阶段，究竟是否有能力判断自己的"核心"呢？是先有"核心"再有企业吗？或者说是因为企业具备了"核心"才能取得市场吗？

核心竞争力是一个企业的差异化竞争优势，它立足于企业在追求客户价值实现的过程中，向客户提供优于竞争对手并且不易被竞争对手所模仿的、为客户所看重的消费者剩余价值的能力。这里一样有着因果关系。核心竞争力不是被创造再被实施的。没有市场的认可和接受，企业就不能将自己的特殊技术、产品、服务或价值观定义为自己的核心竞争力；最重要的是，先锋企业必须首先尊重和关注渠道驱动带来的市场信息和客户需求，并将实时的市场信息和客户需求通过企业的管理战略得以实施和验证，从而判断出企业自身的核心竞争力，只有这样的核心竞争力才能推动企业飞速成长。

产出三：快速反应

快速反应是20世纪90年代以来随着信息、网络的发展而逐步流行的管理理论。它不但同信息和网络有关，与供应链管理、全面质量管理、JIT、客户关系、客户服务等有着更密切的关系，甚至将这些理论都涵盖在内。

同样地，十多年前并没有这个名词，行业先锋企业也没有去创造出一个达到快速反应的环境和条件（快速反应是从先进企业那里总结出来的，它本身的确非常关键，尤其在信息速度发展飞快的今天），快速反应所涉及的范围包括企业的上游、企业自身和企业的下游，我们必须首先关心它的导入因素，即利益共同体和渠道驱动。

渠道驱动带给企业最有效的市场信息，即回答"对什么快速反应"。在应用CRM（客户关系管理）之前甚至是之后，没有什么能比来自渠道的信息更有效了。对企业来说，掌控并服务于自己的渠道，其最重要的目的就是以最快的方式获得有效的市场和客户信息。另一方面，利益共同体辅助企业完成与自身相关的上下游之间的共同依存、合作与发展；它是实现联合企业上游（供应商、供货商）、企业自身和企业下游（分销商、最终用户）

相互协作并共同做出快速反应的先决条件。

产出四：远景使命

所谓"站得高才能望得远"，企业的远景使命并不是先"望"到的，企业自身必须先具备"站得高"的能力。比较行业先锋企业在初创阶段的"目标"（当时还没有"远景"一说）和目前的"远景"，显而易见，"远景"随着企业的成长而成长。

深谋远虑、善于任势的企业领导者扮演着积极主动的角色，他非常清楚企业的劣势并主动谋求可以"造势"的利益共同体；此外，利益共同体自然而有效地弥补了企业（或者是创业者个人）自身劣势，相互的"共同"关系有利地辅助企业首先摆脱初创阶段的困境或推动企业迈向更高阶段，这两点是"站得高"的条件。积极推动先锋企业持续成长的远景使命由此而来。

我们时常看到将核心竞争力与远景使命联系在一起的论题。事实上核心竞争力与企业的远景使命没有必然的联系：无论核心竞争力最终在企业的物化表现是某项技术，或是某种特色的服务，或是产品的性价比等，都不能直接影响到一个企业做出"多元化"或"国际化"的发展远景规划。远景使命的前提是这个企业对其发展前景到底能"站"得多高。

结　　论

先锋企业在世界舞台的表现让每一个中国本土企业都感到自豪，它们证明了中国力量已经在全球政治、经济、生活中扮演着越来越重要的角色。经过二十多年的发展，中国力量已经真正崛起，从大规模市场运作到资本与品牌运作，再到海外市场开拓，这些行业先锋跨出了所有中国企业梦想的步伐，它们已经形成和代表了中国经济的新生力量，先锋企业所代表的先锋力量已经成为中国经济领域中凝聚万众和鼓舞人心的力量。

更令人欣慰的是，中国不但有一批行业领先企业，还有一大批紧随其后的正在成长发展的本土企业。

事实证明，中国力量在国际舞台上表现得坚定而执着。当国际巨头如摩托罗拉、诺基亚、丰田、通用汽车向中国投入成千上万亿美元的时候，中国先锋企业同样开始以全球视角来审视并组织自己的企业。它们希望获得真正的竞争力——它们追求的目的不是国际化本身，而是持续发展的目标：让中国的变成世界的，融入全球经济，与全球经济的脉搏一起跳动。

可预见的各种异议

异议一：中国企业都存在着危机

反驳和说明：这个异议的关键是针对中国企业。的确，中国改革二十多年来，一直困扰着中国企业的现象是为数不少的企业逃脱不了盛极而衰的命运。一部分企业由于盲目多元化产生危机；一部分企业的危机产生于分配不公，由于不能对企业经营成果进行合理处置，导致企业瓦解；更多的企业则是因为人力资源水平和管理水平难以支持企业进一步提升，使企业在某个规模上处于徘徊状态。

综观行业先锋企业的成长过程，中国企业难以逾越的危机恰恰是企业从创业阶段向更高阶段转型时所产生的危机。行业先锋企业不但完成了这些转型，还努力通过完善企业的管理战略和发展战略进一步使企业增加核心价值、社会使命感。这些恰恰是我们试图研究和分析的重点。

异议二：现在还无法预见这些先锋企业是否长盛不衰

反驳和说明：企业是否长盛不衰要留给时间，另外，长盛不衰的企业也可能无法做到在十多年中取得这样鼓舞人心的发展。"长盛不衰"的企业是在经历了随着时间变迁的市场、很多次产品的生命周期和各个阶段的领导人之后才能应运而生的。

"长盛不衰"不是我们讨论的重点，也不适合我们目前讨论。我们研究的焦点是那些在中国改革二十多年来引领行业先锋的企业，它们可能无法做到在价值体系方面坚如磐石，可能无法证明它们对世界有着不可磨灭的影响，可能无法获得独一无二的核心竞争力等，但是，这些企业就像那些地质学家或探险家那样，将自己的脚亲自踩入不知深浅的河水里，引领着它们的追随者在短暂的时间里共同实现梦想。我们的重点是希望能破译这些先锋企业得以迅速成长和发展的成功模型。

异议三：中国企业的成功主要受惠于整体经济的上升

反驳和说明：企业的成长不可避免地受到国家成长的影响。中国的经济发展带给企业正面的影响。然而，中国是个非常复杂、惯性极大的国家；单独的企业当然受到经济大环境的影响，但很难说正在成长的数以万计的企业对国家没有影响；企业成长也同样带来国家的经济成长。

我们说二十多年的时间不足以发展出一个成熟的商业社会，中国的企业与政府和社会之间仍不可避免地存在复杂关系。无论是海尔集团、联想集团、TCL 还是宝钢、中国联通或中国平安，当它们的企业越趋于领先，它们就越难进步甚至可以说越难超越自己；当它们的表演舞台已经处在经济力量的先锋时，它们要面临一些更为深刻的挑战——它们依靠什么与众不同？我们的研究是希望了解这些企业的动力来源和驱使它们长期领先的因素，希望能探索到它们在达到行业先锋的过程中发挥着中心力量的本质角色。

异议四：中国企业还不构成管理之道，只是进行了十多年的模仿

反驳和说明：作为发展中国家，我们当然要模仿别人，因为我们需要以较快的速度发展自己的国家。模仿是值得赞同的。当简单的技术性模仿走到尽头时，这些行业先锋企业要依靠什么保持增长？中国企业的管理难道没有属于"中国"的部分吗？完全的西式管理理论的模仿有价值吗？能获得实践吗？到底模仿了多少呢？

从研究的开始我们就始终坚信中国的企业有其自身的管理之道，尽管各种发达国家的管理理论在中国广泛存在着，但中国的企业还是遵循着属于自己的管理方式，这些先锋企业尤其如此。中国企业家不缺少创新精神，中国的企业在对资源、对机会和对变化的把握上往往有其独特的方式。即使是在对企业精心策划的战略安排和精耕细作的管理方面，中国的企业也有其独创的应用。我们希望从这些行业先锋企业中看到这些属于中国的管理之道。

异议五：这类研究的结论往往是管理业界各种理论的罗列

反驳和说明：这不是一个探讨各类管理课题在中国企业成功应用的研究。我们更愿意看到在实施那些管理理论之前或同时，企业究竟做了什么令它们摆脱大部分企业所处的低层次上的竞争而迈向先锋的角色。

我们不探讨各类管理理论是如何在中国企业成功应用的原因是：当一些企业已经取得某些成功的时候，我们怎么写它，它都是成功的；或许我们可以给它从管理理论应用的角度总结出很多成功的因素，然而也有很多其他的企业走了同样的路，但是那些企业没有成为先锋，我们不能证明它们没有很好地实施，但能确信它们缺少了那些先锋企业的某些因素，所以仍然在低层次上竞争甚至有些已经失败了。

在确立这个研究课题时，我们没有把课题落在研究各类管理理论在先锋企业的应用上，我们也因此不会罗列各种耳熟能详的管理理论，这是个独创的研究，也蕴含着独创的结论。

异议六：研究中国的企业更多的是研究中国的企业家

反驳和说明：企业家是企业发展过程中不可缺少的重要因素。这一点无论对世界500强的企业还是对中国的企业都是必不可少的。尤其是在中国企业发展十多年的今天，大部分中国企业还是第一代或第二代领导人，这仿佛是回到100年前飞利浦兄弟开创飞利浦公司一样，企业的发展模式与企业的经营人有着非常明显的关系。

然而，对还未能成为行业先锋的企业，其企业经历从无到有的过程也同样具备值得尊敬的企业家。

我们不能以企业的成长经历推理出企业家在组织经营的过程中展示了他的战略和谋划能力，也不能因为企业家本身卓越的经历和地位推理出他经营的企业有着同样可观的前景。

我们不以企业研究企业家，也不以企业家研究企业。我们希望了解为什么有些企业能够确立正确的定位，能够迅速做出正确判断，能够在执行的环节上、在不同的时间对资源做出很好的布局、选择，从而得以持续发展成为行业先锋；同时，为什么它们能够选择一个正确的方向，并且在其执行的环节上可以避免可能有的一千个、一万个不同做法而导致一致而健康的结果。

重新思考"人的价值"

张瑞敏

海尔集团董事局主席兼 CEO

分析行业先锋领先之道的文章有很多，陈春花教授的这篇却与众不同。不同之处在于它关注了"人的价值"的思考，而非仅仅局限于各种管理模型的论证。

陈教授在这篇文章中从"四个导入因素、四个产出"揭示了"行业先锋：为什么领先"，但贯穿全篇的其实是对领导人、员工和用户三类人的价值的反思。

领导人的定位是"激活人"

刚刚告别世界的管理大师詹姆斯·马奇主张，领导人不应成为组织的英雄，陈教授显然是同意马奇的观点的，"他们要不断地制造变化……引导员工自我适应"。我在四十多年的企业管理实践中总结出一点，一个企业的领导人只能有一种使命，即激发每一个人的潜能，挖掘每一个人的潜力。作者的另一篇文章《互联时代，管理需要的是整体论》中对这个命题有更确定的阐述，"具有系统思考的领导者，依赖于激发个体内在价值"。

员工的定位是"人的价值第一"的文化

西方传统管理也重视员工的作用，但在"股东价值第一"宗旨的统帅下，员工始终以管理的客体的角色而存在，是被动执行者、被管控者。陈教授对"中国理念、西方标准"的辩证分析触及这一命题，"管理一定要回答'让人在组织中有意义'这件事情"。"人的价值第一"取代"股东价值第一"，恰恰是东方"系统论""整体观"的思维对西方"原子论""机械论"思维的颠覆。

品牌是用户定义的

正如陈教授在文中所说，（企业）无法无中生有地创造出一个被客户认可的品牌，因为企业的目的是创造顾客，也就是创造顾客价值。在互联网时代，匿名的顾客必须发展为交互迭代的用户，直至终身用户。品牌只能是用户定义的，用户体验是品牌价值最重要的驱动力。

管理是一项实践，《行业先锋：为什么领先》提出的课题注定只有永恒的追问，没有终极的答案。陈春花教授从"人的价值"出发持续发出时代的追问，引导着企业界和学界更多的思考者、实践者探寻动态能力，创造生生不息的创业生态。

① 管理的未来，就是"赋能与激活人"。

② 逻辑变了，企业的经营必然随之而变。首先就是要使自己成为"价值型企业"。多年来，我一直关注"价值型企业"，即无论市场变化、行情起伏、时间推移、地域差异，都能推进自己前进的企业。它们能够面对不断变化的环境，并超越环境创造价值。

③ 作为经营的第一个基本元素，顾客价值决定经营的价值，也就需要经营者站在顾客的立场，运用顾客的思维方式，集中公司的能量，打破企业与顾客之间的边界，与顾客互动，一起创造价值。

④ 企业文化既是企业的核心灵魂，也是企业的本质特征。对于企业的领导者和高级管理层来说，得到顾客及员工认可的企业文化，犹如一个反馈给管理层的"礼物"，推动管理层取得得到认可的优秀业绩。但是，企业文化成为"礼物"有个前提条件，即要被认同和共享。认同的关键是员工、顾客和社会的参与和共享，没有认同的文化就没有价值。

⑤ 今天组织最大的挑战，是持续的不确定性、没办法判断的未来以及万物互联的深度彼此影响。必须找到一个全新的组织形态来回答挑战，于是我提出了共生型组织这个新概念。共生型组织的核心就是开放边界，引领变化，彼此加持，互动成长，共创价值，然后找到我们彼此之间的核心价值，在一个组织系统中成长起来。

转型期的中国民营企业

作者：**刘永好**

新希望集团董事长

———

刘永好，生于 1951 年 9 月。他从养鹌鹑开始，做成了世界第一；后改行做饲料，又成为中国饲料大王。1982 年和兄弟一块开始创业，在企业三十余年的高速发展过程中，刘永好稳步前行，又适时革故鼎新。新希望集团也遭遇过挑战，最终一次次经受住了互联网的冲击、企业的传承等难题，创造了诸多辉煌。如今，新希望集团年营收已过千亿元，以现代农业与食品产业为主导，并持续关注、投资、运营具有创新能力和成长性的新兴行业的综合性企业集团。

作为第一批当选全国政协委员、第一个担任全国工商联副主席的民营企业家，刘永好于 1993 年在人民大会堂发表了题为《私营经济有希望》的演讲，用新希望集团的案例诠释了中国民营企业的发展路径。

在刘永好的管理信念中，他信奉"快半步"的理论：企业不超前，就没有机会；但快一步就太快了，有可能踩虚脚；比别人只快半步，就是最好。

做百年老店是众多中国企业的梦想。这家几乎伴随改革开放的企业何以迈过如此多的坎儿？如何进行每一次调整？刘永好如何管理新希望集团？通过这篇文章，我们能够找到部分答案。本文是刘永好在 2000 年世界经济论坛——中国企业高峰会的演讲，有删减。

刘永好代表文章（演讲）有《私营经济有希望》《家族企业要大力培养优秀管理者》。

新希望集团的创业历程

我想具体地谈一下我们创业的历程，话题要从 20 世纪 80 年代初期展开。

我们比较关注社会动向，在 1982 年我们认为机会来了。1982 年，农村开始实行联产承包责任制，专业户有了，于是我们提出申请。在我们插过队下过乡，在我当过 4 年零 9 个月知青的农村接纳了我们。

1000 块钱能干什么？这就是我们卖掉手表、自行车后所能凑到的所有的钱。我们从种植业开始，卖废铁，建孵化场，养鸡、养猪、养鹌鹑，最终在 6 年的时间里赚了 1000 万元，难度是非常大的。一个企业要发展，第一位重要的是在最开始的时候要克服困难，要有思想准备——吃苦。中国的私营企业，特别是从事产业经营的私营企业，开始都得有这样的准备。

我们在 1982 年开始创业，1986 年转产饲料，我们养鹌鹑跟搞饲料是结合在一块儿的。当时，以"正大"为代表的外资企业占领了中国高档饲料的市场及整个全国的市场。我们进行了研究，发挥民营企业的优势，用三年的时间研究出来有自有知识产权的、能够跟外资企业媲美的成果。我们以此为基础，向全国推广。在与外资企业的竞争中，我们逐渐成长、发展、壮大起来了。这是一个转折点。

1992 年邓小平同志南方谈话，提出"发展才是硬道理"。机会来了。我们有 10 年市场经济的经验，有一定的基础，当然发展得快。我们组建了集团，有同志告诉我这是全国第一个经国家工商局批准的私营企业集团——希望集团。没有这个先例，但我们硬是把它做下来了。然后我们向全国拓展，开连锁店。我们又先行了一步。

1992 年我们还进行了一项大事——我们兄弟四个进行了调整。我们商定，现在的基地是大家共有的，其他的则按照自己的思路自由发展。愿意搞计算机高科技的去搞计算机高科技，愿意做房地产、做酒店的去做房地产、做酒店。当时，我提出了坚持我们的主业不动摇的观点，把它规模化、规范化，然后向全国发展。我的二兄他非常赞成，于是我俩继续联手向全国发展。这是第一次调整。

第二次调整是在 1995 年。那时我们在全国已经办了 36 家饲料厂，我们觉得应该进行适当的调整。一个家族企业，当发展到一定规模的时候，应当进行适当的调整，这样才有利于发展。一个企业，特别是一个家族式的企业，一定要明白这样的道理——发展到一定规模的时候，像人们经常讲的：分银饷、论荣辱、排座次，这三关一定得过。过不了这三关，企业长不大。很幸运，我们在1992年过了一关，1995年又过了一关，以后我们进入了良性发展的轨道，这个问题困扰我们少一点。1996年，我们再次进行调整之后，组建了新希望集团。

到现在为止，新希望集团有六十多家工厂、企业，分成四个部分：饲料、新希望农业股份、做金融的投资跟股权的投资，还围绕农业、饲料主业做了一些发展。作为下一步发展的考虑，我们进行了房地产的投入。有一点，我们70%的精力与资金都是用在我们的主业——饲料业上。

我们的发展心得

以上谈了我们事业的大体轮廓。接下来，我通过一些事例来谈一谈我们发展的特点和体会。

第一，我们下海比较早，1982年就下海了，抓住了卖方市场带来的机会，这是非常巨大的机会。我们非常庆幸，改革开放时我们还年轻，还能做一点事，多少又有点文化，抓住了先机。

第二，我们很快找准了主业——饲料业。因为饲料跟广大人民群众的生活水准有关，十几亿人吃得越好，需求越大。

第三，我们制定了一个适度超前的快半步的策略，就是说我们不要跟着人家走，一定要有超前的意识。当别人没有下海的时候我们下海了，当别人没有在农业领域里投资的时候我们在农业领域里投资了，当别人没有组建集团的时候我们组建集团了，当别人没有兼并收购的时候我们已经兼并收购了很多企业，当别人没有在金融领域投资的时候我们已经成为金融机构的主要投资者，等等。适度超前、快半步，非常有效。快一步的话，就有可能掉下去起不来了；快半步则进退都会有一定的把握，退时退得回来，前进时占优势。也就是说要有一定的胆量，不是盲目的胆量，是对政策、政治经济的格局、行业发展前景等有个基本了解的前提下的拍板。这不是那么容易的。

同时，我们提出了一句话作为我们企业发展的理念——"顺潮流事半功倍"。就是我们始终把我们的产业定位在社会需求、政府倡导，或者说政府的制约较少，或者说会少犯错误的领域。把社会需求、政府倡导作为我们企业发展的方向、目标，这样去做就会事半功倍，少冒风险。我们是经不起风险的。我们没有什么背景，我们是四川成都郊县的一个普普通通的市民，没有任何政府背景、经济背景。靠什么？靠党的好政策，靠我们自己的努力，靠艰苦创业。

另外，我们较早地提出了集团化经营的思路。1990年，我们就尝试着成立了希望集团，当时尚未经过批准，直到1993年下半年，国家工商局才正式批准了全国第一个私营企业集团。同时，我们制定了面向全国发展的战略。从成都走向全四川、走向全国，现在我们希望集团在全国有100多家工厂，占领了市场。这是向国外一些跨国公司学习的走连锁发展的路子。

第四，我们比较早就提出了企业并购的理念。1990年我们并购的第一个国有企业的尝试失败了。第二个在绵阳成功了，这是1992年的事。我们用100万元兼并收购了一个企业，一个公有制的企业，现在已成为我们上市公司的骨干企业。

我们采用独资兴建与兼并收购两条腿走路的方式，前期主要以兼并收购为主，实现了低成本的扩张。我们尝到了企业并购所带来的喜悦，而现在我们以独资新建为主，为什么？兼并收购有优势有好处，但是也有不足——主要是要理顺原有的关系难度很大，很费周折，特别是原有人员思维的转变很难。当别人在兼并的时候，我们已转为独资新建了。或许我们又先前进了半步。

与此同时，我们还有一个理念——"艰苦创业，努力拼搏"。我们能够发展的最重要的一点是我们始终强调并保持艰苦创业的作风和传统。

我们是"农"字号的企业，要在效益较低的饲料行业，要在激烈的市场竞争中生存和发展，靠什么？靠艰苦创业，我们具有相对竞争优势，这使我们的成本比较低。

第五，我们在企业发展的同时，树立了一个正确的观念——作为一个总经理、一个总裁、一个老总，要身正、要学习、要有较高的眼界、要对社会有责任感。一个对社会没有责任感的企业领导，你的员工也不会对你有责任感，你的事是做不大的（或许短期能够做到一定规模），这是一定的。我身体蛮好，心态也比较好，能吃能睡能做，更重要的是我有社会责任感。

1994 年，我在北京联合其他 9 位民营企业家一道倡导发起了扶贫的光彩事业，这件事得到了社会各方面和各级政府的认同。

第六，作为一个中国的私营企业，我们已经取得了一点进步，有了一些发展，但是更重要的是我们有很多不足。不出家门不知道，总以为天就那么大。我们提出了一个观点——学习失败。从失败里面吸取营养，争取不要失败或少失败。民营企业各领风骚三五年，为什么？当然，除了种种原因之外，很重要的一点是怎样正确对待自己？这需要有开阔的视野。没钱的时候，能够艰苦创业，能够顶住站得直，不被困难压垮；有钱以后，有了荣誉、金钱、掌声等各种各样的光环的时候，要小心。保持一个良好的心态，你要看到世界上比你强的企业还很多，稍不注意，就有可能会垮下去。我就采取多看一看、多走一走、多听一听的方式，向失败学习、向成功学习、向竞争对手学习。

第七，在企业管理上，作为一个集团企业，我们新希望集团的六十多家企业分布在全国各地，有些地方我去了，有些我还没有去过；我们的员工我认识一部分，大多数我不认识；我们的公司每天都有好消息报上来，当然也有坏消息。有的事情明明是件坏事，我本可以去制止，但我没有，为什么？因为我认为应该如此，这叫大事精明、小事糊涂。要留有空间，如果你什么事都管了，留什么给你的下属做？你的总经理做什么？这是一个现代企业应该考虑到的。有时候装装糊涂是有好处的，能够培养一批人。当然，装糊涂并不等于你真的就糊涂了，要是真的糊涂了，那就麻烦了。

还有，我们坚持在我们的企业里不用亲属。我们是私营企业，本来就有嫌疑，人家正在说你私营企业不用外人，而我们就来个"矫枉过正"，干脆不用亲属。

第八，市场总是不断地变化的。1995 年、1996 年我们的市场好得不得了，利润也很可观。当时饲料可以免税，支持农业的产业基本都免税了，"正大"赚了不少钱，我们也赚了，那个时候大家都好过。但最近这两年，特别是 2000 年，难了！但是我们冷静地分析一下，我们觉得这是一个压力，是一个挑战，但更是机会。为什么？因为我们有比较竞争优势，我们的投资比较小，我们的开支比较少，我们的机会比别人多，我们对市场的适应能力比别人强。在顺利的时候你要扩大市场份额难，当最困难的时候，市场份额就很容易得到，所以我们要趁势前进。

要争做百年老店

春节前，我们开了一个总经理工作会议，一百多位老总在一块学习 5 天，讨论接下来的发展思路。

我们的优势在于抓住了机会，快速地扩张发展了自己，我们适应中国特色，我们有一个坚实的基础，等等，但这是外延式的增长，而我们在内涵式的增长方面不足。我们要正视我们的不足，克服我们的短处，在规范化、精细化、科学化、规模化、国际化、现代化等管理方面下功夫。我们这 5 天一直在讨论这个问题。

最终，大家提出了一句口号："要争做百年老店"。我很高兴我们的高层能够意识到这一点——克服短期行为。我认为，要评优秀企业，没有 20 年的功夫不能评，要做百年老店，20 年是最基本的考验。现在很多企业是各领风骚三五年，这两年你好，过两年就不行了，这是我们好多中国企业的现状，这是我们的悲哀。怎么办？我们立足从基础做起，一步一步从技术创新、从产品开发、从市场占有、从……要做的事太多太多了。我们只能这样去做才能取得成就，所以我们制定了一个新的发展战略——在继续保持我们艰苦创业的传统，发挥我们的优势的同时，在内涵式增长方面做文章。

为此我们要花一些钱来引进优秀的人才，包括海外的博士、硕士；我们要有培养我们新希望人的干部学校，要构建我们的企业文化；我们还要从硬件，更重要的是从软件上，扎扎实实、持续努力地做好工作。

应对国际化的策略

我们国家马上就要加入 WTO 了。加入 WTO，面临着国际的竞争，面临着世界市场的一体化。在这个格局下，这有机会也有挑战。我们应该怎么办？

我们国内的企业相对弱一些，我们国内的民营饲料企业显得更弱一些，面临这种挑战，我们有一个对策，就是我们要逐步学会国际化，用国际的水准、国际的视野、国际的视角来看待我们的事业。要做国际化的贸易，要做国际化的流通，必备的一点就是你的规模要大，你必须有相当高的信誉，必须有相当强的结算能力及国内分销的网络。我想，我们新希望集团具备一定的优势，可以在这方面进行一些探索。我们国内不少的饲料企业也有一些优势，也可以进行这方面的探索，这是第一。

第二，我们开始关注世界的市场。三年前，我们就不断地派调查团到世界各地去考察。现在我们已在越南建立了两家工厂，接下来我们可能在东南亚的其他国家建立我们的工厂。我们用一个比较国际化的水准来进行投资和管理。我相信人家走进来，我们站稳脚跟的同时也走出去，我想这可能是我们应对 WTO 的一个重要环节。另外，伴随着 WTO 的加入，我们农产品的国际化流通将增加。我们在这方面要多做些研究，多做些准备，来迎接这样的挑战。

此外，更重要的是我们在家门口打这样的国际市场的竞争，就是要提升我们的核心竞争力。大概在三年前，我们就在研讨这个问题，提出要组建百年新希望的理念，就是要求我们克服短期行为，要用比较长远的眼光来看待我们今天所从事的一切。具体讲，首先，我们要克服短期化行为，要做到规模化、规范化、精细化、科学化的管理，为今后的可持续发展奠定良好的基础。我觉得这就是在家门口要站稳脚跟，要提升我们的核心竞争力。其次，我们要加强饲料科技的研究，提升产品的质量，另外开发新的品种来迎接市场的需求，同时更好地做营销。我们要学会在微利时代的运作，要减少一些开支。在微利的情况下学会长期的存在、生存和发展，这是个学问。相应地，我们也做了很多的准备，现在看来我们的做法是积极的、稳妥的。

我们已经有 16 年的历史，相信再过 16 年，我们可以说：我们是一个优秀的企业。这就是我们的目标，我们要争取做饲料行业的龙头老大。这是我们的主导产业，我们将把我们的主要精力、时间放在我们的主导产业以及相关产业的开拓上，包括国际贸易。2003 年 1 月，我们取得了进出口权，是国家授予私营企业进出口权的第一批 20 家企业之一；2002 年我们的部分企业改制后在深圳上市，这给我们增加了企业发展的机会和胜算；此外，市场的疲软，或者说调整期，给我们带来了这样一个重新认识自己、定位自己的机会，我相信我们会稳健地发展下去。这里，有一条是最重要的：当发现我们头脑过热的时候希望能有人给我们泼一泼冷水，这是对我们最大的帮助。

另外，中国私营企业发展的时间还不长，我们的企业相对还很年轻，我们还比较稚嫩，但是我们有信心。有这样一种现象，那就是有很多企业都喜欢抱怨：这儿不行，那儿不行；这儿政策不好，那儿限制又多。我觉得有些事是我们不能左右的，对这些我们不能左右的事，你不要去管它，只需按照自己的路去走，顺潮流而动，没有时间也没有必要去埋怨、去抱怨，那样只会一事无成，我们就是这样走过来的。虽然，现在我们取得了初步的成功，取得了一定的成就，但是跟国内外优秀的企业比差距还很大！我们任重道远，还要继续努力。像我们这样的私营企业在中国已经涌现了一批，虽然数量不多，但我相信是能为中国的经济建设做实实在在的贡献的，我们中国的私营企业将会跟国有企业一道为国家的振兴贡献我们的力量。

总之一句话，我们中国的前景是光明的。尽管现在有较多的困难和问题，但是哪个国家没有问题呢？不管怎样，我们的生活水平在提高，我们的国力在增强，让我们共同来为中国经济的发展做出自己应有的贡献。

作者附记

作为中国最早创立的民营企业集团之一，新希望集团自1982年创业以来，以"顺潮流而动，略有超前快半步"的发展理念见证了20世纪八九十年代民营企业的快速发展期，企业也随之发展壮大。

但三十余年的高速发展之后，企业似乎进入"中期疲劳期"，而身为一家立足传统农牧产业的企业，与所有老牌传统企业一样，面临着共通的课题：在互联网的浪潮下，如何更好地嫁接互联网实现产业变革、拓展新的利润增长点、如何更好实现企业的传承等。

企业解决执行问题的一个标准方法是展开结构性改变：重新绘制组织结构图，重新思考激励机制。但仅于此并不能实现企业的大步转型，领导者需要再次激发"创始人心态"，再次激发公司的活力。此外，公司应培养主人翁心态，从而防止官僚主义，提高速度和责任心。由我自己为起点，开始自2013年起开启新希望集团的变革，其中年轻化成为重要的目标。"年纪不是年轻，心态才是年轻"，我成为公司年纪最大的年轻人，去学习最前沿的行业和知识。以人为始，一个已过而立之年的企业进行了大刀阔斧的员工管理和激励制度的创新。

此外，企业在经历了长期发展面临瓶颈期时应大力降低复杂性和多余成本，更新目标。经过领导层的反复调研和讨论，这个时期的新希望集团确定了互联网化、国际化、产融一体化的战略。借由新希望集团的产业链、市场、品牌等方面的传统优势为新的领域或区域赋能。

或许，几近不惑之年的新希望在中国称得上是一个大公司，但从几年前，我便在思索如何能使新希望从大公司变成伟大的公司，我常常告诫公司的高层要"知足知不足，有为有不为"，除此之外，察于未萌、顺势而为、适时而变，这也是我们在激荡浪潮中需时时遥望的灯塔。

做时代的企业

陈春花

著名管理学者

　　没有成功的企业，只有时代的企业。企业在发展过程中，只有融入时代，与环境进行互动，才能知道市场的变化，了解顾客的需求，提供合适的产品和服务。

　　改革开放 40 年来，一批又一批响应国家政策、顺应社会潮流的企业涌现并脱颖而出，新希望集团应该是最早的一批。

　　抓住改革开放的历史机遇创办企业，扩大规模，投资并购，新希望集团几乎在大部分的历史时点都比别人快半步做出了正确的选择，满足了社会和消费者的需求，这让新希望集团获得了快速的发展，刘永好在文中讲述了改革开放以来，民营企业的发展历程。这并非事后的总结，而是当下的判断，他相比很多人更了解自身所处的环境，并能在其中做出合理的判断，这是其总能领先半步的关键。

　　我们也能在他身上看到企业家精神的体现，企业家视变化为机遇。在不断变化的环境中，刘永好总能不断地发现机会，而不是困难，并加以利用。他不安于现状，通过艰苦奋斗不断实现企业的目标。同时，作为企业的领导者，领导者本身的素质对企业发展有着至关重要的影响。刘永好深知学习、身正、视野和责任感的重要性，以身作则，向优秀的企业学习，参加国内外交流，承担企业的社会责任。

　　在环境不断变化的过程中，刘永好带领下的新希望集团持续成长，取得了阶段性的成绩，成为当时转型过程中民营企业的代表。作为一家企业，新希望集团的发展历程告诉我们，要能顺应时代，视变化为机会，领导者要不断自我提升，更重要的是不断进行变革，在变革中创造机会。做时代的企业，也做为顾客创造价值的企业。

刘永好 经典语录

① 如果你不快半步就是齐头并进或者是慢，人家走得快的一定会赶过你、超过你；如果你走得太快超了一步，这步走出去的话，有可能前面就是悬崖，收不回来了，就有可能踩虚脚倒下去了。

② 私营企业的发展，归功于党的改革开放政策。作为私营企业，可以对社会做出应有的贡献。社会主义市场经济体制的确立，使私营企业感到有希望。

③ 人要保持谦卑和感恩，否则，就是误读了这个时代。

④ 二十多年的磨炼对于我来说，拥有了多少财富并不重要，重要的是，我拥有了创造这些财富的能力！假如我这个企业什么都没有了，我的所有财富都消失了，但是我的自信还在，我的见识还在，我的这种经历和能力还在，我可以从头再来。

⑤ 早期，我们是为了能够生活好一点；以后，我们是为形象好一点；再后来，就是为了兄弟们的日子好过一点；再往后，就是为了国家和对社会的责任！

复星的投资哲学和二十多年发展的思考

作者：**郭广昌**

复星集团董事长

———

郭广昌，1967 年出生于浙江省东阳市。在复旦大学哲学系读书期间，郭广昌曾和同学一路骑行 3000 多公里到刚刚建省的海南，亲眼看见商业对社会的变革，此后改变了他的人生轨迹。

大学毕业后，郭广昌留在了自己的母校工作，1992 年他选择下海。靠着从亲戚朋友处借来的 3.8 万元启动资金，郭广昌和他的复旦大学校友创业团队，骑着自行车在街头发放调查问卷，积累了第一桶金。

此后，复星以生物医药领域为开端，在产业上深耕细做；1998 年，复星成为上海首家上市的民营企业，参与到国有企业改制中，实现了中国第一个混合所有制——国药控股；通过投资、并购等方式，复星不断扩大产业覆盖范围，从最初的医药、地产发展到钢铁、零售、保险等多行业，一步步进行全球化布局。在 2018 年 6 月 6 日的股东周年大会上，郭广昌梳理了复兴新一步的战略，要做一家深度产业运营和产业投资的公司。

回望复星 26 年的创业历程，成功的背后是复星对中国发展动力的准确判断和把握。复星提供了中国企业在改革开放的伟大时代，复合成长的一个典型案例。复星的投资哲学是什么？如何一步步做的战略探索？这些年里又有什么样的思考？2016 年 5 月 25 日，身兼湖畔大学校董的郭广昌，给湖畔大学第一期的同学们上了一堂课，系统讲述了他对经济发展周期、对复星企业文化和未来发展的思考。

郭广昌代表文章有《我的"三个相信"》《复星资本论》《将创业理想与"中国动力"紧密相连》等。

关于经济、企业、人的周期

说到金融，我首先想到的词是"周期"。复星作为一家投资企业或者说金融企业，最关心的两个字就是"周期"。

其实经济、股市、产业、企业和人都有周期。

回顾复星的发展过程，我们也是抓住了中国经济发展的各种周期。复星在创业初期被称为"三无"企业——无资金、无人才、无技术。但复星抓住了产业的周期，包括矿业、钢铁、房地产和医疗医药行业等，还有我们也参与到国有企业体制改革之中。此外，复星的发展也确实抓住了中国资本市场发展的周期，基本上每一步我们都能抓住。A股我们抓住了，从1992年复星成立到1998年上市，这要特别感谢上海市的支持。

我们说经济是有周期的，周期里面是有机会的。各位同学一定要记住：周期是你的朋友，不是你的敌人。不要去对抗周期，要顺应周期，并坦然对待"牛短熊长"的现实。

关于复星的战略探索与调整

战略是什么？战略就像一个搜寻目标的雷达。如果在战略维度下，没有战术能力，没有准确的执行力，复星也完全不考虑去投资，"落地"是关键。这样说，复星目前有三个搜索引擎，在三个不同的维度搜索，来决定投资方向。

第一个维度是有产业深度的"保险＋投资"双轮驱动的模式；第二个维度是"中国动力嫁接全球资源"；第三个维度是复星所做的一切都是围绕着"富足、健康、快乐"的生活方式，致力于提供一站式解决方案。这是我们做任何事情的三个维度、三个指针。在三个指针下，我们再去具体落实投资项目，筛选投资标的。

为什么要叫"保险＋投资"？我们就做两件事情。第一，负债成本越低越好，负债时间越久越好；第二，投资这一块，回报相对较高且回报比较稳定。

要坚持价值投资、全球投资，企业必须要有相匹配的资金来源，没有这些来源，投资是不可能的，所以我们提出"保险＋投资"的战略。

第二个维度是"中国动力嫁接全球资源"。

2007 年复星国际在香港上市以后，我们面对所有国际投资企业的竞争，包括高盛、KKR 和黑石等，它们用全球的市场来吸引那些被投资的企业，这个时候复星就处于劣势。

复星反其道而行之，我们有"中国动力"，我们比外来的投资机构更了解中国的经济和中国的市场，2007 年我们提出"需要在全球整合资源"，方式是"中国动力"。

第三个维度是"富足、健康、快乐"。

复星最重要的资源是内容，是产品力，是契合客户的需求。我们在寻找全球资源的时候，关注的是有关家庭消费升级的产品，是有产品力的解决方案，这个是我们的方向。

我们当然知道做平台更让人激动，马云的成就更是人人羡慕，但是，我绝对不学马云，因为学不了。

关于复星的企业文化

我一直在复星中高层的沟通中强调，加入复星，必须要知道七件事情，因为这是复星的文化价值观，是精气神，是企业的灵魂。

第一，企业家精神。

首先，加入复星，你要会"指挥老板"。如果谁指望我告诉他该怎么做，问我需要他做什么，原则上这样的人我就不会聘用了。作为老板，我希望复星的员工针对投资做好几个方案，并和我一起讨论优劣，最后决策。要主动、有强烈的意愿做事情，希望为复星做贡献，并且利用好复星这个平台以及背后的资源。

我们最近在强调企业家状态，其实也是在强调人是有周期的。复星希望每一位同学都可以不断归"零",重新开始。面对这么大的市场和这么快速的变化,个人的经验即使再丰富也要谨慎。因为经验往往成为"负资产",相比一些经常依仗自己丰富的经验的人,我情愿用一些没有经验但善于学习的人,不断调整自己。学会归零是一种企业家状态。

在所有周期中,各位要管理好的就是自己的周期。如果企业遇到问题,首先要寻找的就是自身的原因,对自己负责,管理好自己的企业家精神。复星现在实行全球合伙人计划,这个合伙人计划是动态的,如果合伙人不在状态、没有企业家精神,就要被淘汰,让更有状态的人来带领复星的团队前进。像踢球一样,球员踢得不好怎么办?让候补上。

第二,企业管理一定要有灰度,不要希望把什么事都说得很清楚。

灰度是指各个团队之间的业务边界不是严格划定的,对新业务的发展也并非越清楚越好,最好的状态就是适度的灰度、适度的边界模糊。比如说,在同一个区域的投资或者是同一个产业的投资一般会有两支或两支以上的团队;保险在全球有五支团队,有竞争、有灰度。同时,适度的灰度还意味着在投资的过程中不要求完全的准确。复星的三个战略维度,都是在探索和实践中逐步清晰的,并非一开始就清晰地提出。但是我们要往前走,小步快跑,不断迭代。

第三,正能量,不抱怨。

复星内部如果两个人没有合作好,并且互相指责别人,那么肯定两个人都有问题。所以,不要抱怨。

复星作为一个不断成长的企业,肯定存在很多问题,加入复星、成为复星人就是来解决问题的。我最不欣赏的就是爱抱怨的人,复星存在什么问题我比任何人都更清楚,所以我需要的是解决方案,需要的是所有人一起齐心协力地往前走的正能量。

第四,投资纪律。

复星永远强调最基本的投资逻辑就是做"对"的事情。投资和收购的目的一定要清晰,复星要做的事情是为家庭客户"富足、健康、快乐"的生活方式提供解决方案,当复星提供不了或者提供方案的速度太慢时,我们会用投资或者收购的方式,将内外部资源打通,为客户提供"令人尖叫"

的产品和服务。

第五，闭环。强调内部融通，建立产业生态圈，形成闭环。我在后面会提到这部分。

第六，秋天的账本。KPI 是要有的，但 KPI 也是灵活可变的。

复星实行秋后算账，对于原则性错误我们是零容忍；对于专注于做事、有成绩、有情怀的员工，我们也会及时进行提升和奖励。一个组织，如果内部的摩擦成本高于外部成本，这个组织就没有很大的存在价值。我们尽量要减少内部的管理成本，要有基本的信任，秋后算账的意思就是员工要相信公司会赏罚分明，主动去做对的事情。

第七，身边的商学院。

我一直跟复星的兄弟们说一句话：如果你想学东西，来复星最划算。因为在我们这里你看到的项目多，分析的项目多，决策的项目也多。我每天平均参加五六个电话会议，各个部门的项目成员、高层和董事一起，针对性地讨论问题，是真正的"身边的商学院"，每一个案例和项目都是真实且有时效的。

复星眼中的未来方向

第一，创新与研发是企业前进的动力。未来对于产业的明确界定可能会越来越模糊。最根本的是谁可以接触客户、谁可以黏住客户、谁可以在黏住客户之后整合更多的资源为其提供更多的服务，我认为这是未来最大的竞争环节。企业能够黏住客户，还是要靠提供有吸引力的产品，要有最独特的东西。

其实复星这么多年在研发上有成功的一面。但相比华为，复星仍然太急功近利，在长期投资方面的布局和投资力度仍然不够。复星医药的战略之一就是强调要学习华为在研发上的付出与韧性，所以我们在五六年前设立全球实验室，逐步推动研发，加大投入。

复星希望成为有产业情怀的、全球领先的"医疗健康服务＋健康保险"模式提供商，在做到全球化的同时，提供最有产品力的产品。

第二，复星在养老产业也会继续投入。我觉得理想的养老模式，是城市养老。比如说高端综合养老社区星堡，地址就在上海中环边上，以这个地点为中心再辐射周边并提供相应多点式的上门服务，老人可以选择来养老社区，也可以在家享受服务。

同时，我们会用金融手段打通产业，将养老社区和健康保险配合起来，为所有人的老年生活提供一站式的解决方案。

第三，在旅游消费板块，复星在未来两三年一定要成为全球领导者。复星所有投资的最终目的是要形成对应的产业地位，特别是形成产业的领先地位，要去打通产业链，为客户提供更好的解决方案。首先，复星会专注于在互联网状态下，将线下客户变为线上客户，产生消费黏性。

未来我最关心的投资关键词

第一，产品力。如果产品和服务没有内容，没有产品力，不能让客户"尖叫"，那么复星是不会投资的。包括房地产项目，复星将特别聚焦于旅游地产、养老地产等以服务为核心的项目。所有的投资和收购，就是要围绕"富足、健康、快乐"的生活方式来进行，抓住有产品力的产品和服务。

第二，整合生态圈，打通产业链。比如旅游，复星要将地中海俱乐部、亚特兰蒂斯、太阳马戏团和 Thomas Cook 等旅游资源整合与打通，打造以旅游目的地和内容为核心、旅游渠道为纽带、旅游综合体开发能力为支撑、具备多层次协同效应的旅游生态圈。将客户留在其中，让他们形成消费惯性，有一种想去旅游就去寻找复星提供的旅游产品的消费习惯。

第三，布局 C2M。C2M 是让客户参与产品生成的全过程中，最大程度与最快速度地满足观众、粉丝、消费者和客户的喜好与需求。同时，C2M 不是消灭中介，不是消灭中介环节，而是通过直接或者间接的方式帮助、引导顾客去参与产品设计和生成。

中国产业的未来在 C2M。为什么？中国现在大量产能，尤其低端产能是过剩的，同时大量的客户需求却没有得到满足。真正的优质需求，供应是不足的，包括医疗、教育、旅游和食品。我们未来的方向是 C2M，将产品生成端直接和客户需求打通，结合大数据的能力进行柔性化的生产。

我的投后管理观

我认为投资的价值是管理出来的。这个管理并不一定代表着作为投资方的复星要帮助企业来管理，而是我相信你，如果有任何地方需要复星来帮助和协调，请提出来，我们一起全力而为。

复星作为一个积极的投资者，意识到被投资的企业越是处于前端就越需要关注和支持，需要保姆式的服务。比如说 VC 投资，初创企业除了接受投资人的资金，还更在意不同投资人能给予企业的资源帮助，衡量投资人能否给予企业更好的支持。因为简单的资金支持还不足以让初创企业在激烈的竞争中真正地存活下来。

复星和我个人，会对所有的投资企业给予最大力度的支持。复星相信自己的判断，虽然每个已经投资的企业都有失败的可能，这很正常，但是复星和我个人都愿意为每个企业背书，因为复星相信自己的投资能力，相信企业管理层的运营能力，相信复星投资哲学的正确。

我再讲一点别的，其实做企业是一个长跑的过程。长跑运动员很重要的就是耐力和健康的身体。请记住创业或者做企业不是靠拼一下就可以拼出来的，要做好长期的准备，特别是身体。

学哲学的企业家

王方华

上海交通大学校长特聘顾问，上海交通大学安泰经济与管理学院原院长

郭总，我叫他广昌，是因为我曾经在复旦大学管理学院做过他的老师，同时还与他一起在一家上市公司共过事，他是副

董事长，我是独立董事，我们有过不少交集，一直叫惯了。

广昌在"湖畔大学"为学员们讲的这堂课，非常生动，很深刻，我也受益匪浅。他说"无论是经济、股市、产业、企业和人都是有周期的"，作为管理者就是要"管理好自己的周期"。我相信，这句话从他的口中讲出来，和从我们大学教授的口中讲出来，个中的味道是不一样的。因为这是他的经验之谈，更是他的理性总结，学员们得到的启发一定大于在商学院中所学到的东西。

广昌在大学里是学哲学的，他常常说：学哲学等于没学。这是一句悟出许多人生真谛的大白话。一个学哲学的人，现在成了一名优秀的企业家，这种学哲学而养成的虚怀若谷的心态起到了特别的作用。周期是客观的，管理是主观的，管理好周期，就是主观适应客观，影响客观，改变客观，利用客观。所以，这种话也就是他这样学哲学的人讲得出来，意味深长。

在讲课中，广昌关于复星文化是"企业家精神""企业管理一定要有灰度""战略就像一个搜寻目标的雷达""经验往往会成为'负资产'""创新与研发是企业前进的动力"，等等，则是充满了管理学内涵的专门术语，可见他在复旦大学管理学院读的MBA没有白读，他已经把那些管理学的理论和方法，用自己独特的方式进行实践和提炼，补充和完善了管理学，具有管理哲学的味道。他讲的这堂课使我觉得，管理学是鲜活的，管理学是与时俱进的，管理学也是需要不断创新的。湖畔大学有这样的企业家型老师来上课，真是同学们的大幸。

我是看着复星诞生、成长、发展和成功的。复星发展的历程，就是广昌从一个普通的大学毕业生，慢慢成为一名优秀的企业家的过程。由此，我看到了大学的价值。一个学哲学的人，在市场经济的汪洋大海里学习游泳，喝过许多水，触过不少礁，哲学给了他思想和力量，无用之用给了他独具一格的判断力，成就了深谙商业规律的企业家。我以为，大学的意义在于它给予人们看清世界、看懂社会、看会行动、看到未来的知识和勇气。正如《大学》开篇讲的：

"大学之道，在明明德，在亲民，在止于至善。"中国需要企业家，中国需要能够培养企业家的大学。在这里，我看到了湖畔大学的价值，同时我对能够在极其繁忙的工作中抽出时间，为学生们上课的企业家充满了敬意。加油，湖畔大学！加油，广昌们！

郭广昌 经典语录

① 你最真诚相信的，就是最有力量的。

② 在追求"商业真理"的过程中，永远要自己去做决策，你永远是孤独的，这是没有办法的。哲学上有一句话很有道理：人是自由的，你必须要为你作为自由的人做出的决定负责任。

③ 任何大企业和小企业的创新和创造一定要有归零的心态，每个企业家要始终保持创业的状态，面对每天都在变化的市场，一定要有一种归零的心态，不要被过往的经验束缚住，坚持价值投资，坚持基本面分析，拥有一颗归零的心。

④ 复星选择一个企业，主要看三个指标。第一，看它所处的行业前景如何；第二，与同行相比，其竞争力如何；第三，要有一个好的团队。

⑤ 巴菲特有句话很有意思，他投资最大的逻辑就是爱国，其实我们也一样。巴菲特为什么这么成功？因为美国的成功，我们投资的成功很大因素就是因为中国的成功，我相信中国还会更成功。在中国，很多领域看上去好像没有机会了，但其实我们还有太多的东西没有被满足，比如看病，比如教育，所以我们还有大把机会。

决胜未来商业的四种力量

作者：**冯 仑**

御风集团董事长，万通集团创始人

———

冯仑，1959 年出生于陕西西安。毕业于中央党校，从中宣部到体改委，再到海南省体改所，冯仑在国家机关工作多年，早年希望过的是天天写字，给领导写文章的生活。

造化弄人，冯仑最终从体制内走向企业。1991 年冯仑白手起家创办万通集团，组建了万通地产，成为"九二派"知识精英下海的代表人物，完成了从学者、官员到企业家的转变。

在中国地产业，冯仑绝对是个另类。他内心有个理想国，常常奇思妙想：第一个把集装箱改造成酒店、在世贸中心开虚拟办公室、打造立体城市，首倡由"中国香港模式"变为"美国模式"。2014 年离开万通地产后，冯仑做了更有想象力的事情：发射了国内第一颗私人卫星。

冯仑在业内享有"地产思想家"的美誉，他身上混杂着江湖气息和知识分子的理性思考。无论是公众的演讲台，还是自传，冯氏段子和语录都闪烁着犀利而又惹人发思的光芒。

冯仑在商业的大潮里，经历了从披荆斩棘、野蛮生长，到理想丰满，再到行在宽处的过程。这些丰富的经历也是他的著作名字。他对民营企业进行了大量的思考，亦谐亦谐，留下了深刻的启发。在中国做企业，如何看待关系、机会和垄断这些敏感又有特色的因素？什么又是决定未来商业基业长青的力量？冯仑在他这篇写于 2005 年的文章中提出四种力量：制度与制度文明、正确的核心价值观、企业组织形态及其创新方式、时间和毅力。

冯仑代表著作有《野蛮生长》《理想丰满》《岁月凶猛》《行在宽处》。

既然关系、机会和垄断都不足以确保企业高枕无忧，那究竟什么才是决定未来基业长青的根本性力量呢？

盘点 2004 年，宏观调控声声入耳，步步为营。微观变革，死地求生；公司春秋，企业战国。喜者，笑看万科、联想，称雄六合，饮马纽约；悲者，徒唤德隆、创维，千金湮灭，人何以堪。及至岁尾，"二十年周年纪念"蔚然可观，民营企业发展的天花板新曲高亢，企业领袖们都在祈求确保自己企业未来第三个，甚至第四个、第五个 10 年健康发展的仙丹妙药，寻找决胜未来的力量。

一般而言，公司必须经历三次转变，才称得起成功。其一，由做项目转变为做公司。创业起步时，公司架构简单，人手不足，老板必须亲力亲为，所有精力都围着项目转。但如果一味如此，不能在掘得第一桶金之后迅速转型到办公司、管理公司上来，即解决如何依靠公司的组织连续生产（项目）的问题，那就会很快被项目或简单的生产规模扩大所拖死。其二，由做现在的公司转变为做未来的公司。一家公司正常组织生产经营并不难，难的是 10 年、20 年连续不断地增长，傲视同侪，领袖群伦。这就要求公司有良好的战略和管理能力。其三，由做对股东而言有价值的公司转变为做能够改变人类生活和社会形态、创造新的商业文明的企业。所以，研究决胜未来的力量，就是寻找决定这三种转变的规律性的东西。

走出对"关系"的迷信

有人相信的是"关系"，以为关系可以决定一切，面子才是生产力。所以在构筑未来的发展空间时，往往首先想到的就是广结善缘、膨胀人脉、寻找靠山。其实，如果多问几个为什么，就不难看出，把一切成败寄托在关系和人情面子上，实际上就是想绕过一切正常的管理规范和法律法规，取得某种凌驾于制度之上的特权，从而获取具有垄断意义的机会和利润（所谓"寻租"）。"关系"越盛行的地方，制度就越遭到践踏；制度越无尊严，关系就更加重要，越发有面子，形成恶性循环。所以相信关系的人，从来不把制度放在眼里，权力身边的"关系"之所以违法乱纪的机会多，便是这个道理。

我们又常常听说"这是一个好机会，千万别错过"，或者议论某某人之所以成功不过是某种机会而已，似乎"机会"决定着企业生死、个人荣枯。其实机会只是一种偶然性，它最多对创业者的原始积累或者说"第一桶金"具有决定性的作用。当企业进入正常发展时，通常所说的机会并不重要，不仅不重要，甚至还是陷阱。因为"机会"具有很大的相对性：某些时候对男人是机会，对女人可能是灾难；对大人是机会，对小孩可能是陷阱。

凡是机会导向的公司，普遍不重视自己的长期战略、公司治理、价值观养成、团队训练等公司内在的基础性建设，相反往往在人脉关系、公司政治、灰箱交易、多元化发展方面施展拳脚。

为了乞求公司的长生不老，许多人会幻想某种垄断权力，以为凭借垄断可以抵抗一切对手，消弭所有危机，因而特别羡慕特权公司。岂不知，任何一种垄断都是由社会、政治和经济制度决定的，都是特定时期各种政治力量角逐和经济利益分配的结果，无论欧洲中世纪的特许专卖，还是当今发达国家巨型公司的市场垄断，概莫例外。所以，垄断和所有政治、经济体制一样，也只具有相对的优势，也必然会随着支撑它的体制的变化而变化（丧失或强化）。此外，垄断下的企业更容易恃宠而骄，懒惰懈怠，不思进取，竞争能力被虚化和夸大，其业绩更像是山里的佛光。人们自己制造幻觉，偏偏又被自己创造的假象所感动。历史的经验表明，大凡垄断，一旦体制变革，垄断瓦解，它顷刻之间就会冰消雪融，露出纸老虎的原形。

四种力量决胜未来

既然关系、机会和垄断都不足以确保企业高枕无忧，那究竟什么才是决定未来基业长青的根本性力量呢?

第一种力量: 制度与制度文明。

从人类文明史的范围来看, 或者从国民财富积累的角度来看, 领袖究竟创不创造财富, 这是一个很有意思的话题。我以为, 历史的逻辑事实上是, 领袖不创造财富。财富创造的过程是由良好的制度安排决定的, 领袖如果不能对这种制度安排施加影响或者起决定性作用, 那就只能是一个财富的消费者和破坏者, 无论这个领袖个人如何信誓旦旦, 甚至抛头颅洒热血, 其结局绝逃不出这一历史的逻辑。两百年前, 中国的 GDP 比美国多。两百年后, 我们的国民财富总量不及全球财富的 4%, 而美国却拥有全球财富的 1/3。这两百年, 我们记住和津津乐道的是伟大的皇帝、领袖和他们的传奇故事与丰功伟绩, 却见不到财富的实际增长。而在大洋彼岸, 人们记住的只是制度 (宪法与法律), 随意批评甚至嘲讽的是弱智的总统。国家如此, 公司也是如此, 短期不一定如此, 长期却一定如此。当一个企业的创业过程结束后, 领袖或企业家的作用就不应继续停留在冒险犯难、硬打硬拼上, 而应把 90% 的精力用在制定公司战略和不断完善、推进战略实施的制度上。这既包括治理结构、人力资源开发、产品研发、生产和销售, 也包括投资者关系、风险管理以及价值观训练等方面。只有坚持不懈和经年累月的磨合, 才能逐步建立适合自己企业并且优于竞争对手的一整套公司制度。企业家能力的绝对挑战, 既不是研发, 也不是销售, 而是创造制度的能力。正是从这个意义上说, 熊彼特把制度创新作为企业家的最重要职能才是英明的。公司有所谓重要的和紧急的事, 创造制度是最重要的事, 只有做好这件事, 才会逐渐消灭紧急的事, 从而自由进退和自如地驾驭企业的未来。如果重要的事是 1, 那紧急的事就是 10, 只要紧紧抓住 1 不放, 就会做 1 件 (重要的) 事, 消灭 10 件 (紧急的) 事, 从而成为商业竞争中的主宰者。

制度是制度建设中的硬件, 制度文明是制度运行中的软件。建立制度不难, 坚持执行制度很难, 而使制度强化为制度文明更是难上加难。推进制度文明, 不单单是一个长期宣传教化的过程, 而是依制度生存的每一个个体不断以自己的实际利益做代价与制度进行重复博弈的结果。只有当人们一次又一次从遵守制度中得到不断扩大的实际利益时，人们才会真正打心底里认同制度的合法性，从而自愿接受它，认真执行它，坚决捍卫它。换句话说，只有融化在血液（利益）里，才会落实到行动中。总之，制度文明比起制度更是一个长期的信念和文化，而一旦制度文明形成，由领袖崇拜变为制度崇拜，这个国家或者企业持续创造财富的基础才会像磐石一般不可动摇。

第二种力量：正确的核心价值观。

所谓核心价值观是一个企业特别是领导人内心最深层的是非判断和善恶取舍，它是企业未来行为方式与业务导向的最根本指引。这种价值观无论在任何企业都客观存在，只不过当它不被领导人放在嘴上到处宣称时，便只能在企业兴衰的历史轨迹中找到蛛丝马迹；当它被提炼成精确文字广为传播甚至宗教化时，便成了可以研究和仿效的"企业文化"。更有甚者，如果根植在一个企业的核心价值观，随着时间推移而变成不可动摇的天条或信念时，它就成为一种核心竞争力，成为一种最不可模仿也最不可替代的能力。这就像三个人分别信奉基督、安拉和穆罕默德，即使比邻而居，谁都知道对方念什么经、做什么事，但绝对互不影响、互不模仿。所以，核心价值观必然会由简单和内在的是非判断、道德指引和行为规范，上升为外在化的企业文化，最终固化核心竞争力。

值得一提的是，核心价值观决定着是非判断、道德指引和行为规范。虽然它不是算账本身，但它决定着如何算账的方向和方式。正因为核心价值观的差别，才导致在同一时间同一地点，同样的交易却有人这么算，有人那么算。买卖人最难的是看那些看不清的地方，算那些算不准的账目。比如，对环保的支出，有人宁愿本着对地球、对人类生存环境负责的态度，在自己的生产过程中加大防止污染的投入，因而表现为短期成本增加、利润减少；有人急功近利，一边破坏环境，一边攫取眼前的高额利润。短期来看，前者利少事多，后者利多事少，后者比前者聪明。但 10 年以后，前者赢得政府和客户的信任，市场份额稳步扩大，利润成倍上升，而后者逐渐被人抛弃。可见，不同价值观决定着企业和个人如何算账（算大账），如何看未来（算前途），从而决定了企业未来的分野与高下。万通历史上曾有过多次是做好人（比如维护信誉）还是做坏人（比如赖账）的争论。因为做好人短期成本巨大，未来收益往往一时还看不到，而做坏人当下看好像好处多多麻烦小小。所以，多数人容易选择后者。然而，万通幸运的是，我们选择坚持做好人的价值观和行为方式。尽管我们付出了巨大代价，失去很多个人的短期利益，却使万通从海南泡沫经济的崩溃中幸存下来。不仅如此，"学先进、'傍大款'、走正道""好人、好事、好钱"等由价值观导引的万通企业文化，推动万通地产逐渐成为市场上最有价值的公司之一。

对一个企业来说，正确的价值观会形成自己的道德力量，从而十分有利于协调企业与外部社会的关系。在急剧变动的社会中，个人、公司与外部各方面的关系往往会发生摩擦和冲突，不同的价值观决定着处理这些矛盾的不同方法。比如遇到客户纠纷，有人会诚意接待，努力纠错，服务到永远；有人则推诿，不闻不顾，甚至大打出手。又比如，对待税收等一系列企业应尽的社会责任与义务，有的企业躲避、赖账，有的企业奉公守法，照章纳税，支持公益事业。显然，不同价值观引导出的不同行为调节甚至决定着企业与外部的各种关系，从而给自己营造出不同的社会生态。反过来，不同的社会生态又划定了企业未来的生存空间与发展方式。总之，凡是能够赢得未来的企业，必定信奉那些念及他人的价值观和时刻保持对社会及大众人群高度负责的精神。

第三种力量：企业组织形态及其创新方式。

商业文明的演进，其实就是组织形态不断进化的过程。企业组织的变革不仅无限扩大着企业疆域，而且使财富的创造过程日益完善，生产效率也十倍百倍地提高。从手工作坊到工厂制度，再到股份公司乃至跨国公司，标志着人类商业文明的每一个阶段的丰硕成果。此外，无论家族公司、有限公司、股份公司等实体公司，还是网络时代的虚拟公司，都规定着各自企业的拓展空间与演化模式。开一家汉堡店，只能照顾到附近的客人。但自连锁经营的组织方式出现之后（比如麦当劳），即使远在地球的任一角落，都能吃到同样品质的汉堡。标准化的工厂生产加上跨国资本的组织形式，使传统制造业扩展到全世界。今天我们不会为使用摩托罗拉的手机而惊奇，也不会为使用宝洁的洗发水而目眩。心安是因为理得，理在何处？理在商业组织的创新与变革。

有四种因素推动着商业组织的变革。其一，随着劳动生产率的提高和人们收入水平的上升，市场容量不断扩大，人们对大规模交易需求的不断增长。需求是商业进步的终极动力。有需求，才有满足需求的企业的生存空间，而竞争则会加剧企业在产品与组织方面的创新速度，改变企业间竞争与共处的游戏规则。其二，信息技术。信息的收集与传递方式是一个组织特别是商业组织的网络神经。随着信息技术的发展，采集、处理和传递信息的成本越来越低，形式也从简单的文字发展到声像同步，无所不及，无所不能。因此，公司的金字塔式组织日益坍塌，取而代之的是灵活应变的扁平化和网络式组织。正是有信息技术的支撑，才使跨国经营和标准化管理成为可能，从而使麦当劳和沃尔玛成为商业巨人。可以说，没有微软和英特尔的成功，便没有今天发达国家巨型跨国公司的商业霸权。除此之外，互联网也给后起创业的企业以巨大的组织变革空间，使之能够跃为人先，例如戴尔、亚马逊、雅虎等。其三，金融技术。信息技术的变革与金融工程和金融服务关系极为密切，而金融服务的方式直接决定着商业组织的形态。设想没有发达的资本市场，哪里会有跨国企业的资本巨兽和网络时代新兴企业的传奇故事？资本市场的水平和交易技术的进步完全取决于信息技术的水平。因为资金流动首先是一系列关于钱的信息的流动，企业和投资者的信息是否对称是市场是否完备与有效的最重要标志。其四，当然企业家的能力对企业组织的变革也至关重要。历史上被人们记住的企业家无非是两种，一种是推动组织变革（广义的变革包括生产与交易方式的变革等）的人，另一种是拥有技术发明从而颠覆商业规则，最终也是缔造新型商业文明关系的人。企业家能力的最后较量，其实是驾驭组织的能力和变革组织的能力的较量。

基于上述判断，我以为，未来的商业组织特别是公司组织，只有两个可以选择的方向，即"特种部队"式企业和"基地组织"式企业。前者最显著的特征是后台越来越庞大，支持系统将变得更加复杂和高效，但前台（执行者和执行系统）越来越直接，越来越简单，越来越精确。例如，美国攻击塔利班时，每三人一组的特种部队，其支持系统竟达 5000 万美元。目前有些国家的军事变革竞相扩充特种部队，使军队进一步轻型化、机动化和精确化，就是例证。军队所要完成任务的对抗性和在变动环境中迅速反应的机动性，都对组织效率提出最高的要求。一般而言，企业与此类似，随之跟进的变革是不可避免的。而后者，所谓"基地组织"，不过是以独立分子的状态存在的自主组织。它互不隶属，而是按某种价值观的驱动独立行事，但在整体方向上具有微弱的协同性。网络时代的小型公司、虚拟公司和在家 SOHO 的自由职业者便属于之类企业。万通既然已经使资本社会化，而且从事着与经营规模关系密切的房地产行业，我们未来的组织形态只能借鉴"特种部队"。不仅整体上朝大后台、小前台、高效率、善应变的方向演化，而且每个岗位和员工必须经过特殊的和高强度的训练，成为各自岗位的"特种战士"。

第四种力量：时间和毅力。

一件事、一家公司，其价值往往并不取决于它本身，而是取决于它所存在的时间，生命力越久就越有价值。所以，一个伟大的人或者杰出的企业家，要想拥有未来的事业，首先要对准备付出的时间在内心有一个承诺：一生一世，还是半辈子、三五年。你制定的目标越高远，实现起来就越困难，所需要的时间就越长。反过来说，一个有价值的未来，必须以支付足够长的时间为代价，时间越长，越不可战胜，越发辉煌。无论个人、公司还是国家，其财富都是时间给的，都是朝一个正确的方向连续积累的结果。

在企业家的生涯中，与时间相伴的有一种东西叫毅力。毅力是时间的函数。崇高而远大的目标，特别能够激发人的奋斗热情和战胜困难的勇气，同时也造就着不断坚持的毅力，所谓"人必有坚韧不拔之志，方有坚韧不拔之力"就是这个道理。

此外，即便是从算账来看，时间长短也决定着一个企业的未来价值。比如物业投资，常常一个收租物业短期（如 1 年）租金回报可能只有 5%，但长期（如 20 年、30 年甚至更长）来算就会是 20% 以上。同样说一个长期的时间概念，婴儿可能以秒计算，中年人以年计算，而百岁老人则会以 10

年计算。显然，要想赢得一个企业的未来，把计算得失的时间单位拉长到10年以上，才是聪明之举。阿拉法特为建立巴勒斯坦国，出生入死46年，虽然生前未能如愿，但46年的不息奋斗本身已是巨大的成功，赢得了所有朋友和敌人的敬意。

世界上只有三种人。第一种人只研究过去的事，那叫历史学家。第二种人只为现在奔忙劳碌，那叫普通人、平常人。第三种人站在未来的终点教化我们，那是圣人。我们要想赢得未来，只能在普通人和圣人之间找个位置，看到的未来越远越清楚，就离圣人越近，就越是能人、超人。反之，就越可能落入窠臼，成为普通人。企业家就是要做超人，就是要在未来找一个支点，引领自己的企业，创造未来，赢取未来。

时间的力量

樊 登

樊登读书会创始人

有实力的企业家不少，但是有系统思想的企业家不多。不但有系统思想，还能用引人入胜的方式表达出来，就更少了，冯仑就是其中一位。这位"九二派"企业家的代表，以犀利的思想，幽默的表达，闻名于世，被誉为商业思想家和企业界"段子派"的掌门人。

几个月前，他来到樊登读书会，与我就《岁月凶猛》这本书有过一次长谈。这让我对这位企业家——也是我的中学校友——有了更直观的认识。他就像一个饱经岁月的老大哥，将他积累多年的智慧揉碎了，和你娓娓道来。这篇文章也同样如此。

历经40年，不少企业家获得了财富，博得了名声，但是，有些人靠的是关系、机会、垄断。这是特殊的时代赋予你的，并不代表你有迎接未来的能力。那么，如何确保企业在下一个10年、20年，找到健康发展的引擎？

冯仑给出了答案，决胜未来的有四种根本性力量：一是制度与制度文明；二是正确的核心价值观；三是企业组织形态及其创新方式；四是时间和毅力。这四种关键性力量，缺一不可。

给我印象最深刻的是"时间和毅力"，它是衡量一切的标尺。当我们在为某个模式靠不靠谱、某种潮流要不要跟随、某些知识要不要学习而焦虑、彷徨的时候，时间会给我们答案。正如巴菲特所说，只有潮水退去，才知道谁在裸泳。

有的人做着对的事，虽然不被人看好，但做着做着，就成了一座大山或澎湃的河流，令人仰望。有的人却从台上做到了台下，甚至做到了监狱。写到这儿，我不禁感慨，像冯仑一样，创业近30年，还能不断进化，用平和、诙谐的态度来讲述"岁月凶猛"，是一件多么难得的事。这也让被诸多俗务缠身，时不时想挣脱出来的我，感到心静如水。

对谈时，冯仑说，是不是个好企业家，就看他下班以后干什么。功成名就的冯仑，没有躺在万通的钱袋子上睡大觉，而是一直不断地输出他的"冯氏思想"，并乐此不疲——而他独到、富有前瞻力的判断，在跃然纸上的同时，也在给企业家、创业者输出精神的营养。这尤其是当下陷入"集体焦虑"的我们所急需的。

① "学先进"是为了自己成为先进;"傍大款"是为了结交好企业、自己成为大款;"走正道"是为了避免走弯路,铸造永续经营的坚实基础。

② 伟大是熬出来的,"熬"就是看你能否坚持得住。不是指每一个细节都想到了,而是你在特别痛苦的时候坚持住了,并把痛苦当营养来享受。

③ 民营企业要持续增长,最大的问题是面临我们的体制环境,是不是有利于创造一个高效率的市场?就是我做到我讲的三句话:生得容易,长得困难,死得干净。提高交易的速度,降低交易的成本,这是市场效率的标志。

④ 公司是个是非地,商场是个是非地,商人是个是非人,挣钱是个是非事,变革的年代是是非的年代。怎么样在这么多是非里面无是非?这就要求我们要有非常好、非常稳定的价值观。是非取于心,很多是非是心不平产生的。

⑤ 一个好的企业就是一座好的庙,一个好的企业家就是一个好的大和尚,一个好的职业经理人就是一个好的小和尚。我们给客户的永远是1%的使用价值和99%的希望。管理的最高境界就在于不仅能把明确的规则搞清楚,而且也能把潜规则搞清楚,最后办好自己的庙,成为一个伟大的大和尚。

企业家需要"四个自信"

作者：**曹德旺**

福耀玻璃集团董事长

———

曹德旺，1946 年 5 月出生。自幼家贫，初中没毕业就辍学，曹德旺尝遍了社会底层生活的艰辛。从承包当地濒临倒闭的小厂起步，1987 年曹德旺正式成立福耀玻璃，成为第一个进入汽车玻璃行业的中国企业。6 年后，福耀玻璃登陆国内 A 股，是中国第一家引入独立董事的公司。

几十年来，曹德旺带领福耀玻璃以"为中国人做一片自己的玻璃"作为发展目标。福耀玻璃彻底改变了中国汽车玻璃行业从完全依赖进口到进口接近为零，成为全球规模最大的汽车玻璃专业供应商。作为成功走出去的企业，在一步步进军海外的过程中，福耀玻璃遇到重重险阻，历时数年，成为中国第一家状告美国商务部并赢得胜利的企业。

2009 年，曹德旺荣获有企业界奥斯卡之称的"安永全球企业家大奖"，成为该奖项设立 23 年以来，首位获奖的华人企业家。

曹德旺是企业家中的"异数"，他坦荡耿直；持戒行商与持戒行善，演绎了有关信仰和财富的故事；累计捐款超过 110 亿元人民币，被称为"真正的首善"。这位"玻璃大王"深扎玻璃这一个领域，将中国制造业带向世界。这背后是他的四个自信：文化自信、行为自信、能力自信和政治自信。本文主要综编自 2018 年 4 月 27 日曹德旺在中欧国际工商学院 2018 思创汇、博鳌亚洲论坛 2018 年年会上的分享，内容有删减。

曹德旺著有《心若菩提》。

成功应该坚持因时因地因人因事，针对变化而变化，才能把企业发展起来。如果只坚持一个方向，待在那个地方不变，就等于死亡。通过思考，我觉得企业家至少需要四个"自信"。

文化自信

作为企业家，必须要有信仰。对中国古代文化，不一定要像教授那样精通，但起码要熟悉。

中国古代文化教会我们义与利，义利相济也就是中国商道的精髓。"义"就是要承担责任，做应该做的事情，把应该做的事情做到位。做任何事情都要以人为本，尊重天下的所有人，包括供应商、员工、干部等；坚决不做国家与法律不允许的事情。

"利"就是要让大家都得到利益，自己要通过努力获得利润，同时也要给其他人分享利益。所以作为企业家，一定要记住，在遵纪守法的同时，也要努力赚取利润，只有这样，你的企业才能够长久地生存下去，才能够长久地造福社会。

行为自信

行为自信是要将所有的事情做得让人无可挑剔。有些企业家，做事情总是急功近利，为了一己私利，最终锒铛入狱。我经营的福耀集团，经过三十余年的发展，已成为这个行业的全球领先者，我个人至今也捐出了110多亿元。我为什么要这么做？为了感恩国家的改革开放，感恩社会大众对我的理解。

我自19岁起就跟爸爸学做生意，一路走来，他向我不断强调的是：你管不了别人，但可以管得了自己；凡事多说好，多鼓掌，给人家信心，这是积德；不表态看不顺眼的地方，这也是最起码的修养。

我一直认为，企业家的责任有三条：国家因为有你而强大，社会因为有你而进步，人民因为有你而富足。做到这三点，才无愧于企业家的称号。所以企业家要有担当，不仅仅做自己企业的事情，还必须有家国情怀。

能力自信

企业家在战略决策和管理方面，必须有能力，相信自己的决策适合企业发展。特别是在投资决策上，差之毫厘，失之千里。经营是没有规矩的，要透过现象看本质，随着环境变化来做决策。

在市场经济里，需求是动态的。比如说卖橘子，今年你若准备运1000吨橘子到北京，在此之前就要先调研当地情况，还要了解柑橘产区的状态，弄清楚近些年在北京做得比较成功的厂家、商家，最终确定进入市场的时间点、进入市场的策略。切忌盲目跟风。

我从业办厂40年，在9个国家和地区投资了数百亿元。我很自豪地说，从没有失败过一单。我们一旦意识到机会，就马上行动。等别人弄清楚以后，我们差不多已经成功了。

此外，管理也很关键。我是小微企业出身，在当时的政策环境下招不到人。我就自学财务、生产管理、销售采购，等等，学完回来后再教给我的团队。福耀集团现在有数万人，主要的干部都是我们自己培育的。他们既是我的管理团队，又是我的决策团队。因此，企业家必须具备足够的能力自信。

政治自信

企业家必须要有这样的政治自信：听党的话，跟政府走。我们是社会的一分子，接受国家的管理，对于一些问题，如果没有足够的了解与体验，我们就没有发言权。

聪明的企业家能通过政策去分析后果怎样、会演变出什么，从而为自己的决策做参考。但前提条件是，你要真正做到"敬天爱人"，相信政府，不要做犯法犯规的事，不侵犯员工、供应商和消费者的利益。发展企业必须自觉遵守这些原则，长期跟政府的步调保持一致。

我常常跟美国人讲，我是中国人，中国是我的祖国，我爱我的祖国，但是到美国作客，我也会很尊重美国人。

我们在美国的投资，是中国制造业在美国投资最大的企业。之所以进行长期的制造业投资，是因为我对国家的改革开放政策有信心，同时感恩于社会的理解、供应商的帮助和员工的努力。有感恩之心，有跟社会分享的胸怀，才能做更大的事情！

也谈企业家的"四个自信"

赵曙明

南京大学商学院名誉院长

曹德旺董事长是我非常敬重的一位企业家，他对传统文化的认知、中国社会的理解和现代企业的发展都有独到的理解。尤其是曹董提出，一个成功的企业家必须具备"四个自信"，具有较强的针对性和现实性，值得我们每个企业家思考。我认为，在复杂的经济社会背景下，企业家要有更深厚的人文素养、更强烈的家国情怀、更丰富的企业家精神，这对当前中国企业的转型发展具有重要的启示意义。

一、"政治自信"是企业家必须坚持的历史担当

改革开放40年的伟大历程告诉我们，中国特色社会主义事业取得举世瞩目的成就，最主要的秘诀就是"道路正确"。作为社会的一分子，企业家必须坚持"政治自信"。

从 1983 年勇于担当承包一个年年亏损的乡镇小厂，到 1985 年彻底改变了中国汽车玻璃市场百分之百依赖进口的历史，再到 2001～2005 年取得全球反倾销案的胜利，曹董经历了创办企业的艰辛，也收获了成功转型的喜悦，所有成绩的取得都离不开国家政策的引导和企业使命的坚守。曹董曾说，之所以进行长期的制造业投资，是因为他对国家的改革开放政策有信心，同时感恩于社会的理解、供应商的帮助和员工的努力。有感恩之心，有跟社会分享的胸怀，才能做更大的事情。我想，所有企业家都应该有这样的"胸怀"和"担当"。无论什么时间，不管有多少困难，对国家有信心、对社会有感恩、对企业有坚守，这是我们取得成功并且取得更多、更大成功的关键。

二、"文化自信"是企业家必须具备的人文信仰

作为企业家，必须要有信仰，这来自传统文化的熏陶和浇灌。有了传统文化的滋养，信仰才能常怀"敬畏之心"。福耀玻璃从创立以来，始终坚信"和为贵、信为本"。这是曹董的父亲对他的谆谆教诲，也是企业走到今天的一个秘诀。曹董也说，人生要读两本书，一本是"有字的书"，一本是"无字的书"。将做人、做事的学问和中国优秀传统文化相结合，这才叫智慧。中国传统文化也告诉我们，要树立正确的"义利观"，义以生利、见利思义、以义为上，义利相济才是中国商道的精髓。在当代中国，企业家不仅要专注于企业的长远发展，也要勇于承担企业的社会责任，以优秀文化为底蕴、以国家战略为指引、以法律规范为准绳、以社会公义为约束、以反哺社会为目标，这是企业家必须坚持的底线和标准。

三、"行为自信"是企业家必须学习的行动指南

曹董曾说，企业家的责任有三条：国家因为有你而强大，社会因为有你而进步，人民因为有你而富足。做到这三点，才能无愧于企业家的称号。作为企业的带头人，企业家的一言一行不仅影响到企业团队成员的态度和行为，也代表了一定的企业公众形象。那么企业家要具备什么样的行为？我认为，企业家要具备知识、见识、胆识和共识，用系统管理思维看待管理是什么、管理为什么、管理做什么、管理怎么做。与此同时，时刻保持积极的工作态度和高度的行为自信，从大事着眼，从小处入手，思想上敢想、敢突破，行动上敢做、敢担当，工作上敢用人、敢授权，这是每个企业家在管理实践中应该积极思考的问题。

四、"能力自信"是企业家必须掌握的生存法则

管理大师彼得·德鲁克在《创新和企业家精神》一书中指出，企业家是敢于承担风险和责任，开创并领导了一项事业的人。作为一个企业家，最主要的工作是"做正确的事情"。因此要求企业家必须具备高超的管理能力和战略决策能力，这是确保企业长远发展的关键因素之一。一旦方向发生偏移，必然导致整个企业战略性的失误，也就失去了发展的动力源泉。曹董从业办厂40年，在9个国家和地区投资了数百亿元，没有一单失败过。原因在哪里？曹董曾说，秘诀就是一旦意识到机会，就马上行动。等别人弄清楚以后，企业已经差不多成功了。因此，在企业发展过程中，企业家要具备超强的持续学习能力、综合分析能力、团队领导能力，及时、准确响应内外环境变化带来的机遇和挑战，不跟风，不盲从，不茫然。只有这样，企业家才能带领企业在激烈的市场竞争中立于不败之地。

① 处理政商关系，不能随大流，要给那些官员树立原则。我的无上秘籍是"不贪"，佛家持戒，第一就是要戒贪。无欲则刚，只要做到不贪，什么都容易，心里会达到很静的境界。

② 一个真正的企业家，必须做到敬天爱人、不犯天条、不犯众怒，这是必须坚持的底线。

③ 企业家应该有如下"三德"。第一个是"阴德"，是祖上前辈的德，前辈是当官、经商、读书还是行医等，会影响到后辈所从事的事业。第二个是"业德"，是一个人或一个家族前面所做的事情，如法国的葡萄需要几百年的育种、选种、改良、沉淀才能产出少量的高品质红酒一样，做企业需要长时间的积累；同时，企业家要具备综合素质，还应该学会应对各种哲学的理念，并加以组织运用。第三个是"道德"，任何行业都要讲道德，企业家必须履行商道，"商""道"是两个字，就是必须遵纪守法，遵章纳税，诚信经营，善待员工和所有客户。

④ 国家因为有你而强大，社会因为有你而进步，人民因为有你而富足。做到这三点，才能无愧于企业家的称号。

⑤ 慈善的终极目的就是构建和谐稳定的社会秩序。慈善不仅仅是捐钱，更是一个人的品德，必须具备悲悯之心，才会真心地帮助别人。因此悲悯很关键，这是培养一个人的素质。有了慈悲心，你就不会对社会失去信心。

商道与商业

作者：**胡葆森**

建业地产股份有限公司董事局主席

———

胡葆森，1955 年 6 月出生于河南省濮阳县。改革开放元年 1979 年，胡葆森走出大学校门，英语专业毕业的他投身于对外开放的前沿，步入商海，开启了国际贸易生涯。1982 年，作为河南省第一批外派人员，他被派往香港工作，辗转境外。此后，胡葆森选择辞去公职，返回家乡河南，1992 年创办建业地产，践行着一个建设者的宏愿。

26 年来，胡葆森耐得住寂寞，经得起诱惑，熬得住时间。建业集团在中国房地产行业是比较典型的价值观导向的企业，坚守房子不出河南，提出让河南人民都住上好房子，后升级为"过上好生活"，赢得中原土地人民的信任。胡葆森带领建业集团坚守扎根河南，完成省、市、县、镇、村五级市场的联动，唱响了中原大地的城镇化大戏。2008 年，建业集团在逆市之下成功上市，连续十余年位列房企百强。

胡葆森是目前少有的依然在地产界躬身作战的 50后，他自诩为一个"朴素的狭隘的河南主义者"。胡葆森同时致力于人文教育，成立建业大食堂、社区书院，以助推中原文化走向全国、走向世界。

企业经营者研究了大量的商业模式、产品创新、战略、竞争力和组织文化，而这一切都是围绕着人性。胡葆森总结自己 37 年走过的路说"无论大的成功还是小的成功，都离不开天时、地利、人和"。他始终坚守着一种朴素的商业逻辑："商道就是赢取民心。"

胡葆森代表文章（演讲）有《循道追光，感恩时代》《顺天时，借地利，求人和》。

商业文明孕育商道

从农耕文明到工业文明再到生态文明，这是人类文明的发展过程。在这个过程中，基于人类生产和生活的商品交易始终是存在的，从古至今，这种交易只有数量、地域、交易方式上的区别，其商业文明的内涵是一致的，即以物质文明为支持，创造精神文明，发展生态文明。具体来讲，商业文明是发达商业活动以及与之相适应的商业价值观念、商业伦理等的总称，涵盖商品、商业设施、商业制度、商业精神等诸多方面，体现人们在商业活动中的理想追求、伦理道德、精神风貌等，其价值和意义在于促进义与利、竞争与诚信相协调，将商业活动有机整合到社会经济发展的大系统中，促进商业经济良性发展，进而推动人类社会可持续发展。

当今这个商业文明高度发达的时代，让越来越多的人认识到，除政治家、科学家外，企业家也是社会进步的主导力量之一。企业家在人类社会进步过程中扮演的角色就是把不同的社会资源，用新的商业模式、新的科技手段配置到一个新的水平上，让所有物质的价值最大化，他们在很大程度上决定着社会资源的最终配置结果。然而，除了企业家的使命感、责任感、创新精神、不断超越，要想达到社会资源的最优配置，则要遵循在商业文明发展中孕育、发展而来的商道。

商道就是赢取民心

我生于河南，长于河南，做事还在河南。河南跟商道的渊源很深。商祖王亥是商丘人，当时在商国；商圣范蠡是河南南阳人。范蠡在两千多年前就写下了关于商道的谋略，他给中国商业留下的智慧是"三谋三略"，"三谋"即人谋、事谋、物谋，也就是谋人、谋事、谋物；"三略"即货略（货物的策略）、价略（价格的策略）、市略（市场策略）。无论研究王亥还是范蠡，主要都是想从三千年的历史跨越中，来看看我们现在所遵循的商道和我们所论的商道有什么相同之处。

当我们翻开"三谋三略"的时候会发现，今天我们所研究的产品、服务、商业模式变革和商业模式创新，等等，始终没有脱离两千多年来研究的"三谋三略"。大概在10年前，韩国拍了一部电视剧就叫《商道》，它讲的是两百多年前韩国商圣林尚沃的故事。《商道》拍了50集，中心思想只有一句话，即"商道就是赢取民心"。我们今天说的商道，实际上就是回答我们能在一个什么样的范围内，用什么样的方式，生产什么样的产品，用什么样的商业模式，卖给多少客户并赢取他们的民心的问题。

循道而为，得道多助

古人说"得道多助"，企业家在经营管理等商业活动中必须循道而为。

一是树立伟大目标。建业集团在战略推进过程中，通过自己的实践与总结，提出了伟大企业的标准——"四个高度统一"，即"物质追求与精神追求高度统一、经济效益与社会效益高度统一、企业利益与员工利益高度统一、战略目标与执行过程高度统一"。对于任何一个企业来说，"物质追求、经济效益、企业利益、战略目标"是企业经营管理工作中的"规定动作"，而"精神追求、社会效益、员工利益、执行过程"则是企业经营管理中的"自选动作"。虽然我们强调要首先做好"规定动作"，但只有那些能够把"自选动作"也同时做好的企业，才最有可能实现企业的基业长青。

二是保持战略定力。自从人类文明记载开始，这三千年的中华文明，只有一样东西没有变，就是人性。研究人性离不开古、今、中、外、天、地、人——"顺天时、借地利、求人和，这是成功必备的三大要素"。天时、地利是造不出来的，只能顺和借，而人和是力求，要用自己的智慧、善良、行为去换取。建业集团的省域化战略就是顺天时、借地利、求人和的结果，26年来，尽管经历了金融危机、行业调控、外部诱惑、市场竞争等重重困难，但是都丝毫没有动摇建业人"根植中原，造福百姓"的企业价值观，丝毫没有动摇建业人"让河南人民都住上好房子""让河南人民都过上好生活"的伟大理想。一个价值观导向和战略驱动型的企业才有可能成为一个伟大的企业，缺乏战略定力和机会导向型的企业注定难以成为百年老店。

三是敬畏信用价值。2012 年前后，建业集团树立自己的"文化自信、战略自信、品牌自信"，并决心加快培育自己的"产品自信和服务自信"。这五个自信里最为核心的，就是一个"信"字。先哲无数次地告诫后人，人无信不立。我们过去一直建造房子，现在这几年转型发展，但无论是建造房子，还是做文化、旅游、酒店、体育、教育，等等，实际上还是用不同的方法来加深客户群体对企业的信任。在这个基础上，选择一个区域，选择一个行业，赢取这样一个特定人群对企业的信任，这就是企业存在的价值，也是企业生存和发展的前提。价值观标志着企业的道德底线，岁月沉淀出企业的信用价值。

四是感恩所在时代。伟大的时代造就伟大的企业，沃尔玛、标准石油、京瓷、通用、福特、微软、苹果、谷歌、亚马逊、IBM、海尔、联想、阿里巴巴、华为、万科等，无不是时代的企业。2018 年是中国改革开放 40 周年。发生在占世界人口 1/5 的中国的这场社会变革之于我们这个民族，乃至整个人类的积极意义，放眼当下也许并不能全部展现，但它注定是历史性的，是不可替代的。作为这场变革全程的亲历者、见证者、参与者、受益者，当代的中国企业家都要常怀感恩之心，感恩时代给予我们的和平、稳定、发展、市场经济、工业化、城市化、全球化，等等。

五是努力回报社会。我一直坚持这样的观点：企业之于社会，如同树木之于大地。企业作为一个有机的生命体，先是从社会汲取营养获得生长，然后通过不断地回报社会，使得这个环境的土壤更为肥沃，进而从中汲取更多的社会资源，完成新的生命周期的循环。单纯的企业利润最大化、股东利益最大化不是企业生存和发展的唯一目标。利益驱动之外，对整个社会的经济、文化的良性影响和推动也应成为企业发展的题中之意。

弘扬商道，发展商业文明

今天，商业活动已成为整个社会生活赖以运行的重要支柱，现代经济的发展已离不开商业文明的根基。日新月异的科技创造，不断更新的产品和服务，全球规模的跨国公司、资本流动和商业贸易，已广泛融入社会生活的方方面面，成为社会发展和人们生活必不可少的依托与元素。我国商业文明历史悠久且深厚，随着时代的发展、社会的进步，很多文化传承到今天都有了一些新的诠释，与时俱进是我们这个时代的特征，"商道"的发展也不例外。历史上的晋商、徽商等商帮的发展和传承都投射出了一个共性，那就是"利义兼顾、以义取利、诚信经营"的文化内涵，这些营商之道时至今日依然广为流传，并被很多企业家所坚守。然而，在今天，我们的企业家到底应该秉承怎样的营商之道来发展自己的企业？对于这个问题，每一个企业家都会有很多自己独到的体会和见解。我想这也是正和岛策划总结中国企业家群体崛起过程中积淀的商业智慧的初心所在——发掘、传承、弘扬和发展。

规律为道，道为天。大道至简，无论是讨论商道还是讨论商业文明，我们都要每天问自己一个问题：我将要在什么地方，用什么样的方式，用什么样的商品来赢得多少人对自己的信任？这个答案就预示着你未来生存的时间和生存的质量。

身解的"商道"

冯 仑

御风集团董事长，万通集团创始人

读老胡的文字，一如面对面跟他相处，总是自然流淌出敦厚、仁爱、智慧。从他嘴里说出来的大道理，就像拉家常，听着汩汩地流入心田，再一琢磨，是那么的通透，还真是这个理儿。

老胡的这篇文章实际上讲的是商道，但是历来要想把上升为"道"的东西解释清楚，并不是一件简单的事情。过去解释一种学问、一种道理，大体是两个方面：一种是书解，就是用文字来解说；另外一种是身解，就是身体力行，用实践和为人来解释。

就这篇文章的书解，老胡先是寻根溯源，从老祖宗商圣范蠡讲起，从人情事理、世事变迁到怎样争取民心的根本解说清楚。最后这段话总结得很清晰：你将在什么地方，用什么样的方式，用什么样的产品来赢得多少人对自己的信任？这个答案就预示着你未来生存的时间和生存的质量。

在书解部分，老胡从古到今，一以贯之地说透了商道即民心，而"身解"商道这部分其实不用我多讲，所有的河南人心里会有一杆秤、一面明镜，知道老胡用自己的钱组建业球队，一咬牙、一坚持就是 20 年。这支球队是中国目前唯一一家没有更换过老板、更换过队名的球队。这中间虽然很艰辛，有许多曲折，但是老胡从来没有放弃自己的承诺，没有放弃对球迷的承诺，没有放弃对河南人的承诺。既然这方土地有这么多人喜欢，他就要去做，用体育竞技来满足大家的喜好，同时也激发了河南人拼搏向上的精神。

老胡还做了一件事情，一件在地产上别人都不会做的事情，他坚持就在河南这一个省，在这个人口过亿的地方，从省、市、县、镇甚至到村五级层层覆盖，扎扎实实地在一个省里发展住宅事业，这一干就是 25 年。大部分 50 后已经在享清福了，而还在一线拼搏，做产品、做企业的也就是老胡了。他身体力行，要让 1 亿河南老百姓住上好房子。这是老胡的承诺，也是他用产品满足大家需要，同时赢得大家尊重的一个长达 25 年的故事，而这个故事本身就在身解。

老胡用这两件事情，充分印证了他对商道的理解：商道就是赢取民心。民心不是简简单单的一句口号就能赢得，而是一靠产品，二靠时间，三靠口碑，最终才能够扎扎实实地在这片土地上赢得民心。一旦赢得民心，所有的事业发展，就可以步入一条长期稳健增长的大道，这个大道有着宽广的方向、宽广的市场、宽广的未来。在"身解"的过程中，正因为老胡的心里有这样一种商道，不仅是说，他还做到了，所以老胡"驮得住"。我从"驮得住"三个字看到了他虚怀若谷、谦虚、沉着的一面，的确当之无愧。所以这篇《商道与商业》读来读去，我越来越觉得老胡对于"商道就是赢取民心"的理解，活脱脱地道出了建业集团的立足之本、价值观以及坚实的脚步。

商业的"天问"和"自问"

王正翊

《中欧商业评论》主编

胡总从两千多年前范蠡的"三谋三略"，谈到现代经济环境下的商业文明，斗转星移，但商道的核心并未改变，因为"三千年的中华文明，只有一样东西没有变，就是人性"。

无独有偶，亚马逊创始人贝佐斯也曾提到，人们总是在问未来10年什么会被改变，却从没有人问过未来10年什么不会变，而第二个问题其实更加重要。贝佐斯从"逝者如斯夫"的表象世界流动中，看到更为坚若磐石的本质内核，确定了亚马逊"所有工作将围绕长期价值展开"的宗旨，因此缔造了一个互联网神话。

从石器时代的粗陋工具到精巧的工业机器人手臂，从翻山越岭的挑担货郎到鼠标一点闪送即到的电商，科技引领着商业模式的进化与突变，却无不围绕人性最基本的需求展开——寻求肉身的愉悦与满足、精神的抚慰与升华。作为企业家，要以敏锐的商业直觉去捕捉不同时代背景下，人性需求的不同表达方式；以高效运转的商业模式去实现用户价值；更要以"利义兼顾、以义取利、诚信经营"的价值观，去支撑企业走得更久、更远。

因此，几千年变局下的商业变迁看似扑朔迷离，成败归因乃是"天问"；但实则，商业的本质关乎"自问"。如胡总的文章里所说，我们都要每天问自己一个问题："我将要在什么地方，用什么样的方式，用什么样的商品来赢得多少人对自己的信任？"

古今中外的商业大成就者，无非是为这个问题找到了一个忠于内心的答案。

胡葆森 经典语录

① 商道很简单，大道至简，就是要每天问自己一个问题：我将要在什么地方，用什么样的方式，用什么样的商品来赢得多少人对自己的信任？这个答案就预示着你未来生存的时间和生存的质量。

② 顺天时、借地利、求人和。天时不能选择，只能顺势；地利不能创造，只能"借"，要存敬畏之心；为人示弱，做事留有余地。心里装着客户，我们企业家在任何的变革或转型过程中，就不会迷茫。

③ 伟大的企业有四个标准：物质追求与精神追求高度统一、经济效益与社会效益高度统一、企业利益与员工利益高度统一、战略目标与执行过程高度统一。我希望用 15 年、20 年去实现这一目标。

④ 如果企业想要可持续发展，六个条件是不可或缺的：团队、决策者、业务方向、管理机制、风险抵抗和外部环境。如果这六个问题得到解决，任何企业都可以获得发展。

⑤ 核心竞争力的三大要素：一是产品和服务有独特的价值；二是这种独特的价值必须体现在一系列的产品和服务中，不能这次独特，下次就不独特了；三是这种独特的价值必须是其他企业难以模仿的，必须是"拆不开，搬不走"的。

回归转型的本质

作者：**方洪波**

美的集团董事长

———

方洪波，1967 年出生于安徽省。学历史的方洪波于 1992 年加入美的集团，成为一名内刊编辑。此后从广告科经理，再到市场部部长，又在空调业务中大展身手，方洪波展示了越来越多的潜质与管理能力。2012 年，45 岁的方洪波从 70 岁的何享健手中接棒，出任美的集团董事长一职。

方洪波成为美的集团"二次创业"的掌舵人、转型升级的"操盘手"，做了壮士断臂的决断。他带领美的集团进行了组织、管理体系和企业文化等领域的变革，打破千亿魔咒，一次次站上新的高度。如今，美的集团已经迈过 2000 亿元营收大关，正在经历从量变到质变的关键时刻，变革与转型依然是长期的话题。

在移动互联网时代，如何跟上巨变，才能不被抛弃？越来越多的企业面临着转型压力与挑战，面临着重新定位的选择。

方洪波代表文章有《管理创新比任何创新都重要》《传统企业的再造与融合》。

适者生存，变者永存。方洪波带领美的集团进行的转型实践树立了一个成功的样本，尤其给中国制造业带来极大的信心。掌舵美的集团这家千亿级"家电航母"企业，方洪波坚信要回归转型的本质。在他看来，制造业是一个国家经济结构转型的根本所在，传统制造业的转型升级非常艰巨，"互联网＋"并不是解决的根本，而是全要素生产力的提高、产品结构的改善。本文为方洪波 2016 年出席"第一财经年度峰会"的演讲内容。

在目前的大背景下，有观点认为，制造业成为落后生产力的代表。但我不这样认为，制造业有它的一些发展空间和路径。

制造业转型具有艰巨性

《国富论》中说"一个国家的财富来自大规模商品的制造"，这一点不会随着时间的变迁而改变。而国家与国家之间的竞争，制造业更是无比重要。同样，今天来看，美国的制造业已很厉害，法国有新工业，德国还提出了工业4.0。那么，中国的制造业呢？我们现在都在谈中国经济的转型，但是经济结构怎么转型，往哪一个方向转？核心还是来自制造业。

毫无疑问，制造业是一个国家经济结构转型的根本所在。其他产业的延伸，也是源于制造业。今天我们讲供给侧改革，本质上，供给侧也需要对制造业进行很多的改造。所以，制造业的转型升级，也是供给侧结构性改革的核心所在，就是制造业要通过转型升级，向市场提供更有竞争力的、有技术含量的、有高素质的劳动力，向市场提供更多的资本性的支出。让市场实现全要素生产力的提高，让我们可以把同样的东西做得成本更低，或者创造有附加价值的产品和服务，提供给市场。

传统制造业的转型升级的艰巨性，是我们今天的新兴产业（包括高科技产业、互联网产业）所无法比拟的。很多高科技企业、创新型企业，转型没有那么复杂，但是制造业企业的转型升级非常复杂。中国所有传统的制造业，为什么突然在一个经济周期的变化时期就面临着一个巨大的困境？因为中国所有的制造业在改革开放以后，其成功的本质原因一样，都是依赖于中国的区位优势和庞大的内需，通过做大规模，依靠低成本的优势，快速成长起来。

今天所有的制造业面临的挑战和困难，本质也是一样的，因为过去的模式失效了，还没有建立一个新的竞争和商业模式，这是所有中国制造业面临的一个共同问题。

寻找制造业转型的根本

与传统制造业所对应的就是先进制造业。德国的制造业是世界上高端制造业的代表。

它是怎么崛起的？19世纪末，德国制造业的水平跟今天中国的制造业旗鼓相当，甚至比中国更落后一点。其间，英国通过一项专门的法案，要求从德国进口的产品，必须要标明德国制造，当时这就是一种低质、低价的代名词。第一次世界大战、第二次世界大战之后，德国通过大量的对研发、技术、创新的专注的投入，再加上高端的产业工人职业教育体系结合在一起，德国的制造业最终崛起，并形成了今天站在全世界制造业顶峰的格局。

中国制造业转型的方向应该在哪儿？我们今天所得到的一些转型的范例，或者是路径、课程、经验，在制造业上，其实都是难以复制的。中国制造业起步晚，底子薄，多年都在价值链底部，利润低，没有资本的积累，而且盈利低，抗风险能力更低，所以一下子带来这么大的波动，造成了今天中国制造业的现状。转型不是一蹴而就的，而是一个漫长的系统工程。

我们讲"＋互联网"或者是"互联网＋"，智能制造、无人工厂、黑灯工厂、生态圈、生态系统、大数据、云计算，所有的这些概念在制造业中是没有错的，方向也是对的，但这并不是根本，我们必须花费更多的时间、精力去找到制造业转型升级的根本。

实现全要素生产力的提高

一个产业，国家与国家之间的竞争，放眼过去几百年文明的历史，基本上还是要依靠技术创新。通过技术进步，推动产品创新，推动劳动力生产水平的提升，在这个基础上，更多地完成资本积累。无论过去的美国、欧洲还是日本，都是遵循这样一个路径。我相信中国尽管有自身的特殊性，但基本逻辑是不会违背过去几百年地球上所形成的这个规律，所以这是一个基本的体会，一个产业是这样，一个企业也是这样。

产业内转型升级的路径就是，依靠技术进步实现产品的升级、结构的改善和效率的提升，这是传统制造业转型升级的路径。我们既然从事了制造业，我们选择的就是这条道路，这条道路是最有竞争力的道路，也是通向我们转型成功的最快的捷径，但是它又很艰巨，因为技术进步的积累是一个长期的过程。

我认为的先进制造业依然是必须通过技术的不断投入、积累，形成技术优势，把技术优势转化为产品竞争力，全要素生产力的提高、产品结构的改善才是真正意义上的先进制造业。提供给用户的产品或者服务，是有高附加价值的，是适应消费者新的需求的，这样，企业才会有更多的盈利。

有了盈利能力，企业才能有抗风险的能力，才能进一步投入到新的竞争优势构建上。总而言之，制造业只要敢于拥抱这个产业变迁的浪潮，转型为先进制造业，那么空间将是很大的，比如说家电，这个地球上怎么可能没有家电？中国还有巨大的市场空间，十几亿人口，每家每户都需要。接下来，还有拥有十几亿人口的印度，还有拥有10亿人口的非洲，全世界有多少家电需求？关键是企业有没有竞争力，竞争力来自哪里。是来自"互联网+"还是"+互联网"？抑或核心的技术进步、产品领先的能力？这是我们需要回答的一个问题。

最后，传统制造业转型的路径是什么样的？美的集团发展的历程，就是中国改革开放、经济发展的一个缩影，我们和多数成功的中国制造业发展的路径、模式、方法是一脉相承的，没有任何差异化。2010年，在经济出现调整，进入新常态的时候，美的集团面临的问题和多数中国制造业面临的问题一模一样。2011年，我们主动进行转型升级，比别人提早了几年。我们转型路径的选择就是，通过不断改变投资方式，改变战略方向，把所有的资源用在技术进步的经营活动上。通过技术进步提升我们的产品质量，改善产品结构，提高全要素生产力的水平。

在经济过渡时期，各个产业都面临着重新选择、重新定位。美国是，欧洲是，日本、韩国也是，中国更是。所有的行业都面临着重新定位的选择，美的集团现在对机器人的介入就是一种定位，揭示了转型升级的两条路，一个是产业间的，一个是产业内的。

转型从改变开始

陈春花

著名管理学者

改变是组织最大的资产，企业的转型正是在不断改变中进行的。企业不应该在遇到危机的时候转型，而应该在最好的时候转型。这需要变革领导者的推动、向死而生对自己发起挑战的勇气和不断重构企业的核心能力。

旧的观念已经终结，过去我们习惯的发展模式正在失效，经验对我们的帮助变得越来越小，稳态已经消失。在这样的时代环境中，转型是很多企业必须面对的问题。方洪波带领下的美的集团从千亿规模到营收超 2000 亿元，业绩不断创出新高，成为备受瞩目的榜样。稳步增长的背后是其自我突破的实践。美的集团用持续转型变革获取了自己的成长，用行动向众人展现了制造业转型的方法和路径。

企业转型必须遵从市场规律，必须回到市场，转型才会成功。纵观制造业百年的发展历程，方洪波深刻地认识到技术创新对制造业转型升级的关键作用。在企业获得稳健发展的过程中就提前布局。通过技术进步提升产品，改善产品结构，提高全要素生产力的水平，以此来不断提高竞争力。

作为持续推动变革的领导者，方洪波总能提出自己的观点，而非问题。他从外部审视企业，深刻地理解市场和行业的变化。在战略上明确意图，通过不断的技术创新进行价值重构，时刻与顾客在一起，满足消费者的需求，提供附加值更高的产品和服务，使美的集团形成了稳健的盈利能力。不仅如此，美的集团在新业务上也迅速发力，并购了库卡机器人，实现了转型升级的双轮驱动。既保证了现有业务的发展，也提前布局了未来。

美的集团用改变讲述了一个企业成功转型的中国故事。转型是一种内生能力的获取，它帮助企业获得未来可增长的空间。这需要我们进行不断的变革和持续的自我更新。相信更多的中国企业能像美的集团一样在充满挑战的环境中，超越自己，用生长拥抱明天。

① 单靠互联网拯救不了制造业，组织改造不了，互联网改造就是空的。

② 中国企业全球化不仅仅是走出国门，还需要有国际化的视野以及对其文化的理解和认同。这些都需要中国企业去摸索。只有赢得信任，才能长久合作。这些都是目前中国企业走向全球化过程中一个比较大的课题。

③ 我所追求的四种管理境界：第一是"全我"——全身心地投入工作，鞠躬尽瘁；第二是"有我"——体系建好后我无处不在，人人都能感受到我的威信和赋予他们的权力；第三是"忘我"——让体系自动运转，无论我身处远近或消失，它都能健康运作；第四是"无我"——个人从有所图到无所图。

④ 敢于自我否定，不断对过去成功的模式、经验进行颠覆，找到新的路径，是美的集团能够走到今天的根本原因。

⑤ 美的集团不缺资金、不缺人才，也不缺规模，唯一缺少的是改变现状的决心和勇气。美的集团真正的对手是时代，与任何竞争对手无关，无知、无能、无力不是我们发展的障碍，傲慢和自以为是才是。

用"工业精神"建立行业标准

作者：**董明珠**

格力电器股份有限公司董事长兼总裁

董明珠，如她的名字一样，她在以男性为主的中国企业家人群中是一颗熠熠生辉的明珠。

1954 年她出生在江苏南京。一场变故改变了董明珠的命运轨迹，36 岁的她只身来到珠海，加入了一个叫"海利空调"的公司（格力电器的前身）。

有人说董明珠"走过的地方，寸草不生"。她做事雷厉风行、黑白分明、兢兢业业，从基层业务员做起，董明珠追欠债、销售产品，业绩斐然。1994 年，董明珠临危受命，出任经营部部长，探索出独特的营销模式。2001 年，董明珠升任格力电器总经理，整顿干部队伍和工作作风。此后，格力电器开始进入高速发展的 10 年，2012 年成为中国首家营收突破千亿元的家电上市企业；日渐成为全球知名的专业化空调企业，完成了向一家国际化家电企业的成长蜕变。

董明珠已然成为中国空调行业的领军人物，也是中国制造的摇旗者，甚至打了著名的 10 亿元赌局。她在多种场合呼吁自主创新、匠人精神。中国制造业多年来存在价格战、同质化竞争、产能过剩等问题，2003 年，董明珠第一次提出中国制造业要以"工业精神"取代"商业精神"，重新打造健康的产业生态环境。这是她对中国制造业的深情期望。

"让世界爱上中国造。"中国制造早已不只是廉价的代名词，越来越多的自主品牌走向世界，走向"中国创造"。当董明珠还是一名业务员时，她眼中的商界是什么样子的？她是如何一步步用理念、价值、精神等影响和打造企业的？让我们重读董明珠十余年前的文章，寻找答案。本文选自 2006 年第 9 期《21 世纪商业评论》。

董明珠代表文章（演讲）有《让世界爱上中国造，我们该做些什么》《给格力立规矩》。

业务员眼中的商界

1990 年，当我作为一个业务员走入海利空调（格力电器前身）时，我没想过有朝一日要用理念、价值、精神等诸如此类的东西来影响和打造这个企业。格力创立初期，我们业务员的行为准则就像当时其他大多数制造企业的业务员一样，不管生产什么样的产品，"卖出去就是硬道理"。记忆力好的人一定还有印象，在那个年代，对一个企业来说，业务员可是个至关重要的角色，产品能不能卖出去，多半就看业务员的活动能量。所以，我当时一门心思想的就是怎样把空调卖出去，企业的内部管理、经营这些话题，应该说是边缘化的，谈不上对整个企业运作有什么个人观念的发挥。

不过，作为一个搞销售的业务员，我觉得自己还是要有些标准。首先，肯定就是量化的标准，卖得越多，证明我的业务水平越高。这几乎也是所有业务员的成绩标准。不过对我来说，还有第二个标准也很重要，就是在我的职责范围之内，要尽心尽力地防止和解决当时让很多企业谈之色变的三角债问题。

在当时的营销市场上，有一种奇怪的现象，就是一个优秀的业务员，除了是一个出色的产品推销能手，还必须是一个追债能手。由于一些企业急于推出新产品，而市场又不成熟，因此一些厂家往往采取给商家先发货、后付款的优惠待遇，这就给一些投机者提供了机会。个别经销商所热衷的，不是与生产厂家一起研究市场，而是绞尽脑汁地想从企业那里最大限度地获利，于是就通过种种手段来跟企业在财务上耍赖皮，因此带来了数不胜数的三角债官司。我进入海利空调之后不久，公司派我接手安徽市场的工作，我面临的第一个难题就是三角债。面对债务问题，我当时有两个选择：第一个就是，不管前任留下来的烂账，只管我自己的指标任务；第二个就是，首先考虑企业的集体利益，先追债。我选择了第二条路。理由有两个：一是我必须通过这件事来判断自己究竟是否适合做营销；二是我觉得做这份工作不能光考虑自己的收入提成，也要考虑为企业做一些实际的贡献。历时 40 天的追债经历，个中的艰辛滋味不言自明。

我不止一次地问自己：又不是我的责任，这是何苦来哉？但我最后还是决定，尽我最大的能力让企业减少损失。最后我终于做到了。在这段经历中，某些商人的无赖与奸诈让我记忆鲜明而深恶痛绝，以至于在最后跟那家欠债公司告别时，我含着眼泪对他们大叫了一声："从今以后，再不和你们做生意了！"在我看来，这种无赖与奸诈、短视与急功近利的行为，不仅极大地伤害了企业，也伤害了社会。一个企业不管发展得多好，如果总是面对这样不健康的市场环境，势必会面临被拖垮的命运。单个业务员的不成熟，给企业带来的损失是有限的，但整个市场机制的不成熟，就有可能会扼杀无数企业的生命。这时的我，比任何人都希望能身处一个健康的市场环境。

在行业失范中倡导"工业精神"

多年的营销经历，使我对商人的印象逐渐定型。人家说无商不奸，我觉得这几乎是一个已经定格的概念。在我看来，商人一般都是以投机为原则。作为商人，他只是一个传递者，就是从源头企业中把产品买来、打包、卖掉，好像他的使命与过程就完成了；通过这个过程所产生的利润，他认为就是自己需要追求的东西。但是，如果企业也是这样的想法——把货卖出去了，赚钱了，就万事大吉了，那么这会很危险。因为企业是在做一个品牌，它的产品直接面对终端消费者，这决定了它不是一个简单的转手买卖的关系，产品卖到消费者手中，企业所得到的结果是什么，是消费者的继续青睐还是从此避而远之，这就很重要。

然而这些年来，我目睹的一些行业现象恰恰证明，某些企业就是在用一些商人的行为和思考模式来指导企业的经营运作与管理。现在的市场竞争越来越激烈，但是误导消费者的行为越来越多，我们看到有些企业今天还在为产品做广告，但企业其实已经不存在了，消费者受害的程度越来越深，面积越来越大。一些品牌老在提市场销量占有率第一、百家商场第一、24小时服务，还有一系列令人眼花缭乱的广告，等等，但是我看到有些概念炒作的背后和行为并不统一。这么多年来不断有企业关门、并购，还有一些企业虽然存活着，但活得很难受。出现这样的局面，我认为就是因为它们的想法导致而成：只要产品卖掉了，无论用什么样的手段都可以，不计后果，只看眼前的利益。

家电行业中充斥着种种短视、不规范的行为。有些概念对消费者来说简直已经是一种欺骗，这让我感觉到，建立一个规范的市场环境对整个行业来说已经是当务之急。2003年，家电行业兴起了关于诚信经营的讨论，趁着这个机会，我提出了制造业要倡导"工业精神"。我认为，从改革开放至今，中国的某些企业一直在用"商业精神"来指导企业和市场的发展，完全用利润的标尺来衡量企业发展，把企业推向了追逐利润的沼泽，给中国制造企业带来了价格战、同质化、产能过剩等后遗症。因此要尽快实现企业发展的精神动力从"商业精神"到"工业精神"的转化。所谓工业精神，就是制造业不要有投机心理，不能盲目地急功近利，而要从长远考虑，关注消费者需求，承担社会责任。

务实而不"务虚"

对格力来说，倡导工业精神就是要扎扎实实做好人，做好事。在这个背后要付出的，就不只是一个简单的口号、概念或一宗交易，而更多的是实实在在地做事。如果我们喊出了口号，就一定要履行承诺。比如我们讲"好空调，格力造"，就意味着每一个职工在每一个环节、每一道工序上都要为做出好空调来负起自己的责任。我们是用行为来产生一句口号，而很多企业是用形形色色的口号和概念做品牌推广，这是有本质区别的。

最近，大家对空调涨价的问题关心很多。对我们来说，控制成本是很现实的问题。我们正在尽自己的最大努力，通过规模和完善内部管理来消化因原材料涨价而增加的成本，但无论何种形式的控制成本，我们悟守的基本原则都是：一不能弄虚作假，二不能偷工减料。我们不会为了在短时期内获得消费者的欢心，而采取一些"聪明人"会有的举措：不涨价，但是钢管用薄一点，塑料用差一点。控制成本如果不惜代价，傻瓜都懂应该怎么办，但这样对得起谁？

工业精神首先就是一种吃亏精神，如果不肯吃亏，只想着眼前怎么糊弄消费者，企业迟早要关张大吉。该涨的价还是要涨，我们不会把增加的成本都毫无原则地转嫁给消费者，但也不会为博一时业绩而在产品质量上玩偷梁换柱的把戏。

也有一些企业动不动就以扩大产能为名，拿国有资产来跑马圈地，格力对这种游戏没有兴趣。我们并不完全排斥用资本手段进行扩张，但格力的首要任务不是盲目扩张，而是踏踏实实巩固和改善现有能力，在比较坚实的基础上进行稳步扩张。企业最重要的任务是修炼内功。企业所追求的，应该不是一种产品卖出去能得到多大的利益回报，而是企业在市场上能否得到消费者永远的喜爱和尊重。所以我们提出，工业精神就是要耐得住寂寞，就是说，不要看着别人赚大钱，就一定要随波逐流，而是要通过不断的研发创新和服务完善，建立起消费者对品牌的持续忠诚。

在概念炒作方面，格力是弱者。但这不是坏事，我们提倡务实的精神。有些品牌的名气之所以大，在很大程度上可能就是因为它的广告做得好，它的概念提得多。个人观念不同，经营企业的方式就绝对不同。现在大家都喜欢谈国际化，也有形形色色的"国际化"招数，比如到国外买栋大厦，但我认为国际化就是在世界上任何国家，只要一提起空调，大家就想到格力。就是说，要让它成为一种行业标准的代名词。

不以投机心做产品

我觉得做产品研发要针对两种需求，一个是要针对消费者的现实需求，一个是要针对未来的需求趋势。其实，一般消费者对未来的需求是不清楚的，比如像我在1990年卖空调的时候，空调还是奢侈品，我就没想过在不久的将来我家里会装空调。但是，社会的进步、人们生活品质的提高，决定了整个消费需求趋势。

企业要有超前意识。比方说我认为现在的家庭中央空调是未来的一个发展方向。现在我们的房子，可能5个房间装5个空调，但将来条件好了，谁会不愿意用家庭中央空调？现在，只有在酒店里才能享受到中央空调所带来的方便与舒适，未来我们就是要将这种方便与舒适复制到家庭中。我们对这种需求的把握基于两个前提：科技发展的需要、对消费者生活水平的整体评估。

除了研发新产品，企业还必须考虑如何进一步提高原有产品的能效。比如现在，很多人买得起空调却用不起；我们就要考虑，消费者买得起也要用得起，于是节能成为重点追求。有人说，顾客的需求各有不同，有的人只是想节能，有的人则只求制冷快，因此是不是可以考虑针对细分客户做产品？客户细分是个很流行的概念，但我认为空调与其他快速消费品不同，作为一种与人们生活发生长期联系的耐用消费品，它身上具备的一些最基本元素并不是随消费者口味的不同而变化的。在空调生产方面，应该存在一些持久不变的普遍性标准。比如说节能，尽管有些人可能不在乎多花点电费，但作为企业来说不能有投机心，消费者想要什么我给你什么就行了。不能只考虑个人，毕竟社会资源是有限的，我们每个人都要考虑到整个社会的需求。格力的原则就是，不管消费者需不需要节能，我都要保证产品节能。这就是产品的追求，是社会责任的体现，这就是工业精神。

讲奉献的人

我们公司现在的干部培养机制主要是内部培养，不搞空降兵。我曾经提过，提倡工业精神就是要提倡"奉献"。在格力，考核能否当优秀干部、能不能提拔，就是考察员工的奉献精神。有的大学生来格力找工作，只关心工资待遇，这样的人我不要。有没有一种精神是为别人想了什么，能给企业带来什么，这是我们考察新进员工的主要标准。

当然，现在提"奉献"这个词似乎有点过时，但是我们讲的奉献，不是讲一不怕苦二不怕死，也不是提倡大家都去做所谓无私的"劳模"。我们并不提倡逞匹夫之勇的"英雄"举动。在格力新进员工的第一堂培训中，关于人身安全这一项，我们就告诉员工，孤身一人遇到团伙抢劫这样的事情，一定不要反抗，保护生命安全最要紧。在格力，讲奉献不是要员工做多少"无私"的姿态，而是给企业和社会创造了什么，我们通过这个来决定员工能够得到什么。

并不是所有的人都会认可公司理念，如果有人不支持我们的理念，我们就没必要共事。我们要在格力创造一个有共同理念的"社会"，不能跟我们达成共识的员工，他待在这里觉得压抑，对企业也没好处。因此我们有时会对中层进行一些淘汰。

对渠道商也是如此。我曾经提过，在渠道中保持工业精神，就是要保持渠道对格力的忠诚，一辈子做空调。其实，这个忠诚不单单是对格力的忠诚，更多的是对消费者的忠诚。我们的产品如果没有消费者的拥护，即便再高调，也会以失败告终。所以对专卖店而言，并不是说，能赚钱就是好专卖店，无论是赚钱还是亏损，我最终考核专卖店的标准是消费者认不认可他的行为，对消费者有什么贡献。能否达到我们的要求，决定了能不能做我们的专卖店；开店以后，如果行为不符合我们的文化，还是要被清除出去。

匠心铸造中国的"百年老店"

余玉刚

中国科学技术大学管理学院执行院长

谈到中国制造业，格力是典型代表，董明珠有发言权。改革开放 40 年，中国制造从" Made in China"逐渐走向"中国质造"，快 30 岁的格力身处其中，并随势而变，"变"不仅求得了生存，而且谋定了中国制造的品牌发展方向。

核心技术受制于人，全局都将受限制。掌握核心技术自主权，让"中国制造"成为品牌，才是中国制造业长久蓬勃发展的方向。2018 年不断升级的中美贸易战，让全中国都意识到了核心技术自主权的重要性。试问：是中国企业没有这个自主研发能力？我想并不是，现如今，我们不缺研发能力，就算缺，也将只是暂时性的，我们缺的是真正意义上的"企业家精神"。

在商界和学界，"企业家精神"近年来常被提及，至于究竟什么是"企业家精神"，智者见智。定义层面我们不深究，可学界基本形成了一个共识："匠心精神"，或者说董明珠提及的"工业精神"是"企业家精神"的基础，没有在每个细节中追求极致完美的"匠心精神"，便不可能研发出让市场接受的核心技术品牌，更不用说实现企业的基业长青。

"匠心精神""百年老店"，这些都不是挂在嘴上，而是需要实实在在付诸在企业的每个细节工作中，很多时候需要经历挫折，耐得住寂寞。从这点而言，只有真正具有"企业家精神"的企业家，才能带领员工用"匠心"来打造企业。

将军气质决定着一支队伍的作战风格，企业领导者的思想决定了这家企业的未来。"21 世纪最缺的是什么？人才！"套用电影《天下无贼》当中的这句经典台词，只想说，优秀企业家更稀缺。

格力发展到今天，离不开董明珠，并早已烙上了董氏烙印。相信国内将有更多的像格力、华为这样自主、自立、自强的企业，并将涌现出更多像董明珠、任正非这样优秀的企业家，用"匠心"铸造中国制造的"百年老店"。

中国工业和社会的脊梁

许　正

直方大创新中心创始人，GE 中国有限公司原副总裁

当今的中国企业界，浮躁的气氛一直挥之不去：造概念，挣快钱，牺牲质量，损害消费者利益。这种现象虽然为社会诟病，但是一直存在。董明珠将之归因于过度逐利的"商业精神"。

早年做业务员的切身经历和做出好产品的理想，让董明珠在十多年前就提出了专注于客户和产品质量的"工业精神"：专注于客户，专注于质量，专注于创新。在今天看来，这种"工业精神"既是董明珠作为企业家的精神自觉，也应该成为其他工业领域企业家的行动指南。

中国工业的快速发展是在改革开放之后，这期间经历了财富奔涌的造福传奇，很多人在其中迷失，也有很多人经历了大起大落。但是尘埃落尽，让我们回头看那些真正为社会、为客户创造价值的企业和企业家，他们都正是践行"工业精神"的那些人。他们务实，不投机，讲究似乎过时的奉献精神，愿意用更大的社会责任要求自己。他们是真正的中国工业和社会的脊梁。

面对复杂多变的环境，期望在下一个时代依旧创造价值、活出价值的中国企业家，仍旧需要这种务实沉稳的"工业精神"。中国的工业产业还有很多短板，产业升级的机遇和压力同样巨大，智能技术对工业的改造需要依靠坚实的产业基础。这一切，都在继续呼唤企业家"工业精神"的自觉，让这种精神深入我们的心中，成为做事的基本原则，成为每个人内在的精神追求。

董明珠 经典语录

① 从"中国制造"到"中国创造"最终要体现在技术突破上，如果没有技术突破，还是像过去一样依赖于别人的技术，或者是模仿，甚至简单地买一些核心部件回来自己组装，就不能实现真正"创造"的意义。一个企业要生存，必须要有研发，否则就会在竞争中被淘汰出局。

② 作为企业来讲，特别是企业的领导者，你不要说你的企业一年赚了多少钱，如果员工都居无定所，我觉得你就不是一个优秀的企业家。你应该承担起这个责任，给他解决问题。实际上员工最需要的是安全，是有一种依靠。给他们这种依靠，就是要给他们创造这样的环境。

③ 我对创造的理解是，如果没有掌握自己的核心技术，就只能跟着别人在后面跑。别人不让你依靠的时候，企业就很容易倒下来了。所以我们要认真思考企业的发展前景，宁愿慢一点，也要掌握自己的核心技术。

④ 我在格力创造的是一种奉献精神，一种工业精神，要务实，不能有投机心理，所有行为都必须对未来负责任，这表现在每个员工的每个行为中。有了这种精神，我们会努力打造一个好的产品，企业内部的管理会更加严谨，这样的团队可以克服各种困难。

⑤ 有人传言说格力进入了房地产行业，但事实上我们没有进入，我觉得我要静下心来，坚持一种吃亏的精神，宁可少赚，我也要在这个行业里做到最精、做到最好。如果想着房地产中 1 平方米能赚几千块钱，回过头来一台冰箱只赚几十块钱，那么心静不下来。可能我的产值在某个时间段来讲没别人多，但我具有竞争力。

中国企业的失败基因

作者：**吴晓波**

"吴晓波频道" 创始人

吴晓波，1968 年 9 月出生于浙江宁波。他一心想成为"中国的李普曼"，1990 年参加工作，留在了新华社工业组，开始了他长达 13 年的商业记者生涯。他保持着对中国蓬勃经济的好奇心，埋头行走在工厂、企业里。

1996 年，吴晓波开始写书，每年保持写一本的习惯。2001 年，吴晓波凭借《大败局》一举成名。此后，一发不可收拾。吴晓波保持着每周 6000 字的写作，每年写三十多万字。《浩荡两千年》《跌荡一百年》《激荡三十年》等书的出版填补了中国企业史的空白。

创业是九死一生的事情。改革开放 40 年，中国商业史上潮起潮涌，大量的企业昙花一现，再不见身影；只有一小批企业勇立潮头至今。中国的商业不能简单以成王败寇为定论，成功的企业给我们以启发，失败的企业也可以给后来者以惊醒。

如何理解失败？中国企业失败的原因又是什么？吴晓波作为中国商业史的长期记录者与观察者，他力图从企业败局中提取宝贵的共同"失败基因"，包括普遍缺乏道德感和人文关怀意识、缺乏对规律和秩序的尊重、缺乏系统的职业精神，等等。

吴晓波代表著作有《激荡三十年：中国企业1978-2008》《大败局》《腾讯传》等。

失败是后来者的养料，我们希望在未来的岁月中，中国企业尽可能避免重蹈覆辙，以持续健康发展。吴晓波的这篇文章让我们看到一个写作者的思考力量。本文为他的著作《大败局》的序言，有删减。

我这样理解失败

在美国经济大萧条时期,很多人对前途失去了信心,更有人怀疑起美国经济制度的合理性。就在这一时刻,当时的美国总统罗斯福告诉人们:并非追求利润的自由企业制度已在这一代人中失败,相反,是它尚未经受考验。

我常常以这段话来考量中国企业界正在发生着的沉浮兴衰。

在我的理解中,失败是一个过程,而非仅仅是一个结果;是一个阶段,而非全部。正在经历失败的,是一个"尚未经受考验"的、活泼成长中的中国新兴企业群体。

如果我们要判断一家企业是不是一个稳定和成熟的企业,首先要观察的是,它在过去的两三次经济危机、行业危机中的表现如何,它是怎样度过成长期中必定会遭遇到的陷阱和危机的。

如果你面对的是一家在几年乃至十几年的经营历程中一帆风顺、从来就没有遭遇过挫折和失败的企业,那么,要么它是一个"上帝"格外呵护的异类,要么它根本就是一个自欺欺人的泡沫。

直到目前,我所研究和涉及的这些企业绝大多数还没有完全地退出市场舞台,所以,"失败"仅仅是对它们成长过程中某一阶段或某一事件的描述。我祝福它们能够一一地从这个失败的阴影中站起来。作为局外人和旁观者的我们,则希望用我们的"解剖刀"和"显微镜"从它们各自的败局中提取宝贵的"失败基因"。从动笔之初,我们必须尽量地弄清楚危机是如何发生、如何蔓延的,受难者是怎样陷入危机的,唯有这样,我们才有可能在未来的岁月中尽可能地避免第二次在同一个地方掉进灾难之河……

激情年代的终结

就在我写作的日日夜夜里,我常常会被一种难以言表的情绪所淹没,我似乎看到了一个谁也不愿意承认的事实正如幽灵般越飘越近:今天正在中国的经济舞台上表演的一些企业家可能将不可避免地随风而逝。

在过去的 10 年里，因为职业上的便利，我至少采访过 500 家以上大大小小、各行各业、知名或不知名的中国企业。我还曾经或深或浅地参与到一些知名企业的新闻、行销策划中，我目睹过无数激动人心的辉煌和令人揪心的陨落。所以，现在当我静静地坐在书桌前，点上一炷清香，面对一沓沓行将泛黄的资料、文件和手稿，写下这些文字的时候，我不知道怎样来形容此刻的心情。

我隐隐感到，我正在告别一个激情的年代，正在告别一批曾经创造了历史而现在又行将被历史淘汰的英雄们。他们史诗般的神话正如云烟般地在世纪末的星空下消散。

在摆脱旧体制铁链束缚的改革之初，激情——一代百无禁忌的弄潮儿的激情曾经拯救了整个中国企业界的脸面，然而很快，激情所散发出的负面作用，令中国企业陷入前所未有的迷茫与冲动之中。

在过去的将近 20 年里，中国企业已经数度经历了从神话到噩梦的轮回，无数巨型企业轰然瓦解，"泰坦尼克现象"此起彼伏。也正是在这个激情年代中，中国企业界和企业家形成了一种非理性的市场运营模式与思维，涌动在激情之中的那股不可遏制的投资和扩张冲动，上演了一出令世界瞩目的中国企业崛起大戏，可也正是这种激情又在把中国的市场推向新的无序和盲动，使如今的中国市场呈现出非线性的迷乱态势。在某种意义上，这种泛滥的激情正毁坏着我们并不富足的改革积累。

1997 年，北京的经济学家魏杰曾经下过一个预言，"这是一个大浪淘沙的阶段，非常痛苦，我估计再过 10 年，现在的民营企业，200 个中间有一个保留下来就不简单，垮台的垮台，成长的成长"（摘自《南方周末》，1997 年 2 月 21 日）。当时，我对魏先生所持的悲观论点还有点不以为然，但现在看来，他的预言可能是对的。

随着中国市场的开放及知名跨国品牌的进入，随着市场的日趋规范及竞争台阶的提高，随着网络年代的到来及知识更新速度的加快，中国企业界终于迎来了激情年代的终结，一代草创型的民营企业家也将面临被集体淘汰的命运。

共同的"失败基因"

导致中国许多草创型企业家被"集体淘汰"的原因有很多。通过对众多的失败案例剖析，我们发现其中最为致命的是：中国许多企业家的体内潜伏和滋生着一种共同的"失败基因"。正是这些至今不为人察觉的"失败基因"，使他们始终无法真正地超越自我。在描述的 10 个败局中，我们力图捕捉到这些"基因"。

普遍缺乏道德感和人文关怀意识

草创型的中国企业家群体，在某种意义上算得上是"功利的、不择手段的理想主义者"的俱乐部，在这个特殊的群体中蔓延着一种病态的道德观。在关注史玉柱、吴炳新、姜伟这一代悲剧人物的时候，我们会发现一个很奇异的现象。

这些企业家中的绝大多数就他们个人品质和道德而言算得上无可挑剔，甚至律己之严达到苛刻的地步。他们的生活都十分俭朴，不讲究吃穿排场，没有一般暴发户的摆阔嘴脸，为人真诚坦率，做事认真投入。同时，他们还是一些十分真诚的"理想主义者"，他们对中国社会的进步拥有自己的理想和方案，对中华民族和东方文明有着深厚的感情和责任感。他们中的一些人更算得上是狂热的民族经济的捍卫者。

可是，当我们考察其市场行为的时候，我们又看到另一番景象。他们在营销和推广上常常夸大其词，随心所欲；他们有时并不十分遵守市场游戏规则，对待竞争对手兵行诡异。而我们的公众舆论和社会集体意识又有着一种根深蒂固的"成者为王，败者为寇"的考量标准，对那些取得辉煌市场业绩的企业家往往无意于追究其过程的道德性，这在很大程度上也助长了企业家的功利意识。这一现象，几乎成为阻碍中国许多新生代企业家真正走向成熟的最致命的痼疾。

这种种的行为，最终必定会伤害到企业家自身及他们的事业。

普遍缺乏对规律和秩序的尊重

1800年，当法国经济学家萨伊杜撰出"企业家"这个名词时，他是这样下的定义：将经济资源从生产力较低的领域转移到较高的领域。20世纪中期，西方著名经济学家熊彼特这样简洁地描述说：企业家的工作是"创造性的破坏"。

萨伊或熊彼特都没有从道德的范畴来规范企业家的行为。甚至在工业文明的早期，连恩格斯都认为"原始积累的每个毛孔都充满了血腥"。如果我们用书卷气的固执来坚持对一切经济行为的道德认同，那显然是不现实的。问题在于，当经济或一个企业的发展到了一个稳态的平台期后，经济宏观环境的道德秩序的建立及企业内部道德责任的培育，便成了一个无法回避的课题。一个成熟的、健康的竞争生态圈，不是简单地在政府所提供的若干条法律法规的框架内追求利益，它更应该体现为法律与道义传统、社会行为规范的整体和谐。

我们的某些企业家则缺乏对游戏规则的遵守和对竞争对手的尊重。在捍卫市场公平这个层面上，他们的责任感相当淡薄，往往信口开河，翻云覆雨。他们是一群对自己、对部下、对企业负责的企业家，而对社会和整个经济秩序的均衡有序则缺少最起码的责任感，这种反差造成了他们的个人道德与职业道德的分裂症状。

他们中的相当一部分以"不按牌理出牌的人"为榜样。在他们的潜意识中，"牌理"是为芸芸众生而设的，天才如我，岂为此限。于是天马行空，百无禁忌。岂不知，如果人人都不按牌理出牌，那么还要牌理干什么？一个老是不按牌理出牌的人，还有谁愿意跟他玩牌？一个不按牌理出牌的人，他所获取的超额利润，其实是以伤害大多数按牌理出牌的人的利益为前提的，是通过以破坏市场秩序为策略而乱中取胜。于是，在很多企业家兵败落难之际，往往是冷眼旁观者多，挺身救险者少；落井下石者多，雪中送炭者少；冷嘲热讽者多，同情怜惜者少，这也就不足为奇了。

普遍缺乏系统的职业精神

深圳万科董事长王石曾经概括过包括他自己企业在内的新兴民营企业

的七大特征：一是企业的初期规模很小；二是短期内急速膨胀；三是创业资金很少或没有；四是毛利率较高，总是找一个利润空间较大的行业钻进去；五是初期的发展战略不清晰；六是创业者没有受过现代企业管理的训练；七是企业家的权威作用毋庸置疑。

王石描述出了几乎所有新兴民营企业和草创型企业家的先天不足的原因所在。令人遗憾的是，像王石这般清醒意识到不足并努力提升自我的企业家实在是凤毛麟角，"多乎哉，不多也"。

现代管理学之父彼得·德鲁克在他于1995年出版的《创新与企业家精神》一书中，第一次指出美国经济已经从"管理型经济"转变为"企业家经济"。他认为"这是战后美国经济和社会历史中出现的最有意义、最富希望的事情"。在此之后，中国的经济学家中便也有人做出过类似的预言，高呼中国也进入了"企业家经济"的时代。

但是，这样的欢呼显然是过于乐观的。

一个真正的"企业家经济"应该具有三个基本的特征：一是该国拥有量大面广的中型现代企业，它们以蓬勃的生命力成为这个国家经济进步的孵化器和推动力；二是管理成为一门技术被广泛地应用，由此出现了一个具有职业精神的专业型经理人阶层；三是在经济生态圈中形成了一个成熟而健康的经济道德秩序。

如果用这个标尺来衡量，我们自然可以清醒地扪心自问，到底我们离"企业家经济"还有多远？中国企业家要真正成为这个社会和时代的主流力量，那么首先必须完成的一项工作——一项比技术升级、管理创新乃至种种超前的经营理念更为关键的工作，是塑造中国企业家的职业精神和重建中国企业的道德秩序。

过去10年里发生在中国新兴企业中有最著名的10个悲剧，它们之所以走向失败，或许有着各自的缘由——偶然的，必然的，内在的，外部的……可一个几乎共同的现象是：它们都是一个道德秩序混乱年代的受害者，同时，它们又曾是这种混乱的制造者之一。

失败是后来者的养料

今天的中国企业界已经进入了一个理性复归的年代。随着中国经济的进步和宏观环境的成熟，那些产生激情败局的土壤似乎已经不复存在了，当时的市场氛围和竞争状态也不可能复制，任何一家企业已不可能仅仅靠一个创意或一则神话取得成功。知识、理性成了新经济年代最重要的生存法则。在这样的时刻，研究这些以往的败局及一代被淘汰者是否还有现实的意义呢？

吴敬琏先生在论及"新经济"时曾经表达过一个很新颖的观点。他说，新经济并不仅仅是指网络公司或所谓的"高科技企业"，相反它指的是所有拥有新观念和新技术手段并将之快速转化成生产力的企业群体，在这个意义上，不论是土豆片还是硅芯片，只要能赚钱都是好片（摘自吴敬琏先生 2000 年 9 月在广州新经济研讨会上的书面发言）。同样我们可以认为，绝大多数的企业危机，都是有其共性的，就某一发展阶段而言，无论是生产土豆片还是生产硅芯片的企业，它所可能面对的危机话题很可能是一样的。

同理，企业的成长经验与行业是无关的。无论你是一家传统的生产果冻的工厂，还是一家吸引风险投资的网络公司，企业在成长过程中面临的台阶，有很多是具有共性的。每一个企业、每一个新兴的产业都有自己的狂飙期，有自己的激情年代。我们现在正身临其境的数字化年代，不也处在一个激情的洪流中吗？此起彼伏的网站公司、令人眼花缭乱的网络概念、给自己冠以 CEO、COO 等新鲜名词的新兴企业家，谁能告诉我们，究竟要过多久，他们中的多少人以及他们的企业也将会出现在失败者的名单中呢？

哪怕对于那些刚刚进入中国市场的跨国企业来说，中国新兴企业的失败案例依然具有借鉴的价值。中国市场是一个差异性很大、国民特征很明显的市场，东西横跨上万里，南北温差50℃，世界上很难寻找出第二个如此丰富和辽阔的市场。就在过去的十几年中，曾经创造辉煌营销奇迹的"中国台湾经验""日本模式"，均在中国大陆市场上进行过尝试，而相当多的企业也因此陷进了所谓的"中国泥潭"，举步维艰，无法自拔。在这种意义上，研究 10 个经典的败局案例或许可以让这些企业在征战中国市场时少遭遇几个"经营陷阱"，少付出几笔数以亿计的昂贵"学费"。

给悲剧一点掌声

最后，有一段必不可少的文字我必须写在这里。

在过去的这些年里，直到此刻，我始终怀着一种尊重而虔诚的心情来面对每一位在风雨中前行或跌倒的中国企业家。

我还常常会想起好几年前曾经采访过的一位温州农民企业家。他是一位 20 世纪 80 年代在温州地区非常出名的厂长，他办的塑料厂每年有上百万元的利润，他还一度被选为当地的副镇长。从 8 年前开始，他突然辞去公职，出售工厂，闭门谢客，宣称要打造出第一辆国产电动轿车。在整整 8 年时间里，他一直狂热地沉浸在自己的誓言中并为此花掉了所有 1000 万元的家产。在他那个硕大的堆满了各类工具的院子中，我看到了他一锤一锤打造出来的汽车。那是一辆车门往上掀起的怪物，充一夜的电可以跑上100 来公里。从批量生产和商业的角度来考虑，他打造出的实在是一堆会跑的废铁。然而，他身边的人，包括他的妻子和子女，没有一个敢向他指出这一点。事实上，哪一天当他自己意识到这一点的时候，他的生命便也到了尽头。

在一个有点阴冷的深秋，在令人揪心的淫雨中，中国第一个立志打造电动轿车的中年人向陌生的我喋喋不休地述说着他的梦想，一个注定了将一无所获的荒唐梦想。

一个只有小学文化程度的中国农民耗尽了他的前途、生命和金钱，无怨无悔地用原始的榔头和机床去奋力摘取现代工业的明珠。

在那个时候，我背过身去，禁不住潸然泪下。

在一个风云激荡的岁月，一代中国人在逼近现代工业文明时的种种追求和狂想，甚至他们的浮躁及幼稚，都是不应该受到嘲笑和轻视的。当马胜利马不停蹄地奔波全国收购 100 家企业组成世界上最大的造纸集团的时候，当这位温州厂长关起门来叮叮当当地打造着中国第一辆电动轿车的时候，当那些激情企业家一一呼啸登台的时候，我认为，对他们的悲壮之举，我们理应给予真诚的理解和掌声。

斯蒂芬·茨威格曾在《人类群星闪耀时》中写道："一个人命中最大的幸运，莫过于在他的人生中途，即在他年富力强的时候发现了自己生活的使命。"在这个意义上，那些成功或失败的中国企业家都是幸运的，因为在应当由他们承担责任的这个年代，他们发动了一场最具激荡力的企业革命，他们的使命与他们的命运，决定了一个民族的进步，他们的悲剧也成为一个国家进步史的一部分。他们全都几乎身无分文，可他们全都创造了让人惊叹的奇迹，他们全都具备成为英雄的禀质，可是最终他们全都有着一段烟花般瞬间璀璨又归于寂寞的命运。记住他们，就记住了中国改革的全部曲折和悲壮。

我不知道过了许多年后，人们还会以怎样的心情怀念起史玉柱、姜伟、吴炳新等曾经狂想过和拼搏过的前辈们。

新时期，我们该如何面对失败

陈　为

正和岛总编辑

在某种程度上，研究失败比研究成功更有价值、更有意义。

对企业而言尤为如此。成功的可选路径很多，而在失败的陷阱旁边，总有前行者的尸体或者遗迹警醒着赶路的人：此地不可靠近。只是，这群人常常不太听话，他们喜欢"反其道而行之"；或者，在他们面前，别无选择。

起点即巅峰。《大败局》已近 20 年，以此发轫的中国商界"失败学"研究，在后来的深度和广度上并未达到人们的预期。中国企业丰富的实践经验，却让越来越多的公司以胜利者的姿态充塞进中外名校商业教育的案例库。

时移世易，比及当年，企业"失败基因"的内涵与外延都有了一定的变化：伴随国家经济实力的跃升，在全球语境下，中国企业军团正在完成从跟跑到并跑甚至领跑的艰难征程，少数领先者已经进入"无人区"。对他们而言，前无古人后无来者，独自探索，四顾茫然，失败的压力和风险更甚从前。

另外，数十年前鸿蒙初开，百舸争流，人们关注一个个企业英雄为何在某一刻轰然倒下。而今天规制渐成，格局固化，企业经营的外部因素正越来越成为引发企业"集体性失败"的重要诱因：外交与政商关系、税负水平、环境状况、房价高低……有时便是很多企业不堪重负的最后一根稻草。夜来风雨，花落无言。如何为中国企业的生长带来"和风细雨"，力避"暴风骤雨"，在民企力量整体减退的当下，这是尤为值得关注的话题。

回归到企业家本身，多年前吴晓波老师定义的"失败基因"依然有效。互联网放大了成功和失败的各自的原因与结果，却并未在企业家的人格进化上带来显著作用。在资本的催化和异化下，曾经被人们寄予厚望的某些新经济企业家，很多作为并不比他们的前辈更体面，"缺乏道德感和人文关怀意识"依然是人们对这个阶层的普遍失落与集中期待。

但所幸，开放和繁荣带来包容，在不远的将来，"失败"这个概念也有望从一个结果变为一种状态。从长远来看，它只是成功的预热。在一辆搭载海量人口的高速列车上，在探索者、创新者、冒险家的世界里，我们应该逐渐学会接受失败、宽容失败、习惯失败、尊重失败。

吴晓波 经典语录

①　中国的成长高度，并不以所谓的"全球第一高楼"为标志，而是以我们的思想为标准。

②　任何企业，从本质上来讲就是一个人的企业。一个人创办了一家企业，或者在某一个阶段领导一家企业，他的精神、基因注定了这家企业未来相当长时间的路程。

③　所谓商业之美，就其本质而言，是人们对自然与物质的一种敬畏，并在这一敬畏之上，以自己的匠心为供奉，投注一生。

④　我们至今缺少对一种简单而普适的商业逻辑的尊重，缺少对公平透明的游戏规则的遵守，缺少对符合人性的商业道德的敬畏。所有这一切都使得中国企业的神话或悲剧难以避免地蒙上了一层莫名的灰色。

⑤　人生也好，国家的进步也好，它不是一个黑和白非常分明的一件事情，它大量的事情发生在灰色的地带，这个也是我后来写作的，一个主要的立场和观点。

优术

04

谁来呼唤炮火？应该让听得见炮声的人来决策。

从田野走向世界

作者：鲁冠球

万向集团创始人

———

鲁冠球，1945 年 1 月生于浙江省萧山区农村，这是他扎根并走向世界的地方。鲁冠球 15 岁辍学务农，做了铁匠。早于改革开放的 1969 年，鲁冠球带领 6 名农民，集资 4000 元，创办公社农机修理厂。他以此为起点，以奋斗 10 年添个"零"的目标，用尽毕生心血精心打造了万向这艘巨轮。鲁冠球带领万向集团从乡镇冲向世界，从小工厂成为国内的大型民营企业，彰显了第一代浙商的实干精神。

即便鲁冠球一辈子没有改掉浓重的乡音，但他沉住气，悄悄地干，1984 年就将万向节卖到美国，这是中国汽车零部件首次进入"汽车王国"。鲁冠球很早就拥抱资本市场，在企业内实现员工入股；1994 年万向钱潮股份公司登陆深圳证券交易所，成为国内第一家上市的民营企业。

鲁冠球带着他特有的鲁式微笑，四年内跟随国家领导人三次出访美国，成为民营企业的代言人。他有很多身份标签：中国第一代乡镇企业家、浙商"教父"、民营企业家中的"不倒翁""常青树"。

中国的民营企业走过野蛮生长的阶段，对管理提出越来越高的要求。万向集团得以发展成为今天庞大的跨国集团，离不开创始人的科学管理。鲁冠球曾发表过多篇论述管理的文章，被尊为"农民理论家"，他的很多管理方法和手段放在当下也不过时，熠熠生辉。他在 2005 年曾获得中国企业管理最高奖项——首届袁宝华企业管理金奖。

斯人已逝，思想永存。从 1945 年到 2017 年，鲁冠球走完了精彩的一生，他是本书中入选的已去世的企业家，以此文表达对他的敬意。本文是鲁冠球 1997 年应邀在美国杜兰大学发表的部分演讲内容，从中可见他从田野到世界、从中国到美国的心路历程。

鲁冠球代表文章有《我的管理观》《有目标，沉住气，悄悄干》《我对搞好企业的体会》等。

引言

12 年前，我第一次来到美国。当时，我的合作伙伴派莱克斯公司的舍勒先生对我说，你是第一个来到美国的中国农民企业家，派莱克斯公司作为第一个接待你的公司而感到骄傲。我确实感到很骄傲，同时在领略了美国的工业文明后也感到很沉重。如果不是生活在 20 世纪的中国人，是不会有我这种沉重的。

美国的历史只有 200 多年，在这短短的 200 多年间，美国人民创造了巨大的工业文明。相比之下，中国已经落后于 20 世纪工业化社会的发展。

人类进步的台阶需要一级一级地跨越，无法用撑竿跳来实现。但是今天，面对如此之大的差距，勤劳的中国人民不得不用小步跑去追赶世界大趋势。正是在这个背景下，9 亿中国农民依靠乡镇企业，加入了这场世界奥林匹克经济大赛的中国代表团行列。

我来自中国农村，今年 53 岁。半个多世纪以来，尽管中国发生了许多变化，但我和许多中国人一样，深爱着我们的祖国，中国的盛衰与我生活中的一切息息相关。

在中国，农民创办的企业被称为乡镇企业。过去，中国农民以种地为生，但农民没有土地，在我们国家，土地属于国家和集体所有。人多地少，为了生活，于是农民办起了企业。

12 年很快就过去了，正如你们所知，这 12 年来，中国是世界上经济增长最快的国家。许多人问我：中国靠什么创造了如此快的增长速度？在这儿，我可以很负责地讲，其中有 38% 的增长来自乡镇企业。

我和我的乡镇企业同行一直在中国农村的大地上奔跑。感谢杜兰大学李志文教授的邀请，今天很荣幸来到 FFI 会议上，有机会结识众多朋友并进行交流。在这个荣誉的讲台上，我想和朋友们讲一讲，我如何带领我们的企业，跑过去 28 年的时空，以及这时间和生命的投入的结晶——中国万向集团的创立。

从铁匠铺到万向节大王

全世界都知道，美国是装在汽车轮胎上的国家，美国人民创造了汽车文明。在座的可能都会开车，都知道汽车有一个连接传动轴，可以任意转变方向的关键零部件——万向节。我认识汽车文明正是从生产万向节开始的。在此之前，我没有坐过汽车，甚至我所生活的乡村连一条能开汽车的公路都没有。

我们的企业成立于1969年，当时是一个仅有84平方米的小"铁匠铺"，全部员工就是我和当地的6个农民，所有资本就是500美元。

在生产万向节以前，我们生产过锄头、镰刀和农机配件。那是一个计划经济年代，乡镇企业不列入国家计划。没有计划，我们就去找市场。

没有煤，我们就到国有企业的煤渣里拣尚未燃尽的煤块；没有钢，我们就到全国各地的国有企业里找废料来自己加工；没有设备，我们就用国有企业淘汰下来的旧设备；没有产品计划，我们就生产不列入国家计划的产品……

在乡镇企业发展的最初阶段，它的经营模式可以用四句话来概括，我不知道用英语是否可以准确地表达，那就是"千山万水，千言万语，千方百计，千辛万苦"。

千载难逢的机遇终于到了，农民允许进入商品经济。1978年，被称为中国改革开放总设计师的邓小平先生提出了国家实行经济改革的大政方针。

过去中国经济滞后，交通运输落后是关键因素之一，汽车万向节无疑是一个具有市场前景的产品。1979年，我们放弃了所有产品，集中力量，专业生产汽车万向节。

这是万向集团发展史上最具风险性的一步。实践证明，我们选择对了。万向集团由此进入了一个开创万向节主导产品的新时期。

在每个人都感到货币紧缺的年代，初级产品价格的激烈竞争不可避免。"不要告诉我你技术有多好，只要告诉我价格就行了"，只有成本最低的企业才能获胜。

1980～1988年，8年间原料价格平均上涨了8倍，劳动力成本也成倍增长，我们通过扩大生产规模，挖掘内部潜力，提高产品质量，提高生产率，将提价因素消化在企业内，产品价格8年保持不变，企业效益年增长在50%以上。中国各汽车厂放弃了自产万向节，改由我们配套，因为我们的价格比它们的成本价还要低。

凭借价格和质量的优势，我们成了中国最大的万向节生产厂家。这就是我们创业的最初阶段。

由于市场的需要，1988～1989年，我们先后兼并了8家企业，输入自己的资金、技术与管理，很快使这些企业扭亏为盈，兼并进一步扩大了万向节的生产规模。

万向节的成功增添了我们的信心，我们开始生产轴承、等速驱动轴、传动轴等多种汽车零部件。现在我们生产的万向节，国内市场占有率为65%；轴承的国内市场占有率为10%；传动轴、等速驱动轴产品的国内市场占有率为16.9%。

从中国到美国

我很早就看到了国际市场对中国产品的重要性。这要感谢美国的一位朋友，由于他的帮助，我不仅认识到美国人的好客，而且还懂得了中美经济的互补性。

1984年，派莱克斯公司与我签订了向美国出口3万套万向节的协议。中国汽车零部件产品第一次走进了汽车王国——美国。

一家中国农民创办的企业，成功地将产品销售到美国市场，引起了美国及全世界新闻界的关注。从1984年到今天，《新闻周刊》《商业周刊》《时代周刊》，都报道过我们的消息。法新社和路透社也发表了专题报道。中国新闻媒体还把我称为"从田野走向世界的企业家"。

现在我们的产品出口 34 个国家和地区，1997 年的出口额可以达到 1 亿美元。当然，我们产品的主要客户还在美国。1997 年，我们开始为通用汽车公司和克莱斯勒公司的装配线提供产品。

除工业产品出口外，我们的农产品（如鳗鱼）也走出了国门。

在我们的产品走出国门的同时，我们将企业也办到了美国，在美国的土地上与美国人一起参加经济长跑。1994 年，万向美国公司正式注册成立。三年来，万向美国公司先后在南美、欧洲设立了多家公司，而且在美国、墨西哥、英国建立了产品中转库房，拥有了 30 多名美国员工。1997 年销售额将达到 2000 万美元。

既然产品的市场定位是国际化的，那么，促进和扩大产品生产与销售的企业资本也必然要国际化。1994 年，我们的"万向钱潮"股票在中国深圳上市。现在我们正在筹划股票海外上市，不久你们在资本市场上也能看到我们的名字。

经过 28 年的努力，从多角经营到专业化生产，再到多元化经营、跨区域发展，当年的小铁匠铺如今已成为拥有 7 亿美元资本、6500 余名员工，兼跨制造业、农业、金融、租赁、进出口、投资等行业的企业集团。

有一次，我与一名记者开玩笑：20 年前，我们活动的范围就是从田头到家里，相距不过几公里；现在，从美国、英国、加拿大、巴西、墨西哥到委内瑞拉都有了自己的公司，我们的生活范围和空间已经随着企业的发展而成倍地扩大。

当然，作为一个重要因素，企业的发展赢得了政府的鼓励与支持。政府将我们列入了全国 120 家重点扶持企业集团之中。万向集团立足于中国，正以越来越快的速度，在世界范围内展现我们的产品优势并证明经营者的成功。

中国乡镇企业在没有政府直接投资的情况下，茁壮成长起来了。历史再次证明，中国农民正在改变着中国的经济格局。

这里，我特别想说明的是，中国乡镇企业奉献给社会的不仅仅是商品，更大的贡献在于提高了一代中国农民的素质，为中国农村培养了一批有能力的经营人才。

过去中国的农村教育滞后，农民受教育很少。稍有点文化的，都到城里去了。拿我们企业来说，到 1980 年，全厂近 400 名员工，只有两名高中生。许多员工连全面质量管理的简称"TQC"都认不全，唯一认识的只有一个"Q"，那还是在打扑克牌中得知的。

1979 年，有人反映对我们万向节的质量不满意。我要求所有的销售人员将有质量问题的万向节都运回来，一共有 3 万多套。我们召集全厂员工召开现场会议，当场决定将这堆价值 6 万美元的万向节全部作为废品，卖给收购站。当时我们的年产值只有 50 万美元。我们以 6 万美元血汗钱的代价，将质量意识"烙"在每个员工的脑子里，"印"在每个员工的心里。

1980 年，我们创办了职工业余学校，全体员工参加学习，要全部达到高中文化程度，并规定，从此以后进厂者必须具备高中以上文化程度。

1984 年，我们花 3000 美元"买"回了 4 名大学生；花 2 万美元选送了47 名高中毕业生上大学，所有费用由企业承担。在当时，我们的一名普通工人的年工资只有 300 美元。

从 1994 年起，我们每年都要引进 200 名以上大中专生。在现在 6500名员工中，大学学历以上的职工有 800 多人，中专生有 3000 多人，员工素质有了较大的提高。

这些年来，我们花在引进教育方面的经费，已达到 500 多万美元。

我们的管理模式

对于企业来说，管理是一个永恒的话题。近 20 年来，中国企业吸收了大量国际企业界关于质量、技术、市场、资金、人员管理等方面先进的管理经验，我们也在探索自己的管理模式。

质量、资金、技术的管理都有国际标准，要想生产全世界通行的产品，首先是要通过管理建设一支符合这种生产标准的工人队伍。传统的东方文化向来重视对人的管理，在这方面我们拥有自己的优势。

企业的一种分配制度就会带来员工的一种工作态度，这是真理。对于美国企业来说，分配可能不存在什么问题；在习惯于计划经济的中国，分配则是件大事，因为那时的中国人习惯于"吃大锅饭"的分配方式。也就是说，不管干好干坏，都有饭吃，因为"饭"是国家的。因此，我们首先从分配上进行了改革。

现在我们员工的收入由基本工资、奖金和投资回报组成。

基本工资，人人都有，有高有低，只要进了万向集团，我们就给基本工资，让你吃饱穿暖，此块分配占员工总收入的 25%。

要想吃得好，穿得暖，你必须努力工作，创造效益。按照工作产生的效益多少，我们发给员工奖金。多效益多得，少效益少得，无效益不得。此块分配占员工总收入的 50%。由于奖金的比例相对较大，只要多干一点就能多一点收入，所以员工的工作积极性很高。

我们企业实行股份合作制，允许员工将自己的收入、平时的积蓄投入企业，年终按资金利润率进行分红。这些年来，我们企业每年的回报率都在 20% 以上，投资回报让员工成了企业的老板、股东，他们认识到只有企业效益好了，自己才能多分红，而在企业好的前提下从自己做起，从小事做起，关心企业，踏实工作。

用人的基本方式就是用人的利益去驱动员工的积极性。在让员工工作得到相应报酬的同时，我们企业实行的是四种用工制度：固定工、合同工、试用合同工和临时工。

这是一种阶梯式的用工制度，员工可以逐级上，也可以逐级下，各种不同性质的职工在各个时期的要求也各不相同，一级要比一级高，同时享受的待遇也是一级比一级高。从临时工到固定工，员工必须做出相当的努力，而到了这一级，如果不努力，很可能又要往下滑。员工能上能下，可进可出，能使员工都有一种危机感，督促他们努力工作。

在调动员工积极性的同时，我们尝试在集团式经营中培养企业家群体。

我们采取"企业分家"的办法，将企业分解成一个个经济实体，车间主任都被派出去当厂长，让他们直接去面对市场。随着企业组建集团，新的领域和区域不断扩大，许多骨干人员都被派出去独当一面。

在实行市场经济的今天，这种利益分配机制，正在逐渐创造一种万向企业精神。

中国东部沿海每年夏天都会有台风经过，强台风及其带来的暴雨，经常会给当地人民带来很大的损失。我们企业每年都要经历几次考验。长期以来，我们的员工形成了这样一种默契，只要听到强台风预报，不管是休息日还是深夜，他们都会很自觉地从四面八方赶到所在的公司，共同保护公司的财产。1997 年夏天，12 级台风于 8 月 11 日 22 时经过我们地区。当天晚上，员工们自觉地来到公司参加抗险。有的员工因家离企业远，干脆下班后连家都不回了。台风过了，我们的企业基本没有损失，而我们周围其他的企业仅恢复生产就花了一周的时间。

我们之所以能在中国取得今天的地位，能够在国际市场上占据一席之地，正是凭借了这支员工队伍。这是我们最大的优势。

中国国家主席江泽民先生即将来美国访问，我衷心祝愿他的这次访问在中美友谊史上写下重要的篇章。我们集团的名字是江泽民先生提写的。万向美国公司的总经理曾应美国总统克林顿先生的邀请到白宫做客。我们对中美友谊是充满感情的。

中国刚开完"十五大"，多种经济成分共同发展，得到了政府的肯定与人民的拥护。中国人将在更大的经济领域选择更大的市场。

从今后的发展方向看，乡镇企业将得到更进一步的发展。中国现在最大的国情是 9 亿农民要在 2000 年以前脱贫，这还要靠乡镇企业。

当然，今后的路还很长，我们之间的合作将是一次跨世纪的长跑。无论路有多远，文化差异有多大，我们的目标也是美国人的目标，就是生活的富裕、人类物质文明和精神文明的协调发展。我相信，这中间的贡献也包括我们中国农民。

我现在还年轻，还能干更多的事情。其中之一是要搞一个"中美桥梁项目"：以万向集团作为中美两国企业之间交流与合作的桥梁，将美国企业人才与管理优势、资金雄厚、技术与设备先进的优势，同万向集团，以及其他中国企业劳动力成本低、房屋土地辅助设施投资成本低及市场广阔的优势联系起来，使中美企业双方都从中受益。

欢迎大家到中国去看看我们的企业，如果大家愿意乘坐跨越太平洋的飞机，我们一定到家门口迎接。当然，也非常欢迎大家去万向美国公司做客，我们把中国的家搬到了美国，在万向美国公司里，大家一定也能体会到中国人的好客。

从世界返回田野

邬爱其

浙江大学全球浙商研究院副院长

鲁冠球先生是杰出的浙江企业家，在中国乃至全世界都是当之无愧的企业家领袖。他一生艰苦创业、坚守实业、勤思苦学、谦虚谨慎、与时俱进，带着其他6位农民和自己积累的4000元家当，从创办宁围公社农机厂开始，一路闯关，从田野走向世界，把万向集团成功带向全球。

他开创了诸多第一，例如，他在中国乡镇企业中最早进行产权制度改革、创立了中国首家上市的乡镇企业、开创了乡镇企业收购海外上市公司的先河，等等。因此，他被称为企业家中的"不倒翁"、民营企业家中的"常青树"。

鲁冠球先生所坚持的求实图新、利他共生、高瞻远瞩等精神和哲学思想，对现在、对未来、对中国、对世界都产生了深远影响。在我看来，有以下几点，是值得"大书特书"的。

第一，他是一位杰出的战略思想家，坚定认为能力是企业基业长青的根本动力和保障，奋力突破资源束缚，做全球资源融通的先行者，成就了庞大的汽车零件王国。第二，他提出并坚持"大集团战略，小核算体系，资本式经营，国际化运作"的战略方针，创新了集团化运营的管理模式与机制。第三，他强调战略就是放弃，用咬定青山不放松的气魄和坚韧，坚持从一个零部件做起，用一把"犁刀"撕开市场裂缝。从点到线，再从线到面，实现了健康发展。第四，他率先布局清洁能源，追逐新能源汽车的整车梦，并留下了一座创新聚能城。几十年前，鲁冠球先生实现了"从田野走向世界"。后来，万向集团则从"世界返回田野"。

鲁冠球 经典语录

① 有人说企业家与政治要有一个黄金的距离，我认为不是距离的问题，而是人总要有一种思想，如果你的思想升华到为人类做贡献，这就是政治。能够为人类做更大的贡献就是企业家最大的政治。

② 最怕的就是事业在萌芽当中就被掐灭了，到时候自己到底错在哪里都不知道。一定要少说多干，沉住气，悄悄地干。

③ 管理最大的秘诀就是我在发展中从未止步，也从未超越自己的能力。也可以说，我时刻保持清醒的头脑。企业家一定要审视自我，审视自我有多少能力、自己在什么位置上。一个企业家能否时刻保持清醒的头脑，这就要看自己的思想境界和思想觉悟了。

④ 一天做一件实事，一个月做一件新事，一年做一件大事，一生做一件有意义的事。

⑤ 我从来没有考虑过退休的事。我现在每天考虑的都是如何把事业做得更好。只要生命存在，我就不会停止工作和思考。思考的时候，我觉得自己永远年轻！

管理三要素

作者：**柳传志**
联想集团有限公司董事局名誉主席

———

柳传志，1944 年出生于江苏镇江。1984 年是中国现代企业元年，大批人纷纷投入商业中。刚过不惑之年的柳传志敏锐地捕捉到时势变了，他和 10 位同事以中国科学院计算技术研究所投资的 20 万元人民币创业，从一间传达室起步，创办了联想，并在本土一举击败国际计算机巨头，也由此带动了一大批中国 IT 企业的发展。

2000 年，柳传志将联想分拆为联想集团和神州数码，带领母公司联想控股进入了多元化投资时代，致力于通过资本与经验助力中国更多实体企业和创业创新企业的发展。

2004 年，联想集团成功收购 IBM 全球个人计算机业务，成为中国民族企业高奏凯歌的一幕；2009 年，已淡出联想集团第一线的柳传志，当企业需要他的时候，65 岁时义不容辞再度出山，扭转局面，如今的联想集团已成为全球最大的 PC 制造商；2015 年，71 岁的柳传志再次带领联想控股赴港上市。把联想集团做成一个充满正气、值得信赖、受人尊重的百年老店，则是他毕生的追求。

在三十余年的企业管理磨砺中，柳传志形成了自己的一套系统管理哲学，包括"复盘理论""房屋理论"，而最为人熟知的则是"管理三要素"：建班子、定战略、带队伍，对众多企业管理者有很强的适用性，影响深远。柳传志无疑勾勒出时代发展过程中难以企及的一座"珠峰"，他被外界称为"企业教父"。

柳传志代表文章有《联想的失败与成功》《危机之后再看联想国际化》《复盘：最好的学习方式》等。

本文是柳传志在 2009 年联想控股 / 子公司文化研讨培训班上的一篇讲话，有删减，重点保留了管理三要素部分，联想集团的历史与文化节略。这也可以看成是对联想的管理与文化的一次系统解读和全员宣贯。

联想集团成立到今天有 25 年了，经过了无数的沟沟坎坎。现在我们的净资产翻了多少倍呢？接近 10 万倍。细想起来，这里边有运气的成分，有我们当年懵着打而打成功的成分，但是到了后来，逐渐地，我们不停地把过去"懵着打"的东西变成了"瞄着打"，逐渐研究规律，用来指导我们的前进，才得到了今天的结果。

改革开放大致可以分成两个大的阶段：第一个阶段是计划经济向市场经济转轨的阶段，在这个阶段里，法制法规都要发生变化，有很多的冲突和矛盾；第二个阶段是中国加入 WTO 后，法制法规逐渐健全，企业能够在管理运营上多下功夫了。联想集团的发展恰恰历经了这两个阶段。

我们在这两个阶段做得都不错。在第一个阶段，我们有点"有枪就是草头王"的劲头，企业要求生存、谋发展，需要与环境博弈，但又不能犯大的错误；第二个阶段才是真正的发展时期，我们总结了很多管理理念和规律。联想集团管理理念的最大特点就是实用性，拿来就能解决问题，说的又是大白话。但是，实用性的做法经常会忽略边界条件，其实我们的东西在有些情况下是适用的，有些情况则不适用，我们必须要注意这一点，这样才能使我们的管理理念不断丰富，指导以后的工作。

今天我要系统地谈谈管理三要素，以及在管理三要素框架下的联想文化。将来联想集团的同事，不管你在哪个部门、做什么工作，都得能说出联想集团的管理三要素是什么、文化是什么。还有更多的同事是直接做业务的，更要认真地跟我来讨论。

管理三要素第一是建班子，第二是定战略，第三是带队伍。建班子最重要，但是为了把话讲得更顺溜，我想还是从定战略说起。

定战略

定战略有七步法，第一是愿景，第二是目标，之后是这个目标本身怎么制定，包括路线、步骤、人、组织，最后是考核激励调整。

关于目标

联想集团的目标好定，它有一串的参照系；联想投资（君联资本）、弘毅投资，目标都比较好定，因为前面有参照；联想控股现在本部要做投资，目标不好定，前面没有可参考的标准，要根据情况进行调整，若干次以后才能正式宣布我们五年后的目标是什么，不然的话，很难说目标是高了还是低了。

关于路线

现在我最想谈的是路线。什么事坚决做，什么事坚决不做，这就是路线。

企业路线是关系到企业战略能不能取胜的关键。比如我们的两家投资公司，都突出强调要为被投企业提供"增值服务"，这就是路线。为什么呢？这就是我们最大的长处，杀手锏就在这儿。第一我们会选择优秀的人，因为我们做过这个，我们懂；第二我们能帮助企业，因为我们经历了从小大到的过程，我们不断研究总结，知道在不同的发展阶段，企业最需要的是什么。

在选择被投企业的时候，我们还特别注意了"事为先、人为重"。"人为重"绝对是非常重要的，而且是放在首位的，一个"为先"，一个"为重"，这句话说得好。投资不先看事行吗？肯定先看行业，再看事、看现金流，看完这些，这件事本身真成或者不成，在于他这个班子，实际上是最后的关键。

今天很多的投资人，尤其是从投行出来不是直接做投资的，大概还未必真的明白这个道理。今天联想控股总的路线是什么——要上市，形成体量、吨位，然后进一步筹措资金，谋求更大的发展。因此，联想控股首要的事就是上市以后怎么能增加吨位、核心资产如何支撑，把这个研究透了，就是联想控股做事的路线。

到此第一步就是所谓"瞄着打"，瞄着愿景，瞄着目标，然后制定通往这个目标的路线。路线一定是为目的服务的，这个要牢牢记住。同时要知道，路线和制定者的水平是有关的。好的路线是怎么制定出来的？肯定跟人有关系，人的水准决定了路线的水准。另外一条，制定路线时要反复务虚。

刚才提的路线是总路线，我们还得把这个总路线分拆成一步一步的具体行动。总路线下面有子路线，大路线下面有小路线，因此各个部分的负责人、做每件事的人，都得有自己的计划。今天控股要做"联想之星"，具体怎么做？负责人要把这个想透，你得非常清楚地告诉我要沿着什么路线走，而这个路线本身也是会调整的，一边做一边调整，慢慢才能形成。

我各举一个成功和失败的例子。联想集团在2001年分拆出去之后，在麦肯锡的帮助下，制定了多元化的发展路线。联想集团当时认为，联想计算机的占有率在中国市场已经达到百分之二十七八了，再往下走，如果还只做计算机的话，可能会受到天花板的限制，所以，一条路是走国际化，一条路是进行多元化。当时我也愿意多元化，我对打到海外也是有担心的，这时候麦肯锡帮助我们制定了怎么样在国内开展多元化的路线。

这个多元化到什么程度呢？除了做计算机以外，还包括与计算机相关的某些硬件产品、数码产品，系统集成的业务、软件业务，以及FM365、网络服务等，全面拉开了一个IT相关的多元化路线。计划分为三步，第一步是当前要保住什么，第二步是要重点要发展什么，第三步是要培育什么，清清楚楚。可最后的结果是这个路线失败了，联想计算机的市场份额不但受到戴尔的攻击而下降，其他方面的事也都没做好。复盘的时候，我自己也进行了认真的思考，毛病到底出在哪儿？

毛病出在没有把往下做的步骤想清楚，想清楚了要怎么做，就会知道问题在哪儿。毛病出在领导人的精力不够，因为杨元庆从事业部做起，他是打仗出身，对计算机这个行业感觉极好，所有人对他都特别佩服。领兵打仗的时候，每每认为做不成的事，结果他领着往上冲就做成了，所以他都是亲自领导，不用什么企划办，他自己就能做得就很好。但当他成为整家公司的CEO时，第一，会有大量的事务性工作，比如得跟政府、媒体等方方面面打交道，会分一些心思；第二，多元化以后，除了计算机业务，软件业务、网络服务业务等全面铺开，所有重大的事情都需要他一个人去决策，在精力分配方面，比如在处理难点与重点方面，就会出现问题，一些事顾及不过来，业务就可能受到严重冲击。2003年，联想集团开了一个多月的会，调整之后的做法是坚决压缩战线，专一只做计算机，然后向海外发展。

我在这儿补充一句，是不是不能做多元化呢？我想是可以的。今天联想控股不是在做多元化吗？我只是改了一种方式，组织架构发生根本改变，用母子公司的架构去做多元化业务。今天，联想集团是我们的一个子公司，联想控股旗下还有投资业务，各家有各家的专业，都是专业人士，一样做得很好，所以组织架构是可以弥补这方面的不足的。

但在当时的情况下，联想集团要采用事业部的方式领导，那就得坚决转型。恰恰正是因为元庆在实践管理三要素的时候，对这些问题有了更深刻的认识，后来他采用企划办的领导方式，在2004年跟戴尔打了一场漂亮的战役。戴尔当时连年蚕食我们的市场，于是联想集团进行了认真的研究：戴尔为什么能有高利润，直销是怎么做的，我们应该怎么做？最后我们做的是惠普和康柏想做而做不到的事，既做直销——做大客户的直销，又做消费类客户市场——通过渠道销售，端到端，这端对接大客户，那端对接消费类市场。不只是销售，后端也是各对接各的，研究的产品都不同，但中间的供应链有一块是合在一起的。如果两个供应链完全分开，成本会过高，但完全是一个供应链也不行。某些地方分开有一定难度，就要求企业文化要好，干部都以企业利益为第一位，不许讲价钱，员工要特别积极，等等。

当时的形势挺严峻，因为联想集团在那年刚裁过员工，股价跌了以后，要压缩成本，员工士气也未必很高，当时网上有一篇"联想不是家"的文章，我为了应答这件事，到联想集团发表讲话，以稳定军心。前几个月情况依然没什么变化，我也特别紧张，因为在另外一条战线上，我们同时在跟IBM谈判，如果谈判成功的话，收购IBM PC业务的钱一半是现金，一半是联想集团的股票，联想集团要真打不过戴尔，股价跌下来，那就不知道要多花几倍的钱去收购IBM了，所以跟戴尔的那场仗还真的是非赢不可。我也到前线去了解了情况，提出建议并督战，到了10月以后，情况发生了好转，到11月、12月就整个逆转过来，也顺利地完成了对IBM全球PC业务的并购。

这件事有两大贡献，第一是我们对管理有了更深刻的理解；第二就是并购了IBM PC之后，不付学费是不行的。联想集团是有进取心的公司，要做国际化公司，就要付这个学费。元庆如果一开始就做 CEO 而不是董事长，多半会折在里面，虽然他在业务方面的感觉非常好，但因为对国际员工不了解，对形势不了解，对董事会也不熟悉，所以要请国际人士当 CEO。跟人家学了几年就懂了，就了解了。这两天我们才开了联想集团最高层执行委员会的会议，也谈到了这个问题，感觉完全不一样，有了底气，将来联想集团的目标是要成为一家伟大的公司。

这两件事说明什么呢？说明在制定战略的时候，就要执行到底，不是只把路线制定出来就一定行，还要有更详细的步骤。假定制定了更详细的步骤，还什么事都由杨元庆来决定的话，真的还敢做多元化吗？可能就要再想别的方法。像这些事，都是后来我也才逐渐明白的。所以制定路线要谋定而后动，要及时调整，要把执行的因素考虑进去。

关于执行者

在制定战略中，还要明确的是领导每一个步骤的人，即这个步骤、子路线的领导人是谁，这对执行也是至关重要的。今天联想集团的战略路线，到目前为止，总体是成功的，但有两三个方面现在还没成功，不成功的原因我们都一致认为，不是路线不对，而是负责的人到底行不行有待考验。

另外就是员工的士气，士气不够，仗也白打了。在整个路线的制定、步骤的执行过程中，各个领军人物是什么样、够不够资格担当领军人物是实现战略目标的关键之一，因此各位当领导的，要想当得好，你手下有多少员干将，他们有什么特点，说话的时候是不是实诚，有没有创新意识，等等，你们心里要特别清楚。清楚以后，就知道要做的是什么事、谁来做这个事合适；如果你们只知道联想集团现在的困难在哪儿，只清楚整个战略，但是不清楚手下的干将，那也不一定能做成事。

关于考核激励

我要讲的路线的第三部分，就是关于考核激励。打了胜仗要有激励机制，不管是物质的还是精神的，而激励机制对不对，是靠考核来决定的，因此研究如何考核、如何激励是实现战略目标的第三个关键点。

激励机制一定要跟公司的发展相匹配，方式也是要不断调整的。

现在我讲的制定战略，实际上是将制定和执行结合在一起讲的，我们在制定战略的时候，必须把执行的因素考虑进去，这样制定的战略才是真正能够实现的战略。

我还想说明的一点是"南坡北坡"的问题。不同公司有不同的管理理念，比如都要登到珠穆朗玛峰的顶峰，只不过有的是从南坡上，有的是从北坡上，但不管从哪个坡上，队伍必须从同一个坡上，不能一半人从南坡上，另一半人从北坡上，那样就不成队伍了，就没法总结经验教训了。

带队伍

战略制定以后，能否执行成功，关键因素就是队伍。带队伍的实质是三件事，第一，让战士爱打仗；第二，让战士会打仗；第三，作战有序。

"爱打仗"就是爱我们的公司，爱我们的工作，觉得工作起来愉快；"会打仗"就是讲目的、方法论；"作战有序"，像刚才讲到，比如说我们要做多元化的话，你要换一种组织架构，这是属于作战有序的内容。具体内容就是怎么样用物质、精神来激励员工，如何培养人才、选拔人才，如何根据具体情况来建立组织架构，这部分我就不多讲了。

建班子

最后说建班子，最关键的其实是有一个好班子。有好班子必有好战略，有好班子必有好队伍，必有好文化。为什么我没说，有好班子才能有好战略，才能有好文化呢？那不一定，因为有的公司领导人特别强大，虽然他的班子特别弱，但是依然有好战略，依然有好文化，这完全是可能的，但是这种情况很少见，联想不走这条路。

建班子的根本目的是做三件事：第一，群策群力。在制定战略的时候，需要结合内外部情况，而外部情况老是在变。比如说投资，如果你老去听经济学家召开的各种分析会议，那你还敢做决定吗？可能就不敢了。因为有的人这么说，有的人那么说，你就不敢判断了。我们需要通过实践来判断，但是你必须得去听别人的观点，听完以后用步步逼近法来思考，而怎么去听、怎么去分析，这是聪明人干的事，人的水平还真是千差万别。所以群策群力，必须得有一群有能力的人在一起来研究战略到底可不可行，这个我深有体会。

　　第二，为什么要有一个班子呢？是因为制定了路线以后，得要有人去执行，如果那些执行的人是班子里的成员，那么执行必然得力，班子的威信必然会高。班子里的人，应该是把企业利益放在第一位的人，没有本位主义，还要非常智慧，只有这样的人在一起才能进行高水平和有效的讨论，这是群策群力。同时，集体的威信高了，个人的威信也会高，事情在向下推动时就会有力。如果事情是我们一块研究的，一块下去执行，那么情况肯定不一样。班子首先是要能帮你制定战略，能务虚；其次就是执行有力。制造业的公司一般是军队型公司，金融、投资类的公司有点像侠客型公司。侠客型公司就是老板能耐大，看得准，说投就投，说退就退。联想做投资，要求的并不是完全单打独斗，做单纯的侠客，而是要像金庸小说里讲的七星剑，七个老道一块联手合作，以发挥更大的威力。所以，公司必须得有组织形式，因此班子还是非常重要的。

　　第三，希望这个班子能够对第一把手起到制约作用。一个班子行不行，关键看第一把手的能力。如果能做成事，那么第一把手一定是能力很强的人，他目标高远，能够把企业利益放在第一位。但同时，第一把手需要注意两件事：第一件事，要真心听得进不同的意见，这点是很不容易的；第二件事更难，就是要真心愿意被监督，只有这样，员工才会增加主人翁精神，才能有更大的创造性。

　　比如昨天我到联想集团开会的时候，明显觉得外籍员工的积极性已经开始被调动起来了，他们现在是真的有什么就说什么，放开了说。他们给元庆提了三条意见：第一，元庆在某些决策程序上先跟中国人商量，然后才拿到会上来说，这样不公平。其实这个意见未必对，因为公司要决策的是关于在中国做某些产品的事。第二，在制定指标的时候，大家都会讨价还价，是不是他们占便宜了？我说，其实中国市场的竞争是极其激烈的，据我从一些渠道得到的消息，戴尔、康柏和宏碁都在大举进攻市场，联想集团也极其努力，现在的市场份额比去年同期增加了1倍，中国市场的份额增加了8%，而联想集团的市场份额增加了16%，说明成绩是做出来的，不是说出来的。第三，外国员工提出"为什么对我们比对中国员工客气"？还有一个高管说到以后要有责任感，因为当时有人提出来要把联想集团当成家，等等，他说我不能理解，不应该把企业当成家，我只能把他当成一个冠军球队，我是冠军球队的成员，将来如果别的球队好，我还是要去别的球队打球的，这话能当众说出来，最起码我觉得是件很好的事情。这些都说明元庆的执行委员会成员慢慢能融合在一起，在讨论业务的时候，能把话放到桌面上说。

这样我就把管理三要素的架构基本介绍完了，最后我还想说的是，文化是这个架构中的"带队伍"部分，是企业能正确制定和执行战略的重要环节之一。强调是重要环节之一，不是说文化好了就一定行了，但它是最难建立的环节，也是我们最要重视的一个环节，既是重点，又是难点。文化必须是日积月累形成的。

他建构了组织，更赋予组织以动力

秦　朔

"秦朔朋友圈"创始人

在饿了么被阿里巴巴以95亿美元的价格全资收购之前不久，我在上海曾和饿了么的创始人张旭豪进行过一次交流。我问他在读什么书，他说在看联想集团的书，学习柳传志的"建班子、定战略、带队伍"，觉得应该更早补上这一课。他说："要领导规模比较大的企业，在企业治理与管理上，我认为都是要向前辈学习的。因为这是需要科学，需要老老实实一步一个脚印做起来的。"

张旭豪是80后，他的话引起了我的思考。任何产业的公司，本质上都是人的组织，核心问题都是：我是谁？要到哪里去？怎么去？组织有没有战斗力，方向对不对，员工能不能劲往一处使，这是长治久安的关键所在。柳传志作为中国从计划经济向市场经济转型过程中，始终坚持企业市场化、管理现代化、目光国际化的代表性企业家，通过"管理三要素"，解决了组织的问题，走出了一条堂堂正正的大道，证明了正道光明。

柳传志还有一个非常了不起的贡献，就是积极而稳健地解决了联想员工特别是核心管理团队的激励问题，通过从分红权到股权的制度安排，为联想事业的生生不息，创设了"发动机"的机制。

当中国市场经济的后来者觉得前面是一片坦途，可以勇敢奔跑的时候，不应该忘记，历史上曾经有很多坎坷、泥泞与陷阱，而柳传志这样的企业家就是当年让大地变得平坦、平整的拓荒者，正是他们让中国建立了对市场经济的信心，对中国公司的信心，对中国企业家群体的信心。

柳传志总有一天会从联想集团的世界退休，但他的精神会继续成为一代代企业家的营养，伴随他们一起前进。

柳传志 经典语录

① 为什么做企业这么难，我们还要迎着上呢？因为企业家是大树，是推动社会生产力发展的主要因素之一。

② 我对管理的理解就像一个房屋的结构一样，上面一层称之为运作层面的管理，是价值链的直接相关部分，包括采购、研发、生产、销售、财务等环节，不同企业各有不同。房屋的地基称之为基础管理，包括机制、体制、管理三要素和文化，这是企业保持基业长青的根本所在。

③ 通俗来说，复盘就是把当时"走"的过程重复多遍，并且主动思考为什么这么"走"，下一步应该如何设计，接下来的几步该怎么走。从棋阵来看，复盘是攻守结合的切磋；从心理战来看，能更好地对比双方的心理思维，最终总结出所谓的"套路"。当"套路"熟稔于心，就自然能达到高手的境界了。

④ 我一直希望把联想集团办成一个"没有家族的家族企业"，"没有家族"是指没有血缘关系，而是通过机制、文化保障企业传承下去；"家庭企业"是指公司最高层必须是有事业心的人，"把企业当成命"。

⑤ 联想集团提倡的是"发动机文化"，意思是最高管理层是大发动机，而子公司的领导、职能部门的领导是同步的小发动机。大发动机制定好下一阶段公司发展的目标、战略路线，每个小发动机据此制订出一套工作方案，提出各种创新的方案。只有大小发动机都倾力投入，企业才能发展得更好。只有企业发展好了，反过来才能为大小发动机创造更大的舞台。

我的战略观

作者：曾　鸣

阿里巴巴集团学术委员会主席，湖畔大学教育长

曾鸣，1970 年出生于江西南昌。1991 年毕业于复旦大学世界经济系，1998 年获得美国博士学位。曾任教于欧洲工商管理学院（INSEAD）和长江商学院，是商学院最受欢迎的教授之一。2006 年 8 月，曾鸣加入阿里巴巴集团，任总参谋长，参与了阿里巴巴整体战略的制定和执行。2017 年，曾鸣担任阿里巴巴学术委员会主席、湖畔大学教育长。

曾鸣深入研究中国企业的实际运作，能将国外先进的管理理论与中国企业的具体实践有机结合起来，深入浅出且具备指导意义。阿里巴巴的实践则让他拥有了宽广的视野，并直击战略的本质。2011 年以来，曾鸣提出了诸多影响深远的理论，包括 C2B 模式[⊖]、云商业、S2B 模式[⊖]、智能商业等，为我们揭示了未来商业的发展图景。

2009 年，曾鸣回到长江商学院做了一次讲演，当时他已在阿里巴巴工作了 4 年。曾鸣称："那次讲演把我十几年的战略学研究和教学，以及在阿里巴巴工作的实践经验和感悟，有机地结合起来了。它提供了一个完整但非常简洁的战略思考的框架。对于 CEO 如何进行战略思考，并不断地提高自己的战略能力有很实际的帮助。"本文即是这次讲演的精华。

曾鸣著有《智能商业》《龙行天下》《略胜一筹》。

⊖ C2B（customer to business，消费者到企业），指以消费者为中心，为海量的消费者提供个性化的产品和服务。

⊖ S2B（supply chain platform to business，供应链平台对企业），指供应链平台赋能给众多企业，让它们更好地服务自己的客户。

引言：战略是科学，也是艺术和手艺

战略也好，管理也好，本质上都有三个方面，一个是科学的一面，一个是艺术的一面，还有一个是手艺的一面。

第一，科学的一面。自从商学院创立 100 年来，都在尽可能用科学的方法把规律性的东西总结出来，这就是科学的方面。商学院讲的就是普遍规律。

比如，有大量的管理文献证明，在战略性并购中，一般买家都会给出过高的价格。所以战略性并购往往一宣布，买家的股票就会下跌，卖家的股票就会上升。背后有一些逻辑的推演，多了解这样的背景知识对你的决策肯定有帮助。

柳传志有一句名言：企业家最重要的使命就是把这 5% 不可能的事情做成可能。十多年前，有一次我们一起参加对话栏目，我跟他开玩笑说：管理学家的使命就是告诉你，为什么这件事情只有 5% 的可能性。有了这些理解，才能提高 5% 的可能性。

第二，大家对艺术都不陌生，企业家也有很多艺术天分，天马行空、特立独行，非常有创造力的部分，这是商学院没法教的。

另外一部分也是容易被大家忽略，战略当中的很多事情本身就是人做的事情，是经验的积累，只能言传身教，只能手把手地教、手把手地带，从这个角度来说是肯定能学会的，但是学起来的成本和代价很高，因为它不是可以量化、可以说得明白的东西，它更多的是一种经验的累积和传承。

我原来上课的时候最怕别人问我：怎么制定战略？这个问题没法简单回答。

一年要开多少次会？企业要不要设立战略部？战略部要有多少个人？制定战略时如何微妙把握，以及判断力的分析，这些不是三言两语能讲清楚的，而且在不同情况下差别往往很大。

我今天想更多地跟大家分享手艺的经验和体会，关于科学的一面，大家看书就可以明白，艺术的一面我也讲不了，所以我跟大家交流一下手艺方面的心得。

战略起什么作用

具体展开战略的讨论之前，我想跟大家讲一下战略在企业当中起到什么作用。

基业长青的企业需要什么？

企业三基石——使命（mission）：why us

mission 是大家熟悉的使命，我自己的体会是：一个真正好的企业一定有超越金钱之上的追求，没有钱是万万不能的，但是钱绝对不是万能的，对于一个好的企业来说，要想吸引真正的人才，要想做出一番事业的话，肯定要给大家自我成就感，一种超出小我的大追求。

为什么要有使命感？本质上是解决组织存在的意义，why us？

什么叫组织？组织是一群人走到一起，完成任何单个人不能完成的任务。什么样的人为了什么样的目的走到一起，这是企业存在的"终极目标"。如果仅仅以钱作为存在的目的，从战略学的角度来说是没有差异化，因为钱是过于同质化的东西，没有差异化就没有办法吸引到更好、更不一般的人才。所以，使命感是企业非常重要的基石。

企业三基石——远见（vision）

vision，很多人翻译为愿景，但愿景带着太多的个人意愿，我一般把它翻译为远见，就是看未来的能力，对未来的预测、把握。为什么 vision 这个词特别好？因为"看"是一个动词，能不能看到未来？未来在你面前能不能活生生地浮现出来？

战略最重要的两个要求：一个是前瞻性，一个是差异化。前瞻性从何而来？

第一，站得高，看得远。前瞻性的源头在于你对未来与众不同的判断，你比别人能够更早、更快、更清晰地看到未来可能展现出来的状态。你能看到未来，自然就比别人走得更好。就像我们现在看过去，如果知道会有金融危机，今天的世界肯定完全不一样，遗憾的是我们没有这样的远见。

第二，它决定的是 what do we do，这一群人在一起干什么事情才能实现组织的使命？远见是解决做什么事情的问题。

企业三基石——组织（organization）

mission 解决的是人的问题，vision 解决的是事的问题，但是人和事怎么融合在一起？什么样的人才是合适的人？在什么情况下做什么事情，其实这就是组织。组织解决"how do we do it"的问题。

我在这方面是门外汉，但是有一些简单的观点可以跟大家分享，比如团队。我看了很多关于团队的讨论，我觉得都不在要害，大家提倡团队精神，其实团队不是一个原因而是一个结果，是各方面的东西都对了以后出来的结果，团队是很难事先做出来的。

所以，组织最重要的要求就是正确的人、正确的事、正确的方法怎么有机融合在一起。把合适的人和事融合在一起的，就是执行力的核心。

其实 who 和 what 结合在一起就是大家非常熟悉的"志同道合"，只有志同道合才有团队的可能性。方向不一样，方法不一样，道不同不相为谋，没有志同道合的前提条件，就不可能成就一个好的团队。

很多企业一开始并没有使命和愿景怎么办？像阿里巴巴这种在 1999 年成立的时候就有明确的愿景的企业是非常少数的。即使是这样，其实马云在 1999 年创立阿里巴巴之前也已经有过 4 年的创业经验，所以那个使命也是在这过去的经验当中提炼出来的。

有的人是因为有比较强的使命，所以才会愿意暂时放弃一些短期利益，去更努力地看长期的发展趋势，因为这样才能真正把企业做得长久，实现自己的使命。所以，使命感是企业愿意去思考远见的一个很常见的前提条件。但反过来，也有一些人相对来说是远见驱动的，他是因为看到了未来，从而在实现这个未来理想的过程中，使命感越来越强。

所以通常来说，使命是在企业从小到大的过程中逐渐明确、逐渐强大起来的，它反过来也会对一个好企业的基因带来更大的促进作用。

这是我自己总结出来的基业长青企业的三个基石。能做好其中一个就算是好企业；能做好两个大概是优秀的企业；能做好三个肯定是卓越的企业。要成为基业长青的企业、成为卓越的企业，三个基石缺一不可。三个基石环环相扣，不断融合，达到一个更高的境界，才能够成就一个十几、二十年才会出现的卓越企业。

战略思考

什么是战略思考？我觉得战略思考是一种可以培养的能力。对于企业来说，只要是进入管理层的人，都要慢慢培养战略思考的能力。如果到了总监层面没有战略思考的能力，那么企业的执行力会大打折扣，因为中层管理人员承上启下，没有战略思考的能力就没有办法接住上面往下传递的想法，也很难把一线的很多情况进行提炼，有效地往上传递。

同时，在战略制定的过程中应该把中层融入进来。磨刀不误砍柴工。在战略制定上让他们多参与一些，其实大幅提升了执行的效率，因为他们理解了某一战略制定的逻辑和背景，而且有参与感，就能更积极主动地执行。

前瞻与知止

战略思考当中最核心的是远见。远见是战略判断的前提和假设，是战略前瞻性的基础。从未来看现在的企业有战略，从现在顺着往前走的企业没战略。做事情前先想一下3年以后产业格局会怎么演化。"以终为始"才是战略思考。

如果说今天是这样，大家都这样，所以我也要这样，那么这就是最典型的没有战略。一窝蜂而上，什么流行就做什么，永远在跟风，永远赶下一个潮流，这是典型的机会导向。

判断一个企业有没有战略思考，最简单的就是看这个企业的人在内部讨论的时候，会不会经常讲未来会怎么样，倒着推怎样才能推到这儿。成功人士的基本思考方法也是倒着推，因为在方向都没有的情况下，所有的能量都是毫无意义的，能量和方向在一起才是作用力，战略更多的是告诉我们方向，给你一个方向感。

有一个词叫"知止"，"知止"是李嘉诚先生挂在他办公室的条幅。"止"是终点的意思，因为你知道终点，所以才知道这个路该怎么走。"知止"源自《大学》里的一句话："知止而后有定，定而后能静，静而后能安，安而后能虑，虑而后能得。"大部分的时候，"虑"可以理解为思考和计划，是所谓的战略规划，而"虑要有所得"，前面还有这么重要的三步。

我们经常讲企业家最难的是什么？"耐得住寂寞，挡得住诱惑"，而这两个的前提都是有定、有安，有这两个才能有虑，因为心安才能虑、得。这是我讲的战略第一步，其实看得越清楚，才越不为外界所惑，越能够形成自己的判断。我们讲总裁的关键在裁，裁者决也，能做判断、能做决定，不管决定面临多大的不确定性，总要摁按钮。这是战略思考的第一个核心，知止、产业终局判断、前瞻性，这是战略非常重要的第一步。

取势与取实

当你知道战略的大致方向时，你就知道了起点和终点。下一步要决定的就是战略的路径选择。你选择什么样的路径？直线走是不可能的，没有企业可以走直线。我给大家讲几个常见的思考方法。

第一个就是大家最熟悉的讨论，你到底是"取势"还是"取实"？是落地为安还是能够构建一个大格局？战略很有意思的一点是，你一直寻找动态平衡。战略到了最后就是动态的平衡，找的就是一个度。所以，它是企业发展中很重要的一点，"度"是一个动态平衡，"度"当中决定了企业发展的节奏。

阿里巴巴也是经过十多年的发展，总结出了几个非常有意思的发展节奏："逢单出击，逢双修养。"对于一些企业来说，可能是"3年出击，3年修养"，这个节奏本身的周期不一样，这些基本规律是我们这几年体会出来的。

当你快速膨胀之后，要有沉淀下来消化吸收的过程，要不然就像我们看到的一些企业圈地，满世界地圈，最后一个浪打下来，一定会像多米诺骨牌一样快速往回倒，连停的间隙都没有。所以，节奏和度是非常关键的，在取势和取实当中要掌握动态平衡。这中间，根据不同的情况有不同的判断。

举一个例子：2005年，我去某家电企业讲课，那时候正是中国一大批家电企业、手机企业一起做汽车的时候，当时很多企业都去做汽车了，该企业也买了两家汽车企业。讲课当中我让他们讨论，该企业内部几乎当场打起来了。一派人认为他们没有核心能力做汽车，另一派人则说这是市场机会，一定要抓住。

讲到核心能力，有一位副总拍案而起，说：如果这样讨论，那么我们现在还在做电风扇，不可能历经二十多年建造一个家电王国。这句话本身是对的，但后来事实也说明，他们做汽车确实不成功。

因为取势和取实地的平衡，从电风扇走到家电自然有动态能力延伸过去，但是从家电跨到汽车，特别是由于当时产业快速变化的环境，这一步确实跨不过去。

第二个是看到九宫格一定要避而远之。如果有些咨询公司给你们做咨询报告，里面画了九宫格，你要非常小心。什么叫九宫格？未来 10 年，老板有一个很大的梦想，要走到终点，横向可以这么扩张，纵向可以这么扩张，包括 ABCDEFG，这 9 个点我们都要覆盖，全面出击占据产业最高点，这样的企业几乎都会出问题，因为没有一个企业有实力去把握这样的格局。

如何破局

大家在对未来有一个相对朦胧但是比较清楚的大方向的情况下，第一个切入点是最关键的。重要的是一定要找到一个点切入，把它做深做透，彻底地把桩打进去，再去渗透、扩张。"眼高手低"，我是把它当作褒义词用的，立意一定要高，入手一定要低，这才是一个很好的战略结合。立意不高就没有格局，没有势就成不了大器；入手不低你就不可能有突破、有积累。"手眼"配合，战略才能有效落地。

战略就是决定该做什么

前面讲的是战略思考，接下来我跟大家讲讲到底什么是战略、战略的内容是什么。

战略说白了非常简单，就是决定一个企业该做什么、不该做什么，有所不为，才能有所为，大舍才能大得。"舍得"本来就是一个佛家的词，舍得、舍得，不舍不得。

第一，你想做什么？你的目标、理想是什么？什么能让你兴奋？

第二，外面有什么机会？什么事是可做的？不同的时候的确有不同的机会。这就是我前面讲的远见，最核心的是判断什么是大机会、什么是小机会。对远见的讨论可以推导出哪些可做、哪些不可做，哪些可大做、哪些要小做。这是对外部机会的判断。

第三，什么东西你能做？你有什么样的资源、人或者组织建设的能力？想做、可做、能做，这中间的小小交集，才是你真正该做的，这就是你的战略。

很多事情，如果不是那么想做，有点勉强的话，十有八九这个事情最后做不好。因为这件事情本来就够难了，你的心里还有疙瘩，还做得不甘不愿，最后能做成的概率就很小。

可不可做，是对机会成本的判断。大部分企业进行投资决策的时候做了可行性报告，可行性报告计算的是这个项目本身的净现值够不够高，这是财务分析。战略分析的是，为了追逐这个机会而放弃的另外的最大机会是什么。制定战略为什么难？是因为事后没办法盖棺定论。事后你可能会觉得做这件事情亏大了，抓住小兔子却放过了大山羊。对机会进行判断就一定要想到机会成本的概念。

"能做"就是一个企业的能力，它也有两个动态的统一。能力的培养需要资源和时间的投入。前面举的例子就是关于能力建设的问题。一方面可以说得极端一点，能力建设也就是人有多大胆就有多高产，组织能力没有天生的，而是逐渐培养出来的。从这个意义上来讲，你可以根据战略目标培养人才，但反过来，能力的培养是极耗资源和时间的，特别是时间。能力的培养是没有捷径的。所以从这个角度来说，企业并不是万能的。

另外，能力永远是相对的概念，自己做得好不好不算数，能不能比你最好的竞争对手做得好，那才叫核心竞争力，才是差异化能力。

大部分企业想的是，能不能把这件事情做起来。挖两三个人组建成一个小团队，的确能把这件事情做起来，但是很可能做得并不够好，尤其是当这个行业的竞争越来越激烈、情况越来越残酷、利润越来越低的时候，有限的能力更不可能抵挡市场整合时候的强大压力。因此，"能做"一定是一个相对概念。所以，一个人最重要的是发挥自己的长处，做到淋漓尽致，而不是拼命地补短板，因为补短板是永远补不够的。

作者附记

这篇文章是基于在我 2009 年回长江商学院的一次演讲而整理的。当时我已经在阿里巴巴工作 4 年了。那次演讲把我十几年的战略学研究和教学，以及在阿里工作的实践经验和感悟，有机地结合起来了。它提供了一个完整但非常简洁的战略思考的框架。对于 CEO 如何进行战略思考，并不断地提高自己的战略能力有很实际的帮助。

这个战略思考框架讨论的是战略之"道"，所以有两个优势。一方面，由于"道"足够抽象，所以有很强的生命力，即使环境快速变化，基本的道理依然成立。这些年不断地有人反映受益匪浅。另一方面，"道"需要和理、术有机地结合。所以当你有新的实践时，再回头来看，往往会有新的感悟。这 10 年我基本没有修改过这个框架，但对它的理解在不断加深。我现在在湖畔大学教授战略概论课程，基本讲的就是这些内容。实际上，这个框架最早在 2003 年我出版的《略胜一筹》中就提出了，并提供了丰富的案例讨论。

当然，"道"在不同的时代，应用会有很大的变化。过去 10 年，正是互联网经济大发展的时代。智能商业正在快速崛起。战略思考的方法也有很大的变化。最重要的两点是：第一，长期规划越来越不可行了。战略现在更多的是 vision 和 action 的快速迭代。战略思想更直接地体现在执行的快速调整中。一个相对稳定的 3 年战略规划基本不成立了。第二，定位，这个核心战略概念也有了全新的维度。一个企业在"点（作为网络节点的单个企业）—线（价值链/产业链）—面（大型、链状的企业间网络）—体（复杂的生态系统）"的网络中，怎么选择自己的定位，成为非常重要的战略决策。这些新战略观在我的新书《智能商业》中有更全面的阐述。

管理是一种实践

颜杰华

《商业评论》主编

管理大师彼得·德鲁克说过，"管理不是一门科学，而是一种实践"。在中国改革开放 40 年历程的摸爬滚打中，中国企业家总结出许多朴素的管理思想，比如"人无我有，人有我新，人新我优"，就非常简单形象地体现了战略的精髓——差异化。

但是，这些点滴体悟并不足以完整地诠释战略是什么。如果把战略管理比作一头大象的话，抓住只言片语就把它当作大象的全部，那就无异于盲人摸象了。事实上，战略管理是一件很难讲清楚的事，加拿大管理学家亨利·明茨伯格教授曾经梳理出战略管理的 10 个流派，这些流派各有特色和局限，亨利·明茨伯格的主张就是将这些流派加以融合。曾鸣教授显然深谙此道，从这篇文章中可以看到，作者对于定位学派和企业家学派等主流战略流派思想的整合，甚至还结合了东方智慧，提出了完整的战略思想。

此外，曾鸣教授在基于互联网经济和智能商业的大背景下，提出了在"点（作为网络节点的单个企业）—线（价值链／产业链）—面（大型、链状的企业间网络）—体（复杂的生态系统）"的网络中，怎么选择自己的定位。这些新观点对于战略管理这门学科的发展也是巨大的贡献。

最后，谈谈我对于曾鸣教授战略观形成过程的观察。我是在 2002 年《商业评论》创办之初，向曾鸣教授约稿时认识他的。当时他回国不久，在长江商学院任教，是商学院最受欢迎的教授之一。阿里巴巴创始人马云在那时曾经列举过他最佩服的几个教授，战略领域就是曾鸣，这也为马云后来把曾鸣邀请到阿里巴巴埋下了伏笔。曾鸣教授在《商业评论》刊登了一系列文章，他在本文中阐述的战略思想，如"大舍才能大得""眼高手低"等在这些文章中都有涉及。曾鸣教授在 2006 年去阿里巴巴之后，深潜了很长时间，再给我们稿件是 2011 年了，这次他一出手就是两篇堪称互联网宪章的力作：《C2B：互联网时代的新商业模式》《云商业的大创想》，功力远胜于以往，可见阿里巴巴以及广阔的互联网商业世界为其研究提供了丰富的土壤，这也再次验证了德鲁克的论断："管理是一种实践。"

曾鸣 经典语录

① 当时代在剧烈变革的时候，你要有"看 10 年"的决心，也要培养"看 10 年"的能力。

② 未来的商业就是智能商业，这是真正的升维攻击，传统商业在智能商业面前不堪一击，这是最重要的趋势。

③ 从未来看现在的企业有战略，从现在顺着往前走的企业没战略。做事情前先想一下 3 年以后产业格局会怎么演化。"以终为始"才是战略思考。

④ 战略就是决定该做什么：想做、可做、能做的交集。

⑤ 我们需要非常警惕仅仅停留在优秀的诱惑上，这看起来足够好，却是卓越的大敌。

我的品牌观

作者：艾 丰

品牌联盟智库主席，原《经济日报》总编辑

——

艾丰，1938 年 4 月出生于河北玉田。1961 年毕业于中国人民大学新闻系，1981 年在中国社会科学院研究生院获得硕士学位。他是知名报人，历任《人民日报》经济部主任、编委和《经济日报》总编辑。20 世纪八九十年代，他亲历了许多重要经济事件，采写了众多有影响力的报道，曾获首届"吴玉章奖金"优秀奖和"范长江新闻奖"。

他是中国品牌战略的先驱。1992 年，他策划、组织了"中国质量万里行"，此活动影响深远、延续至今。同年，发起"名牌战略活动"，并担任中国第一个名牌组织——中国驰名商标组织主任。他积极投身于品牌研究和咨询，是很多地方政府和企业的"幕后推手"。海尔集团的张瑞敏说："最理解海尔集团的是艾丰，他给了我们许多指导和帮助。"双星集团的汪海说："艾丰是最早和我们一起为中国自主品牌呼唤和奋斗的人。"联想集团的柳传志回忆说："20 世纪八九十年代和艾丰一起举起中国品牌的旗帜，当时还没有想到后来会干这么大。"无论是理论还是实践，艾丰都为中国品牌事业做出了卓越贡献。因此，他被亲切地誉为"艾品牌"。

在品牌上，艾丰提出过一系列独到的见解，例如，品牌是最具道德的商业智慧、品牌的实质是关系、打造品牌的 7 个支点、中国必须改变"制造大国，品牌小国"的状况等，本文是艾丰观点的精华。

艾丰著有《名牌论》《品牌革命》等。

什么是品牌

有人说，品牌是质量，质量是构成品牌的一个要素，不是全部要素，不能简单地说，品牌就是质量；有人说，品牌是文化，文化也是品牌的要素，而不是品牌本身；有人说，品牌是管理，管理也是品牌的要素，而不是品牌本身。很多说法都只涉及了品牌的要素，而没有指向品牌自身。

品牌是什么？品牌是最具道德的商业智慧。品牌的灵魂是什么？品牌的灵魂是品牌文化。品牌文化体现的是道德和智慧的统一，包括诚信、创新、责任。

诚信是底线，是生命线。品牌的作用首先是信用，你不讲诚信，没有信用，谁还会相信你？大家都不相信你，你还能生存吗？所以，品牌的第一个评价标准是信任度。要像爱护生命一样遵守诚信。做品牌，必须从诚信开始。

创新是上线，是能力线。好品牌代表的是特色和出色，无论是特色还是出色，都是靠创新形成的。诚信代表的是做好事，创新则代表着你做好事的实力和能力。所以，品牌的第二个评价标准是美誉度。没有创新很难形成美誉度。

责任是热线，是感情线。只有你对员工负责，对消费者负责，对社会和国家负责，大家才会喜欢你、支持你。如果只知道赚钱，对谁都不负责，你的品牌怎么会立得住呢？所以，品牌的第三个评价标准是知名度。知名度不仅是"知道"的意思，还必须包含着你对社会有益而形成的喜爱。

做品牌，从文化理念的角度看，很简单，那就是"守住底线、突破上线、强化热线"。任何时候都不能犯不诚信的错误，任何时候都不能放松创新的努力，任何时候都不能忘记对社会的责任。

打造品牌的 7 个支点

打造品牌的要点，就是要找准品牌的支点。品牌的支点主要有 7 个，找到一个就够了，如果能找到两三个，则更好。

第一，核心技术。 有了核心技术，企业就有了核心竞争力。这种类型以英特尔为代表，因为它掌握着计算机芯片最先进的技术，别人在这个领域很难与它竞争。

第二，**产品特色**。以世界汽车产业而论，几家大公司在核心技术层面差不多，它们主要靠产品特色来竞争。奔驰是老板的车，是为坐在第二排的人设计的。宝马是驾驶爱好者的车，是为坐在第一排的人设计的。沃尔沃则强调安全。美国的汽车，诸如卡迪拉克，突出舒适豪华；日本的丰田、日产则注重节油。这样形成的核心竞争力往往比较稳定，因为技术在不断进步，而特色一旦形成，就成了自己独占的、别人拿不走的东西。

第三，**独特创意**。用一种创意把硬资源和软资源结合起来，形成自己的知识产权，形成一种经营模式或产品样式，然后用品牌把知识产权覆盖和保护起来。麦当劳、肯德基都是如此。在我国的中华老字号当中，也可以看到这种智慧。

第四，**优势产业**。对优势产业，我称之为"经济乒乓球"。为什么乒乓球持续辉煌？因为适合中国人打。为什么足球不行？因为中国人的体质和场地都是弱项，经济也是如此。例如，深圳的中集集团，就是借助于集装箱这个优势产业成为全世界最大的集装箱企业，在世界市场占有率很高，居于本行业的全球主导地位。

第五，**优势环节**。在整个行业处于劣势的情况下，抓住优势环节，也可以造就自己的核心竞争力。作为中国企业，一定要利用中国在服装、鞋、中医、中药等产业上的优势。

第六，**优质服务**。靠优质的、有特色的服务，同样可以造就核心竞争力。服务更多的不是依靠技术，而是依靠经营，依靠企业精神和企业管理。服务行业的品牌主要是这样造就出来的。

第七，**文化内涵**。随着经济的发展、人们生活水平的提高，文化消费越来越重要。因此，靠文化内涵也可以形成核心竞争力。把中国烟草品牌红塔山和美国烟草品牌万宝路做比较就清楚了。红塔山为什么风靡一时？主要靠它的物质含量——好烟叶。至于文化含量就说不清楚了。所以，当别的品牌也有好烟叶的时候，它的差异化优势就不复存在了。万宝路的风行，主要依靠文化含量。它通过多年的宣传，形成了一种"阳刚之气""男子汉"的文化消费价值观，人们消费"万宝路"，更多的是消费这种文化含量。而且，这种差异化的文化将永远存在下去，难以取代。

实施品牌战略需要"三个三"

如何更好地实施品牌战略？在我看来，需要"三个三"。

第一个"三"，实施品牌战略需要"三类主体"协同作战。

一类主体是政府部门，一类主体是企业，一类主体是机构。这三类主体形成合力，才能够把这个事情做好。

第二个"三"，要"坚守底线、突破上线、加强热线"。正如前面所述，诚信是底线，是生命线。创新是上线，是能力线。责任是热线，是感情线。

第三个"三"，要克服三个心灵"魔鬼"。

为什么市场上会出现这么多假冒伪劣？因为有人有三个心灵"魔鬼"。

第一个"魔鬼"是不知感恩。如果一个人感恩社会、企业、他人，做好事都来不及，还会坑人吗？所以感恩是非常基本的一条线。

第二个"魔鬼"是经济力。一些人老想用小力气发大财，在短时间内发大财，把个案当成普遍推广的方法。

第三个"魔鬼"是片面业绩。一些公司选择做假账，老想着创造奇迹。若企业只想占领市场，不断扩大，必然会出现问题。

最后，我希望企业在打造品牌的过程中，要解决品牌传播的问题。品牌传播的学问，可能比制造产品的学问还要大。

品牌人的必读之作

王 永

品牌联盟（北京）咨询股份公司董事长

我读过很多关于品牌方面的文章，艾老师的文章可能是最通俗易懂、最容易给人留下深刻印象的。

他的文章自成一格，没有太多束缚，也没有太多套路，常常一上来就直奔主题。我觉得这样的文章太少了，很多所谓的理论文章，总是喜欢把简单的事情复杂化。艾老师则不同，他善于把复杂的事情简单化，让人们特别容易理解。

比如我们读到的这篇《我的品牌观》。对于什么是品牌这个问题，他只用了一句话：品牌是最具道德的商业智慧。这句话是我见过所有关于品牌的定义中，最为抽象，但又最为具体的定义。同时，他还把品牌的灵魂也抽象出来，告诉我们，品牌的灵魂是品牌文化，而文化体现的就是道德与智慧的统一，包括诚信、创新和责任。进一步，诚信是底线，创新是上线，责任是热线。通过这三条线，让人们对品牌文化的理解跃然纸上。

其他部分也是如此：打造品牌的7个支点，给所有想打造品牌的企业家，提供了一个清晰的努力方向。实施品牌战略需要"三个三"，更是高度凝练，一针见血。

这篇文章短小精悍，但是，把做品牌的道理、方法、路径讲得非常清楚。能让我们对品牌建设做到取势、明道、优术，实属不易。可以说，这篇文章应该是所有品牌人的必读之作。

艾丰 经典语录

① 在世界经济全球化的今天，"市场无国界"，但"品牌有归属"。第一个层次的归属就是国家。自主品牌是一个国家的话语权、主动权、定价权。

② 从国际竞争来看，发达国家对发展中国家实施三部曲：输出产品、输出资本、输出品牌。输出品牌最厉害。发展中国家不要责怪对手"狡猾"，而是要提高自己的认识、素质和本领。

③ 品牌是最具道德的商业智慧。品牌的灵魂是品牌文化。品牌文化体现的就是道德和智慧的统一，包括诚信、创新、责任。

④ 品牌的实质是关系。质量、文化、管理都是打造品牌的条件和构成品牌的要素，但不是品牌本身。品牌是品牌主体与消费者、社会之间的关系。这个关系用信任度、美誉度、知名度来衡量。

⑤ 品牌战略是企业总战略的组成部分。品牌战略的核心是"名实循环"，善于以实造名，又善于以名促实。

将混合所有制进行到底

作者：**宋志平**

中国建材集团董事长兼党委书记

———

宋志平，1956 年出生于河北深泽县。大学毕业后，他被分配至北京新型建筑材料总厂（简称"北新"），历任技术员、处长、副厂长。1993 年，36 岁的宋志平成为北新史上最年轻的厂长，并带领企业迅速走出困境。作为中央企业领导人，宋志平曾同时出任中国建材集团与国药集团两家中央企业的董事长，并带领它们跻身世界 500 强，缔造了"充分竞争领域快速成长的中央企业典范"。

宋志平提出并实施了"中央企业市营[⊖]""整合优化[⊜]"等发展模式，"八大工法[⊜]""六星企业®"等管理模式，以及"中央企业的实力 + 民营企业的活力 = 企业的竞争力"公式。他大力探索混合所有制，被誉为"混改第一人"。

混合所有制的"魔力"在于，它把国有企业的实力和民营企业的活力结合在一起，把国有企业的经济实力、规范管理和民营企业的市场活力、拼搏精神有机结合起来，形成了企业的市场竞争力。十八届三中全会提出：混合所有制经济是基本经济制度的重要实现形式。党的十九大报告指出：深化国有企业改革，发展混合所有制经济，培育具有全球竞争力的世界一流企业。

宋志平著有《改革心路》《央企市管》《国民共进》等。

那么，什么是混合所有制？"混改"到底应该怎么做？2018 年，宋志平将积累多年的经验撰写成文，发表在《中国建材》杂志上，本文撷取了部分精华。

⊖ 中央企业市营指在坚持中央企业国有企业属性的同时，建立适应市场经济要求的管理体制与经营机制。

⊜ 整合，即以联合重组、资源整合的方式，解决行业集中度和布局结构不合理的问题，减少增量、优化存量，重塑竞争有序、健康运行的行业生态。优化，即以技术、管理、商业模式、机制的创新，持续增强企业内生动力和竞争动力，实现从无机成长向有机成长转变。

⊜ 八大工法是中国建材集团针对联合重组企业如何有效实施管理整合而提出的八种管理方法，包含：零库存、辅导员制、对标优化、市场竞合等。

® 六星企业指企业符合六个标准：业绩良好、管理精细、环保一流、品牌知名、先进简约、安全稳定。

混合所有制不是简单的一混了之

混合所有制不是一个新概念，如果追溯起来，我国在 1956 年实行的公私合营就是混合所有制，当时就是在资本家的私有企业里加入公股，然后进行共同管理。后来的中外合资企业其实也是混合所有制。虽然提法不一样，但实际内容是相同的。

最早提出混合的概念是在十四届三中全会上，那时候我们就意识到，在我国的经济生活中有国有企业、民营企业、外资企业，因而一定会出现交叉持股的企业形态。到中共十五大的时候，混合所有制经济的概念被正式提出来。十八届三中全会关于混合所有制的提法是革命性的，其中明确了两点：第一，混合是国有资本、集体资本、非公有资本的交叉持股、相互融合，国有资本之间交叉持股不叫混合所有制；第二，混合所有制是我国基本经济制度的重要实现形式，这是我们经过几十年反复验证得出的结论，十八届三中全会把它深化了、升华了，形成理论上的巨大创新。

对于混合所有制，社会上有些偏颇认识，不知道混合到底是"谁混谁""谁吃谁"，国有企业和民营企业也各怀疑虑。国有企业担心民营企业"蚂蚁搬家"，会把国有资产"蚕食"掉。民营企业担心的是，本来在体制外好好的，混合后国有企业行政化的那套东西会跟着进来，民营资本也会被"国营化"。

我当时给大家讲了一个道理，我说混合所有制的特点是融合，不是把非公资本国有化，也不是把国有资本私有化，不存在"你吃掉我、我吃掉你"的问题，在混合所有制企业里，国有股权和非公股权都是平等股东，大家都以股权说话。我打了个比喻，混合所有制就像一杯茶水，水可能是国有企业的，茶叶可能是民营企业的，但变成茶水后就没必要非得分清楚什么是茶、什么是水，因为它们已经高度融合在一起了。

2005 年，我在清华大学演讲时就提出了"国民共进"的观点，主张国有企业和民营企业互惠互利、共同前进。"郎顾之争"的时候有"民进国退"的说法，搞混合所有制时，"国进民退"风声再起。实际上，这两种说法都不对，国有企业和民营企业不应撕裂开，而应充分混合，实现国民共进。2014年我出了一本书叫《国民共进》，讲的就是这个逻辑，一度对推进混合所有制起到些作用。国资委领导看了之后说，宋志平提的这个"国民共进"好。

混改的"三七模式"

大家都知道混改，到底怎么做呢？在长期的混改实践中，中国建材集团有限公司（以下简称"中国建材"）探索出一种"三七模式"，分"正三七"和"倒三七"两种股权结构。

"正三七"指的是中国建材持有核心上市公司的股份不低于30%，其他投资机构及流通股不超过70%。比如在中国建材股份这家香港上市公司中，中国建材持有42%的股份，其余是社会资本。这样做一来可以把控制权拿在手里，确保大股东地位；二来可以多募集资金。在上市公司股权结构中，我不主张一股独大。什么是一股独大？就是除中国建材之外全是散户。我的理念是，在相对控股、第一大股东、1/3多数等基本前提下，引入第二股东、第三股东，形成积极的股东结构。

在中国建材股份下属的混合所有制企业里，我们持股70%，给机构投资人和原创业者留30%的股份，也就是"倒三七"。这一模式确保了上市公司有更多利润，有利润才有市值，股价才能升高，股价高了才能增发，从而实现良性循环。中国建材作为控股公司，不仅盯着上市公司的利润，还盯着股价，盯着市值，我们把市值看作上市公司价值衡量的第一指标。

"三七模式"的这套做法非常有效，既增强了国有资本的控制力，壮大了国有经济，又发展了非公经济，更重要的是将机制引入企业，增强了企业的活力。其实混合所有制的核心就是为企业引入市场机制，如果不在引入市场化机制上下功夫，混合的意义就不大。中国建材大规模的联合重组之所以没有乱，实际上是得益于这种混合所有制的股权结构。所以说，混合所有制不是简单的一混了之，还得会混，要混得好才行。

当然，从根本上说，混合不仅是资本的混合，更是优势的混合、文化的混合。举个例子，在一个家庭里，父母长得一般，但如果孩子继承了父母的优点，可能他就会长得很精神。混合所有制也是一样，要充分发挥中央企业和民营企业的优势，就是我常讲的混改公式"中央企业的实力＋民营企业的活力＝企业的竞争力"。如果把传统国有企业常有的官僚主义和民营企业常有的非规范化结合在一起，这个混合所有制企业一定做不好。

文化建设也是混改中特别重要的内容。中国建材的文化是团结向上、包容和谐的文化，在重组过程中，我跟大家反复强调一个观点：关于利益，谁多点谁少点都可以商量，唯有文化没有商讨的余地，任何企业任何人都必须接受中国建材的文化，这也能确保重组的稳定和顺利。今天你到中国建材任何一家企业去，都会发现我们的文化是深入人心的。

优秀民营企业家是我们的英雄

发展混合所有制需要民营企业的活力，那么民营企业的活力来自哪里？我认为来自民营企业企业家，来自民营企业里的企业家精神。在混合所有制改革中引入大量优秀的民企营业家，这可能是中国建材快速做大做强的诀窍之一。

改革开放是一场伟大的再造。民营企业家经过长期的市场淬炼，早已不是传统印象里夹着皮包在人家门口诚惶诚恐推销的"个体户"了，今天的民营企业里不乏企业英雄甚至是大英雄。如果能把这些优秀的民营企业家吸纳进来，混合的价值就会成倍放大。这也涉及一个老生常谈的问题，就是选人和选业务哪个更重要。我的看法是选人更重要，做企业要先人后事，而不是先事后人，一定是找到合适的企业家才去做混合这件事。

什么样的企业家是中国建材中意的呢？答案是痴迷者，就是那种对做企业无比痴迷、事情做不好就睡不着觉的人。这些年来，我把大量的精力都用于寻找痴迷者和企业家。在重组民营企业之前，我一般会先跟这家公司的老板谈谈，在谈话过程中，我就在想他是痴迷者吗？他是专心致志的人吗？他是把身家性命拴在企业上的人吗？如果是，那我就把"宝"押在他身上。如果这个人左顾右盼，知识面很广，信息量很大，概念讲得天花乱坠，恰恰说明他不专注。就像小猫钓鱼一样，蜻蜓来了抓蜻蜓，蝴蝶来了抓蝴蝶，这样的人我不会选。

做企业是个硬功夫，是个苦差事，所以在选人时我宁要"笨人"不要"聪明人"。"笨人"不是真的笨，而是做事不甚活络，甚至是一根筋，不做成一件事誓不罢休，就像龟兔赛跑里的乌龟似的，一刻不停地朝终点爬。中国建材所属平台公司都非常专业，带头人要是没有对事业的痴迷精神，没有顽强拼搏的劲头，没有精耕细作的耐力，这家公司是做不好的。

其实，引入市场机制的一个关键就是引入企业家，中国建材在联合重组、发展混合所有制的过程中，选择了一大批能征善战的优秀民营企业家。这些企业家能吃苦、肯钻研，带领企业跨过一道道难关，让中国建材的玻璃纤维、碳纤维、石膏板、风电叶片、新能源等新业务领域，绽放在世界舞台上。他们是当之无愧的大英雄。这些民营英雄在中国建材竞相争辉，有几位是其中的代表人物，包括中国巨石总经理张毓强、泰山石膏董事长贾同春、中复神鹰董事长张国良、中复连众董事长任桂芳、深圳国显总经理欧木兰、俊鑫科技总经理孙杰、浩丰食品董事长马铁民，等等。

把混合所有制进行到底

国有企业改革的重头戏是混合所有制。为什么这样说？因为国有企业改革的核心是提高企业效率。到底怎么提高效率？经过几十年的探索和反复验证，我们最终走到了混合所有制这条路上来。其实西方国家最初也有不少国有企业，不少国家也推过国有化运动。但是后来科斯先生提出国有企业效率不如民营企业高，于是西方国家大规模私有化，没想到出现了新问题。像德国把国有企业一股脑私有化后发现，铁路、水、电等公益行业并不适合私有化，因为这些行业本身不以盈利为主，而是要求质量和服务第一，放到市场上去追逐利润，会引起不合理的涨价，降低服务质量。

我国的基本经济制度是公有制为主体、多种所有制经济共同发展，要坚持"两个毫不动摇"方针：一个是毫不动摇地巩固和发展公有制经济，一个是毫不动摇地鼓励、支持、引导非公有制经济发展。这是我们改革的出发点。国有企业改革第一轮"抓大放小"的时候，地方上把很多国有企业通过 MBO 私有化，少数地方国有企业和中央直管的大型国有企业被留了下来。这些企业虽说都发展了起来，但直到今天仍然存在到底该怎么做、怎样促进国有经济发展的问题。

中国需要强大的国有经济，国有经济怎么成长是我们面临的重大难题。十八届三中全会把这个问题解决了，方式就是混合所有制。我认为混合所有制提出来以后，还应该提出一个新的所有制形态。

北京大学厉以宁教授为我的书《国民共进》作序，其中提到："在一定时间内，国有企业、混合所有制企业、民营企业将会三足鼎立，支撑着中国经济，但各自占国内生产总值的比例将会有所增减，这是正常的。"我很认同厉老的观点，三足鼎立是我国的微观经济模式，为国有经济的实现形式打开了通道。

第一种实现方式是国有企业，集中在暖气、自来水、电力、公共交通等公益领域。公益和保障事业不以逐利为目标，而是保证产品和服务质量。在国有企业里，国家给予补贴，干部可享受国家公务人员待遇，由于企业是非竞争性的，收入可能没有那么高，但工作与收入相对稳定，孩子入托等问题也由国家解决，像日本等国的国有企业都是这么做的。

还有一种是国有资本以股权形式进入混合所有制企业，这类企业处在竞争领域，目的是创造效益。国有资本是混合所有制企业的股东，享受股东权力，通过资本的流动实现保值增值。当然，国有股以控股、绝对控股和相对控股为主，参股是少数。这个模式解决了国有经济如何进入市场、如何做大做强的问题，也解决了国有经济和民营经济的竞争问题。

中国建材和国药集团处在充分竞争领域，都历经大规模混合才有了今天的规模。中国建材的股本里 30% 是国有资本，70% 是社会资本，国药集团 50% 是社会资本，实际上都是用少量的国有资本吸引了大量的社会资本来发展。像中国建材就是用 500 亿元国有资本撬动了 1500 亿元社会资本，发展成为拥有 6000 多亿元总资产的、全球最大的建材集团。可以说，混合所有制促使我们完成了两件大事：一是企业快速成长，进入世界 500 强；二是用混合所有制的机制，把水泥行业整合这件事做成了，没用国家一分钱。

实践证明，混合所有制是发展和壮大国有经济的重要方式。中国问题专家郑永年讲中国模式有两点，第一点是有共产党领导，第二点是有强大的国有经济。今天的中国是特色社会主义国家，最大的优势是共产党的坚强领导，国民经济以国有经济为主导。比如街道路面破损了，一般都是国家来修；国家电网不管盈亏，电价对国有企业和民营企业都是一样的。

也就是说，全社会都在享受着国有经济的好处，国有经济也支撑着民营经济的发展，这就理解了为什么国家必须要有一定总量的国有经济。那句老话"国库不能虚空"，讲的就是这个逻辑。国有经济想发展壮大就必须进入市场，通过混合所有制方式投资赚钱，就像新加坡淡马锡公司一样，以国有资本投资公司的身份在全世界投资，完全按照市场规则运作。

公有制有多种实现方式。过去我们讲，股份制是公有制的实现形式，这种实现形式主要是相对家族私人公司而言的。今天有了混合所有制的企业形态，把混合所有制看作公有制的实现形式，这就解决了混合所有制姓公姓私的问题，以后也不需再争论了。

十八届三中全会"决定"讲，发展混合所有制"有利于国有资本放大功能、保值增值、提高竞争力，有利于各种所有制资本取长补短、相互促进、共同发展"。这段话讲得很透彻，意义十分深远。深刻理解混合所有制，大胆实践混合所有制，这是我们改革的方向。

在充分竞争领域，我认为除了混合所有制，没有其他路可以走，我们要坚持到底。但是，并不是所有国有企业都能进行混改，像自来水公司、电力公司等就应是纯国有企业，国家要把这些公益事业、民生行业承担起来。混合所有制企业则要完全进行市场化运作，效益高，大家的收入就高，效益低，收入就低，要服从竞争法则。

让所有者利益和劳动者利益能够共享

2018 年是改革开放 40 周年，中央电视台的记者专门把我找去谈谈国有企业改革的过程，其中一位年轻记者问我，现在国有企业改革的动力是什么？我说其实改革都是围绕着利益分配关系进行的，改革初期时我们是为了破除平均主义，让职工多劳多得，而现在我们希望让员工持股参与企业创富的分配，建立企业利益共享平台。也就是十八届三中全会"决定"里讲的："允许混合所有制经济实行企业员工持股，形成资本所有者和劳动者利益共同体。"

改革再出发，"共享"这个话题是绕不开的。我认为，改革的方向是发展混合所有制，改革的动力是让所有者利益和劳动者利益能够共享。今天我国已经进入了高质量发展阶段，人们生活逐渐富裕，社会主要矛盾发生变化，我们改革的动力是什么、我们的目标是什么，这些都是国有企业改革需要回答的问题。答案就是满足员工对美好生活的向往。今天国有企业的改革其实和民营企业一样，都要成为共享平台。

我们的改革也要解决这个问题，把机器、厂房等有形资本和人力资本很好地结合起来，才能发挥干部、技术人员、员工骨干的积极性。大家有了一定的财富，才能在社会上体面地、受人尊重地生活。今天各项成本费用都很高，买房子、孩子读书、赡养老人、大病风险，等等，怎样让国有企业员工有能力偿付这些生活成本，这是改革里的大问题。不然的话，国有企业里的骨干就很难留住，年轻人也不愿意进入国有企业，上一轮改革的红利就会丧失，国有企业就会失去竞争力，所有者利益也就无从保证。在 2018 年春季的莫干山改革论坛上，我讲到"国有企业改革得让员工买得起房子"，这句话被很多媒体转载了。

中国建材已经进行了十多年混合所有制实践，在这场改革里，我们做了员工持股、分红权等尝试，取得了很好的效果。例如，2000 年我们成立了南京凯盛公司。这家公司规模不是很大，却是我们所有水泥工程企业里效益最好的，没有一个项目有过亏损，原因就是企业有员工持股的机制。如果企业只是国家的，可能就会出现杀价竞争，造成亏损。

从中国建材的实践来看，企业机制非常重要，今后我们仍然要在完善机制方面进一步改革。

华为从一家 4 万元起家的小公司成长为 6000 亿元级的国际公司，我认为得益于两点：一是共享机制，二是任正非的企业家精神。任正非认为华为是那种"财散人聚"的机制，就是把财富更多地分给干部和员工，从而增加企业的凝聚力。我说，袁隆平的成功是因为选对了一个稻种，华为的成功是因为选对了一个机制。其实，从国际上看，员工持股和共享机制是一个大方向。法国 50% 以上的企业都有员工持股，日本企业基本也是人人持股。通过员工持股，员工不仅可以分享企业创造的财富，还可以真正获得企业主人翁的归属感。

从我国来看，国有企业改革的核心是要解决利益分配机制的问题。改革之初，我们通过"破三铁"，解决了"大锅饭"的问题；之后出现的承包经营责任制，开始触及利润分配机制的问题；再后来，国有企业建立现代企业制度时，也曾设立过上市公司的职工股。可惜，这些改革后来都停滞了，但今天国有企业发展面临新环境，不改革就会出现问题。

中国建材的专利有 1 万多项。作为一名国有企业科研技术人员，发明专利和他的个人收入是否有关系？以前多数企业认为没关系，觉得那是国家投资的成果，科技人员只是普通劳动者。但问题是，有的劳动者虽然努力了，但一项专利也没获得，有的劳动者却有很多发明专利，为企业创造了巨大效益，如果一点收益都不给他分配，恐怕人才就会慢慢流失。这是摆在我们面前非常迫切和严峻的问题。

说来说去，今天改革主要解决的已不再是打破"平均主义"那个层面上的问题了，而是着眼于建立机制，让企业成为国家和员工共享的创富平台，实现社会的均富和共富，这符合社会主义共同理想。国家提倡的五大发展理念，其中之一就是共享理念，我们的社会应是一个共享社会，企业作为社会的一个经济细胞，应该贯彻共享原则。共享机制不应只在民营企业中实现，在国有企业中也应该实现。

共享，不是说去共享别人的东西，而是共享自己的改革发展成果。通过共享机制，员工可以凭诚实劳动多获得一些收益，企业效益好了，国家所有者就会赚得更多。过去，我们认为财富是一个常量，分给你了，我的就少了，但是今天必须把财富变成一个增量，你分得多我就会分得更多，这就是共享的意义。共享不是简单的分饼，而是把饼烙做大，让大家都受益。中国建材主张在股份公司和管理层推行股票增值权，在非上市公司推行超额利润分红权等，这都是承认劳动者骨干、人力资本参与分配的方法，希望通过这些方法让员工共同分享企业成长所带来的红利。

我们进行国有企业改革，归根结底是为了发挥企业干部员工的积极性和创造热情，提高企业的活力和竞争力，实现国有资本做强做优做大。如果不解决实际问题，如果大家的工作热情没有被点燃，改革就很难成功。混合所有制和共享机制是国有企业改革的大事，我觉得自己有责任为这两件事鼓与呼。我希望国有企业能通过混合所有制插上机制革命的翅膀，让干部员工与企业结成荣辱与共的命运共同体，造就更多具有全球竞争力的世界一流企业。

混合所有制改革的先锋

周放生

中国企业改革研究会副会长

中国的产业结构调整历时几十年，仍未完全解决。在实践中，可以总结为两种模式：一是做增量，即大规模投资，更换最先进的设备进行大规模生产，结果是产能过剩，耗费大量人力、物力，却没有收益，大多数企业都曾采用过这种方式。二是做存量，即运用并购重组等方式整合行业中的小公司，将"点"连成"面"。

国有企业选择并购重组的整合方式，首先面临的是所有制问题，一些国有企业选择100%收购，让民营资本完全退出。宋志平董事长选择的方式却是混合所有制，即由中国建材来控股，同时运用股份置换的方式保留民营企业股份，保留有意愿、有能力的经营人员，从而将中国建材的人才、技术管理、资金、资源等国有企业优势注入民营企业里。同时，民营企业的市场化机制又弥补了国有企业的体制僵化。通过这种方式，实现了两个体制的优势互补、劣势对冲。

以南方水泥有限公司为例，当时南方五省一市，有大量的民营水泥企业。中国建材上市后，决定进入水泥这个大产业。当时，宋志平面临的选择就是：做增量还是做存量？做增量既简单又省心，但是，多方调研后，宋志平认为水泥行业绝大部分是民营企业，规模小、数量多。通过并购重组做存量，在减少投资量、缩短投资时间的情况下，可以迅速占领市场。

　　实践证明，宋志平用混合所有制改革来整合产业存量，进而调整产业结构，是非常成功的。既提高了产业集中度，又减少了恶性竞争，是非常值得借鉴的模式。

　　宋志平是混合所有制改革的倡导者，更是践行者。在未来，"混改"大有可为。如果想参透"混改"的奥秘，他的文章是必读之作。

宋志平 经典语录

① 中央企业的实力＋民营企业的活力＝企业的竞争力。今天的中国经济是高度融合的经济，社会各界应多讲融合与包容，让不同所有制的企业互相学习、取长补短。

② 今天改革主要解决的已不再是打破"平均主义"那个层面上的问题了，而是着眼于建立机制，让企业成为国家和员工共享的创富平台，实现社会的均富和共富，这符合社会主义共同理想。

③ 企业的事林林总总，但概括起来是三件事：改革、管理、创新。改革解决机制问题，管理解决效率问题，创新解决核心竞争力问题。

④ 用人要用"痴迷者"：睁开眼睛就想自己从事的工作。

⑤ 做企业要有一块坚如磐石、不被人颠覆的业务做基础，再去做些有风险的业务。

吉利集团的底层密码

作者：**李书福**

吉利控股集团有限公司董事长

———

李书福，1963 年出生于浙江省台州市的山村。19 岁的李书福高中毕业后，试水商海，先是给别人照相，掘到第一桶金；又先后制造冰箱及零配件、造摩托车。辗转十余年后，李书福进入汽车制造业。

"请给我一次失败的机会"，李书福喊出当时一个中国民营企业家对梦想的坚守、对时代的无奈。他坚信吉利要造自己的汽车，中国一定要有自己的汽车产业。此后他克服种种困难，成为中国民营造车第一人，被外媒称为"中国的亨利·福特"。

也是这种坚持、敢说敢做，使得李书福被称为"汽车疯子"。立足国内，放眼全球，他带领吉利汽车站稳在中国的市场，此后又以蛇吞象的气势收购世界汽车贵族沃尔沃，成为奔驰最大股东，带领吉利驶向海外。

李书福书写了民营汽车制造的成长样本。从田间的放牛娃到登上国际舞台，激情澎湃地讲述自己的汽车梦想；从拿不到造车证到成为中国汽车行业的领军者，李书福是若干坚持梦想的企业家缩影，他这些年的经历、心得可在本篇文章中找到答案。本文来自 2018 年 5 月 21 日微信公号"正和岛"的文章，有删减。

李书福著有《做人之道》，代表文章有《让吉利汽车走遍全世界》《全球型企业文化指引吉利沃尔沃协同发展》等。

我的创业经历

我是一个放牛娃，上小学时，我利用暑假为生产队放牛，每天 0.15 元，一个暑假能赚 6~10 元人民币，对当时的我来讲这是一笔大钱。我上小学时每学期大概交书本费 1.2 元，学费是免交的，有了这笔钱，我比其他同学富裕多了。

在我上初中一年级时，十一届三中全会召开，改革开放的浩荡春风吹遍神州大地，吹进了校园和乡村。虽然我仍然沉浸在放牛的快乐生活之中，但改革开放的春雷在我心中激起千层浪花，散发无穷涟漪，使得我无心上学了。随着改革步伐的不断加快，后来高中还没有毕业，我就开始规划参与市场经济活动的各种梦想。

当时家里有辆自行车，我向父亲要了几百元人民币买了一台手提照相机开启了我的创业生涯，坚持了近两年时间。后来因为开放的力度越来越大，我就寻求新的机会，进入了转型发展时期。

那个时候的台州，废旧电器市场已经比较发达了，我从废旧电器零件中分离出金属铜、金属银和金属金，利用我家房子比较大的优势，进行家庭作坊式的生产。后来，我的这些技术被其他人学会了，因而出现了激烈的供应链竞争，废旧零部件的成本也越来越高，于是我又进入了新一轮的艰难转型。

随着改革开放的不断深入，冰箱开始进入家庭，我再次开启了一个新的创业进程，研究生产冰箱配件。因为公司初创，没有土地，更没有厂房，我只能租用街道的工房进行产品试制与研究。经过近 400 个日夜的反复失败与总结，我的手掌被折腾得找不到一块完好的皮肤，见人不敢伸手，浑身疲惫不堪，但我的研究试生产终于成功了。可是人家自己要发展工业，决定收回厂房，于是我只能转移到其他地方，辗转了两个地方之后，生产又陷入了停顿。这一年我 22 岁。

在恐惧、无奈、叫天不应、入地无门的情况下，有一个声音在向我们召唤，当时家乡的工办主任为发展乡镇企业，主动找到了我们。在他的协调下，我们租用了一个村庄的生产队仓库，后来还给我批了一个戴红帽子的乡镇企业⊖。有了营业执照后，我们便轰轰烈烈地大规模招聘员工，开始

⊖ 红帽子企业是指由私人资本投资设立，而又以公有制企业（包括国有企业和集体企业）的名义进行注册登记的企业，或者挂靠在公有制企业之下的企业，即名为公有制企业，实为私有制企业。

扩大产能、制作设备、研发新产品，生产的冰箱零配件供不应求，一举成名，最终成为台州最大的民营企业，在浙江乃至全国都有较大知名度。

1989年，因为客观环境的变化加上内部股东意见分歧等原因我深感疲惫，于是我选择把全部资产送给乡政府。政府接管后，我虽然一夜回归"无产"，但浑身轻松，于是我去上大学了。

1992年3月，我从已经送给政府的资产中回租一部分厂房，开始了新的创业生涯，对我来讲，这是第四次创业了。邓小平南方谈话在天地间又一次荡起了滚滚春潮、万丈春晖，暖透了大江南北、长城内外，整个中国进一步迈开了气壮山河的新步伐，我的创业热血又一次被点燃，那一年我已经28岁了。要研究、生产什么呢？装潢材料。

后来，我们把产品的规模做到不但满足国内市场需求，还出口几十个国家和地区。再后来，我们的这些自主创新成果又被其他人学走了，虽然我们有专利，有所谓的知识产权。为此，我又放弃了这个产业，开始研究摩托车。

吉利是全中国第一个研究生产摩托车的民营企业，后来很多人发现，吉利的摩托车供不应求，企业搞得红红火火，自然又有许多企业跟着学，几年间，全国几十家摩托车公司，如雨后春笋遍地开花。但是有些企业缺乏合规意识，市场出现了无序竞争，甚至出现了偷税漏税的不正当竞争，于是我又退出了这一领域。

艰辛的造车道路

那一年，我已经35岁了。我决定研究、生产汽车，除了我自己和少部分人，大多数人几乎都不相信我能成功。大家都认为中国在汽车工业领域已经没有优势了，优势早已经被西方国家垄断了，中国企业只能与外国汽车公司合资或者合作才有可能取得成功。但是我认为中国的改革开放政策一定会更加成熟、更加稳健，中国的现代化建设一定会持续推进，中国一定会成为世界上最大的汽车市场。虽然在当时，中国汽车市场的规模每年才几十万辆，汽车进入家庭才刚刚起步。但将来如果中国每年汽车销量超过 3000 万辆，而汽车工业又不是属于中国自己，那一定不是一个好消息。从几十万辆到几千万辆的年产销量，这个成长的过程本身就是一个很大的商机。进入汽车行业虽然面临很大挑战、很多困难与问题，但商业空间很大，商业机遇期也很长，有足够的时间打基础、练内功，有足够的时间培养、培训人才，也有足够的时间、空间允许我们犯一次或几次错误，这是用钱买不来的机会效益。因此，我决定抓住这个时间窗口，坚定地进入汽车领域。

我领导组建了项目筹备组，在公司内部选了两个工程师，加上我自己，共三个人开始研究汽车技术。我们都知道，这是一条不归路，但这既是天时地利的召唤，更是我追求理想的自我决定。在汽车行业内有一句话：你恨谁就叫谁去造汽车。当然我要造汽车，不是因为谁恨我，而是我自己的选择。

实践证明，这条路实在太艰辛，这条路也确实很诱人，这条路时而景色秀丽，时而乌云密布，我们勇敢地在这条路上参加了没有尽头的马拉松赛跑，虽然跑得腰痛腿软，浑身浸透汗水，有时还会精神恍惚、不知所措，但前方的路依然充满神秘，能勾起我们无穷的想象，使我们探索远方秘密的心情根本无法平静，已经扬起的创业风帆将推动我们走向充满无限可能的汽车世界。

当时的我就坚信：汽车一定会电动化、智能化，一定会成为智能空间移动终端，一定会帮助主人解决更多的困难和问题；一定会垂直起降，自由飞行在江河山川、城市乡村；一定会成为主人的秘书、保镖，为主人赚钱，帮主人消费，逗主人高兴，与主人聊天，保主人平安，帮助主人增长知识；一定会自己去清洗、保养，等等。但是，所有这一切，都需要我们加大科技投入，发扬科学精神，不断累积基础数据，不断突破技术瓶颈，不断培养研发人才，不断提高研发能力，不断实践总结与优化系统规划，从根本上掌控核心科技，必须形成线上线下两方面的智能优势，缺一不可。吉利在全球有近两万名研发工程师，每年投入数百亿研发费用，在自己确立的技术路线上坚定地持续投入。只有不断形成厚积薄发的优势，才能走出一条有自己特色的可持续发展道路。能力是用钱买不来的，只有通过自己的努力学习、刻苦锻炼，才能掌握真本领，才能面对各种挑战，引领行业变革。

我的实践心得

吉利经过了三十多年的实践与探索，我总结出以下几条心得。

（1）**做事情必须认准一个方向，坚定一个信念，提炼一种精神，凝聚一股力量，完成一个使命。**一定要打基础、练内功，千万不能随泡沫飞扬，跟风起哄，否则风口过后必会留下一片狼藉的凄惨景象。退潮以后，裸泳者将会很难看，搞得不好有可能回不了家。

（2）**中国汽车工业要做强做大，必须进一步放开管制，应该欢迎更多的人参与到中国汽车工业发展中来，鼓励各种形式的创新与探索。**当前中国进入电动汽车工业的投资者很多，互联网企业造车也搞得如火如荼，这是一个很好的势头，一定要积极引导、大力支持。但是有些现象必须引起重视，比如利用互联网概念、电动车概念以及借发展实体经济投资汽车工业等名义，而其真正目的不是造车，不过是希望在不用承担风险的情况下趁机变相捞钱，这样做不利于市场经济的健康发展。国务院副总理刘鹤说得好，借钱是要还的，投资是要承担风险的，做生意是要有本钱的，做坏事是要付出代价的。我认为实业就是实业，搞实业必须持之以恒，不能急于求成，实业赚不了快钱。当然现在进入汽车行业不是没有机会了，只是机会少了一些，难度大了一点，好像打高尔夫一样，有些人已经打一段时间了，快接近果岭了，而新进入者要么一杆进洞，要么不要参加这场比赛，否则成功的概率不大，也就是说机会只有一次了，一定要聚精会神，认真严肃，高度重视，必须一次性成功，不能有任何闪失，更不能三心二意。就中国当前的汽车工业而言，在对外放开之前，尽快对内放开，早日形成自己的能力。这样可以给用户带来更多的实惠，可以提高中国汽车工业的全球竞争力。我是一个市场派，我完全鼓励与支持公平竞争，坚决反对特权与贸易保护主义。

（3）**不能急功近利。**要想实现梦想，就必须脚踏实地遵守事物的客观规律，播下希望的种子就会带来光辉的前景，埋下罪恶的祸根就会带来无情的灾难。中国改革开放政策就是为国家的可持续发展奠定了基础，播下了民族复兴的伟大种子，中华民族一定会因此而拥有光辉的未来。大道至简，规律不可抗拒，只有内外兼修，厚道善良，顽强勇敢，一分耕耘就有一份回报，明天才能更美好。

（4）**企业长期可持续发展的前提必须是依法合规、公平透明，必须以人为本，合作共赢。**在经济全球化的今天，任何的小聪明，都有可能变成严重的问题，产生严重的后果。做成一个成功的企业很难，毁掉一个企业的前途可能就在眼下，可能就是因为某一件小事。所以，做企业必须天天如履薄冰，天天小心谨慎，时刻牢记合规的重要性、法律的严肃性。

创造人类幸福全靠自己辛勤劳动、刻苦工作，天上不会掉下馅饼、世界上没有免费的午餐，这也是我一贯坚持的原则。我觉得勤奋、踏实、苦干、与人为善是正道。那些用自己的错误观点臆猜别人的正确行为，用自己的扭曲心态衡量别人的健康心灵，甚至出现造谣没有底线、唯恐天下不乱的言行，这样的思维方式最终是不会有市场的。有时候还出现以制造谎言得到传播骗人而洋洋得意的现象，我认为这股力量随着时间的推移一定会露出真相。我希望同志们不要传谣、信谣，尽最大的可能提高自己辨别真伪是非的能力。

汽车产业是全球性产业、是制造业之王，21世纪是科技革命、产业变革、商业重塑的世纪，无论是吉利、沃尔沃、奔驰、宝腾、路特斯，还是世界上的其他汽车公司，都面临巨大的挑战。在相互尊重、互不影响独立性的前提下，依法合规地探索一条携手共进的新型发展道路，是经济全球化背景下应该尝试的创造性思维，这种思维可以为用户带来更多利益，为行业产生积极影响。

吉利的发展史就是创新、创业，大胆实践、不断转型升级的成长史，就是不断为用户带来获得感的奋斗史。吉利因为这40年的历史机遇，从无到有，从小到大，由弱变强，从小山村走向全中国、走向全世界。所有这一切都应归功于改革开放的好政策，我们必须倍加珍惜，为中国汽车跑遍全世界，而不是全世界的汽车跑遍全中国而顽强拼搏。

当然今天的中国制造业依然面临如何从全球价值创造链的中低端走向中高端的现实挑战，但是，我们千万不能急于求成，否则欲速则不达，只要认准方向，明白问题的本质，持续努力就能取得成功，这是考验中国制造业的关键时刻。在全面深化改革、推动经济高质量发展的进程中，如何实现合规发展，如何实现全球价值链利用与合作共赢，如何实现稳健地转型升级，已经成为摆在我们面前的重要课题。

只要出发，使命必达

吴晓波

浙江大学管理学院原院长

李书福先生的《吉利集团的底层密码》情感真挚，虽然遣词朴实，素描了从放牛娃到乡村摄影师，到做冰箱、摩托车，直到"汽车疯子"，这种"非线性成长"之路，读来却令人心潮澎湃。显然，他的成功绝非偶然，在其"非线性成长"的各阶段中无不透出他的聪明劲儿。更令人钦佩的则是那"聪明劲儿"背后的执着、坚韧、不服输、敢为人先的企业家精神和睿智的洞察力。

他的成功重重打脸了那句网络热语："贫穷限制了我的想象力。"一穷二白的放牛娃，却能撑起中国自主汽车品牌的旗帜！

都说摄影是"第三只眼睛"，乡村摄影师的经历练就了他那睿智的双眼。正是这双善于"发现"的利眼，使他在市场经济的大潮中能够找准别人看不到的商机，也能看到创新求变的细节，典型如创新"踏板摩托车"。

桀骜不驯是他成功的另一个性格特点。他的几段创业转型都是在企业"蒸蒸日上"时"任性地"主动放弃。正是这种性格，使得"不按常理出牌"的他出人意料地果断放弃摩托车而成了"汽车疯子"。用他那超乎常人的锲而不舍和永不言弃的毅力，最终应了那句话："只要出发，使命必达！"

这是一位善于学习和"忘却学习"的企业家。他是有悟性而善于学习的人，从悟道牛脾气中学习、从细致入微地观察用户中学习、从国际并购中学习。正是"忘却学习"，让他可以义无反顾地"忘却"往日的成功，去全力学习、追逐现代工业的前沿：汽车产业。

这是一位无畏而执着的企业家，更是一位真诚、踏实而对科学、合规有着"敬畏感"的企业家。正是这种"敬畏"，让吉利汽车在全球化的大潮中站在以"科学"为基础的"未来观"上践行了正确的发展战略，在围绕能力提升的产业链布局和全球化创新协同中赢得国际同行的尊敬和协同，积极而务实地顺势而上，实现向"智能空间移动终端"的转型升级，进而实现"让中国车跑遍全世界"的不凡初心。

作为 16 年前曾担任过吉利汽车总裁战略顾问的我，深深地为有这样的企业家而感到由衷的骄傲！

李书福 经典语录

① 搞实业必须持之以恒，不能急于求成，实业赚不了快钱。

② 中国的改革、中国的开放，势不可挡。那时候，我们就提出"认准一个方向，坚定一个信念，凝聚一股力量，提炼一种精神，完成一个使命"。

③ 吉利没有优势，一点优势都没有。我们有一种认真研究、任劳任怨的精神，脚踏实地，一步一个脚印，把事情做到位，工作做扎实。

④ 有人问我，吉利成功融合沃尔沃，靠的是什么？我的体会是，靠沟通互信，靠合规合法，靠和而不同的中华文化底蕴；靠与工会组织建立良好沟通，坦诚相见，同舟共济；靠尊重欧洲成熟的商业文明，严格目标管理，有效放权，让管理层充分发挥"主人翁作用"；鼓励思想碰撞，强调人文关怀，用"和而不同"包容各种建设性意见，确保企业沿着设定的战略轨道实现可持续发展。

⑤ 我这一辈子其实就是做汽车的，真正为用户带来实惠，让每个人用得起、买得起，这就是我们现在在做的工作。这是我的梦想，我相信也是能够实现的，这不完全是一个"梦想"，三到五年，八到九年，甚至十几年，通过努力一定能实现。

小米如何成功逆转

作者：**雷 军**

小米科技有限责任公司董事长兼 CEO

雷军，1969 年 12 月出生于湖北仙桃。1987 年，雷军考入武汉大学计算机系。受《硅谷之火》创业故事的影响，大四的雷军开始和同学创业。1992 年，雷军加盟金山公司，并带领公司在香港上市。之后，他变身为一名天使投资人。

2010 年 4 月，雷军与 7 位合伙人一起创办了小米。此后，这家公司"用互联网模式开发产品，用极客精神做产品，用互联网模式干掉中间环节"，改变了行业格局。创业 7 年，小米年收入突破千亿。2018 年 7 月，小米在港交所上市，创下众多纪录：香港资本市场第一家"同股不同权"创新试点，全球散户规模最大的 IPO。

在这个过程中，雷军形成了独具一格的商业思想，包括"专注、极致、口碑、快""感动人心，价格厚道""铁人三项商业模式[⊖]""生态链模式"等。在他的带领下，小米不但为中国制造探索出了一条新路，还推动了智能硬件的普及和品质提升。目前，小米是全球第四大智能手机制造商。

小米的发展之路并不是一帆风顺的。2016 年，小米的市场占有率一度下滑，其主动减速、积极补课，2017 年又得以重返世界前列——此前，还没有任何一家手机公司，在销量下滑后能够成功逆转。

2017 年 8 月，雷军为亚布力中国企业家论坛的理事分享了这段惊心动魄的经历。通过本文，我们可以重温小米的成长之路，也可以再次窥见小米模式的精髓。

雷军代表文章有《小米是谁，小米为什么而奋斗》《互联网思维本质上就是群众路线》等。

⊖ 铁人三项为：硬件＋新零售＋互联网服务，即为用户提供性价比高的硬件产品，通过线上加线下的渠道直接交付到用户手中，再为用户提供丰富的互联网服务。

大家对小米存在一些认知差异，主要是因为小米属于新物种，有着前所未有的全新的商业模式结构，所以在不够了解小米的时候很容易产生误解。比如，小米在创业初期很成功，大家就觉得小米模式是王道，互联网思维就是厉害；后来小米遇到困难，大家又觉得小米模式不行，互联网思维是忽悠。实际上，互联网思维是源自互联网精神的思维，但不是只有互联网才适用，它的本质是透明和高效。互联网是 0，实业是 1，如果实业立不住，再多的互联网思维也没有用。

2017 年 7 月，当我们第二季度的业绩逆转后，我们在高管战略研讨会上做了研讨总结，核心内容是以下这四个问题。

小米为什么能够从零做到第一

我们今天回想一下，2010 年一个小创业公司拿着 3000 万元人民币做手机，进入了全球竞争最激烈的行业。这个行业的竞争有多激烈呢？在当时的国际手机市场上，其实只有两大玩家，一家叫苹果，一家叫三星，你们再想想还有哪个行业只有两大玩家？在中国市场上，我们入场时有 300 家，到现在活下来只有 20 多家，其中前几家我认为基本上能活下来，后面 10 多家还在抢夺生存权。这是全球竞争最激烈的领域。在竞争这么激烈的领域中，一个从零开始的创业公司只用了两年半的时间就做到第一名，到今天我自己都觉得匪夷所思。但是奇迹发生了，为什么？

创办小米是在我卖掉了卓越、金山成功上市、退休了三四年之后决定做的事情，那时我 40 岁。小米想做什么事情呢？我想为中国解决点实际困难，这个实际困难就是当时的国货质量不够好、价格又很贵，很多人就去国外买买买。

小米到底遇到什么困难

过去两年外界舆论几乎一边倒地觉得我们不行了，那么我们究竟遇到了什么问题？如果不搞清楚我们自身的问题，就很容易乱做决策，尤其是企业遇到压力的时候。我跟一些企业家交流的时候说到四个字：守正出奇。通常遇到问题的时候，大家都希望用奇招来实现逆转，这是错的。遇到困难一定是某个基本功出了问题，守正比出奇更重要。其实很多企业都是被自己击败的，只有当你守正了，立住之后至多是好一点差一点，然后你再想奇招怎么胜出。尤其是大规模的企业，像小米现在拥有1000多亿元的营业额、员工超过1万人的时候，守正非常重要。

我们在2017年第一季度的出货量是1362万台，2016年几个季度的数字都不好，全球出货量跌出了前五，负面报道很多，甚至2017年年初的时候，还有评论说"世界没有任何一家手机公司在销售下滑后能够成功逆转的，小米前途堪忧"。为什么手机销量下滑以后很难逆转？因为这是供应链全球高度整合的行业，而且上游也是高度垄断，技术迭代又非常快，你的成功是需要很多合作伙伴的共同努力才能达成的。如果大家不看好你就意味着投给你的支持减少了，你也就会一步一步滑向深渊。

我们遇到了什么困难呢？第一个困难是线上市场遭遇恶性竞争。当我们的450亿美元估值出来以后，所有人都觉得自己也能做到，只要"烧钱"就行了。所以在过去的两年时间里，一些同行在手机市场赔的钱是天文数字。

第二个困难是我们专注做线上，错过了县乡市场的线下换机潮。小米的整个商业模式就是为了实现高品质、高性价比。高性价比是效率革命，要提高效率，在当时的市场情况下，只有电商能够做到小米要的效率，所以我们在过去几年里面专注于电商。但是这里有一个天大的缺陷，电商只占商品零售总额的10%，到今天为止，90%的人买东西还是选择线下。也就是说，就算线上100%是你的，你也只有10%的市场。在过去几年中，小米面临的最大问题是战略如何升级、如何才能胜出，所以我们最痛苦的是如何高效率做线下。

手机行业的普遍定价是成本价的 2～2.5 倍，就是你需要花很多钱才能做得动线下市场。原来我们做电商，接近零毛利就可以做，今天做线下的时候定价结构就有问题了。我要成本价做电商的同时，又要加 100% 的价钱做线下，这简直就是左右手互博、人格扭曲。所以过去两年，我们都在进行战略突围，要么就甘于做一个还算不错的手机电商公司，要么就想办法提高整个中国零售业的效率，就要有像当年沃尔玛、好市多创办时一样的决心来改变中国的商业业态。

第三个困难是高速成长带来的管理挑战。各位想一想，一家公司从十几个人成长到超过 1 万人，天呐，简直不可想象，麻烦也接踵而至。关于我们做的生意，我一再讲是"海鲜"生意，半天就要搞定，否则下午就臭了。上次我们小米的 CFO 周受资说，有一个手机公司老板跟他讲，我们做的是"冰块"生意，拿出去太阳一晒就没了。我们的生意很复杂，而且涉及巨大的现金流、库存和非常长的周期：订货需要提前 4 个月，库存周转要求很高。在这种情况下，快速成长的公司稍有不慎就会跌下万丈深渊。

其实就是上述三个问题，我觉得这三个问题中最要命的是第二个：商业模式能不能突破？

小米为什么能够成功逆转

我们是怎么解决刚才提到的三大困难呢？其实在 2016 年年初，小米的全员动员会就提了两个字：补课。我觉得要认识到之前我们的第一的市场地位基础并不十分牢靠，我们还没有真正与之相衬的实力，我们要放下架子从零开始创业，缺什么补什么，对标行业领先者，保持谦卑的心态。我们就只提了补课，销量都不在我们的计划当中，坚持补好课，基础能力上来，还能不赢吗？关键是练好基本功。

组织结构对标

这个课具体怎么补？第一，组织结构对标，每个行业都有行业的规律。行业中领先的公司在一次次组织优化里面都找到了最优解，我们要尊重行业规律，向同行学习。

在业务管理上，最核心的是意识到手机工业的复杂度，需要产供销一体化。我们在手机部、供应链、小米网销售团队分别组建专门的参谋规划协调部门，一年里从 0 开始建立起超过 100 个人的协同团队。就是这 100 个人在帮我协调整个庞大的产供销体系联合作战。

在具备了几种能力以后，我在 2017 年提了三大命题。当时我们面临的问题有 300 个左右，我说 300 个解决不了，我们要以创新、质量和交付三个命题为龙头来解决问题。对手机业务来说，质量是生命线，我们是靠质量在中国成为第一的，我们也是靠质量消灭了所有山寨机，但是今年的问题是对手不是山寨机了，我们的对手是中国企业里面非常强大的公司，我们要怎么才能在质量上全面超过它们？

2017 年年初，我亲自牵头质量委员会，经过十多次专项会议的讨论，制定了翔实的质量行动纲要，并组建质量办公室专门督办。我们的目标是用品质的铁拳赢得市场。

当然，我在 2017 年年初讲，最坏的时候已经过去了，很快第二季度就立竿见影，我们在第二季度出货 2316 万部，环比增长 70%，重返世界前五。现在看来，业绩回来的速度比我们想象的要快很多，我觉得它是我们过去一年半夯实基础、苦练内功的必然结果，所以我们又创造了一个奇迹，基本实现逆转。我认为逆转的核心是分清楚了优势和劣势，重点抓住劣势，放弃了 KPI 和销量，全力夯实基础，保证公司健康运营。

我觉得小米之所以能够实现逆转，还有一个关键原因在于创新，因为不创新是逆转不了的，我们在创新方面做了哪些事情呢？首先说一个结果，就是我们在最困难的时候，2017 年年初，在波士顿咨询公司（Boston Consulting Group）发布的"世界创新 50 强"报告中，有两家中国公司入选，小米排在第 35 位；在《快公司》（Fast Company）"全球最具创新力的公司"排名榜上，有 6 家中国公司入选，小米排在第 13 位。

核心技术创新

什么是核心技术创新？举个例子，我们于 2016 年在全球发布了全面屏手机小米 MIX，惊艳了全球。这款全陶瓷机身的手机屏占比达到了 91.3%。我们把这种新手机设计形态命名为"全面屏"。现在包括 2017 年的三星 Galaxy S8、9 月即将发布的 iPhone8，大家都跟进了这种设计，整个行业都接受了"全面屏手机"这种定义。我们站到世界的巅峰，引领了整个技术的潮流。

接着再讲在相机上面的投入，小米 6 被用户高度认可的是：变焦双摄、拍人更美，我们在变焦双摄上比同行旗舰机要好很多。我们找了一个公证处，认真做了小米 6 和另外两款同行旗舰手机的盲测，有 63% 的人觉得小米的手机好。其实不光是屏幕，我们还在包括芯片在内的一系列核心元器件方面招揽人才，组建业内顶尖团队，投入巨大，下了苦功夫，实现了大量核心技术创新。

截至目前，小米已获得授权专利 4806 件，其中一半是国际专利。2016 年我们申请了 7071 件专利，获得了 2895 项专利。在支撑产品技术创新不断涌现的同时，这些专利储备也为我们未来进军欧美市场打下了良好的基础。

商业模式创新

理解商业模式创新的本质题眼是"小米是一家什么样的公司"。以前很多人问我小米的商业模式是什么，我很难一句话说清楚，后来我终于想明白了，因为我们是一个新物种，所以你没有办法定义这家公司是什么。我最近把它简单总结成一句话：小米是手机公司，也是移动互联网公司，更是新零售公司。我们在移动互联网领域做了不少事情，也做到了很大规模，2017 年的收入也是过百亿的。但很多人还没有意识到小米另外的价值：我们从一家电商平台公司已经进化到新零售平台（见下图）。

看了下面这张图，就更能理解小米所有的战略。小米手机做得好，带动了小米网的销售，小米网做起来以后，又销售了更多的手机给用户，然后我们在小米手机里预置了小米商城 APP 又再次拉动了销售。简单讲，就是爆品推动平台，平台又推动爆品，这是一种良性互动的模式。

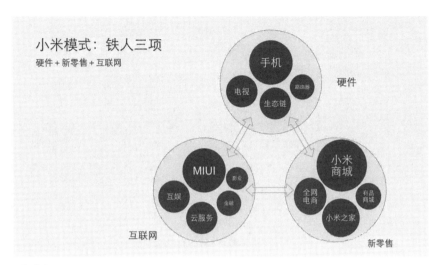

资料来源：微信号：leijunxiaomi。

接着，我们更大的战略突破是做了小米之家。小米之家是具备电商效率的线下零售店，每平方米的平效是 27 万元人民币，目前排在世界第二。我认为这归因于小米在过去两年巨大的创新，就是可以用电商成本做线下零售店！

买手机是一个低频行为，厂商打了大量的广告说服用户两年买一次，两年以后又需要再打大量的广告。那怎么解决这个问题呢？它需要产品组合，我们为此发明了硬件生态链的"打法"，丰富完善产品组合，用一两百个产品黏住用户。

我们的哲学和所有的公司不一样。我努力的目标就是做最优质的产品，卖得越来越便宜，这是我 7 年前做小米，能让我自己激动的伟大梦想。

这个模型的缺点是什么呢？太复杂，需要懂硬件、软件、IOT、零售，等等，几乎是个"全能型"的模型，这对整个团队的要求非常高，执行难度非常大。全球有哪家公司又能做平台又能做硬件产品，还能干互联网？寥寥无几。小米模式本身有着非常大的难度，在每一个维度上都有世界级的竞争对手，你还必须胜出。小米模式如下图所示。

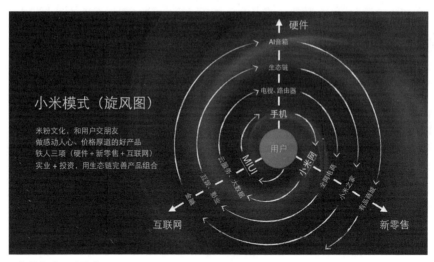

资料来源：微信号：leijunxiaomi。

上图是我们总结的小米模式图，我们叫它旋风图，从图中可以清楚看出，小米的各个业务环环相扣，循序渐进，持续升维。

我们最早先建起了小米社区，聚集了一批手机发烧友。随后做了MIUI操作系统，MIUI发布之后，我们又做了手机，然后做了小米网电商。电商成功后，马上以巨大的决心做了云服务和大数据，然后马上渗透到电视和路由器领域。其实电视也是我们最早准备做的，只是我们对产品要求太严苛，发布晚了几个月。做路由器是因为我们想做智能家居的中心，接着做了全网电商、互娱、生态链、小米之家、互联网金融和有品商城（原名叫"米家有品"）。有品商城是以众筹筛选为主的全网精品电商平台，目前规模也已经很大了。我们定义有品商城要有2万个SKU、小米商城有2000个SKU、小米之家有200个SKU。

小米的核心竞争力到底是什么

我在小米内部反复讲的话有这么几句：第一是米粉文化，就是和用户交朋友。其实和用户做朋友是件挺难的事。很多人想的市场营销方法永远都是怎么把产品更贵地卖给消费者，这样用户就都成了敌人，还怎么做朋友？这种思维就是把消费者口袋里的钱放到你的口袋里，那几乎就是"抢"。所以怎么样能和用户交朋友，是我们所有业务展开的基础。第二是做感动人心、价格厚道的好产品。第三是"铁人三项"，就是三项基本功：硬件＋新零售＋互联网。第四是"实业＋投资"，用生态链完善产品组合。

小米生态链部门加上小米公司自己的投资部一共投资了200多家公司，覆盖面可能远超大家的想象。我的观点是自己能不干的就不干，因为我们的业务极为复杂，永远要强调专注、简单。

我们生态链业务发展的历程可以比喻为"大船到舰队"。2014年年初，联合创始人刘德带着十几个人建立了生态链部门，陆续做了各种产品。现在手环做到了世界第一，空气净化器在2016年是中国第一，实际上也是世界第一，平衡车是世界第一，充电宝是世界第一，扫地机器人也是世界第一。

整家公司获得了145多项工业设计大奖，包括小米手机、电视、盒子、音箱在内。我认为，好产品也要好设计。在我们8个创始人里面，刘德是从美国艺术中心设计学院（Art Center College of Design）毕业的，之前担任过北京科技大学工业设计系主任。我在组建小米的时候，认为中国产品要改变设计，以前大家认为品质只是功能上的品质，其实感受上的品质也很重要。各位去了小米之家，就知道今天中国制造业设计出来的东西都是世界顶级的，每天都吸引了很多外国人来我们小米之家"海淘"。

小米之家从2016年2月开了第一家，到2017年8月开了156家。目前开一家火一家，平效非常惊人，仅次于苹果，居世界第二。我们用和用户交朋友这种理念持续地去思考如何提高效率，如何让用户有更好的购物体验。

周末去小米之家，每家都是人山人海。大家觉得零售业不行，其实是传统零售业不行，要想在零售业领域大有可为，关键是达到电商效率，并且与传统的零售业在展示和体验上的优势相结合。

小米之家的目标是 3 年开到 1000 家，5 年内营业收入力争破 700 亿元。目前一家店平均 200 平方米，平均营业额为 6500 万～ 7000 万元。

怎么能在短短一年多的时间里就做出这样的业绩呢？我觉得关键是小米的价值观。第一，和用户交朋友。你把用户当成朋友，你想的是对待朋友应该是给到什么样的价钱、提供什么样的服务。第二，要有合适的产品组合。第三，坚持高品质、高性价比。当高品质、高性价比植入消费者的印象以后，用户就会觉得在小米买什么产品都很划算，现在小米之家都是像超市一样摆着筐，很多人都是拿着筐买东西。

小米模式的核心是获取用户的信任。我的观念是把产品做好、做便宜，让用户不要思考，买东西的时候不用去过分担心价钱，这样的销售效率才能做到最高。如果用户说，你的产品有的毛利高、有的毛利低，他们要去挑，那么这就是普通商场的做法。在我们这里买任何东西都不需要挑，任何东西都是超值的。如果小米做到了这件事，小米的商业模式就是第一的，就是顶级信誉！其实美国的好市多做到了这一点。我们有很多朋友，他们在好市多买东西是不看价钱的。我们想一想，如果做生意，用户不看价钱这意味着什么？我认为这是经商的最高境界。你要把生意做到用户不需要看价钱，这是用户对你的信任，这就是商业上最大的成功。

如何养出没有风口也会飞的猪

毛基业

中国人民大学商学院院长

雷军在社会上最有名的一句话大概是：如果放到风口，猪也能飞起来。这个道理很容易理解，所以很多只猪蜂拥而至，结果风口的猪越挤越多，造成风速下降，后到的猪大量飞不起来了；再后来，人们发现风不会一直吹，靠风口吹起来的猪最终都会狠狠地跌落到地上。因此，如何养出没有风口也会飞的猪就是一个非常有趣的话题，雷军的这篇短文正是回答了这个问题。

显然，养出不在风口也会飞的猪是件非常困难的事。小米手机的第一次起飞是奇迹性的，飞得不可谓不高，从零开始做到国内老大只用了两年半的时间；但随着竞争加剧，销售量出现持续下滑，全球出货量跌出前五。正如雷军所说，一个手机品牌的销量如果开始下滑以后很难逆转；这样的例子很多，诺基亚等都是前车之鉴。但小米手机能够成功实现逆转，重新进入世界前五，这个逆转的故事就很值得一听。

小米是如何实现逆转的？雷军的答案是守正比出奇重要，其实就是回归基本商业逻辑，不忘初心，苦练内功。具体而言，回归基本商业逻辑就是不断提升产品质量，有什么问题就解决什么问题。不忘初心就是坚持高性价比，做到极致。为了达到这个目标，小米克服各种挑战和成长的痛点，最关键的是创新，具体体现在组织结构创新、技术创新和商业模式创新。

用一句话总结：小米的逆转靠的是创新，"不创新是逆转不了的"，唯有通过创新才能形成新的组织结构和新的能力。换句话说，如果想要养出没有风口也会飞的猪，就必须要通过大力度的创新培养核心能力，才能培育出新品种且自带飞行能力的猪。

守正出奇

苏 勇

复旦大学东方管理研究院院长

作为小米这样一家似乎很神奇公司的掌门人，雷军的各种经营招数以及"管理金句"，一直被广大消费者传颂，以至于人们似乎忽略了雷军经营小米所付出的种种努力和创新。当今时代，互联网思维固然重要，但正像雷军说的那样，互联网思维是源自互联网精神的思维，但不是只有互联网才适用。互联网是0，实业是1，如果实业立不住，再多的互联网思维也没有用。

"守正出奇"这一概念，源自《孙子兵法》的"势"篇，原文为："凡战者，以正合，以奇胜。"其意是作战用兵，既要按规律办事，把该做的事情做到极致，又要有创新思维，出奇制胜。观察小米的创业过程，"守正出奇"是其一贯奉行的经营理念。小米在创业之初，为什么在竞争异常激烈的手机领域用两年半时间就大获成功？靠的是"米粉文化"。小米生态圈中的各类产品为什么能获得消费者喜爱？靠的是为用户创造价值，做感动公司、价格厚道的好产品。这就是"守正"。不管我们的社会形态如何发展，也不论是不是所谓互联网公司，为用户创造价值、高度关注消费者利益这一点永远是企业经营的根本。任何企业，只有坚守这一点才能获得消费者认同，并最终为企业带来效益。在这一点上，雷军的思想非常清晰且坚定，无论是对产品性能的追求抑或外观的考究，小米在为消费者提供高性价比商品这一点上有着极好的口碑。至于"出奇"，用雷军的话来说就是"硬件＋新零售＋互联网，用生态链完善产品组合"。在做好产品的基础上，小米开拓了新零售渠道，用互联网思维构建了强大的生态链，覆盖了广泛的相关产品市场，获得了消费者的信任，并为企业创造了客观的利润。

在互联网时代，不少企业想方设法给自己贴上一个"互联网企业"的标签，而且觉得只要和互联网沾边，似乎就不用静下心来踏实做好产品，只要借助互联网去忽悠、炒作概念就能盈利。这是大错特错的。对这类企业而言，不仅应该关注小米的成功，还应该更多地思考雷军是如何把所有精力放在改善产品和服务上，真正做到守正出奇、专注极致的。

① "我是谁，我为什么而奋斗"，这是我们每个人都需要认真思考的终极问题！

② 互联网的七字诀：专注、极致、口碑、快。

③ 快速迭代，不断试错，逐步走向成功的彼岸。这是互联网时代的王道。

④ 台风口上，猪也能飞——凡事要"顺势而为"，如果把创业人比作幸运的"猪"，那么行业大势是"台风"，还有用户的参与也是"台风"。

⑤ 在今天的互联网竞争里面，我觉得最重要的还是用户满意度。所以我觉得我们应该把焦点放在用户上，可能有些恶性竞争爆发使大家把焦点放在对手，而不是用户满意度上。我自己是把所有精力都放在怎么改善产品和服务上，让用户满意。

解密万达执行力

作者：王健林

万达集团股份有限公司董事长

———

王健林，1954 年生于四川的军人家庭。怀着成为一名将军的最初梦想，王健林于 1970 年入伍，1986 年从部队转业，进入大连市区政府。伴随着商业大潮，1988 年王健林辞官，接盘一个濒临破产的企业，开启了"万达"时代。

万达经历了 4 次大转型。第一次是 1993 年跨区域发展，走出大连，成为全国首家跨区域发展的房地产企业；第二次是 2000 年从单纯的住宅公司向商业地产公司转型；第三次是 2003 年进军文化产业，从房地产企业向文化企业转型；第四次是从 2012 年开始跨国发展，实现企业的国际化。值得一提的是，2008 年金融海啸，当众多企业恐慌、踌躇不前时，万达却一口气开工 7 个万达广场，奠定了此后在商业地产界的王者地位。

自 2017 年以来，万达成立了"万达商业管理集团"，进一步去地产化，轻资产运行，正在经历企业发展历史上的第五次转型。

军队生活带给王健林诸多影响，他作风硬朗、自律务实。也正是王健林的魄力造就了万达的执行力。其执行力名声在外，也是万达创造各种纪录成绩的重要法宝。万达开发的所有城市综合体都在两年内竣工，而且几百商家同时满铺开业。

企业究竟如何增强执行力？要形成什么样的执行文化？形成什么样的执行管理模式？又如何利用高科技、信息化来保障这种执行力的持续？王健林在这篇文章中进行了详细的阐述。

王健林著有《万达哲学：王健林首次自述经营之道》。

最近几年演讲比较多，我讲过万达企业战略、企业文化、转型升级、文化产业。今天我从企业管理角度讲讲万达的执行力，希望大家有所借鉴。

这些年，万达执行力强名声在外，发展速度成为"神话"，已连续 8 年环比增长超过 30%，年增速最高达 45%；万达广场说什么时候开业就什么时候开业，而且建设速度极快。借今天的机会，我给大家解密万达执行力是怎么炼成的，主要讲四个方面。

万达执行力强

万达执行力强突出表现在两个方面。

一是说到做到。万达所有项目，包括万达广场、酒店、百货、影城等，在开工时就确定开业时间。万达每年 9 月召开万达商业年会，这是中国商业行业第一会，每次有超过 1000 个商家、上万人参加。在万达商业年会上，万达会公布下一年所有万达广场、酒店项目的开业时间，而且精确到年月日。大家可能会觉得奇怪，为什么要提前一年多就向社会公布开业时间？这不是给自己找麻烦吗？万达这么做是为商家着想。万达广场选择"五一""十一"还是春节开业，对于商家来说，需要招聘的员工、准备的商品完全不同，因为淡季、旺季销售差别很大。商业行业的利润微薄，如果万达说"五一"开业，商家员工招聘好了、产品也备齐了，到时候却说推迟到"十一"或者元旦开业，那么商家备的货就压在库里，卖不出去，即使产品没太多损失，多出来的半年员工工资也会减少商家未来的利润。万达多年前就喊出"让商家赚钱"的口号，而准时开业就是让商家赚钱非常重要的环节。万达从事不动产 15 年来，所有项目几乎无一延期，全部准时开业，而且万达广场开业是满场商家百分之百开业，绝不是两三百个商家中只有几十个部分开业。

二是算到拿到。不动产开发的成本控制是极其困难的。首先，不动产生产周期长，它不像制造业流水线生产，汽车厂几分钟就可以造出一辆汽车。建设一个购物中心，从准备拿地到开业，万达需要两三年，很多企业可能需要四五年，时间越长则变量越多。其次，不动产生产是非标准化的，不同区域的购物中心建筑不同，商家也不同，一种商品在北方卖得好，到了南方就不一定卖得动。因此，对多数企业来说，建设一个购物中心，决算比预算超支 15%～20% 很正常。但万达从事不动产 15 年来开发项目超过 100 个，不管是万达广场还是酒店，全部做到成本低于预算目标、净利润高于预算目标。这就是万达的特点，算到拿到才叫本事。

万达在武汉做了两个超大型文化项目，一个是汉秀，投资 25 亿元；一个是电影科技乐园，投资 35 亿元。这两个项目的科技水平非常高，设计极其复杂，代表了万达文化产业的发展方向。由于这两个项目内容全部创新，于是我们边琢磨边干，从 2009 年开工到现在历时超过 5 年，目前成本全部在我们的预算范围之内。这种全新的高科技文化项目成本也不超支，展现了万达控制成本的高超技艺。

形成执行文化

万达之所以执行力强，缘于万达内部已形成强有力的执行文化，每个人都有执行意识。

以身作则

现在敢喊这个口号的企业领导者已为数不多。但我多年坚持这条原则，这可能是我在部队的成长过程中打下的深深烙印，什么事都自己带头，以身作则。一直到现在，在公司里我都敢喊向我看齐，要求员工做到的，我一定首先做到，比如说为了反腐败，公司不能搞裙带关系，我就严格遵守，到现在我没有任何亲属在公司工作，我可以给钱让他们自己去创业，但不允许进入公司，做到这一点是极其不易的。万达要成为世界一流，需要大量国际化人才，我不希望大家认为万达是家族企业，什么都老板个人说了算，决策也不透明，这样国际化就很难做到。而且作为万达的绝对大股东，我从不在公司报销费用，我带头不占小股东便宜，要做得硬气。

没有不可能

在万达，只要是经过博弈确立的目标，没有人会说完不成。当然，万达制定目标是科学的，绝不是拍胸脯、拍脑袋说出来的。万达每年要花3个月的时间制订计划，9月开始，各个业务系统就要提出第二年的计划，然后与上级、下级、同级部门之间进行长达两三个月的讨论博弈，最终由董事会拍板。一旦确立目标，每个人只为完成任务想办法，绝不会为完不成任务找借口。就是我多年经常讲的一句话：想做成一件事总能找到办法，不想做成一件事总能找到借口。在万达，任务完成情况不仅有关收入，也关系荣辱。万达每年都会把当年开业的万达广场、酒店等项目的品质进行排名，在集团年会的会场外用很大的展板公布，这就是很大的压力，排名靠后的总经理会感觉无颜面对团队，只有回去后发奋图强。万达已经形成这种文化：大家都共同感觉目标任务完成不好是一种耻辱。

万达在广州开发的第一个项目——白云万达广场，地下两层，地上十几层，建筑面积40万平方米，只用了11个月就建成开业。本来定的任务是两年建成，但当时广州要举办亚运会，广州市委市政府非常希望我们在亚运会开幕前开业。我们答应下来，回来后重新调整工作计划。如果不是形成执行力文化，如果没强大的执行力，也真不是领导说快我们就能快的。最后我们咬紧牙关，实现项目按期开业，创造了世界商业和建筑史上的速度纪录。尽管速度如此之快，白云万达广场仍建得非常精彩，开业后的效果远远超出预期。万达广场建在搬走后的白云机场跑道上，半径1公里内几乎没有居民，但开业后生意非常好，第一年平均每天的客流超过7万人次，其中的影城、酒店在万达自己系统的全国排名中名列前茅。很多广州人想不明白万达为什么能建得这么快、效果还这么好。有一次，我们的一位独立董事到广州参加一个企业家活动，晚饭后乘船游珠江，大家听说他是万达的独立董事，很多人就问："听说万达是军事化管理，不行就抽鞭子，所以才这么快，是这样吗？"现在人才竞争这么激烈，让团队心甘情愿为企业奋斗非常难。如果靠军事化管理、抽鞭子，人早就跑了，万达靠的是形成了"没有不可能"的执行文化。

武汉中央文化区楚河汉街，万达仅用10个月就建成开业，创造了奇迹。这个项目本来也没那么急，但2011年恰逢辛亥革命百年，当时听说纪念的主会场要放在武汉，武汉市领导找到我，说楚河汉街是武汉辛亥革命百年纪念的一号工程，能不能提前开业？当时我想，这是向国内外展示万达的机会，于是我就答应下来，下定决心，采取很多措施，保证项目按时建成，这里面有很多故事，一节课都讲不完。尽管只用了 10 个月，但项目建得非常好，省市领导看了后非常震撼，现在楚河汉街已成为武汉市的新标志。楚河汉街是民国建筑风格，夹杂着一些欧式和现代建筑，做得很逼真。开业后不久，武汉市书记、市长陪同某位海外贵宾参观汉街，贵宾看了后很感动，说感谢武汉市政府把民国老建筑保护得如此之好，他居然都没看出来这是我们新建造的，这说明楚河汉街建得还是不错的。

还有长白山国际度假区，120 万平方米的建筑面积，包括 9 个酒店、亚洲最大的滑雪场、3 个高尔夫球场、旅游小镇等，用了 26 个月就建成开业，创造了神话。当时因为长白山国际度假区申办 2012 年亚运会的冬季运动会，项目必须在 2012 年 8 月前建成，否则就无法竞争。长白山一年只有 6 个月施工时间，10 月后就大雪封山，雪深一米多，一脚下去就没到腰。但为了抢工期，必须冬季施工，非常艰苦。万达员工的拼搏精神让我非常感动，这个项目竣工后，我们破例到现场开表彰大会，全集团几百名核心高管坐飞机到长白山项目现场参会，给予建设团队、施工单位重奖和很高的荣誉。长白山国际度假区开业后效果也很好，开业当年的滑雪人次就超过经营二十多年的亚布力滑雪场 50%。2014 年第二个滑雪季，客流同比前一年增长近 100%，滑雪旺季时，度假区 9 个酒店、5000 多张床位全部爆满，一房难求。

再举一个销售的例子，万达青岛东方影都原定于 2013 年 7 月开工，当年完成 30 亿销售额。但由于土地等方面的原因，项目拿到预售证开盘时距离年底只有 16 天的时间了，也就是 16 天时间要完成原定半年完成的 30 亿的销售额。在这种情况下，集团领导问青岛公司总经理要不要调减指标，这位总经理说我们努力试试看。万达南昌项目总经理听说了这件事，就给青岛公司总经理打电话，说你们青岛 16 天销售 30 亿，除非有神话。为完成目标，万达青岛团队想尽办法，加上项目预期很好、营销到位，推出的房子一扫而空，短短 16 天内，超额完成任务。这就是万达执行文化的特点，很少有人说不可能，你可以说目标非常困难，讨论讨论看怎么办，但绝不会上来就说不行，干不了，那不是万达做事的风格。

奖惩严格

严格奖惩是企业管理的重要方面，但奖惩严格说起来容易，做起来难，真正敢奖敢罚要靠执行力。首先是敢奖。万达武汉项目公司2012年的销售目标是70亿元，不足100人的团队，开动脑筋想办法，结果创造了年销售超百亿的奇迹。超额完成这么多，奖金敢不敢发？如果发，武汉项目公司员工的当年收入就是同类公司员工的好几倍。我们不仅按照目标责任书完全兑现奖金，而且在集团年会安排他们上台做先进发言，让他们名利双收。在万达，同样的岗位，因为员工执行结果不同，收入差距可能达到数倍，但大家都认同，不会有意见。其次是敢罚。万达曾有一个分管招投标的副总裁因干涉电缆招标被开除。因为按照万达招投标制度，只有行业前几名的企业才有投标资格，但这个副总裁坚持让一家规模很小的企业中标。尽管这位副总裁给大家施加了很大的压力，但我们的成本部总经理、副总经理坚持原则，坚决不签字。后来成本部总经理向我报告这件事，我们马上启动内部调查，查实情况后将这位副总裁免职了。因为在万达，制度就是高压线，谁碰就一定受罚。

执行管理模式

要真正把执行做好，还要建立执行管理模式。万达执行管理模式有三个特点。

总部集权

中国社会正处于转型期，目前在建筑行业、房地产行业中依然有不少乱象存在。为了防止滋生腐败，万达实行总部高度集权的管理模式，权力向总部集中，弱化地方公司总经理个人的作用。万达各地公司总经理、副总经理经常轮换，哪里需要就去哪里。我们规定不服从安排就解聘，不然的话，大家都想在北京、上海等大城市工作，公司怎么发展？当然这也不是完全不讲人情，如果员工家里确实有困难，也会综合考虑。时间长了，大家都知道这是集团规矩，很少存在不服从的现象。

垂直扁平

为了控制重要部门，万达的成本、财务、质量、安全等系统由总部垂直管理，垂直系统的人、财、物由总部管，地方公司不能干涉；垂直系统人员在地方公司工作满三年轮岗，避免时间长了形成利益共同体。垂直系统要和地方公司一把手形成既支持又制约的关系。

强化监督

人性本身有弱点，人的性格也会发生变化，我在公司经常讲，靠制度，不靠忠诚度，忠诚度是靠不住的，今年有忠诚度，明年也许就没有，遇到金钱有忠诚度，遇到美女也许就没有忠诚度。万达要靠严格的制度来管理。万达制度设计的特点，一是制度制定的出发点就是不信任任何人，二是尽可能在制度设计上做足文章、减少漏洞，不给员工犯错的机会。比如万达的招投标制度，就是所有业务相关行业都要建立品牌库，电缆有电缆的品牌库，电梯有电梯的品牌库，甚至小到开关都有品牌库，进入品牌库的企业必须是行业前几名，只有进入品牌库的企业才能参与万达招投标。万达广场现在非常火，一铺难求，为了防止招商过程中出现腐败，我们建立了招商品牌库，把商家分成A、B、C、D四个等级，同时万达广场也分为A、B、C三级店，明确规定不同等级的万达广场引入的品牌等级，比如万达广场A级店，只能选择品牌库中A、B等级的商家，B级店可以选择A、B、C等级的商家，C级店才能引入D级商家品牌，尽可能地减少个人操作空间。很多人问我，这样做会不会影响个人能力发挥，影响企业发展？但从实践来看，不仅没有影响企业发展，反而推动企业以更快的速度发展。

万达还建立了一支强大的审计队伍，我个人在集团不分管具体业务，唯一管的部门就是审计部，审计部就相当于万达集团的纪委，也是万达集团的"看门人"。这支团队业务能力强，在集团内树立了权威，具有很强的威慑力。审计部去各地公司审计后，会根据审计情况下发管理建议书、整改通知书或审计通报。管理建议书没有处罚，整改通知书会提出改进要求并跟进相应处罚，审计通报最为严厉，一发就意味着有人要被开除或者受到更重的处罚。万达漳州项目公司的总经理、副总经理、销售经理等几个人合伙在项目销售中，把一栋邻湖非常好卖的楼对外宣称卖完了，在集团内部信息系统上也利用他人身份证登录完。客户想买，就要向他们交几万块钱的现金，还不开发票，这样他们共同贪了几百万元。后来被万达审计部查出来，我们不仅将这几个人开除，还向公安机关报案，追究其刑事责任。

科技保障执行

万达执行力的形成，非常重要的是靠高科技、信息化来保障执行。

高度信息化

十余年前，当大多数企业还没有信息化意识时，万达就成立了自己的信息中心，招了很多海归。信息中心在万达级别很高，其负责人和业务系统如酒店、商管同一级别，都是副总裁级。万达几年前就实现了从 PC 到移动终端的办公系统自动化。移动终端由万达自己研发，出差照样批文件，大大提高了工作效率。万达要求所有项目管理信息化，比如万达各地项目工地都有摄像头，摄像头拍不到的地方就要求移动录像，然后上传到信息系统，这样在总部就可以实时监控各地项目的工程进度；万达的招投标也全部在网上进行。由于对信息化敢投入、水平高，2013 年，万达被全球知名的信息杂志评为"全球信息化百强企业"，是唯一入选的中国民营企业。万达还曾被国家工业和信息化部评为"全国信息百强企业"并名列前十，是排名前十的唯一的民营企业。

计划模块化

万达特别强调计划，成立了专门的计划部，所有工作都有计划，如开工计划、成本计划、利润计划、现金流计划、收入计划、招聘计划等，每项计划又分成年计划、月计划、周计划。万达计划的制订于每年 9 月开始，历时 3 个月，12 月 5 日前由我正式签发。也就是说，每年的 11 月底，万达各个系统的总经理就知道自己第二年需要挣多少钱、花多少钱、招聘多少人。

商业不动产开发非常复杂，万达经过多年研发，创新推出一套工作计划模块化软件。万达广场建设周期在两年左右，我们把万达广场从开工到开业的全部周期分成近 400 个计划节点，比如设计什么时候交图纸，工程什么时候进展到什么程度，什么时候开始招商，什么时候商户进场装修，等等。节点根据重要程度不同分成一、二、三级，分别由总裁、副总裁和项目总经理管理。所有计划节点编入信息系统，如果工作按计划节点正常运行，系统就亮绿灯。如果哪项工作没有按节点完成，系统就亮黄灯，如果黄灯亮了一周工作量还没补上，黄灯就变红灯，亮红灯就要受到处罚。为防止一年中出现多次延误，万达还规定亮三个黄灯等于一个红灯，不同级别节点处罚不同。如果一个节点亮了黄灯，分管副总裁就会赶快下去，想办法解决问题，把工期赶上来，如果晚两个月可能就要换人了。所以在万达不可能出现一项工程延误几个月、半年，到最后不能按期开业的情况。万达有人才储备库，每个公司需要多少人才、储备比例多少都有专门规定，为此宁可多付出成本。比如项目公司总经理，100 个总经理在任，就有 5 个总经理在总部候补待命，随时准备换人。计划模块化软件是保证万达所有项目按时开业的核心法宝。在万达有一句名言，"不会干，看电脑"，每个人不用考虑别人的事情，只要管好自己的工作进展节点就行。万达计划模块软件已获得全球专利，在欧盟、美国都申请了专利保护。

慧云智能系统

慧云智能系统是万达在全球的首创。过去购物中心的管理与监控都是分成若干个系统，机电管机电，消防管消防，节能管节能，每个专业都单独监控，相互之间不联通，这种方式既浪费人力资源，而且无法完全避免人犯错误。在这方面万达曾有过深刻的教训，这也促使我们想尽办法避免出现事故。经过多年研发，万达在 2013 年成功开发出一套系统，我给它起名叫慧云，寓意"智慧的云"，就是把万达广场和万达酒店中的消防、水暖、空调、节能、安全等所有监控系统集中在一个超大屏幕上，完全实现智能化监控。比如员工值班，临到换班时，会自动向交接班人的手机发短信，提醒按时换岗。比如空调，系统如果检测到某个区域人少，会自动减少送风量，起到节能效果。目前这套系统已在 4 个万达广场进行试点，2014 年在全国万达广场、万达酒店全面推广。

万达靠制度、文化、科技等综合因素形成了不敢说世界第一，但至少是中国第一的企业执行力,执行力是万达取得今天成绩的秘诀之一。万达2013年资产达到3800亿元,收入接近1900亿元;2014年资产将超过4500亿元,收入超过2500亿元;2015年以后,万达即使发展减速,每年环比只增长15%,到2020年,资产仍将超过1万亿元人民币,年收入将超过1000亿美元,利润超过100亿美元,成为排名世界前100名的超级企业,而且我们要求到那时20%~30%的收入来自国外,成为世界一流跨国企业。为什么有这么大的雄心壮志?万达就是要用自身实践证明,中国民营企业完全靠市场竞争也能做成全球赫赫有名的企业,为中国的企业,特别是为中国的民营企业争光。执行力是万达成为世界一流企业非常重要的法宝,就像《汉书·贾谊传》中所说,做到"身之使臂,臂之使指,莫不制从"。

万达执行力从何而来

水 皮

《华夏时报》总编辑

王健林是军人出身,军人讲究令行禁止,言出必行。王健林的万达执行力之强是中国企业有目共睹的,而令人生畏的执行力来自什么却未必能形成共识。

在我的概念中,执行力首先来自王健林高度的自律,其身正不令而行,其身不正虽令而不行。万达被央行金融司列为全国房地产金融改革试点企业,而之所以推动万达进入全国先行先试,银行行长的判断依据就是王健林十年如一日的作息制度,早出晚归极其规律,基本上没什么应酬,为人正派让人放心。

其次,团队的执行力来自上下对企业领导人及公司理念的高度认同。万达的员工发自内心地为自己的公司骄傲,自觉遵守规矩,共同打造百年万达、国际万达。公司的目标虽然远大,但是可执行性强、团队协作强、集体意识强,所以万达可以进行节点管理。

再者,万达的制度安排合理,以制度安排弥补个体的不足,同时减少对个体的依赖，公司从上到下纵向管理，分工明确，既有集权又有授权，职责明确，赏罚分明。

万达是一部巨大的机器，王健林是其中的大脑，而其他成员则构成零部件，大脑指挥四肢，行动力浑然天成。

王健林 经典语录

① 人生追求的最高境界是精神追求，企业经营的最高层次是经营文化。

② 什么叫企业家精神？最重要的是两条标准：一是创新或者叫敢闯敢试，二是坚持精神。自己相信自己的这个故事，相信我能做成，失败5次、10次甚至更多次也不怕，接着再干。一个人如果没有这种坚持、锲而不舍的精神，太圆滑或者太容易放弃，是不会成功的。

③ 创新是企业精神的核心要素，万达最重要的精神就是创新，而且是永远创新，创新的停止意味着危机的到来。

④ 转型谈不上害怕，但是如履薄冰、哆哆嗦嗦的心态是有的，迈的步子不敢那么大，或者就说试着来。现在我做决定比较瞻前顾后，会考虑各种因素。不是我的性格改变了，是公司大了，制约的部门多了。公司一旦大了，容易染上大公司病，这提高了企业的安全性，但创新的能力会有所降低。

⑤ 优秀的企业在好的时候要做坏的打算，在坏的时候要做好的安排。

"蒙牛模式"的16个"支点"

作者：**牛根生**

蒙牛集团创始人，老牛基金会创始人、名誉会长

———

牛根生，1958年1月出生于呼和浩特。1983年他进入乳业工厂，从基层干起，一直做到伊利集团生产经营副总裁。1999年他离开伊利，创立了蒙牛。在"无奶源、无工厂、无市场"的窘境下，牛根生凭借经验、团队和不屈不挠的精神，异军突起。营收从4000万元到85亿元，他用了不到两年。2004年蒙牛在香港上市，成为第一家在境外上市的内地乳制品企业。

企业崛起后，牛根生逐步由企业家转型为慈善家。2004年，他创立"老牛基金会"，此后陆续捐赠所持股份。2015年，牛根生将其持有的全部股份捐赠完毕，成为"全球捐股第一人"。

在改革开放40年中，牛根生治下的蒙牛是一个值得研究的样本。从无到有，从弱到强，它是中国民营企业快速崛起的代表，也是中国经济高速增长的缩影。在企业发展过程中，牛根生在战略、人才、品牌等方面的探索，以及经历的成败得失，仍然值得今天的企业学习、借鉴。

有人说，"他是一头牛，却跑出了火箭的速度"。人们在惊叹蒙牛速度的同时，也开始探其究竟。2007年，牛根生亲自总结了《"蒙牛模式"的16个"支点"》。

牛根生代表文章有《让员工"51%给自己干"》《品牌的"最后一公里"》《有市场经济头脑就有一切》等。

写下这个标题，却忍不住自问：存在所谓"蒙牛模式"吗？

说它存在，是因为"昨日蒙牛"蹄痕凿凿；说它不存在，是因为"今日蒙牛"晨新夕异。

"蒙牛模式"可以九九归一，也可以一分九九。在这里，我尽可能略去"人皆有之"者，于是，筛出了"蒙牛模式"的16"支点"——支模式。

1. 定位模式：聚焦，聚焦，再聚焦

同样的光通量，凹透镜无所作为，凸透镜却能点燃熊熊大火。为什么？学问只在散与聚。

蒙牛的产业定位具有聚焦性，"聚精会神搞牛奶，一心一意做雪糕"；产品策略具有聚焦性，"优生优育"，生下虎一个，胜过鼠一窝；传播策略也具有聚焦性，一年之中重点抓住一两个闪光点将其做深、做透、做强……

2. 作业模式：目标倒推

正向推进是"从有做有"，目标倒推是"从无做有"——从目标出发，反向推演，倒推资源配置，倒推时间分配，链接战略战术，链接方法手段；不问我的一双手能干多少件事，唯问移泰山需要多少双手；不问我的一口锅能煮多少斤米，唯问劳千军需要多少口锅；不问我的一盏灯能照多少里路，唯问亮天下需要多少盏灯！

蒙牛一创立就确定了建设"百年蒙牛"的奋斗目标，并将一切决策都放置到百年大业的坐标系中去考量，这样就能有效地避免短期行为，做到为"历史负责"。

蒙牛在具体经营活动中，具有高计划性，只修改手段，不修改目标。

蒙牛的基本目标有两个：一是把蒙牛发展成为世界乳业冠军，二是把内蒙古建设成为"世界乳业中心"。目前，在液态奶这一单项上，蒙牛已成为世界冠军。

3. 激励模式：财散人聚

我相信，财聚人散，财散人聚。历年来，我把过半年薪分给员工；不

仅如此，整个蒙牛管理层就是一个"散财团队"，高管人员拿出3000多万元为员工住宅区进行城市化建设……

4. 文化模式：与自己较劲＋经营人心

"与自己较劲"是蒙牛文化的精髓之一。发生任何问题，先从自己身上找原因。因为改变自己容易，改变别人难。假使矛盾双方的责任各占50%，那么，你先从改变自己开始。当你主动改变后，你会发现，对方也会跟着改变，而且这种改变不是同比例的，往往你改变10%后，他会改变30%，正所谓"你敬他一尺，他敬你一丈"。万一你改变了50%以后，对方还是一点不变，怎么办？你还是要坚持"与自己较劲"。因为95%的情形不是这样的。当你无数次地"与自己较劲"后，回头再看，大数定律的效能就显现出来了：你通过改变自己而改变了世界！

人是最大的生产力。经营企业就是"经营人心"："抓眼球""揪耳朵"，都不如"暖人心"。我们有"四个98%法则"：品牌的98%是文化，经营的98%是人性，资源的98%是整合，矛盾的98%是误会。

5. 合作模式：打造"企业生态圈"（同心圆效应）

蒙牛的创业纲领中有六句话：股东投资求回报，银行注入图利息，员工参与为收入，合作伙伴需赚钱，顾客购买要实惠，父老乡亲盼税收。通过同赢、共生，与产业链上的所有成员都结成了命运共同体，打造企业生态圈。

6. 市场模式：一线插旗，二线飘红

蒙牛首先占领的是北京市场、深圳市场、上海市场、香港市场，然后才向二三线市场推进。开会有"意见领袖"，消费有"市场领袖"，权威的力量是巨大的，榜样的力量是无穷的。当你在一线城市成为第一品牌的时候，在二线城市、三线城市也会成为第一品牌。这就是品牌的"梯度推移"。

因此，集中优势兵力首先在高端市场树立品牌可获事半功倍之效。

7. 品牌模式：品质＋品位＋品行

品质、品位、品行是品牌的"三大支柱"。品质决定品牌。品质是"第一性"的，品牌是"第二性"的。没有质量，一切都是负数！这在蒙牛凝成一句话：产品质量的好坏等于人格品行的好坏。品位决定着品牌在消费者心智资源中的占位。品牌源自品行，人的素质就像一座冰山，智力只是露出水面的部分，决定最终成败的是水下的部分，那就是品行。

品牌传播是需要载体的，载体易碎品牌就易碎，载体结实品牌就结实。蒙牛所选的品牌载体一般都是"钻石"级的，如航天员专用牛奶、运动员专用牛奶等。

8. 速度模式：飞船定律

宇宙飞船一旦发射出去，就只有两种命运：一种是无法摆脱地心引力，半途掉下来；一种是挣脱地心引力，飞出去。没有"第三种状态"。掉下来，还是飞出去，取决于是否达到或超过"环绕速度"。

企业发展也是这样，犹如一枚陀螺，没有一定的速度，旋转不起来；大发展小问题，小发展大问题，不发展尽问题。"蒙牛速度"，也是一种典型的成长模式。

9. 机构模式："三权分设"

蒙牛已经形成了董事长、总裁、党委书记"三权分设，彼此制衡；三权合力，相互推进"的组织架构。

在民营企业建立党委，蒙牛属于"第一个吃螃蟹"的企业，当初还遇到过一定的障碍。国有企业本身就是国家的，员工中不容易滋生对立情绪；民营企业不是国家的，所有者、经营者、劳动者都不代表国家，所以，调停他们之间的利益，就需要一个公正的"第四方"——党组织。只有党，才能站在所有"利益圈子"之外，处理好各种各样的问题和矛盾。也就是说，民营企业党组织的特点是"管三头"：上管所有者，中管经营者，下管劳动者。它是沟通的桥梁，矛盾的调停者，正义的代言人。

10. 整合模式：三力法则

世界上的竞争，从古到今，无非是三种资源的竞争，一是体力竞争，二是财力竞争，三是脑力竞争。野蛮社会，体力可以统御财力和智力；资本社会，财力可以雇用体力和智力；信息社会，智力可以整合财力和体力。

蒙牛用自己的"智力"，整合了国内、国际各数十亿元资产。

11. 选才模式：三合论 + 举贤避亲

所谓人才，就是合适时间、合适地点的合适人选，即最适合岗位的人员。离开岗位谈人才，就像离开矛谈盾，离开船谈帆，离开脚谈鞋，并无实际意义。但有一个"例外原则"：高层领导的直系亲属不允许进企业工作，要举贤避亲。

12. 旗舰模式："参观也是生产力"

通常，人们建工厂便是单纯地建工厂，建牧场便是单纯地建牧场……而蒙牛却把有形资产建设与无形资产建设紧密地结合到了一起：建的是"全球样板工厂""国际示范牧场"，让其成为中国乳业的"旗舰"。这样，蒙牛在获得有形资产的同时，也获得了巨大的无形资产，一箭双雕。

由于这一"旗舰模式"，使得蒙牛成为首批国家级工业旅游示范点。任何一个人，只要拿上身份证，就可以到工业园区参观，透过玻璃窗，整个生产线尽收眼底。日久天长，蒙牛人形成一个习惯：来了客户，先不谈业务，参观完再说，让客户完成"知彼"的过程，消除信息不对称……等参观完了，客户的心也被"征服"了。

13. 创新模式：新拿来主义 + 软件革命

创新有绝对创新，也有相对创新。日本、亚洲四小龙都是在"引入技术"的基础上实现经济腾飞的，这样做具有低成本、高速度的效能。因此，放眼全球，"先挑选，后拿来"成为蒙牛推行的"新拿来主义"。

国家的崛起，战争年代靠军队，和平年代靠商队。中华民族要想后来居上，归根到底必须发动"软件革命"。蒙牛开发出了一系列拥有自主知识产权的产品，其中的特仑苏使蒙牛成为世界乳业大会百年来亚洲地区唯一获奖的乳制品企业。"老牛基金会"的创立也是一种软件革命，它是全球第一个通过捐献股份创立的公益慈善基金会。

14. 扩张模式："分胃不分体"

我们设在各地的生产型事业部，只负责生产不负责销售，连质量监督都是由总部统管的，这样，实际上它只相当于生产车间，而不是完整意义上的"全能子公司"。这种扩张上的"生产车间"的衍生模式，让我们的高速复制得以成功，短短8年就建起几十个分厂；如果采取"全能子公司"衍生模式，困难就大得多，单就人才准备来说，培养50个"总经理"与培养50个"车间主任"，那是完全不同的概念。到目前为止，全是自建，未做购并。

15. 分配模式：让"为自己干"控股

怎样才能使员工更快乐？蒙牛的原则是：要让"为自己干"控股，也就是让员工51%给自己干，其余的给别人干、单位干、国家干、人民干。一个企业有没有竞争力，关键取决于员工；员工有没有竞争力，工资水平是核心要素之一，这是"原始的核动力"。

16. 责任模式：大胜靠德

我们讲"小胜凭智，大胜靠德"，这个"德"渗透在方方面面。蒙牛产业链上联系着数亿消费者、千万股民、300多万奶农、数十万供销队伍、3万员工，被誉为西部大开发以来"中国最大的造饭碗企业"；蒙牛积极参与航天事业、体育事业、公益事业，仅向1000所学校免费赠奶一项总投入就近2亿元；我和妻子、儿子、女儿捐出了全家人在蒙牛所持的全部股份，创立了老牛基金会——截至2007年9月，所捐股份的市值已突破50亿元……只要事关国家、民族大业的事情，蒙牛都积极支持；我们坚信，如果你不关心国家民族的大事，老百姓也不会关心你的事。

来自传统产业的增长黑客

何伊凡

"盒饭财经"创始人

在改革开放的40年中，牛根生和蒙牛是绕不过去的样本。当我们今天在为小米、拼多多、美团、滴滴等互联网公司所创造的增长奇迹鼓掌时，很容易遗忘在20年前，一家传统的乳业公司也曾是传奇的主角。1999年1月蒙牛正式注册成立，营业收入从4000万元增至85亿元，用了不到24个月，6年之后，2004年蒙牛在香港上市，成为第一家在境外上市的内地乳制品企业，确实是老牛跑出了火箭的速度。

增长黑客（growth hacker）的概念来自硅谷，最早在2010年由Qualaroo的创始人肖恩·埃利斯提出。最初的定义指的是"一群以数据驱动营销、以市场指导产品方向，通过技术化手段贯彻增长目标的人"。后来演绎成具有如下特征的人：目标明确，有定量思维、用结果说话、快速迭代等。肖恩·埃利斯提出此概念时，牛根生已辞去公司董事长职务，专心做慈善，但他在很多方面，都具备增长黑客的特质，这篇文章就完整解析了蒙牛的增长密码。

首先是他的增长意识。一位公司的创始人，必须是公司的首席增长官，如果他不能够做到以增长为公司的北极星指标，则无法在团队内形成增长文化。牛根生对此想得非常通透，他在"速度模式"中指出：企业发展犹如一枚陀螺，没有一定的速度，旋转不起来；大发展小问题，小发展大问题，不发展尽问题。"蒙牛速度"，就是一种典型的成长模式。

本文列举了"蒙牛模式"的16个支点，实际就包含了"牛氏增长黑客"的道法术器，如"聚焦，聚焦，再聚焦"，讲的是力出一孔；目标倒推，讲的是方向感；"财散人聚""与自己较劲""经营人心"，则都进入了底层架构设计，有利于打破增长黑客的对手——谷仓文化，也就是不同团队之间的部门墙。

距离牛根生写这篇文章已经过去了11年，今天传统产业虽然面临种种挑战，但与老牛狂奔的时代相比，还是温润了很多，重读这篇文章就不难发现，没有传统的公司，只有传统的领导者。

一头牛跑出火箭的速度之后

张 刚

财视传媒 CEO

"天下武功，唯快不破。"

十几年前，异军突起的蒙牛堪称"快品牌"的不二代表。彼时，蒙牛以"火箭速度"飞速成长，并在短短六七年的时间里，成为"中国乳业顶级品牌"，一时间，"蒙牛奇迹"风光无限。

能够缔造类似奇迹，显然要靠独到而深厚的功底，蒙牛创始人牛根生将之归结为"蒙牛模式"的16个支点。这些支点包罗万象，从定位到战略，从激励到文化，从生态到品牌，从组织架构到用人理念，不一而足。其核心诉求，就是通过各种手段及机制，最大化地聚拢团队及生态资源，激发所有人的创造力，从而达到环绕速度的"飞船定律"，以期把蒙牛发展成为"世界乳业冠军"。

可以说，在乳品行业，蒙牛开创并践行了独特的发展模式，对内经营人心，对外倍速增长，这也对此后十余年间的创业企业有巨大启发。

当然，诚如NITORI（有"日本版宜家"之称）法人事业部总经理富井伸行所说，"中国企业拼的是速度和规模，日本公司的优势在于忍耐力"。有数据显示，2017 年，日本拥有百年以上历史的企业达到了惊人的 21 666 家，而中国的百年老店仅有 5 家！而且，日本企业普遍在工匠精神、精益管理、研发投入、长远战略布局等方面都略胜中国公司一筹。

当改革开放行进到 40 周年之际，我们是不是还要一味图快、一味图大？是不是要转而求远、转而求强？这种思维的转换在蒙牛身上同样适用。如今，蒙牛的标签早已从"快""规模"转换为"安全""高质量"，企业也比以前更自信，更令人刮目相看。

牛根生 经典语录

① 财聚人散、财散人聚。小胜凭智、大胜靠德。

② 一个人的智力有问题，是次品；一个人的灵魂有问题，就是危险品。经营人心就是经营事业。

③ "有心人"擅长"三大做"：做事、做势、做市。

④ 改变世界的力量有很多种，有的力量可能会让一部分人受益而另一部分人受害，但慈善只有一个目标，那就是共同幸福。

⑤ 金钱是一种神奇的东西。它既能让人流下感激的泪水，也能让人反目成仇。一切取决于你怎么用它。

方太的家族企业传承

作者：茅理翔

方太集团创始人

——

茅理翔，1941 年出生于浙江宁波。他做过会计、供销员，45 岁时创业，成为"点火枪大王"；55 岁二次创业，和儿子茅忠群创立方太厨具。茅理翔着眼方太发展的大局，提出家族企业的管理要淡化家族制，曾被母亲骂"不孝"，但他毅然推动家族企业转型，同时制定了"三三制"战略——带 3 年，帮 3 年，看 3 年。历时 9 年，方太在转型中一步步完成了企业传承。

方太创业 10 周年，即 2005 年，茅理翔从经营一线退下，放心地把企业管理权交给儿子，履行了"大胆交、坚决交、彻底交"的承诺。茅忠群也不负众望，他在方太大力推行"中学明道、西学优术、中西合璧、以道御术"的现代儒家管理模式，卓有成效，2017 年方太成为首家营收突破百亿的厨电企业。

茅理翔是家族企业坚定的维护者，也是家族企业坚定的变革者。如今，茅理翔正进行自己的第三次创业，他创办"家业长青接班人学院"，出书讲课谈家族企业的传承之道，谈"口袋理论"，谈他对中国企业基业长青的理解。

如今，中国民营企业进入密集交班的时期。中国的家族企业究竟该如何传承？一边是亲情，一边是现代管理，到底怎么办？

茅理翔著有《家业长青》《百年传承》《管理千千结》等。

作为家族企业成功传承的样本，方太圆满完成了传统家族制向现代家族制的转型，企业文化从小家文化转型为大家文化，其经验非常宝贵。本文综合整理茅理翔的《家族企业传承的现实与未来》《家族企业的口袋论》《家族企业如何接班》等多篇文章，以力求透彻解读家族企业传承的方法论。

长青的梦想与传承的现实

在中国大陆，虽然 10 年前人们还不怎么提"家族企业"这个概念，但每每提起，也总是与保守、守旧相联系。经过这么多年，国人又重拾家族传承的理念，越来越意识到，拥有一个百年老店是荣耀，而不是负担。

但从家族传承的现实来看，目前的主要问题出在两个方面。第一，家族两代人之间理念和意愿的分歧：究竟谁来接班，怎么接，什么时候接？第二，家族里亲戚太多，介入家族企业过多而导致矛盾太多，人情问题难对付。

有的家族，儿女太多，人人都想接班，矛盾频发，众口难调。有的家族，独生女儿生性内向，对家业毫无兴趣，也迟迟找不到有商业头脑的女婿，头疼后继无人。有的家族，父母抱怨儿子贪玩不上进，儿子却因为父母长年累月的训斥让他感到不被信任和尊重，所以破罐破摔。

家族企业传承现状折射出来的，不仅仅是二代接班的能力与意愿的问题，更多的是代际沟通与理解的心理问题。这是关系到能否"富过三代"的百年大计。

因为此问题的重大，所以我捐款 2000 万元给浙江大学，希望通过 3 个 5 年的实践，形成一个针对家族企业特殊人群的特殊教学、培训、咨询、跟踪服务体系，找到"家业长青"的答案。

我眼里的"二代"

目前探索的二代传承问题有哪些共性的解决方案呢？

创一代通常出生于 20 世纪五六十年代，艰苦朴素、吃苦耐劳，有强烈的使命感，文化程度普遍偏低，看重实业。二代普遍拥有高学历，而且越来越多的人有海外留学经历，见多识广、创新意识强，比较看重文化创意和互联网相关的产业，在 90 后二代身上，这一点极为突出。

但是，和父辈相比，二代缺少置之死地而后生的精神，以及对企业生死攸关时刻的把握和敏感，缺少面对危机时的应变魄力和能力。尤其对仓促接班的二代来说，因为没有经受过挫折，而对创业持有想当然的懵懂和乐观。

另外，看不起父辈的二代也不在少数，对有些人来说，父辈的基业是一件他们并不喜欢的礼物甚至负担。

尽管有种种问题，以我对二代的观察，虽然2010年以前，创二代被贴着"富二代"和"负二代"之类的标签，其实这个群体有很多精英。他们与没有受过"创业家教"影响的年轻人相比更成熟、更早接触到社会真相。他们有父母打下的基础，实现创业梦想更容易，也更有保障。因此，未来30年必然是创二代的天下，他们之中将诞生很多伟大的企业家。

在我的经验里，二代接班者中没有留过学的人创业更容易成功。不是说通过留学开阔眼界没有用，而是说长期在国内生活的人更懂得国情，准备得更充分。留过学的二代中也各有不同，一类人回来以后已经看不上旧的产业和模式，高不成低不就；还有另一类谦虚好学、洋为中用，对新产业模式和机会有更多的思考，这样的海归更容易成功。

二代的最大对手是没有创业经验的同辈年轻人，他们有强烈的创业愿望，擅长创新，因为没有资源，所以也不害怕失去，敢豁出去，简简单单做一个产品就能上马。

对二代要有耐心

二代能否延续前辈的成功，保持基业的有效传承，需要一个宏观完整的体系，从战略眼光、经营管理能力，到道德素养、健康的心理等，缺一不可。使命感、能力、责任感、道德品质，都是可以培养和磨炼的，所以成功的创二代是一定能够被带出来的。

IBM的二代"小沃森"，年轻时是个纨绔子弟，后来的从军经历让他内心发生了巨变，他以军人的意志和魄力来创业，成了一个伟大的企业家。意大利的菲亚特汽车公司，由爷爷传给了孙子，那个孩子也是一个败家子，但后来出了一次车祸，突然醒悟开始专心事业，最终成为一代工业楷模。

谁能传承家业是需要时间来证明的，老一辈需要传承，而新一代需要闯荡，需要验证，他要追求自己梦想，需要先去做自己想做的事，然后逐渐意识到自己的梦想可以和家族梦想联系在一起。

5年、10年、15年，经过严密持续的培养和言传身教，优秀的二代企业家是能够产生的。你要相信时间和家族的影响力。如果时间不能给予你想要的结果，那就是后代的志趣不在这里，只好另谋他法。

"口袋理论"

家族企业在创业初期多为苦出身，全家出动，齐心协力，艰苦奋斗，有的是父母创业，传带子女；有的是兄弟创业，不计报酬，凡是一家人，还未变成两个口袋的从不去想什么股权。即使有的已经成家，有了小家庭，但大家庭还是创业的父母控制产权，谁也不想说股权的事。

我提出的"口袋理论"有两层含义。第一是家族企业内的股份应该清晰到所有家族成员，有多少股权就保有多少发言权，以防止以后出现家族矛盾。至于股份的安排，可以因家族成员参与企业的情况而定。大致有以下两个原则：其一是公平原则，这是传统家文化的"树大分枝"原则；其二是责任原则，兄弟之间责任有大有小，从市场经济文化的角度，也应该考虑这方面的因素。

"口袋理论"的第二个含义是，兄弟姐妹假如都是强人，最好分开经营，防止家族矛盾。在家族企业里，优秀的兄弟姐妹可以共同参股，但不一定适合共同经营。我的做法是，不给儿女们留下后遗症，而是根据各自的能力和特长，让他们独立地去创业。我女儿创业在先，她的公司由她全权管理，我儿子不参与。同样，方太是我和儿子一起创建的，让儿子接班顺理成章。

中国人的传统观念里有"传男不传女""传给长子"的思想。但时代变了，观念也应该有改变，应该是谁优秀、谁适合，就把家业传给谁。

有的二代可能是家族的唯一继承人，但不一定具备创业者的素质或创业意愿，属于被动传承家业。与其强行把使命交给他，留下衰败隐患，不如选择更适合，也更愿意接班的人。

两个子女以上的家庭，儿女能力有高低，意愿也不同，那么按照"口袋理论"，应各自立户互不干扰。能力不强的则不必自立门户，原有公司里给他一定的职位或者股权，但不让他参与决策。对同一个"口袋"的继承，儿子不行就培养孙子，没有儿子，女儿又没有能力继承，那就选一个女儿喜欢也有能力的女婿来传承，日本的松下幸之助不就是这么做的吗？

交班需要方法

关于交班，要大胆交、坚决交、彻底交，这是我的观点。

交班需要方法。我的方法是带 3 年、帮 3 年、看 3 年。交班大致有这几种模式，一种模式是让儿子大学毕业以后留学，到跨国公司去工作学习，学成后来接班，但是容易水土不服，还是会出现很多问题；第二种模式就是自己带，做助理，从做车间主任或者销售经理起步。我的模式与别人不同。从方太成立的第一天起，我儿子是总经理，我是董事长，我们两个共同创业，而且边带边帮边看，先后花了 9 年的时间。

前 3 年，我把产品开发权交给他，他做得非常好。他发现中国的油烟机基本上仿制国外的比较多，但是技术上并不适合中国国情。因为烹饪习惯不一样，中国的家庭要猛火热炒，油烟非常大，而外国人烹饪时的油烟非常之少。发现了这个商机，我儿子就带领技术人员，共同研究开发适合中国特色的油烟机，开发出来，一炮打响。

后来我们确定了方太设计领先的理念，我们始终找准了这个切入点。3年过去后，我认为他做得非常好。方太从 1996 年 1 月 18 日成立到现在，最大的一个成功就是树立了品牌。2005 年世界品牌实验室对方太的评估如下：品牌价值为 30.81 亿元，居行业的榜首。这样一个优秀品牌的树立，实际上我儿子起了很大的作用。

第二个 3 年，把营销权也交给他，让他着力对营销体系进行改革，在全国建立了方太强大的营销网络。他确立的一个核心理念就是方太只做厨房产品，走专业化道路。方太开发的六大类产品都没有离开厨房。如果什么都想做，那么结果可能什么都做不好。

最后 3 年把管理权放给他。我不参与内部管理，也不参加月度例会。GE 新接班的伊梅尔特，到中国对话的时候我也参加了。我发现杰克·韦尔奇交班给伊梅尔特花了 7 年时间，考察了 6 年，交班是一个过程，而且交接班还必须交给一个团队，要他去组建适合自己的一个团队。

解决了父子的问题，还要解决手足之间的问题。我认为，即使是家族企业，也要明晰产权。产权如何明晰？我用的就是"口袋理论"。

现在我已经成功完成了带 3 年、帮 3 年、看 3 年的 9 年交班过程。事实证明，成功的交班，将会使家族企业的发展跃上一个新的台阶。

"富不过三代"的最大挑战

"人情""血缘"是中国人做事业绕不开的一种情结，中国人做企业难以富过三代的最大软肋，就是让人情和关系凌驾于制度与规则之上，凌驾于企业发展规律之上。在很大程度上，家族事业的成败都与之相关。茅家人格外齐心协力，很好地平衡了亲情、人、制度和规则之间的关系。

当一个企业做大做强后，职业经理人的引入是必然的，没有任何一个企业家能够解决和预见所有的问题与危机。经理人能帮助企业走向更远更高的地方。二代要信任他们，给予他们权力，但又要慎重放权。要保障职业经理人为企业所用，更要加强企业制度的保障。避免遇到职业经理人水土不服、不起作用的情况。要平衡考量他们的专业能力和道德品质，这不容易。要练就长期长远看人的眼光。

我能给后代留下的财富，更多的是创业精神和做大企业的梦想，而不是钱。我们方太，宁做 500 年，不做 500 强。即便有一天科技发达，人类的生活方式改变到不需要抽油烟机的程度，或者说后代中有人想做汽车、想造船，产业扩大或改变形态了，也一定不能丢掉方太的牌子，方太一定要成为百年品牌，一代一代传下去。

家族传承的本土智慧

施星辉

正和岛研究院执行前院长兼首席研究员

关于家族企业，向来有两种论断。其一，家族企业是一种初级阶段的企业类别，随着资产证券化和经理人团队的加入，会逐步进化成现代规范的公司形态；其二，家族企业具有凝聚力强、保有核心价值观与品牌等独特优势，是一种常态化存在的企业类别，不存在所谓向现代企业过渡的问题。

以上两种论断都能找到对应的实际例子，既有很多家族逐步退出企业的实际管理的失败案例，也有延续数百年的欧美奢侈品企业以及李嘉诚先生的和黄、长江。家族传承在日本企业中更是比比皆是，如丰田汽车这样的资本密集型产业巨头，正是在创始家族成员回归后成功实现了企业的复兴。

考虑到中国固有的家文化传统，以及生育政策调整后未来10～20年的企业版图，很有必要对家族企业存续的客观趋势给予理性判断。以本人愚见，大致有两类：一类是家族式创业的企业传承，一类是非家族企业的家族接班。后一类企业，如某互联网公司的创始人拥有多数股权，并已有5个子女，如果某个孩子对该企业感兴趣，那么他极有可能在未来进入该企业。我预计中国的非家族企业在20年后将出现家族接班的趋势。从这个角度来说，家族企业未来将长期与技术和商业的新潮流共存共生。

提到方太集团创始人茅理翔老先生，很多人都会联想到他关于家族企业传承的特色理论，如9年交班、两个口袋理论等，这些来自他亲身探索的真知灼见，对系统总结中国家族企业的传承规律具有极大的开创性意义。

"奋斗的方式可能不一样，思想仍然继续。"自2006年以后，茅老退居二线，创办家业长青学院，把推动更多家族实现基业长青作为人生的第三次创业，为来自全国的各类家族企业释疑解惑、传经送宝。在这项公益性事业中，他不顾年老体弱、多方奔走，大声疾呼为家族企业正名，不遗余力地为家族企业研究添砖加瓦。难能可贵的是，他的思想伴随方太的成功实践不断深化，并在与众多家族企业交流答疑中持续升华，更加具有普适价值和理论高度。

作为本书中唯一有关家族企业的文章，茅老对家族企业传承与发展的三个基本问题做了深入浅出、言近旨远的解析。

其一，家族企业面临的两大难题：两代人的观念分歧，家族成员如何参与企业；其二，化解双方分歧的重心是老一辈，要客观看待二代，要有耐心；其三，从方太实践来说，口袋理论清晰界定了治理权限，9年交班论提供了交接班的路线图。

对很多一代来说，最大困惑就是对孩子不放心。茅老举了IBM和菲亚特的例子，提醒他们对二代要有耐心，时机成熟时要"大胆交、坚决交、彻底交"；因为"未来30年必然是创二代的天下，他们之中将诞生很多伟大的企业家"。

家族传承，到底传承什么？茅老表示："我能给后代留下的财富，更多的是创业精神和做大企业的梦想，而不是钱。"创业精神与伟大梦想，这才是家族传承的核心。

茅老在2014年捐款2000万元给浙江大学，希望通过3个5年的实践，形成一个针对家族企业的教学、培训、咨询、跟踪服务体系，与社会有识之士一起寻找"家业长青"的答案。

如果说创办一家企业是立业，著书立说、传播思想是立言，建立一家教育机构、推动实践则是立德。我以为，从这个意义上看，日本的松下幸之助、稻盛和夫是少数达成古人所言的"三不朽境界"的企业家。茅理翔老先生与二人庶几近之。

茅理翔 经典语录

① 欧美、日本为什么强大？因为它们拥有世界上最多的百年老店，如果中国有这样一大批百年老店的诞生，这才是中华民族彻底复兴之时。

② 我能给后代留下的财富，更多的是创业精神和做大企业的梦想，而不是钱。

③ 光有产品创新、品牌创新、营销创新不够，必须要有管理创新，管理是基础。我们的管理是从传统家族制转变成现代家族制。管理是基础，但是光有管理创新不够，还需要有文化创新。

④ 光有定位不够，品牌还必须要有一个魂，这个魂是三品合一（人品、企品、产品）。这是我们在几十年的奋斗中自己悟出来的道理。我坚信搞好一个品牌、一个企业，三品必须合一，而且人品必须放在第一位。

⑤ 未来 30 年必然是创二代的天下，他们之中将诞生很多伟大的企业家。

和合 ⑤

管理的未来，就是『赋能与激活人』。

管理的灰度

作者：**任正非**

华为集团董事兼 CEO

——

任正非，1944 年出生于贵州省镇宁县，大学毕业后就职于建筑工程单位。1974 年，他应征入伍并担任基建工程兵，历任技术员、工程师、副所长（技术副团级）。因在工程建设中的贡献，他出席了 1978 年的全国科学大会和 1982 年的中国共产党第十二次全国代表大会。

1987 年，已经 43 岁的任正非在深圳创办华为，启动资金只有两万多元。谁也没有想到，这家小公司日后能成为资产数千亿、覆盖 100 多个国家和地区的科技王国。2012 年，华为成为全球第一通信设备供应商。2016 年，华为支持全球 170 多个国家和地区的 1500 多张网络的稳定运行，服务全球 1/3 以上的人口。近年来，华为的手机业务增长迅猛，稳居全球前三。

在任正非的带领下，华为冲破了一个又一个阻碍，逐步攻入"无人区"，处在"无人领航，无既定规则，无人跟随的困境"。其在管理上的探索，也成为中国企业顶礼膜拜的对象："华为管理法""华为企业文化""华为人力资源管理"。可能没有一个中国企业，能像华为一样被 360 度地剖析。

华为的管理思想有没有一个基点？任正非说，管理的灰度，是我们的生命之树。那么，什么是"灰度"？它为何如此重要？让我们来看看这篇文章。本文节选自 2009 年 1 月 15 日，任正非在华为全球市场工作会议上的讲话——《开放、妥协与灰度》。

任正非代表文章有《华为的冬天》《一江春水向东流》《北国之春》等。

清晰的方向来自灰度

一个领导人重要的素质是方向、节奏。他的水平就是合适的灰度。坚定不移的正确方向来自灰度、妥协与宽容。

一个清晰方向，是在混沌中产生的，是从灰色中脱颖而出的，方向是随时间与空间而变的，它常常又会变得不清晰，并不是非白即黑、非此即彼。合理地掌握合适的灰度，使各种影响发展的要素在一段时间内保持和谐，这种和谐的过程叫妥协，这种和谐的结果叫灰度。

"妥协"一词似乎人人都懂，用不着深究，其实不然。妥协的内涵和底蕴比它的字面含义丰富得多，而懂得它与实践它更是完全不同的两回事。我们华为的干部，大多比较年轻，血气方刚，干劲冲天，如果不大懂得必要的妥协，也会产生较大的阻力。

纵观中国历史上的变法，虽然对推动中国社会的进步产生了不灭的影响，但大多没有达到变革者最初的期望。我认为，变革者面对他们自身所处的时代环境，他们选择的变革太激进、太僵化，冲破阻力的方法也太苛刻。如果他们用较长的时间来实践，而不是那么急迫和全面，收效也许会好一些。其实他们缺少的就是灰度。方向是坚定不移的，但道路并不是一条直线，也许是不断左右摇摆的曲线，在某些时段来说，可能还会画一个圈，但是如果我们离得远一些或粗一些来看，它的方向仍是紧紧地指着前方。

我们今天提出了以正现金流、正利润流、正的人力资源效率增长以及通过分权制衡的方式，将权力通过授权、行权、监管的方式，授给直接作战部队，也是一种变革。在这次变革中的一些选择，也许与20年来的决策方向是有矛盾的，也将涉及许多人的机会与前途，我想我们相互之间都要有理解与宽容。

宽容是领导者的成功之道

为什么要对各级主管讲宽容？这同领导工作的性质有关。任何工作，无非涉及两个方面：一是同物打交道，二是同人打交道。

不宽容，不会影响同物打交道。但是，任何管理者，一旦同人打交道，宽容的重要性立即就会显示出来。人与人的差异是客观存在的，所谓宽容，本质就是容忍人与人之间的差异。要想将不同性格、不同特长、不同偏好的人凝聚在组织目标和愿景的旗帜下，靠的就是管理者的宽容。

宽容别人，其实就是宽容我们自己。多一点对别人的宽容，我们自己的生命中就多了一点空间。

宽容，不是软弱。宽容所体现出来的退让是有目的、有计划的，主动权掌握在自己手中。无奈和迫不得已都不能算是宽容。

只有宽容才能团结大多数人与你一起认知方向，只有妥协才会减少实现坚定不移的正确方向的道路上的对抗，只有如此才能实现你的真正目的。

没有妥协就没有灰度

坚持正确的方向，与妥协并不矛盾；相反，妥协是对坚定不移的正确方向的坚持。

当然，方向是不可以妥协的，原则也是不可以妥协的。但是，实现目标过程中的一切都可以妥协，只要它有利于目标的实现，为什么不能妥协一下？当目标方向清楚了，如果此路不通，我们妥协一下，绕个弯，总比在原地踏步要好，干吗要一头撞到南墙上？

在一些人的眼中，妥协似乎是软弱和不坚定的表现，似乎只有毫不妥协，方能显示出英雄本色。但是，这种非此即彼的思维方式，实际上是认定人与人之间的关系是征服与被征服的关系，没有任何妥协的余地。

"妥协"其实是非常务实、通权达变的丛林智慧，凡是人性丛林里的智者，都懂得在恰当时机接受别人的妥协，或向别人提出妥协，毕竟人要生存，靠的是理性，而不是意气。

"妥协"是双方或多方在某种条件下达成的共识，在解决问题上，它不是最好的办法，但在没有更好的方法出现之前，它却是最好的方法，因为它有不少的好处。

妥协并不意味着放弃原则，一味地让步。明智的妥协是一种适当的交换。为了实现主要的目标，可以在次要的目标上做出适当的让步。这种妥协并不是完全放弃原则，而是以退为进，通过适当的交换来确保目标的实现。相反，不明智的妥协，就是缺乏适当的权衡，或是因坚持了次要目标而放弃了主要目标，或是因妥协的代价过高而遭受不必要的损失。

明智的妥协是一种让步的艺术，妥协也是一种美德，而掌握这种高超的艺术，是管理者的必备素质。

只有妥协，才能实现"双赢"和"多赢"，否则必然两败俱伤。因为妥协能够消除冲突，拒绝妥协，必然是对抗的前奏；如果我们的各级干部真正领悟了妥协的艺术，学会了宽容，保持开放的心态，就会真正达到灰度的境界，就能够在正确的道路上走得更远，走得更扎实。

坚决反对完美主义

什么是职业化？就是在同一时间、同样的条件下，做同样的事情的成本更低，这就是职业化。在市场竞争中，对手优化了，你不优化，等待你的就是死亡。思科在创新上的能力、爱立信在内部管理上的水平，我们现在还是远远赶不上的。要缩短这些差距，必须持续改良我们的管理，不缩短差距，客户就会抛离我们。

的确，我们要意识到管理改进的迫切性，但也要沉着冷静，减少盲目性。我们不能因短期救急或短期受益，而做长期后悔的事。不能一边救今天的"火"，一边埋明天的"雷"。管理改革要继续坚持从实用的目的出发，达到适用目的的原则。

我们从一个小公司脱胎而来，小公司的一些习气还残留在部分员工身上。我们的一些员工也受20年来公司早期的习惯势力的影响，在思维与操作上还不能完全职业化。这些都是我们管理优化的阻力。由于我们从小公司走来，相比业界的西方公司，我们一直处于行业发展的较低水平，运作与交付上的交叉、不衔接、重复低效、全流程不顺畅现象还较为严重。

在管理改进中，要继续坚持"七反对"的原则。坚决反对完美主义，坚决反对烦琐哲学，坚决反对盲目的创新，坚决反对没有全局效益提升的局部优化，坚决反对没有全局观的干部主导变革，坚决反对没有业务实践经验的人参加变革，坚决反对没有充分论证的流程进行实用。

我们不忌讳谈我们的"病灶"，要敢于改革一切不适应及时、准确、优质、低成本实现端到端服务的东西。但更多的是要从管理进步中要效益。我们从来就不主张较大幅度的变革，而主张不断的改良，我们现在仍然要耐得住性子，谋定而后动。

因地制宜实事求是

西方的职业化，是从一百多年的市场变革中总结出来的，认为它这样做最有效率。穿上西装，打上领带，并非只是为了好看。我们学习它，并非完全僵化地照搬，难道穿上中山装就不行吗？

公司发展二十多年来，有自己成功的经验，我们要善于总结出来，再将这些管理哲学的理念，用西方的方法加以规范，使之标准化、基线化，以利于广为传播与掌握并善用之，培养各级干部，使其能迅速适应工作上的转变。

只有这样，我们才不是一个僵化的西方样板。我们可以看到，西方在中国的企业成功的不多，就是因为它们照搬了西方的管理而水土不服。一个企业活的灵魂，就是要坚持因地制宜、实事求是。这两条要领的表现，就是不断提升效率。

我们从杂乱的行政管制中走过来，依靠功能组织进行管理的方法虽然在弱化，但以流程化管理的内涵还不够丰富。流程的上下游还没有有效"拉通"，基于流程化工作对象的管理体系还不很完善。组织行为还不能达到可重复、可预期、可持续化的可值得信赖的程度。人们还习惯于通过看职位等级来决定做事的方式。

工作组是从行政管制走向流程管制的一种过渡形式，它对打破部门墙有一定的好处，但它对破坏流程化建设有更大的坏处。如果任由工作组满天飞，流程化组织就会变成一个资源池，这样下去我们能建设成现代化管理体系吗？一般而言，工作组人数逐步减少的地方，流程化的建设与运作就比较成熟。

我们要清醒地认识到，面对未来的风险，我们只能用规则的确定来对付结果的不确定。只有这样我们才能随心所欲，不逾矩，才能在发展中获得自由。任何事物都有对立统一的两面，管理上的灰色，是我们的生命之树。我们要深刻理解开放、妥协、灰度。

当心"灰度"被庸俗化理解

田 涛

浙江大学睿华创新管理研究所联席所长，华为国际咨询委员会顾问

2012 年元旦之后的一个晚上，我与任正非茶叙时提出：灰

度理论其实才是华为全部管理哲学的核心基点。任正非表示赞同，其实他也明确讲过：管理的灰色，是我们的生命之树。

何谓"灰度"？华为依靠制度创新（"工者有其股"等）、文化创新（非中非西）、技术创新（全球专利申请排名前几位）等获得了高速成长，但"创新"尤其是"自主创新"一词在华为的历史文献中是被提到得最少的。任正非讲，"创新就是在消灭自己，不创新就会被他人消灭""快三步是先烈，快两步是英雄"，总前提则是"建设性大于破坏性"，而又必须包容"破坏性创新"。这即是灰度的系统性：高则抑之，下则扬之。

华为的"狼性文化"屡被学界某些人士诟病，也被部分商界中人泛化曲解，其实大多与任正非原本的"狼性"定义南辕北辙。任正非的"狼性"概念有三义。一是敏锐的嗅觉。读过《狼图腾》便会知晓，狼在极端恶劣的生存环境下，进化出了某种"先知般"的感知能力和设计意识。二是不屈不挠的进攻精神。西方文化中的清教徒主义精神、中国文化倡导的艰苦奋斗精神，其内核无不是进攻精神，即一个组织的英雄气。三是"狼狈精神"。一部华为史就是不断培植英雄又不断打掉英雄的历史。

一切基于功利原则和实用主义，这是灰度哲学的又一特性。华为在国际竞争中奉行"永不结盟"战略，同时也广泛开展"合纵连横"。过去多少年美国思科公司总在打压华为，这两家会是永恒的对手吗？难说。也许几年后、十几年后它们会完全走到一起。

理想主义是旗帜，实用主义为纲领，拿来主义为原则，这是任正非管理哲学与华为文化的源与流，但还得加上一句：渐进性与实验主义。有宏大的梦想，这是让斗牛士和牛们血脉贲张的那面红色的旗子。但无论谁要取胜，都需要设计感、进攻性、狼狈性，同时还要冒险实验、一寸一寸地逼近目标，企图一招、几招或几个回合完胜的想法都是危险的。这需要组织领袖和整个团队极大的忍耐精神。

灰度理论不可泛用、滥用。任正非主张只在高中级干部中进行学习，基层员工学不学不重要，因为他们可能会学偏。在组织体系中越朝上越要讲灰度，越朝下越要讲黑白分明，规则清晰；研发文化必须坚持"工程师思维"，不允许任何的模糊与中庸；尤其是"以客户为中心，以奋斗者为本，长期坚持艰苦奋斗"的核心价值观，更容不得任何的扭曲与变形。至于坊间对灰度的庸俗化理解，诸如"打擦边球""世故圆通的处人术"等，显然与"狼性文化"的被误读一样，被严重曲解了。

任正非 经典语录

① 以客户为中心，以奋斗者为本，长期坚持艰苦奋斗是我们的胜利之本。

② 我们呼唤英雄，不让雷锋吃亏。雷锋精神与英雄行为的核心本质就是奋斗和奉献。在华为，一丝不苟地做好本职工作就是奉献，就是英雄行为，就是雷锋精神。

③ 10 年来我天天思考的都是失败，对成功视而不见，也没有什么荣誉感、自豪感，心中只有危机感。也许正是因为这样，华为才存活了10 年。我们大家要一起来想，怎样才能活下去，这样也许才能存活得久一些。失败的这一天是一定会到来的，大家要准备迎接，这是我从不动摇的看法，这是历史规律。

④ 什么叫成功？是像日本企业那样，经九死一生还能好好地活着，这才是真正的成功。我觉得华为没有成功，只是在成长。

⑤ 谁来呼唤炮火？应该让听得见炮声的人来决策。

我的三条标准线

作者：**王　石**

万科集团创始人、董事会名誉主席

——

王石，1951 年 1 月生于广西柳州。17 岁的王石初中毕业后，在军队度过了 5 年时光。后来他辞去公职。1984 年，王石在改革开放的热土城市深圳创立万科。当时万科的第一笔生意是玉米饲料，此后转向房地产行业。在早期，改革造就了万科，1988 年股改明晰了公司的产权。1998 年，万科成为中国上市公司中最大的房地产公司。次年王石辞去总经理职务，将万科打造成第一批股份公司。2010 年，万科成为第一家资产过千亿的房地产公司。

在万科，王石无疑是精神领袖。他在万科坚守原则，提出不贿赂文化；建立现代企业制度，引进职业经理人制度；在同行中最早完成了股份化和上市，抵制多元化诱惑，为万科做减法等，把万科带向房地产行业巅峰。2017 年 6 月 21 日，王石告别万科，留下长长的身影。

"地产教父"这个称号不足以概括王石丰富多元的形象。他始终充满好奇与活力，不断冒险、探索。两次攀登珠峰、走完七大洲；60 岁远赴哈佛大学求学，一次次成功攀登不同领域的高峰。

王石代表著作有《让灵魂跟上脚步》《道路与梦想：我与万科 20 年》《大道当然：我与万科（2000 ～ 2013）》。

王石个性鲜明，活得真实，像是"一个有棱角的石头"。实际上，他望之俨然，即之也温。2018 年，王石 67 岁，他在湖畔大学的课堂上讲述了不断奋斗的动力，成就事业的三条标准线：不行贿的底线，考虑长远发展的中线，适当地让位、适当地让步的高线。

我给自己定位叫"顽石"，就是一块顽固不化的石头。人家说，一般年轻人都是有棱有角，非常坚硬，随着生活的磨砺慢慢成熟，都变得圆滑了。我今年67岁，我觉得自己依然不圆滑。我很庆幸，因为我相信当我感到自己变得圆滑的时候，这一生就没有什么值得去奋斗、去好奇、去探索了。所以一直到现在，从某种角度来讲，我还是一个有棱角的石头，我有自己一直坚持的目标与原则。

激发不断奋斗的两大动力源泉：自卑和私心

第一，自卑是一种动力。

我从小非常喜欢体育，小学一年级开始学打乒乓球，很快又踢足球、打排球、打篮球、还喜欢短跑，后来改成中长跑、长跑，喜欢跳远、推铅球、尤其喜欢三级跳。但是在这些运动当中我都找不到感觉，因为我个子不够高，所以在体育方面，我一直有自卑心理。直到小学三年级，有一次郊游去爬一个小山坡，我们班分成四个小组，看哪个小组最先登上山头。我是小组的旗手，结果我的小组第一个登上山头，把旗插在那儿了。我才发现我登山比较快，因为我有登山的长处。一不小心，珠峰上去了两次，七大洲也登完了，再徒步穿越南北极。

这种自卑心理让我不服气，使我一直在寻找比较优势。人性不要只看缺点，其实缺点和优点之间是相辅相成的。自卑的心态，实际上是不想被别人看到。正因为它是弱点，你更要面对它，不断提升自己，发现自己的长处，克服自卑，这是推动个人与事业不断前进的动力。

第二，"私心"也是一种动力。

我就从"私"字来谈——我与深圳40年。

1977年，我到了广州铁路局工程五段，身份是技术员。第二年，我负责一个施工工程，要到深圳工作一年，后又回到广州铁路局沿线的其他地方施工。1980年，我的工作转到了外经委，1983年只身到了深圳。

我为什么要到深圳？当时我在外经委的职位是副科长，但是再往上升职完全是听天由命了，那时的我似乎已经看到了这一辈子要走的路。当时我知道深圳在建立经济特区，就决定离开令很多人羡慕的外经委。到深圳去的主要原因，就是私字当头——我不满意现状，不安于现状，去深圳要实现自我，这就是我的私心。

我的体会是，中国的改革开放是人性的一次解放。从我的感受来讲，就是可以按照我的愿望、想法、诉求，实现个人的野心和追求，换一个活法。到深圳之后，遇到不如意和困难也不能随便放弃，因为这不是别人强迫我去的，也不是组织安排我去的。这条路是我自己的选择，所以我没有怨天尤人的道理。

因此我们不能一说到野心、一说到自私、一说到不服气，就觉得好像这都是负面的东西。其实都不是，没有这些，你怎么能不断前进？

成就事业的三条标准线

第一条，底线：不行贿

我曾经在书上写过我行贿未遂的故事。因为我需要车皮，我就让小伙计买了两条烟送给货运主任，结果烟没送出去，但是人家把车皮给我们了。这是我自我认识的一个转折点，而且是不错的转折点。我就此得出结论，根据马斯洛需求层次理论，货运主任的诉求是一种比较高尚的诉求。我平时卖饲料，带着民工扛麻袋，这让货运主任很好奇：为什么这个城里人干得这么欢快？他觉得我有想法，我猜他特别想帮我，但又不知道怎么帮我。我现在需要计划外车皮，所以他愿意帮我。万科走到今天，获得了很多人的支持和帮助，也是出于高尚的诉求。我们也曾经遇到明显给万科使绊的、就和万科过不去的。但最后不仅没能绊住万科，反而有不少是搬起石头砸自己的脚。

一个企业办大了，一线领导为了完成任务，出于某种原因，可能会不自觉地出现问题。所以我在公开场合提示万科的一线管理层，警告他们：其中任何一个人行贿，就是我王石行贿。一个企业要做到不行贿，做到制度上不行贿，企业就有一本账，否则根本无法支出。

不行贿，我觉得这是个尊严问题。我为了实现自我，为了有尊严，来到深圳创业，那我为什么要为了挣钱而失去自我呢！

当然底线还有很多，包括遵纪守法、质量第一、不偷税、善待员工等，这些都是底线。

第二条，中线：考虑长远发展

（1）1+1=2，从自己的角度考虑，同时又将心比心对待别人。

以房地产企业为例，不是地价足够低就是好事，村民卖地给政府，政府再卖给我们，如果村民认为价格卖低了，就有可能影响到项目的建设。因此我们考虑在土地交易中的公平，让农民获得公平。

这就是中线，首先一定从自己的角度考虑问题，但同时又要将心比心地想到别人，从更多的角度考虑问题，使交易各方的利益尽可能得到满足，同时企业也能取得比较好的商业利益。道理并不特别，在 MBA、EMBA 的工商管理课程中，大家都听过 1+1=2 的道理。但是当很多人都不遵守的时候你遵守了，那么你就成功了，因为这是一种稀有资源。

在社会中，尤其处在当前中国大变革的时代，现在不是机会太少了，而是太多了。如何进行选择？不太讲功利，最后反而能获得很多好处；过于为了功利，可能什么也得不到。

（2）凡是具有超额利润的项目就不做。

2012 年开始，万科不会做利润超过 25% 的项目。我为什么提出这一点？因为 2012 年房地产行业突然出现暴利，如果能有一块地与别人合作，那么条件是什么？低于 40% 的利润不考虑。我觉得这和当年万科做摄录像机何其相似，于是我就让财务对万科 8 年间做摄录像设备的整体财务状况进行了分析，看看那 8 年我们赚了多少钱、亏了多少钱。结果吓我一跳，是赤字，原来的高额利润，最后不仅被银行和市场全给收回去了，还出现了亏损。为什么？当利润降到 10%、5% 的时候，企业根本不会做。银行贷款的利息、库存、物流、营销各方面的损耗却一直存在，原来有高达 40% 的利润时，根本不会在乎这些损耗，但当利润只有 5% 时就不行了，并且一直亏损。只不过因为有其他生意，所以忽略了这个业务在慢慢萎缩的事实。市场是非常公平的，企业原来的超额利润，市场会全给要回去，不但要回去，还要惩罚你。所以这就是为什么利润超过 25% 的项目，我们就不做。为什么不是 26%？为什么不是 24%？这不是一个精算的结果，就是个大概，但我所指的不是毛利，而是资产净回报。

第三条，高线：适当地让位、适当地让步

我曾经说过，万科只做住宅。但现在万科已经不是一个纯做住宅的公司了，现在的定位非常清楚，叫"城乡配套供应商"。

以前万科做住宅，是模仿了柯达和戴尔的企业路线。柯达做胶片做到了世界第一，戴尔做计算机做到了世界第一。但是后来柯达破产了，戴尔也被超越，这不得不让人检讨。在互联网时代，专做某一方面已经无法适应时代的发展了。当时我还是万科的董事长，坚信万科一定要转型。我把握了两点：第一，如何从制造向技术转型；第二，如何从销售向服务商转型。但是至于为何转成了城市配套供应商，或者城乡配套供应商，这是郁亮带领的团队探索的路线，而我是被动认可的。

什么叫被动认可？第一，我不是积极参与者；第二，我已经不管具体工作了，但是我接受他们的改变方向。作为一个领导，作为一个甚至非常有影响力的创始人，有时候被动未必是坏事。所以我想说，虽然我是被动的，但是我很欣喜地看到郁亮带领团队让万科转型做得非常好。

高线就是企业家在很能干、头脑很清醒的时候，要适当地让位、适当地让步，让年轻人做下一代的接班人。

攀越自我

白长虹

南开大学商学院院长

王石先生必定是位有历史刻度的人。他从技术员到小科长，从下海商人到地产教父、商界领袖、社会名士，逐浪商海、勇

攀珠峰，令人敬服。67岁的他，无疑是改革大潮的受益者。正如其文所说，改革开放是人性的一次解放，让人可以按照自己的愿望、想法、诉求，去实现野心和追求，甚至换一个活法。文中提到的两大动力源和三条标准线蕴含着一定的内在逻辑，彰显着改革的神髓。

自卑，是知耻而后勇，不懈提升自我的勇气；自私，是不甘向命运低头，不断实现自我超越的奋发。这两者相辅相成，在看似负面的情绪中，激荡着改革者自我激励时，所需要的重要内生动力。

底线，是对个人尊严的坚守，是对基本规则的敬畏；中线，是换位思考、摒弃功利的真诚，是面对诱惑恪守本真的执着；高线，是急流勇退，勇于放手的达观，是适度让位，充分授权的睿智……此三者互为印证，从一定程度上说，分别对照了企业在初创、成长、成熟三个不同时期，所需秉承的企业家精神的重要特质。

谈起王石，除了"万科"标签，其跌宕起伏并充满传奇的经历，以及敢于挑战和持续学习的作为广受热议。人们注意到他离开万科做的一桩新事业是发起深潜企业家海外训练营，以自己多年的海外游学经历与思索，联结世界顶尖学术资源，对中国企业家的一部分群体提供非惯常学习服务，早晨赛艇，下午讲课，崇尚"较劲"，"逼迫"一些五六十岁的企业家去改变自己固有的行为方式。他曾说过每个人都是一座山，世上最难攀越的山其实是自我。只是不知他看待改变他人的事业，比登顶珠峰更艰难，还是更容易？

这篇演讲中王石先生自比"顽石"，绝不圆滑，此为其心性与心声。在我看来，如今展现在公众面前的王石更像鹅卵石，坚硬亦圆润、可敬亦可亲。

王石 经典语录

① 站在整个人生的角度，管理企业与登山不无关联，同样需要坚忍的意志和不懈的精神。登山更如人生一样，虽时常不能预知结果，但只要坚持，终会成功。登山是人生的浓缩，我仍需要继续攀登一座峰，就是每个人心中的那座峰。

② 我身处的社会、我所带领的企业和我自己，都在高速发展，我们的速度太快了，灵魂跟不上来，社会中就会充满浮躁。我迫切感觉到，为了可持续，需要自我控制，不高估眼前，不低估未来，戒浮躁，踏踏实实做事，让自己慢下来，让灵魂跟上脚步。

③ 做企业没有奇迹而言，凡是创造奇迹的，一定会被超过。企业不能跳跃，而一定是（循着）一个规律，一步一个脚印地走。

④ 人在最困难的时候不是看他的高峰，而是看他由高峰跌到低谷的反弹力，这就是我在褚时建老先生身上所感受到的。

⑤ 作为管理者来讲，我把握三个原则。第一，做决策，就是决定一件事做还是不做，否则当董事长、总经理就失职。第二，谁去做，就是用人的问题。第三，他一旦做错了，无论他是因为什么做错了，你都要承担职责。这是管理者的原则。

"中国式合伙人"如何才能成功

作者：**俞敏洪**

新东方教育科技集团董事长兼 CEO

———

俞敏洪，1962 年 9 月出生于江苏省江阴市农村。草根出身的他在北京大学一直心存自卑，默默无闻。为了能和同班同学一样有留学机会，俞敏洪拎着糨糊桶四处张贴小广告，努力攒钱。被母校开除教职后，俞敏洪在绝望中寻找希望，在租用的农民房里开始了英语培训。

1993 年，俞敏洪正式创办北京新东方学校，成就了若干年轻人出国留学的梦想。2006 年 9 月 7 日，新东方成为中国第一家在纽约证券交易所上市的教育机构——这早已超越俞敏洪最初留学的梦想。

俞敏洪三次参加高考，终于考上北京大学的故事激励了很多人。在北京大学，他结识了未来的两位合伙人，组建了新东方的三驾马车，也由此成就了新东方。

中国的创业浪潮奔涌。在一个企业中，创始人与合伙人的合作关系微妙而脆弱，聚散离合的故事不断上演。利益分配、理念冲突、情感纠葛、股权设置等问题考验着企业的合伙人。若不能解决这一系列问题，"合伙人"最终只能变成"散伙人"。如何顺利解决合伙的问题？

俞敏洪回顾新东方走的路，总结了合伙成功的要素、新东方的 3 个启示。他提出不同时期、不同发展阶段要用不同的人。作为青年创业导师，俞敏洪还给创业者提出了几点建议。本文是俞敏洪 2013 年在长江 MBA 十周年论坛上的演讲，有删减。

俞敏洪代表著作有《在绝望中寻找希望》《在对的时间做对的事》。

我从《中国合伙人》这部电影中引申出一个概念：合伙。大家在一起合伙到底怎么才能成功？在现实当中，我和徐小平、王强这些大学同学合伙是相当成功的，虽然在公司的发展过程中确实有过一些冲突。做事情不能什么都由一个人做，一定要有合伙人，我总结了几个合伙成功的要素。

合伙成功的要素

第一，所有事情，最好是由一个人先开始做，哪怕先做一个月。比如要成立一家公司，自己先做一个月、两个月，做的时间越长越好，这奠定了创立公司的基础。一家公司由几个合伙人一起创立也可以，但是在合伙的时候你要确保这些朋友、兄长是很厉害的角色。

对于我来说，如果我跟大学朋友一起合伙创业，最后一定会出问题。原因非常简单，因为在大学的时候，徐小平是我们大学的文化部部长，王强是我的班长，他们一直认为从才华到眼光、到能力，他们都远远高于我。后来我为什么变成头儿？因为我自己已经先干了5年。

我在1991年从北京大学离职，1993年成立新东方，1995年年底才到国外找到这些朋友。那时候我知道，如果公司要继续发展，必须有一帮能人和我一起奋斗。我估量过，通过5年的努力，在创业能力上，我比我大学的这帮朋友强，但他们在其他某些方面一定比我强，比如英语水平、对于西方文化的了解等，所以我们是良好的结合。

他们回来之后叫我"土鳖"，因为我身上缺少他们在外国留洋多年以后形成的各种气质，尽管如此，他们最后不得不服从我的领导。首先我是新东方唯一的创始人。其次，他们发现在现实中，碰到比如和政府打交道、和地方打交道的时候，他们完全无能为力，反而我这个"土鳖"应对得非常自如，这就是不同能力的结合。

第二，如果创业的话，最好的方法真的是自己先干一段时间，再把周围的朋友拉进来。如果要一起干的话，就要有一个前提条件，那就是你在这些人的心目中已经奠定了一个非常良好的位置。

在新东方的创业人群当中，除了大学同学外，还有我的中学同学。这些中学同学在新东方和我一起创业，一个是常务副总，一个是行政后勤总裁。为什么到今天他们还能和我配合得这么好？外界也没有我和我的中学同学天天打打闹闹的传闻。

这是因为在中学的时候，我是我们班的班长。这就奠定了从小到大，他们对我是班长的心理认知。我在中学当班长当得非常成功，他们一直认为我拥有卓越的领导才能，而我的大学同学则没有一个人认为我有领导才能。到现在为止，他们也不认为我有领导才能，而是认为我是靠运气，再加上他们的帮助，所以我才成功了。

我个人认为我是有领导才能的，否则怎么领导新东方的3万名员工？但是他们为什么认为我没有领导才能呢？因为在大学的时候我只是一个普通学生，而他们是班干部，现在突然反过来变成他们的领导，从心理到生理上他们都不可能接受。

第三，合伙可以，但一定要有一个人掌控局面，这样才能把合伙机制往前带动。如果没有一个掌控局面的人，刚开始可能万事好商量，可一旦大家赚钱了，关于谁付出的多、谁付出的少就会产生分歧。

我们在合伙的时候想得比较简单，三个人合伙，每人大约占33%的股份，合起来是100%，大家一起赚钱。但是一年以后，有的人干的活多，有的人干的活少，这时候怎么办？这时候一定要有一整套考评机制，用以确认合伙人和合伙人之外的业绩。

新东方刚开始所谓的合伙，其实就是包产到户。我只是简单地把新东方分成几个板块，比如王强负责口语，徐小平负责出国咨询，我负责考试。最后就是我拿我负责的那块的钱，他拿他负责的那块的钱，这是一个非常松散的合伙制。当把一个松散的合伙制变成非常严格的股份制结构时，就容易出问题了。

到底谁占多少股份？公司里除了王强和徐小平以外，还有很多其他重要的人。最后我们划分了11个原始股东，但这11个人各占多少股份是一个大问题。我们按照过去大家在这个领域中所做的贡献进行分配，但是到底谁贡献大、谁贡献小？这件事确实花了不少力气，当然最后还是分配完了。

当时我们设立的合伙人架构是一个非发展架构，当新的业务产生时，根本装不进去。比如我们在北京有一家公司，如果这家公司要到上海和广州去发展，在上海和广州成立分公司，那么图书出版算谁的、远程教育算谁的？我说都算我的，他们肯定不同意；都算他们的，我肯定也不同意。这就是我们为什么要把松散的合伙制变成真正的股份制。

合伙人在一起创业，很容易出现与现代企业的管理规范不相符合的现象。大家在意的是面子，而不是该怎么做事情。种种问题大概花了4年的时间才解决。当然最后的结果是好的，我们确实变成了一家真正的股份制公司。

实现真正的股份制以后，也出现了很多问题。首先，分完股份以后，大家对于后期谁到底应该干什么就产生了分歧。新东方的人比较感性，大家认为我当第一总裁没有问题，因为我是公司的创始人，但是关于谁当第一副总裁、谁当第二副总裁，大家就争辩了半天。这就出现了结构性的问题。

新东方的 3 个启示

第一个启示：我们用 10% 的代持股份，吸引来了新东方的第二代管理者。

当时我已经意识到了，如果这些人继续内部争斗的话，最后会把有才能的人挤走。因为合伙人之间形成了一个封闭系统，排除了其他人，先占了所有的利益，其他有才能的人进来是没有利益的。股份占多少是根据大家的贡献而定的，而不是某一个人自说自话自己分配，除非这家公司100%的股份是他一个人的。

其实新东方在分股份之前，100%的股份都是我自己的，新东方的净资产有1亿元人民币，这些都是我自己的投入。最初有一帮小股东联合起来跟我要股份，如果我不给，他们就要离开新东方。分股份以后，我们的目标是把公司做大，做到上市，所以我们要把利润留在公司。这时大家又产生了强烈的不满，要求把钱分走，后来就出现了利润分配的矛盾。他们认为新东方的股份挺不值钱的。我说如果你们觉得不值钱，可以把股份还给我。他们说不行，如果我想把股份收回去，就要出钱。后来我们就讨论用多少钱收回他们的股份。原来的净资产是1亿元，那我还是以1亿元的价格回收。每当有1%的股份还给我，我就给他们100万元，10%的股份就给1000万元。他们把股份还给我，我把现金还给他们。为了这个事情，我还从朋友那里借了三四千万元人民币。但是，定完价格以后，他们又不给我股份了。他们说，反正已经定好价了，我们什么时候给你1%的股份，你就出100万元。就这样，他们的股份拿在手中不放了，一直到上市，现在新东方1%的股份就值3亿元人民币左右。

在分股份的时候，我被分到55%，这是大家讨论的结果。我当时多了一个心眼，就是自己拿着45%，另外10%作为代持股份。因为我知道新东方必须要有后来人，要有新的管理者，10%的股份就是为新人留的，最后这些股份真的吸引到了新东方第二代管理者。

第二个启示：合理的股份增发机制，能让干活多的人权利不断增加。

在上市的时候，我们给100万股、50万股，甚至10万股就可以招到非常好的管理者。现在整个新东方的第二个管理梯队，几乎都是用那1000万股招进来的。后来我们设计了一整套激励管理者的机制。公司再上市就比较好办了，我每年都会申请期权，发给能干的人，谁干得多，就发给谁，这些人就能不断地拿到新东方的股权。

其实合伙制企业也好，创业也好，在一开始要设立一个股权激励机制，并不是那么容易的事情。《中国合伙人》中有一个违反商业原则的事情：成东青为了不让公司上市，希望拉来一些合作者，就自说自话增发了30%的股份给周围公司的合作者，这是违法行为。股份可以增发，但是必须取得全体股东的同意。哪怕你有80%的股票都不能增发股份，必须要征得小股东的同意，因为增发是为了所有人的利益。为什么要增发股份？因为我把股份分给有才能的人，是为了把公司做好，绝对不是说不想上市。为更多的合作者增发股份，这是完全违反商业原则的，可见电影中的有些东西是不太切合实际的。

在现实中，新东方在上市之前没有增发股份，因为我预留的那 10% 的股份正好在上市之前用完，上市以后我们就开放了公开的期权发放机制，也不再需要我去重新内部增发股份。所以，如果大家一起合伙创业，一定要有一个机制，首先分好股份，紧接着要设置一个对干得最多的人增发的机制。

后来我有几个大学同学也来合伙，我就帮他们设计了一套增发机制，他们到今天也没有产生过分歧。因为每到年底的时候，我们就会根据大家干活的多少来进行增发，比如其中有一个人刚开始占了 40% 左右的股份，现在却稀释到了 20%，因为他除了投资什么也没干。相反，有人每年都会增发股份，比如一个原本占 10% 股份的人，现在已经被增发到了 30%，因为他是整家公司的 CEO，一直在干活。如果有这样一套机制，既可以保证合伙人不散，也可以让内部干事的人慢慢增加在公司的权利，这样公司就会有一个比较稳定的机构。

第三个启示：一定要根据不同的时期、不同的发展阶段，运用不同的人。

我刚成立新东方的时候，用的都是家族成员，比如我的姐夫、我老婆的姐夫等。在这段时间，新东方当然没有什么所谓的现代化结构，但那时候不需要监控公司财务，即便他天天贪污你的钱，反正肥水也没有流入外人田。工作也不需要考勤，因为都是亲人。但是，如果一直这样下去，就会出大问题，比如不利于管理。随着新东方的发展壮大，公司不断引进外来人才，如果家族成员的文化水平和管理经验都不足，却还要乱插手，那么其他员工就会很容易没有尊严感。

从 1995 年以后，我就深刻地意识到，家族成员再留在新东方会形成发展障碍。基于这个前提，我到国外把我的大学同学、中学同学招回来，他们从才气到能力、到文化都盖过了我的家族成员。家族成员就只能退守一边。

当然清理的过程很痛苦，但是我知道如果不清理，未来不可能有发展。代价也是比较惨重的，但那个时候我付得起这个代价，因为我请来的不少员工都是农民兄弟，给他们10万、20万、30万，再给一些股票，他们就同意走了。这是一个过程。

如果一开始就用王强、徐小平，肯定就没戏，学校肯定发展不起来。因为我控制不了他们，而且我付不起他们的薪酬。我的农民亲戚兄弟帮我把学校做起来，然后我给他们一个好的安置，让他们走了，然后我又用留学生慢慢搭建了一个现代化的结构。所以，现在新东方内部没有任何我的家族成员，只要有血亲关系，甚至连干部一起开除。公司有一个转型，要根据不同的阶段发展来做事情。

这么多年过去了，新东方一直在不断地转型，从家族经营到合伙人制，再到中国国内股份制公司、国际股份制公司以及国际上市公司。现在，新东方又开始结构调整了。我们发现在这个时代，以一家大公司的形式开拓事业，效率非常低，无法应对外界的变革和创新，所以新东方又打散了原来的组织结构，实行独立创新公司的机制。凡是新项目都独立出去做，由新东方控股。未来，新东方可能会发展50家和教育相关的公司，但是这些公司并非由新东方百分之百地绝对拥有。目前新东方有70亿元的收入来自我们全资控股的公司和学校，未来可能会达到100亿元，其中至少有30亿元我希望来自创新公司，在这些公司里，新东方只占据控股股份，比如40%或50%。

面对什么时代、什么要求，就要做出什么样的改变，我觉得这是企业家血液中应该有的东西。

给创业者的建议

做任何事情一定要记住一点，就是不管是哪个领域的创业，千万不要为了这件事情本身能赚钱而选择去做。任何只盯着钱做生意的人都做不大。有热爱，做这件事情就有意义。你热爱它，那你就去做。

我之所以坚持做新东方，就是因为我喜欢学生，我一看到学生就兴奋。我其实有很大机会做房地产，可以赚很多钱，但是我放弃了这个设想，因为我在给自己的人生进行定位。我不希望在自己去世的那一天，人家说我是中国最大的房地产商之一。我希望大家给我的定位是中国最认真的教育工作者之一。我不会离开教育。所以，热爱了再去做，才能做出有意义的事情。

　　一个人如果创业，抱着积极的心态，任何困难和挫折都是可以克服的。大不了这家公司死掉，重新再做一家，只要人不死就可以从头再来。

　　现在投资资本比较多。为了避免失败得太惨，你可以尽可能地借用别人的钱创业。有投资资金的人创业，如果失败了，丢了也就丢了，还可以活下去。这就需要有好的、新的想法和项目，不是你随便拎一个口袋，就有一口袋钱给你。

　　总而言之，不要害怕失败。遇到困难要想想困难是怎么形成的，是沟通能力的问题还是领导团队能力的问题，还是集中资源能力的问题，抑或打开市场能力的问题。在某一个方面有所欠缺的话，要看看自己能不能克服。如果不能，就要看看能不能找到具备这种能力的人帮助你做事情。

　　如果让我自己把新东方带上市，那是完全不可能的。我当时想，如果新东方到美国上市，必须要找一个顶级的专家，开出顶级的工资。所以，我去美国面试了4个人，我让这4个人每个人跟我相处一个晚上，目的就是进一步了解和观察他们，和他们聊，无限制地聊，把这个人到底有什么能力聊出来。最后选中的那个人，很聪明，他的中文名叫谢东萤，现在已经在新东方待了8年，是新东方的CFO。他当时只答应我在新东方工作一年半，把新东方推到上市后就离开。但是一年半以后，他发现在全世界找到像我这样大气的老板真的不容易，所以即使他不断地威胁我说他要走了，最终他还是没走，现在依然是我的CFO。我很高兴，自己又找对了人。

成功背后的神秘力量

何 力

界面联合创始人兼 CEO

　　托尔斯泰有一句话：幸福的家庭都是相似的，不幸的家庭各有各的不幸。我觉得放在创办企业上，这句话可以反过来说，就是：不幸的企业都是相似的——要么初心混沌，要么运气不佳，要么就是盲目扩张，就那么几条。柳传志讲的搭班子、定战略、带队伍，一条没做好就做不成，但这三条都做得挺好，企业也未必能成。

　　我观察到，成功的企业，其实往往有着特别个性化的原因，这个个性化往往就是创办者自身的性格禀赋与精神气质，比如海底捞，比如吉利汽车，比如新东方。坊间似乎一直觉得，新东方与俞敏洪，是草根逆袭的典型：一个当年在大学同学中被认为最普通的人，现在却成了最牛的人。非也。我看过一篇写俞敏洪的文章，其实他从小就是孩子王，而且是方圆两三个村的"老大"，中小学是劳动委员，高中补习时是班长，只是大学时一下子涌出那么多更显山露水的人在周围，他的领袖素质暂被压抑。

　　俞敏洪勤奋异常、有韧性、好学、能容人且愿意尝试，有行动力。现在看，这些性格禀赋与20世纪八九十年代中国创业环境的适配度相当吻合。换句话说，就是天时匹配。放到今天的高技术环境，也许是徐小平或王强更容易成功。

　　说来说去，最核心的还是我们称之为"企业家"的那个人。著名的发展经济学家赫希曼在他的《经济发展战略》中说，传统社会（欠发达国家）最稀缺的东西并不是资本，也不是所谓的"中产阶级"，而是企业家精神，"而那也正是争取个人主义的文化基石"。赫希曼在他的另一本书中还创造了一个"隐蔽之手"（hiding hand）的隐喻，用来形容那种隐藏在"跌跌撞撞的成功"背后的神秘力量。他所说的"隐蔽之手"的价值在于，人在做出重大决策的时候，会有一只无形的"手"遮蔽了一些前进道路上的困难，这会促使人勇于冒险，去做一些"如果早知道就肯定不会去做"的事情——比如创业。

最后我想说，俞总的文章，从头到尾都是真诚的"干货"，他把"合伙"在中国的演进条分缕析，他把一个孩子王成长为企业家的路径完美呈现。好看。

① 没有企业家的中国，将是一个乏味和贫穷的中国；没有不同个性的企业家的中国，将是商场上一潭死水的中国；没有不同商业模式和激烈竞争的商业世界，将没有今天热火朝天的中国活力。企业的发展和竞争、企业家之间的冲突和合作，是中国社会活力和繁荣的重要源泉，是一把把火种，让中国社会不断燃烧和沸腾。

② 创始人的基因某种程度上决定了企业的内涵和文化。"远见"是企业发展的要素中创始人需要具备的素质。世界上成功的企业，其创始人无一不是具备梦想和远见的。

③ 人这一辈子活三条命，分别是性命、生命、使命，一级比一级更高。首先是要能够活下去，其次是"生命"，就是要活得有意义。此外，人或多或少有使命感，更大的使命感是什么？来自你愿意为自己的家庭、社会、国家甚至全球、世界做一些真的能够有意义的事情。

④ 所有的人都是凡人，但所有的人都不甘于平庸。一定要相信自己，只要艰苦努力，奋发进取，在绝望中也能寻找到希望，平凡的人生终将会发出耀眼的光芒。

⑤ 所谓速度与温度并存，我们互联网要速度，但是我们要做温度，所以做有温度的教育，需要我们共同努力。教育行业永远不是竞争性的对手，而是合作的对象。因为教育领域太大，所以我们每个人都要发挥自己的才能，通过我们的努力，用民间力量改变中国教育体系。

情、理、法，孰先行

作者：**马明哲**

中国平安保险集团董事长兼 CEO

———

马明哲，1955 年 12 月出生于广东湛江。时代和家庭环境练就了他坚强而韧性的性格。1988 年，马明哲带领中国平安从深圳蛇口起航，历经 30 年，将一个只有 13 名员工的创业公司，变成一个有几十万名员工，年净利润上千亿，横跨保险、银行、证券、互联网等多个领域，科技驱动的综合金融集团。

马明哲是行业里少有极具创新精神的领导者。在中国三十多年的发展中，他带领中国平安引领行业创新之先，从引入外资股东到引进麦肯锡咨询，从综合金融到互联网金融 3.0、到生态圈战略。他曾说"我们要走的，是绝大多数人没有走过的路"，而中国平安事后的发展证明，马明哲的创新思想非常具有前瞻性。这种创新的背后是对于经济趋势、科技变革的敏锐洞察和感知。

马明哲具有全球化的视野。中国平安从创立初期，于内地同行间最先开始国际化进程，一直瞄准国际同行的先进模式，大胆实施"拿来主义"，以资本国际化为契机，以延请海外人才为核心，建立符合国际标准的商业企业运作模式及经营机制。其间，马明哲也探索了一条融合中西的管理与创新实践之道。

如今，越来越多的中国企业逐步全球化，如何保持国际化标准，又能发挥本土化优势？如何在企业内部实现中西合璧，结合西方讲原则、讲纪律、讲制度的理性精神和中国传统文化的人本精神？马明哲在这篇文章中讲述了他的答案：坚持"法第一、理第二、情第三"。

马明哲著有《平安心语》，代表文章有《卡位互联网金融》《平安 50 万人的执行力》等。

情、理、法，还是法、理、情，中外企业在这个问题的排序上存在差异。现代企业要讲法、理、情，坚持"法第一、理第二、情第三"。

情、理、法，孰先孰后，孰轻孰重，每个人心中都有一杆秤。尽管人所共知，法律是任何组织和个人都必须遵从的最高权威，做事要符合事物的客观规律和逻辑才能"以理服人"，而情则是从个人的好恶喜哀出发待人处事，不能作为判断事物的主要准绳。但在现实生活中，人们往往很难理性遵循这样的顺序，甚至在不知不觉中就按另外一套规则行事。

1984 年，我在蛇口劳动人事处负责招聘工作，有一次与一家著名日资电器公司的总经理一起到全国各大城市，从 5000 余名候选人中招聘到了500 多名员工。在为期一周马不停蹄的招聘过程中，我与这位日本总经理逐渐熟悉，晚上还经常对饮几杯，相处甚欢。回深圳后不久，一天晚上，单位领导家的冰箱突然坏了，广东的气候潮湿闷热，食物不经冰冻，很快就会变质。在那个年代，冰箱还是奢侈品，要马上找到一位专业的冰箱维修人员何其困难，可不像现在，一个电话，维修人员很快就到家门口了。于是，我很自然地想到并联系上那位日本朋友公司冰箱部的主管，请他次日一早来修理。那位主管表示要先向上级请假，我未假思索地说："没关系，我跟你们总经理交情好得很，我会给他打电话帮你请假的，你明天一大早过来就好了。"但是后来我忘了给日本朋友打电话。出乎我意料的是，由于没提前请假，违反了公司的劳动纪律，那位平时表现相当出色的主管竟被辞退了。我找到日本朋友求情，但他淡然、笃定地回复，不请假就是旷工，不管是出于什么原因，必须按章行事。我非常生气，之前招聘过程那么辛苦，他还万分感谢过我，怎么能翻脸不认人呢？为此我一直介怀多年。

后来当我自己开始走向领导岗位，处理各种与制度有关的问题时，才慢慢体会到，当初那位日本总经理对制度的坚持是对的。如果因为某一位员工、某一种特殊情况，而让制度"打折"，那制度的权威性将不复存在。中国平安发展到现在的规模，拥有百万多名员工，不排除每天都会有成百上千的特殊情况，每天都会有这样那样的理由，如果每个人都能获得通融，那么这样的公司还能够正常运转吗？所以，那位日本总经理并不是没把我当朋友，不是不讲道理，只是作为一家大型企业的管理者，他必须坚持制度至上，使企业的规章制度得到不折不扣的执行。

与西方社会重视契约精神和法制意识不同，中国人从人情社会转型的时间很短，难以绕过"人情"这一关，传统的中庸之道和由此形成的人格、思维与行为方式，都使得"人情法则"在中国人际关系中根深蒂固。数千年的封建社会，虽然有严刑峻法，但其根本是"人治"，重感情，轻制度，讲究柔性教化，"高高举起，轻轻放下"。企业管理者若太重"情"，难免将私情带入日常管理中。不少人总说秉公执法，但到了一些关键时刻，往往抬出"王法本乎人情"的说辞，情字当头，法、理让位。即使在当今社会，还是有很多口耳相传的"潜规则"，说到底，不外乎还是形式各异的人情法则在作祟。

在中国全面建设社会主义市场经济体系，高度融入世界经济大潮的背景下，人情和利害观念过度影响现代企业的经营管理，将严重影响企业战略目标的实现，甚至贻误中国社会市场经济、法制环境建设的进程。但是对于中国企业来说，要处理好情、理、法的关系非常困难，需要克服种种观念和习惯上的桎梏。中国平安成立这么多年来，一直为这三者的关系苦苦琢磨、调试，在不平衡中寻求平衡，逐步建立和完善企业制度与文化。我认为，现代企业要讲情、理、法，但要明确判断孰先孰后，坚持法第一、理第二、情第三。

首先，我们认同商业伦理中柔性的一面和情感的因素。人与人之间，难免有个远近亲疏。中国平安发展到现在的规模，业务越来越复杂，分工也越来越细，更需要不同技能、不同背景和风格的人一起合作完成任务。早年我们的司训中有一句"同事相处，友爱尊重"，就是要倡导"友爱尊重"的同事情谊。同事之间在工作生活中同甘共苦后缔结的友情，我们非常珍视，这种隐性的文化引导得好，可以让同事之间工作配合默契，优势互补，更好地促进任务达成。公司也经常开展各种健康有益的培训、拓展、联谊活动，培养和深化同事间的友谊与合作默契，将这些情谊带到工作项目中，又转化成为企业绵绵不绝的前进动力。

与此同时，当个人感情与公司的制度、原则发生冲突，比如绩效考核、KPI 指标检视乃至各种规章制度的执行出问题时，面对无论与自己关系多好的同事，都应该铁面无私，一切以规则为先、制度为上。

当某些行为罔顾制度，侵害僭越法律时，那就丝毫不能宽恕，坚决依法办事。法律是企业经营的底线。我们对法律的态度是，不仅要严格谨守国家的法律法规，而且要比守法还严格一层，这就是我们这些年一直倡导的"守法+1"。唯有如此，公司方得长青、长胜。

情、理、法三个字，法为基础，是底线，不得有丝毫逾越，否则事业基础就会崩塌；理为支撑，是企业经营的骨架，容不得侵蚀，否则不能成就大业；情为连接，是企业经营必要的柔顺剂，帮助公司形成良好的工作氛围和凝聚力、向心力。当情、理、法发生冲突的时候，法第一、理第二、情第三。

我自己也会面对此类矛盾。比如，一些创业初期就加盟中国平安，一起打拼的老同事、老朋友，大家这么多年风风雨雨，相互扶持一路走来，殊为不易，感情很深。其中有一位老同事，做到了分公司的一把手，但在公司年度稽核审计的时候，被发现做了一些违规的业务，亏得没有触犯法律，但按照公司的规矩，必须降级。他非常苦闷，找到我，说他在中国平安辛苦工作，做了不少贡献，想将功补过，希望我给稽核部门打个招呼，给子公司的负责人打个招呼，让他保留一定的位置，免于降级。虽然于心不忍，但我还是没有打任何招呼。我告诉他，中国平安感谢他过去为公司所做出的贡献，但功过不能相抵，希望他自己能认识到问题的根源，振作精神，重新起步。

在工作中，和我相处时间最多的还是秘书。按照公司制度，秘书在我身边一段时间后，要换岗到基层去工作。由于总部机关和基层单位的工作差异很大，他们会出现不适应的情况，个别秘书在新单位绩效排名中处于被淘汰的位置，希望我能够帮他打招呼通融一下。确实，朝夕相处时间久了，是有感情的。但在公司的制度面前，我也只能理在先、情让位了。

尽管我严格按照制度处理了这些事情，但心里还是一直为此留着一丝愧疚。虽然有点不讲情，但中国平安作为最广大的员工安身立命的家园，要成就宏大的事业，要成为国际领先的金融科技集团，个别人的情又怎能和这样的大情相比呢？

对法、理的坚持，才是最大的情。

所以，法、理、情并不存在必然的冲突。制度、法规是集体和公众利益的集中体现，是更高层次的"情"。认识三者辩证统一的关系，坚持先法、后理、再情，才能促进企业健康发展，社会和谐进步。正是由于各级管理干部的身体力行，我们形成了很好的文化，正确处理了法、理、情三者的关系，确保了中国平安始终保持着良好的发展势头和增长潜力，一步一个脚印，不断站上一个又一个新的高点。

集创新与现代管理于一身的大师

秦　朔

"秦朔朋友圈"创始人

马明哲在 1988 年创立的中国平安，2018 年在财富 500 强中排名第 29 位。在前 30 位中一共有 7 家中国公司，前面分别是国家电网（第 2 位）、中石化（第 3 位）、中石油（第 4 位）、中国建筑（第 23 位）、鸿海精密（第 24 位）、中国工商银行（第 26 位）。在这些公司中，中国平安是唯一一家总部不在北京的公司，它是从深圳蛇口起步的。但是，靠着先进的股份制机制和企业家精神，靠着强大的创新基因，中国平安披荆斩棘，一路向前，今天的地位是何等的奇迹和企业家的荣耀！假以时日，中国平安冲进世界前 10 位也不会让人感到惊奇。

马明哲非常低调，这是金融公司领导人的特质。同时，马明哲非常进取，他在每一个历史阶段都做出了最具前瞻性的选择。从保险机构的全国化到综合金融的探索，从张江后援中心的数据集中处理到"金融＋科技"的布局，中国平安已经走在全球创新的前沿。它是全球持牌金融机构中最像科技公司的企业，又是全球科技公司中最像金融公司的企业。

中国平安是一家拥有百万名员工的企业，这一点很多人都不清楚。管理好这样的组织，没有非凡的能力是不可能做到的。《情、理、法，孰先行》这篇短文只是马明哲众多心语中的一则，但足以让人看到他的思考之深，以及立足于长期价值、固本强基的态度之坚决。马明哲不仅是创新的大师，也是现代管理的大师，他以西方现代化的管理技术为基，以中华优秀文化和社会责任感为魂，建立了中国平安生生不息、充满活力、竞争求进、永远图新的文化。1988年这一年，因为有中国平安的诞生、华为的创立，可以称之为"中国的世界级企业的元年"。

企业治理中价值偏好的时代痕迹

刘文瑞

西北大学教授

情、理、法三者的关系，在中国最难处理。马明哲先生以自身的体会，对此给出了自己的解释和相应的答案。我们相信，这种解答和排序，是积聚了大量经验的肺腑之言，是经历过曲折迂回的实践感悟。

马明哲所言，是改革开放以来的切身感受，就40年的变迁而言，具有很强的穿透力。但如果再进行纵深考察，我们会发现，在数千年的文化积淀中，情、理、法的先后排序，一直存在争议。在中国传统中，孔子、孟子以情论理，老子、庄子以道明理，商鞅、韩非以法为首，各自为现实政治提供操作方案，但各自又有相应的不足。按照孟子的说法，当血缘亲情与政治权力冲突时，亲情应该排斥政治权力；按照老子的说法，天地不仁，以万物为刍狗，天道就是理法；后世操商韩之术的，则始终把利害得失的算计放在首位。经过各派学说的互相影响渗透，尤其是经过宋儒确立了天理的地位，到明清时期，情、理、法关系的处理有了稳定且普遍的准则。有一个实物证据可以参照：在明清时期，地方亲民官衙门大堂上的正匾，绝大多数是"天理人情国法"六字。这反映了当时为官的信条：由天理确定其价值准则，由人情定位行为规范，由国法充当运行工具。如果官员行为不合天理，不近人情，哪怕是国法所在，也会被排挤出局。

中国的转型，不仅仅是经济的发展和生活的变化，更重要的是社会的重构和运行机制的变化。因此，企业组织由传统权威支配走向由法理权威支配，由人身依附走向科层建构，这是大势所趋。马明哲之文，紧紧抓住了这种大势，值得人们重视。

但是，在读马明哲文章的同时，如果能思考一些更深层次的问题，同马总展开无形的对话，那么你可以得到更多的启发。例如，历史上的法家是把法摆在首位的，但多数未能取得最终成功。即便一时业绩辉煌的商鞅，其个人收获也是"作法自毙"，其国家收获是横扫天下之后的短命王朝。清朝的雍正推行耗羡归公，本质是整顿小金库，以岗位津贴取代各种送礼，以法规取代私人关系，但养廉银并未有效遏制各种陋规。所有这些问题，需要在马总实践感受的基础上进行一些学术探讨。

首先，从整体上看，随着社会变革，把法（制度）放在首位是完全正确的，这标志着制度权威的上升。然而，制度权威不是凭空而来的，所以，只有保证制度的合理性和正当性，才能确保法理权威被人们所接受。在这一方面，如何使我们的制度包含"天理"，是改革设计和推行的重要问题。当然，这个天理不再是传统王朝的老天理，而是符合时代内涵的新天理，没有民心所向的"天理"支撑，就不能防范恶法。

其次，如何做到人情与制度的兼容？马明哲已经注意到，法、理、情并不存在必然的冲突，然而，在实践中很可能会使人们偏重于冲突时的选择。但在相关研究中，怎样才能减少这种冲突，如何使人情由个人情感走向集体情感，就是值得重视的大问题。一般来说，个人情感与群体规则的冲突概率较大，但通过共同愿景凝聚的群体情感，则完全有可能同法制保持相当的一致。没有这种兼容，就无法走出"法不治众"的怪圈。

最后，人们的优先选择，与人们内心支配自己信念的无意识假设紧密相关，而要改变人们的无意识假设，不仅需要制度变革，而且需要文化推进，需要从生活模式到行为准则的全面变革，建章立制和移风易俗如何配套，这是又一个值得重视的问题。马明哲提出要实现从情、理、法到法、理、情的演变，而相关的研究应当进一步展开，弄清楚这种演变的机制与逻辑。不求急功近利，只求水到渠成。

在程序正义与实体正义的关系上，程序正义先于实体正义，实体正义高于程序正义。强调由情、理、法到法、理、情，所突出的是程序正义；强调法规内含天理，天理不外人情，同情共景支撑法规，则突出的是实体正义。马明哲的文章，可以在这方面引导我们加深思考。

① 一个企业，最重要的三件事——体制、机制和人才，体制决定机制，机制决定人才。

② 我两只手都是空的。我只是站在他们（管理层）背后，思考公司明年、后年的战略方向。因为我清楚地知道，如果我把精力聚焦在今天，中国平安就没有明天。

③ 管理的国际化，关键是人才的国际化。一个产品的领先，顶多就是一年半载的优势；一个系统的改进，顶多也就两三年的优势；一支国际化的优秀人才队伍，才会带给我们持久的领先优势。

④ 无论是任何行业的经营，我们都必须遵循各自行业的规律、遵守各自行业的规则，用专业的人做专业的事情，以客户服务为我们最终的经营目的，这才是我们做好综合金融经营最基本的原则。

⑤ 中国平安要实现综合金融最关键的三点是制度、流程和文化。制度不难，制定出来就可以了；流程复杂点，但是也可攻克；最难的就是文化，这其中包括合作精神。这套模式需要耐心，以及硬的制度、流程和软的文化形成合力。这是中国平安的核心竞争力。

21 世纪的新型领导力

作者：**马蔚华**

国际公益学院董事会主席，原招商银行行长兼 CEO

———

马蔚华，1949 年 6 月出生于辽宁锦州。1977 年恢复高考后，他成为第一批大学生。43 岁的马蔚华被任命为中央银行海南省分行行长，亲历中国第一个国有银行（海南发展银行）的倒闭，主导了海南发展银行的破产清理工作，50 岁出任招商银行行长。此后的 14 年成为马蔚华人生中最耀眼的时光之一。在他手中，招商银行从深圳蛇口一家默默无闻的小银行跃升至国内第六大银行。此后，马蔚华又转战公益，担任国际公益学院董事会主席、壹基金理事长等职，为公益组织的发展，带来了一股新鲜而强大的力量。

在战略上，马蔚华推崇"早一点、快一点、好一点"。他的名言，"不知未来者无以评判当下，不知世界者无以理解中国，不知宏观者无以处理微观"，影响了无数人。在经营上，他推行"一三五"铁律[⊖]，兼顾成长性和稳定性。对于客户，他强调"因您而变"。这一理念，不但贯彻于银行，还在公益组织中得到了应用。

在新时代背景下，企业的优势都是短暂和不断变化的。企业的战略要点就是对于变化中产生的变革进行管理。是否需要转型？如何转型？什么时候转型？这对企业家的领导力提出了极高的要求。企业转型又需要什么样的领导力？通过这篇文章，我们可以得到一些答案和思考。本文是马蔚华在 2010 年中国企业领袖年会年度导师论坛上的讲话。当时，招商银行正在进行"二次转型"。

马蔚华代表文章有《"因您而变"：现代商业银行的服务理念》《互联网时代银行蝶变理念》《银行就是 IT 企业》等。

⊖ "一三五"铁律指一个战略指导思想、三个理性、五大关系。一个战略指导思想是：坚持效益、质量、规模的协调发展，注重效益与风险的统筹兼顾。三个理性是：坚持理性对待市场，坚持理性对待同业，坚持理性对待自己。五大关系包括：管理与发展的关系，质量与效益的关系，眼前利益与长远利益的关系，股东、客户与员工的关系，制度建设与企业文化的关系。

2010 年即将过去，转眼间，我们进入 21 世纪已经 10 年。站在时间的窗口上，我想起了管理大师彼得·德鲁克在 20 世纪末，对企业在 21 世纪面对的管理挑战的预言。他说："我们所处的时代将是一个动荡不安的年代，变革是常态。变革是痛苦和冒险的，但是，除非一个组织明确了主导变革是它的主要任务，否则就无法生存。在急剧变革的时代，唯一能存活的是那些能够领导变革的组织。我们无法驾驭变革，只能走在变革之前。"事实的确如此。尤其是对于处在社会转型期的中国企业而言，由于社会环境、经济形势、文化理念、价值体系等社会元素发生深刻变化，人们的思想和行为方式出现重大变迁，新的商业组织和商业模式层出不穷，企业如果不能因势、因时、因情加快变革和转型，就会在瞬息万变的市场中遭遇被动，甚至惨遭淘汰。正如美国作家博西迪和查兰在著作《转型》中所说："在这个变革快如闪电、形势瞬息万变、竞争激烈、价格下滑、利润被压缩的时代，过去的做法和熟悉的管理办法已经不再灵验，于是，企业加快转型变得至关重要。"企业转型顺利与否，关键取决于领导力转型的成败。全球知名咨询公司翰威特通过近 70 年的管理咨询以及大量企业组织变革的实践证明，在影响企业转型的诸多要素中，领导力的重要性居于首位，其次才是绩效管理、组织架构、创新与服务等。领导力不仅决定了企业转型的方向，也决定了转型的推动落实和资源配给。领导力的强弱决定了企业转型是否成功。蓝色巨人 IBM 从个人计算机服务商到软件服务运营商的转变，三星电子从低端产品代工企业到高附加值产品科技创新型企业的跃进，杜邦公司从传统化工企业到新兴科技材料公司的转型，无不是在其管理层强大的领导力作用下推动完成的。

领导力具有鲜明的时代烙印和个人属性，不同的时代、不同的人，对领导力的理解可能不尽一致。在君主集权的文艺复兴时期，意大利政治哲学家马基雅维利指出，"领导力就是行使权力的能力"；19 世纪，学者认为领导力是伟人和杰出领导者所具备的特质和能力，如马克斯·韦伯就认为，"领导力是一种影响他人的力量源泉"；20 世纪中叶，德鲁克首次将领导力引入企业管理中，并将其视作一种管理的方法和技能，认为"领导力就是创设一种情境，使人们心情舒畅地在其中工作。有效的领导应能完成管理的职能，即计划、组织、控制和评价"。然而，时至今日，如果我们继续按照原有的理论僵化地看待和理解领导力，那么就将难以适应今天这个多变的、平坦的、信息化的 21 世纪。比如，如果每一家企业的每一个新产品研发的决定都来自少数管理者，那么，在用户需求日益多样化、个性化的今天，恐怕很少有企业能长期得到用户的青睐；如果每一位员工都在严密的组织结构和严格的考评制度中按部就班地完成分配给自己的工作，那这个世界上就不会出现诸如 iPad、iPhone、《阿凡达》《盗梦空间》这些充满创意的作品。新的世纪需要新的领导力，新的世纪需要我们用一种更加开放、平等，更加包容、均衡，更加富有创造力的心态来认识、理解和实践领导力。领导力不仅仅是管理的方法和技能，也不仅仅适用于领导者，它是我们每个人都应该具备或实践的一种优雅而精妙的艺术。

那么，究竟什么是 21 世纪的领导力？美国著名学者库泽斯和波斯纳在其修订的《领导力》（第 3 版）中所下的定义，得到了理论界和实务界大多数人的肯定。他们认为："领导力是领导者如何激励他人自愿地在组织中做出卓越成就的能力。"领导力意味着我们总能从宏观和大局出发分析问题，在从事具体工作时保持自己的既定目标和使命；意味着我们可以更容易地跳出一人、一事的层面，用一种整体化的、均衡的思路应对更加复杂、多变的世界；意味着我们可以在关心自我需求的同时，也关注他人的诉求，并通过坦诚、高效的沟通寻求一种更加平等、更富效率的解决方案。

就我个人的体会，要在瞬息万变、高度不确定的当今世界学习和实践领导力，应着力在以下三方面做出积极努力。

第一，前瞻的战略思维。管理学中有一句名言："思路决定出路，战略决定命运。"在纷繁复杂、变幻莫测的市场中，误打误撞只会头破血流，亦步亦趋只能被动挨打，只有前瞻性地分析市场，创造性地制定方略，才能引领企业走出迷雾，走向辉煌。正是在这层意义上，哈佛商学院领导力大师哈格罗夫强调："战略领导力是最高层次的领导力。"从招商银行自身的发展实践看，成立 23 年来之所以取得了一些成绩，是我们追求持续的战略领先的结果。"不知未来者无以评判当下，不知世界者无以理解中国，不知宏观者无以处理微观。"在日趋扁平化的世界中，要善于从未来的、世界的、宏观的视野中研究、把握社会经济发展和客户金融需求的趋势性变化，通过持续的金融创新不断地满足客户不断变化着的需求。面对快速变化的经营环境，招商银行按照"早一点、快一点、好一点"的要求，在战略上切合了国际、国内银行业发展大势，是快速健康成长的重要保障。

比如，招商银行零售业务在国内同业中具备较为明显的品牌优势，先后荣获《欧洲货币》《亚洲银行家》《金融时报》等国际权威媒体授予的"中国最佳零售银行""中国最佳私人银行""中国最佳网上银行"等多项殊荣，归根结底在于我们能够把握时代脉搏、紧跟时代潮流，根据不同时期金融需求的变化推出一系列创新产品和服务，并借此取得战略上的领先地位。20 世纪 90 年代中期，招商银行抓住信息技术革命带来的历史性机遇，在国内同业中率先推出了依托统一电子化平台的，基于客户号管理的多功能电子货币借记卡——一卡通，截至目前，已累计发卡超过 5600 万张，卡均存款接近 1 万元人民币。1999 年，根据迅猛发展的互联网对人们生产生活方式带来的深刻影响，招商银行在国内首家全面启动了网上银行——一网通，近年来网上个人银行业务交易量年复合增长率接近 100%，电子银行综合替代率超过 80%。2002 年，基于对中国消费革命趋势的前瞻性判断，招商银行推出了中国境内第一张国际标准双币信用卡，目前累计发卡量超过 3000 万张，在国内信用卡市场占有重要份额，并且提前实现了盈利。同年，针对国民财富快速增长、居民理财需求日益高涨的发展态势，招商银行推出了国内首个面向高端客户的理财产品——金葵花理财，并于 2007 年推出了顶级金融服务——私人银行，在国内高端理财市场上赢得了主动，目前，招商银行金葵花客户和私人银行客户数量已分别超过 63 万户和 1.14 万户，在全行零售客户总资产中的占比分别达到 62% 和 15%。总体上讲，招商银行零售业务已构筑起了涵盖资产、负债和中间业务等多种业务结构，以及产品、服务、队伍、文化等多项因素在内的体系化竞争优势。

又如，招商银行中小企业业务近年来获得银行监管部门和社会各界的广泛好评，近日荣膺美国《环球金融》杂志评选的"最佳中小企业贷款银行"称号，也是与我们较早、较好地实施了中小企业业务发展战略分不开的。中小企业是消除贫困、解决就业、促进经济发展的金钥匙，近年来取得了蓬勃发展，但是普遍面临着融资难的问题。招商银行较早地认识到，由于中小商业银行与中小企业门当户对，有条件建立平等、互惠的合作关系，有利于实现风险收益的最佳平衡，因此加大对中小企业的金融支持力度，将是我们必然的战略选择。基于这一考虑，我们在 2004 年就提出要大力发展中小企业业务。按照银监会"六项机制"要求，招商银行成立了全国首家准法人性质的小企业信贷专营机构；加大与创新型中小企业在 IPO 过程中的合作力度；以支持《集结号》为起点探索为文化领域的中小企业服务的道路。2006～2009 年 3 年间，招商银行中小企业一般贷款客户数和贷款余额年均增长均超过 30%，贷款余额累计增幅高于全行对公全部一般性贷款增幅 35 个百分点；中小企业贷款余额占全行对公一般性贷款的比重提高了 8 个百分点，目前达到 48.7%；中小企业不良贷款率下降了 6.5 个百分点，目前为 1.4%，呈现出良好的发展态势。

再如，招商银行在发展过程中，始终注重跟踪研究国内外经济金融的发展动态，并结合自身实际，前瞻性地实施战略转型。早在 2004 年，我们就在全面分析国际银行业发展趋势的基础上，在国内同业率先提出实施经营战略调整即第一次转型，加快发展零售业务、中间业务和中小企业业务。截至目前，全行储蓄存款占自营存款的比重超过 37%，零售贷款占自营贷款的比重超过 35%，中小企业贷款占对公贷款的比重超过 48%，非利息净收入占营业净收入的比重达 20%，初步形成了有别于国内同业的业务结构与经营特色。2009 年，针对资本约束不断增强、利率市场化加速推进、金融脱媒愈演愈烈、社会金融需求加剧变化的新情况，我们提出从 2010 年开始实施二次转型，即在深化一次转型的基础上，进一步提高贷款定价、降低资本消耗、控制成本费用、增加价值客户、确保风险可控，以加快转变经营方式，实现股本回报水平的最大化。经过努力，加上外部环境的变化，二次转型取得了初步成效，贷款定价、资本回报率、费用效率、员工效能与高价值客户占比都呈现出持续上升的良好态势。

第二，有效的管理实践。 著名管理学家科特曾经说过："如果说领导力更多地体现在思想层面的话，那么管理能力更多地涉及执行层面。从这层意义上讲，管理能力是具体化了的领导力。"因此，企业的领导力，既要在战略上加以把握，更要在管理上加以实践。在这方面，我有以下三点体会。

管理重于指标。 经营指标是衡量企业绩效最客观、最常用的工具，我们对一家企业的评价，很大程度上来源于这家企业各项指标的好坏。但是，指标是浮于表面的，其背后是管理能力的支撑。指标的好坏取决于管理能力的高低。比如，对一家商业银行而言，其资本消耗指标的背后，反映着其经济资本管理和资产负债组合管理的能力；成本费用指标的背后，则反映其预算管理、成本管理和费用管理的水平，等等。作为企业的管理者，不应仅简单地关注表面的指标变化，更要重视管理水平的提升。招商银行目前正在实施的二次转型，虽然也以指标为载体明确了转型目标，但我们始终强调二次转型是一次管理的革命，希望借转型之功，使管理的精细化、国际化水平取得实质性的提升。

理念重于技术。相比于国外先进企业，中国企业最大的差距不在于产品、服务，而在于管理；管理包括多方面的内容，如体制、机制、技术、方法等，最重要的是管理的理念。翰威特咨询公司曾对澳大利亚、中国内地、中国香港、印度、日本、韩国和新加坡等7个国家及地区的203家企业进行"最佳领导力企业"评选，结果显示，印度企业在评选中大出风头，在前10名中占据了半壁江山，而中国无一家企业进入。对此有关专家分析，关键在于过去的10年中，印度企业花费大量精力学习西方的管理理念，而中国企业则滞后甚远。近年来，针对管理中的薄弱环节，招商银行在实践中总结提炼出了"因势而变""因您而变""一三五""十变""管理国际化""管理变革"等一系列管理理念，并通过各种形式反复地在员工中宣传灌输，为招商银行的发展指明了航向。

文化重于制度。企业文化作为最高层次的管理手段，具有相对独立性；制度可以不断修订，但文化相对稳定，不因制度的变化而变化。另外，制度具有滞后性，在制度无法覆盖的领域，文化起着至关重要的作用。因此有效的管理就是优秀的文化加上科学的制度。招商银行成立23年来，始终把制度管理与文化管理有机地结合起来，高度重视企业文化建设，形成了具有自身特色的服务文化、创新文化、风险文化、人本文化、责任文化和自省文化，为招商银行的发展提供了取之不竭的动力源泉。

第三，鲜明的情商体现。美国合益集团的调研表明，组织绩效的30%取决于组织氛围，组织氛围的70%取决于管理风格，而管理风格直接取决于领导者的情商。这与现代领导力理论研究的结论是一致的。现代领导力理论认为，领导力分为权力性领导力和非权力性领导力两种，相对于权力性领导力而言，非权力性领导力要更加广泛、稳定和持久，而管理者情商正是非权力性领导力的集中体现。我国台湾地区的教育主管机构曾对台湾大学20年来联考的80名状元进行过一次追踪研究。结果表明，他们上大学后成绩也还都不错，但毕业后几乎一半人都在教书，而且大都表现平平。究其原因，是因为他们在成长过程中过于顺利导致情商不足。鉴于情商在个人成长和组织绩效中的重要作用，招商银行十分重视提升各级管理者的情商，力求让员工在平等、开放、自由、融洽的氛围中身心和谐地投入工作。我们倡导各级管理者，一要善于决策。遇到问题能够及时做出决策，而且决策基本上要正确。要做到这一点，必须平时勤于学习、勤于思考、勤于调研。二要敢于负责。管理者要敢作敢当，才能得到大家的拥护，才能成为团队的核心。对上，不仅要完成好领导安排的工作，而且在自己的职责范围内要积极主动、创造性地开展工作；对下，要敢于做主、敢于承担责任。三要勤于沟通。纪伯伦说过："沟通是两颗心灵之间的捷径。"为加强沟通，对内，我们通过设立"行长邮箱"，开设"网络论坛"和"调研沙龙"等，建立了员工与管理层之间多渠道的沟通机制，我本人也利用各种机会与员工零距离接触，坦诚交流，倾听心声；对外，我们利用接受媒体访谈、参加高峰论坛、走进高校演讲等方式，大力推介招商银行。我始终坚信：不同的价值观不一定相互认同，但可以，也应该相互认识。四要乐于奉献。奉献的动力来源于两个方面，即责任和兴趣。多年来，我时刻意识到对国家、对股东、对客户和对员工所肩负的责任，并以此作为做好工作的动力，同时，对招商银行充满热爱，心无旁骛，愿意为之贡献出自己的全部心血。

总之，领导力是一门综合的艺术，它不仅仅包含了各种具体的管理技能和管理方法，也囊括了前瞻与规划、沟通与协调、真诚与均衡等诸多要素。新的时代呼唤属于自己的领导力。让我们不断学习、深入实践，共同推进中国企业的领导力迈上一个新的历史台阶！

领导力就是影响力

杨 壮

北京大学国家发展研究院 BiMBA 商学院联席院长

《21世纪的新型领导力》一文让人耳目一新，给中国企业家领导者开了一个精准药方：企业的转型取决于领导力转型。领导力是纲，纲举目张。

基于多年在招商银行工作的经验和智慧，马蔚华在领导力的文章中，从三个维度准确概括了21世纪优秀的变革领导者：第一，前瞻的战略思维；第二，有效的管理实践；第三，鲜明的情商体现。

前瞻的战略思维反映出公司 CEO 的战略格局。作为企业领袖，在变革时代，要把正确的事情做正确（德鲁克语）。这就要求企业最高领导者具有独特的判断力和决策力。这些品质与领导者人格、经历、价值观有必然的关联。价值观可以定义为"行动的动机"和"选择的排序"。招商银行在马蔚华领导下做出的一系列战略定位和变革与马蔚华的人格、视野、眼光有很大的关联。

有效的管理实践很重要，因为卓有成效的领导者不仅要"海阔天空地想"，更要"脚踏实地地做"。德鲁克曾说过，"管理是一种实践，其本质不在于'知'，而在于'行'。其验证不在于逻辑，而在于成果"。纵观全球，世界上成功的领导者无一不是"知行合一"的践行者。马蔚华在任期间，注意战略，重视组织变革，制定了严格的管理标准和经营指标。

在量子变革时代，对于管理者的职业生涯，情商比智商更重要，因为今天的环境越来越复杂。组织里简单的逻辑因果关系已经不复存在。情商在理论上包括五个层面：自我认知能力、自我控制能力、自我激励能力、换位思维能力和沟通能力。每个能力都很重要，例如，自我认知能力和自我控制能力可以决定一个领导者是否能意识到自己的长处和短板，不论环境多么恶劣，都可以调整心态并接受新鲜事物和年轻一代的思维。

有意思的是，我在北京大学国家发展研究院的领导力课程中曾提出三元领导力的理念，目的在于探索和总结全球卓越领导者身上领导力的源泉和根基。它涉及有效领导者身上展现出的三种特殊领导能力。

第一，战略（视野）领导力，包括领导者的价值观、洞察力、判断力、决策力及战略眼光和高度（如乔布斯、任正非、孙正义、稻盛和夫、巴菲特）。

第二，专业主义领导力，包括领导者的专业主义精神、工匠主义精神、独特企业文化、有效治理体系、激励，以及对市场、品牌、消费者的敏感度（如日系企业、德系企业）。

第三，品格魅力领导力，包括领导者的性格特质、品格特征、气质、情商（如西点军校）。

三元领导力与这篇文章阐述的"战略思想、管理实践、情商体现"有异曲同工之处。略微不同之处在第三种能力上。我认为21世纪的政治家和企业家不仅需要有很高的情商，更重要的是有好的人格和价值观。人格不仅仅包括情商，还要有真诚、胆识、良知、包容和意志力。

马蔚华 经典语录

① 不知未来者无以评判当下，不知世界者无以理解中国，不知宏观者无以处理微观。

② 所谓战略，就是我们在每个发展阶段都要比别人看得早3～5年，叫"早一点、快一点、好一点"。

③ 管理不是要把人管"死"，而是要把人管"活"。所谓"活"，就是员工主动自觉把自身利益和企业利益紧密地结合起来，激发员工的主人翁责任感。

④ 如果说，转型是发展的方向，创新是发展的武器，那么管理则决定了发展的半径。

⑤ 银行与客户的关系，犹如葵花与太阳的关系。没有太阳的照耀，葵花就不能生长；没有客户的眷顾，银行就不能生存和发展。

追寻商业思想的轨迹

40年风云变幻，40年筚路蓝缕，40年实践真知。改革开放的40年在中国历史上虽然只是一瞬，对百年来的国运兴衰来说却极不平凡。中华民族真正走出历史的三峡，开始进入更加宽广的蓝海。

要读懂这个时代，我们就要对在其中扮演重要作用的企业家群体有一个完整认知。企业家是这样一群人：他们是创造者，创造了物质财富，更改变了历史；他们是体道者，对世界规律与商业本质的认知来自实践与自身体认；他们更是时代英雄，是"泥坑里爬出来的圣人"，是"死人堆里活下来的英雄"。新时代的企业家，还将在民族复兴大业中担当重任，直面挑战、苦难辉煌。

40年来，经济社会始终处在巨变与转型交织的过程，社会思潮与观念经历多元嬗变与急剧更迭，企业家群体的内部也随之发生进化与分化。

社会对企业家群体的价值认知还存在某种片面性，除了财富创造带来的存在感，企业家更渴望获得真正的尊严感和荣誉感。针对今年以来社会上出现的一些异动和杂音，中央领导再次肯定了民营企业的历史贡献和社会角色。

在物质财富之外，企业家群体在精神层面为社会创造了什么？他们一路走来经历了怎样的生死考验和精神挣扎？他们金之在冶的人生，对大众的精神追求将会产生什么影响？一路狂奔之后，他们是否真正走在了大道上？他们的思想是否局限于商业世界本身，还是具有更大的社会意义？如何以"内有尊严，外有尊敬"的方式获得成功，是新时代企业家的一道必答题。

"我是谁，我为什么而奋斗？"雷军的问题一经提出，企业界应者云集。我是谁，曾经是不言自明的。历经创业与经营过程的种种考验，伴随着企业的壮大，企业家自身也实实在在发生了改变。刷新自我认知，正在成为这个群体的时代课题。

2007 年 6、7 月间，初次读到吴晓波先生的《激荡 30 年》，书中描述的企业史脉络清晰、跌宕起伏，当时编者在感动之余，不禁心生一念。如果有一部企业思想史或企业家观念史，就更圆满了。

我们相信，企业家群体注定要载入史册，而他们中的优秀人物不仅将进入经济史、社会史，还将被写入中国的思想史。

奉献给读者诸君的这本集子来自本土商业实践的智慧升华，是正和岛研究院为致敬改革开放 40 周年而编辑的。编者试图勾勒改革开放以来企业家群体的精神画像，期待揭示出某种整体性思想趋向，在艰难的黄金时代照亮更多企业的前路。

"从研究的开始我们就始终坚信中国的企业有其自身的管理之道，尽管各种发达国家的管理理论在中国广泛存在着，但中国的企业还是遵循着属于自己的方式，这些先锋企业尤其如此。"陈春花的这种信念，也是编者出版本书的动因。这本集子正是朝此方向努力的一次尝试。

在技术与商业急速升维的今天，如果大家的思想、境界未能同步升维，面对外部环境骤变，我们只能心随境转、无可奈何花落去。"敬畏规律，相信未来"，正和岛首席经济学家王林教授文章的观点，可做我们编辑本书宗旨的注脚。

在本书总顾问陈春花、出品人刘东华的带领下，编委会确立了本书的编选原则，大致有三条。一、代表性，入选人应当具有产业标杆意义和历史影响；二、独特性，入选人的经营理念或学术观点具有鲜明个性和创新价值；三、"教科书"，入选文章是入选人的精华作品或经典演讲，当时切中肯綮，对当下也有启迪。值得说明的是，本书编选的很多文章打破时空，并非入选人的最新文章，编委会力图筛选出经得起时间磨砺、对当下依然有借鉴意义的代表之作。经典永不过时。

整个编辑过程漫长而细致，实属苦心之作；亦惴惴不安，唯恐辜负读者众望。编委会梳理了目前各类权威榜单及奖项等信息，最初提名了 100 位入选人名单，此后经过层层标准筛选，最终确定了入选本书的 40 人名单，以企业家为主（32 人），还有作为同路人、观察者的媒体人与研究者（8 人）。

40 篇文章的确定则是编委会阅读有关入选人历年来的演讲、内部讲话、发表文章、出版著作等大量内容，并和入选人沟通、编辑、确认，最终定下名录。每一位入选人的管理实践或思想丰富，很难在一篇文章中穷尽。为给读者提供更有价值的信息，编者为每一篇文章写的编者按涵盖了入选人的基本信息、所在企业的发展历程及核心理念等，并整理了经典语录。

本书挂一漏万，因种种原因和篇幅有限，还有大量具有代表性人物及文章未能一一呈现，实为遗珠之憾。

本书入选的企业家年龄跨度超过半个世纪，自 20 世纪 20 年代起到 70 年代生人皆有。褚时健、李嘉诚年逾九旬；马化腾、王兴是 70 后；万向集团创始人鲁冠球是唯一辞世的入选人，他曾被称为企业界的常青树。民营企业之外，两位国有企业家入选，分别是宁高宁和宋志平。

从行业来看，制造业过半，互联网企业达到 6 家，出身房地产的也有 4 位，基本反映了当今中国产业的现有格局。就地域来说，来自广东的企业家最多，有 8 位；北京、浙江和上海分别是 7 位、4 位和 2 位，得改革开放风气之先的广东省连续多年保持 GDP 全国第一，北京的科创企业、中央企业较多，浙江则是民营企业大省。此非编者有意为之，却也印证了经济基础决定上层建筑的原理。

值得一提的是，曹德旺、陈东升、李书福、李东生、柳传志、刘永好、马云、俞敏洪等多名入选人，近日刚刚被中央统战部、全国工商联推荐为"改革开放 40 年百名杰出民营企业家"。

读其文、识其人。最终入选本书的 40 篇文章，多数是企业家摸索前行、暗合道妙之作，也有反观内求、心血积淀之篇；既有实操之术，也有驭势之道；多数是影响广泛的名篇，也有良工独苦的先声。

其间发生了不少让编委会感动和肃然起敬的事情，吴敬琏吴老专门给编委会打电话，详细告知入选文章的原出处；本书的入选人张瑞敏主席、胡葆森主席、陈东升董事长、冯仑董事长也欣然应邀做点评；赵曙明教授、陆雄文教授等都是在忙碌的出差期间完成了点评；何力先生、秦朔先生等人熬夜写点评。类似的事情非常多，不再一一列举。

本书得以呈现在各位读者面前，荣幸得到如此多著名企业领袖、知名学者、资深媒体人等的大力支持。编者代表本书的编辑团队，谨向他们表示诚挚谢意。

编者尤其特别感谢著名管理学者陈春花、正和岛首席经济学家王林教授等给予的关心与指导。

编者向为本书付出努力和智慧的同仁与师友致谢，向大力支持本书的正和岛的各位同事致谢，向机械工业出版社的领导和相关编辑一并感谢。

心眼无障、商以载道。期盼读者诸君从中受益，通过本书读懂中国商业的本质，并与这些优秀作者一起读懂中国社会的未来！

施星辉

正和岛研究院执行院长兼首席研究员

2018 年 10 月 25 日

入选人名单

（按出生年月排序）

姓名	文章名称	出生时间（年）	所在单位名称	行业/身份	地域
褚时健	人活着是为了什么	1928	褚橙公司	农业	云南
李嘉诚	愿力人生	1928	长江集团	综合投资	香港
吴敬琏	中国改革的回顾与前瞻	1930	国务院发展研究中心	学者	北京
艾丰	我的品牌观	1938	品牌联盟智库	媒体	北京
茅理翔	方太的家族企业传承	1941	方太集团	制造业	浙江
柳传志	管理三要素	1944	联想集团有限公司	互联网	北京
任正非	管理的灰度	1944	华为集团	互联网	广东
鲁冠球	从田野到世界	1945	万向集团	制造业	浙江
曹德旺	企业家需要的四个自信	1946	福耀玻璃集团	制造业	福建
刘永行	东方希望的"势""道""术"	1948	东方希望集团	农业、化工	上海
张瑞敏	没有成功的企业，只有时代的企业	1949	海尔集团	制造业	山东

姓名		年份		行业	地区
马蔚华	21世纪的新型领导力	1949	国际公益学院	金融	广东
周其仁	一个经济学人眼中的未来	1950	北京大学国家发展研究院	学者	北京
王 石	我的三条标准线	1951	万科集团	房地产	广东
刘永好	转型期的民营企业	1951	新希望集团	农业	四川
王 林	敬畏规律，相信未来	1954	中国民主促进会中央经济委员会	学者	湖南
董明珠	用"工业精神"建立行业标准	1954	格力电器股份有限公司	制造业	广东
王健林	揭秘万达执行力	1954	万达集团股份有限公司	房地产	辽宁
胡葆森	商道与商业	1955	建业地产股份有限公司	房地产	河南
马明哲	情、理、法、执先行	1955	中国平安保险集团	金融	广东
宋志平	我的改革心路	1956	中国建材集团	制造业	北京
李东生	鹰的重生	1957	TCL集团	制造业	广东
陈东升	因时而生，因势而变	1957	泰康保险集团	金融	北京
牛根生	"蒙牛模式"的16个"支点"	1958	蒙牛集团	食品	内蒙古
宁高宁	企业成长的七道分水岭	1958	中化集团、中国化工集团	化工	北京
冯 仑	决胜未来商业的四种力量	1959	万通集团	房地产	香港
俞敏洪	"中国式合伙人"如何才能成功	1962	新东方教育科技集团	教育	北京
张近东	从苏宁发展看企业转型与创新	1963	苏宁控股集团	零售、电商	江苏
刘东华	先问是非，再论成败	1963	正和岛	互联网	北京

姓名	文章名称	出生时间（年）	所在单位名称	行业/身份	地域
李书福	吉利集团的底层密码	1963	吉利控股集团有限公司	制造业	浙江
陈春花	行业先锋：为什么领先	1964	上海知到知识数字科技有限公司	学者	上海
马云	追逐商业梦想，开启新商业文明	1964	阿里巴巴集团	互联网	浙江
方洪波	回归转型的本质	1967	美的集团	制造业	广东
郭广昌	复星的投资哲学和二十多年发展的思考	1967	复星集团	综合投资	上海
吴晓波	中国企业的"失败基因"	1968	吴晓波频道	媒体	浙江
秦朔	企业家精神和商业文明漫谈	1968	秦朔朋友圈	媒体	上海
雷军	小米如何成功逆转	1969	小米科技有限责任公司	互联网	北京
曾鸣	我的战略观	1970	阿里巴巴集团	学者	浙江
马化腾	通向互联网未来的七个路标	1971	腾讯公司	互联网	广东
王兴	打好互联网下半场的三条路径	1979	美团点评集团	互联网	北京

特约点评人名单

（按姓氏拼音字母排序）

企业家

陈东升　泰康保险集团董事长兼 CEO

冯　仑　御风集团董事长，万通集团创始人

胡葆森　建业地产股份有限公司董事局主席

茅忠群　方太集团董事长兼总裁

张瑞敏　海尔集团董事局主席兼 CEO

学　者

白长虹　南开大学商学院院长

陈春花　著名管理学者

毛基业　中国人民大学商学院院长

刘文瑞　西北大学教授

陆雄文　复旦大学管理学院院长

许　正　直方大创新中心创始人，原 GE 中国有限公司副总裁

苏　勇　复旦大学东方管理研究院院长

田　涛　浙江大学睿华创新管理研究所联席所长，华为国际咨询委员会顾问

王　林　正和岛首席经济学家，中国民主促进会中央经济委员会副主任

王方华　上海交通大学校长特聘顾问、上海交通大学安泰经济与管理学院原院长

王　永　品牌联盟（北京）咨询股份公司董事长

吴晓波　浙江大学管理学院原院长

邬爱其　浙江大学全球浙商研究院副院长

徐二明　汕头大学商学院院长

杨　壮　北京大学国家发展研究院 BiMBA 商学院联席院长

余玉刚　中国科学技术大学管理学院执行院长

张肇麟　HBC（汉彬洲）翰澜咨询主席

赵曙明　南京大学商学院名誉院长

周放生　中国企业改革研究会副会长

媒体人

樊　登　樊登读书会创始人

何　刚　《财经》执行主编，《哈佛商业评论》主编

何　力　界面联合创始人兼 CEO

何伊凡　"盒饭财经"创始人

金错刀　爆品战略研究中心、"金错刀频道"创始人

李志刚　新经济 100 人创始人

秦　朔　"秦朔朋友圈"创始人

水　皮　《华夏时报》总编辑

王正翊　《中欧商业评论》主编

颜杰华　《商业评论》主编

张　刚　财视传媒 CEO

正和岛

陈　为　正和岛总编辑

黄丽陆　正和岛执行董事、总裁

贾林男　正和岛林男工作室创办人

施星辉　正和岛研究院执行前院长兼首席研究员

彼得·德鲁克全集

序号	书名	要点提示
1	工业人的未来 The Future of Industrial Man	工业社会三部曲之一，帮助读者理解工业社会的基本单元——企业及其管理的全貌
2	公司的概念 Concept of the Corporation	工业社会三部曲之一，揭示组织如何运行，它所面临的挑战、问题和遵循的基本原理
3	新社会 The New Society：The Anatomy of Industrial Order	工业社会三部曲之一，堪称一部预言，书中揭示的趋势在短短十几年都变成了现实，体现了德鲁克在管理、社会、政治、历史和心理方面的高度智慧
4	管理的实践 The Practice of Management	德鲁克因为这本书开创了管理"学科"，奠定了现代管理学之父的地位
5	已经发生的未来 Landmarks of Tomorrow：A Report on the New "Post-Modern" World	论述了"后现代"新世界的思想转变，阐述了世界面临的四个现实性挑战，关注人类存在的精神实质
6	为成果而管理 Managing for Results	探讨企业为创造经济绩效和经济成果，必须完成的经济任务
7	卓有成效的管理者 The Effective Executive	彼得·德鲁克最为畅销的一本书，谈个人管理，包含了目标管理与时间管理等决定个人是否能卓有成效的关键问题
8 ☆	不连续的时代 The Age of Discontinuity	应对社会巨变的行动纲领，德鲁克洞察未来的巅峰之作
9 ☆	面向未来的管理者 Preparing Tomorrow's Business Leaders Today	德鲁克编辑的文集，探讨商业系统和商学院五十年的结构变化，以及成为未来的商业领袖需要做哪些准备
10 ☆	技术与管理 Technology，Management and Society	从技术及其历史说起，探讨从事工作之人的问题，旨在启发人们如何努力使自己变得卓有成效
11 ☆	人与商业 Men，Ideas，and Politics	侧重商业与社会，把握根本性的商业变革、思想与行为之间的关系，在结构复杂的组织中发挥领导力
12	管理：使命、责任、实践（实践篇） Management:Tasks,Responsibilities,Practices	
13	管理：使命、责任、实践（使命篇） Management:Tasks,Responsibilities,Practices	为管理者提供一套指引管理者实践的条理化"认知体系"
14	管理：使命、责任、实践（责任篇） Management:Tasks,Responsibilities,Practices	
15	养老金革命 The Pension Fund Revolution	探讨人口老龄化社会下，养老金革命给美国经济带来的影响
16	人与绩效：德鲁克论管理精华 People and Performance: The Best of Peter Drucker on Management	广义文化背景中，管理复杂而又不断变化的维度与任务，提出了诸多开创性意见
17 ☆	认识管理 An Introductory View of Management	德鲁克写给步入管理殿堂者的通识入门书
18	德鲁克经典管理案例解析（纪念版） Management Cases(Revised Edition)	提出管理中10个经典场景，将管理原理应用于实践

彼得·德鲁克全集

序号	书名	要点提示
19	旁观者：管理大师德鲁克回忆录 Adventures of a Bystander	德鲁克回忆录
20	动荡时代的管理 Managing in Turbulent Times	在动荡的商业环境中，高管理层、中级管理层和一线主管应该做什么
21☆	迈向经济新纪元 Toward the Next Economics and Other Essays	社会动态变化及其对企业等组织机构的影响
22☆	时代变局中的管理者 The Changing World of the Executive	管理者的角色内涵的变化、他们的任务和使命、面临的问题和机遇以及他们的发展趋势
23	最后的完美世界 The Last of All Possible Worlds	德鲁克生平仅著两部小说之一
24	行善的诱惑 The Temptation to Do Good	德鲁克生平仅著两部小说之一
25	创新与企业家精神 Innovation and Entrepreneurship:Practice and Principles	探讨创新的原则，使创新成为提升绩效的利器
26	管理前沿 The Frontiers of Management	德鲁克对未来企业成功经营策略和方法的预测
27	管理新现实 The New Realities	理解世界政治、政府、经济、信息技术和商业的必读之作
28	非营利组织的管理 Managing the Non-Profit Organization	探讨非营利组织如何实现社会价值
29	管理未来 Managing for the Future:The 1990s and Beyond	解决经理人身边的经济、人、管理、组织等企业内外的具体问题
30☆	生态愿景 The Ecological Vision	对个人与社会关系的探讨，对经济、技术、艺术的审视等
31☆	知识社会 Post-Capitalist Society	探索与分析了我们如何从一个基于资本、土地和劳动力的社会，转向一个以知识作为主要资源、以组织作为核心结构的社会
32	巨变时代的管理 Managing in a Time of Great Change	德鲁克探讨变革时代的管理与管理者、组织面临的变革与挑战、世界区域经济的力量和趋势分析、政府及社会管理的洞见
33	德鲁克看中国与日本：德鲁克对话"日本商业圣手"中内功 Drucker on Asia	明确指出了自由市场和自由企业，中日两国等所面临的挑战，个人、企业的应对方法
34	德鲁克论管理 Peter Drucker on the Profession of Management	德鲁克发表于《哈佛商业评论》的文章精心编纂，聚焦管理问题的"答案之书"
35	21世纪的管理挑战 Management Challenges for the 21st Century	德鲁克从6大方面深刻分析管理者和知识工作者个人正面临的挑战
36	德鲁克管理思想精要 The Essential Drucker	从德鲁克60年管理工作经历和作品中精心挑选、编写而成，德鲁克管理思想的精髓
37	下一个社会的管理 Managing in the Next Society	探讨管理者如何利用这些人口因素与信息革命的巨变，知识工作者的崛起等变化，将之转变成企业的机会
38	功能社会：德鲁克自选集 A Functioning society	汇集了德鲁克在社区、社会和政治结构领域的观点
39☆	德鲁克演讲实录 The Drucker Lectures	德鲁克60年经典演讲集锦，感悟大师思想的发展历程
40	管理(原书修订版） Management(Revised Edition)	融入了德鲁克于1974～2005年间有关管理的著述
41	卓有成效管理者的实践（纪念版） The Effective Executive in Action	一本教你做正确的事，继而实现卓有成效的日志笔记本式作品

注：序号有标记的书是新增引进翻译出版的作品

领导变革之父约翰 P. 科特
经典之作

约翰 P. 科特

领导变革之父，全球一致公认的领导和变革权威，哈佛大学教授

20世纪对世界经济发展最具影响力的50位大师之一，《纽约时报》畅销作者

科特教授自1972年开始任教于哈佛商学院。1980年，他在33岁的时候，被授予哈佛终身教职，是有史以来在哈佛商学院获此殊荣的最年轻的一位，因撰写最佳《哈佛商业评论》文章而两次获麦肯锡奖。科特还是一名实践者，曾任雅芳、花旗、可口可乐、通用电气、美林、雀巢、飞利浦、普华永道等国际知名公司的顾问。

《认同：赢取支持的艺术》

怎样让你的好主意赢得支持并达到预期效果？赢取认同的关键，不在回击反对者，而是保持尊重并坚持己见，争取更多中立的人。

《变革之心》

以变革的8个步骤为主线，精选34个案例，向人们展示了成功变革的模式。

《领导变革》

被《时代》杂志评选为最具影响力的25本管理图书之一。

《权力与影响力》

应当如何运用自己的现有权力与影响力来得到别人的帮助以顺利地完成工作。本书充满了创新性的思想和专家建议，对组织运作进行了精辟分析。

《变革加速器》

帮助企业建立"双元驱动体系"，即把企业原来层级体系和更灵活的网络结构结合起来，构建灵活的战略以适应快速变化的世界。荣获麦肯锡商业/管理领域世界最实用与最具突破性思想奖。

《总经理》

专门研究总经理这一特殊职位的专门著作，对于指导人们担当总经理这一职位，取得事业的成功，以及甄选、培养、安置这方面的人才，都具有实践和学术的价值。

欧洲管理经典 全套精装

欧洲最有影响的管理大师
（奥）弗雷德蒙德·马利克 著

超越极限

如何通过正确的管理方式和良好的自我管理超越
个人极限，敢于去尝试一些看似不可能完成的事。

转变：应对复杂新世界的思维方式

在这个巨变的时代，不学会转变，错将是你的常态，
这个世界将会残酷惩罚不转变的人。

管理成就生活（原书第2版）

写给那些希望做好管理的人、希望过上高品质的生活
的人。不管处在什么职位，人人都要讲管理，
出效率，过好生活。

管理：技艺之精髓

帮助管理者和普通员工更加专业、更有成效地完成
其职业生涯中各种极具挑战性的任务。

战略：应对复杂新世界的导航仪

制定和实施战略的系统工具，
有效帮助组织明确发展方向。

公司策略与公司治理：如何进行自我管理

公司治理的工具箱，
帮助企业创建自我管理的良好生态系统。

正确的公司治理:发挥公司监事会的效率应对复杂情况

基于30年的实践与研究，指导企业避免短期行为，
打造后劲十足的健康企业。